이아주소 4

Annotations on the Erya

옮긴이 이충구(李忠九)는 경기도 과천에서 출생하여 성균관대학교 대학원 국어국문학과에서 석사·박사 과정을 수료하고 문학박사 학위를 취득하였다. 독립기념관 전문위원을 역임하였고, 현재 성균관대학교 강사로 재직하면서 한중철학회 회장을 맡고 있다.

옮긴이 임재완(林在完)은 부산에서 출생하여 성균관대학교 대학원 한문학과에서 석사·박사 과정을 수료하였으며, 태동고전연구소(지곡서당 6기)를 수료하였다. 성균관대학교 강사 및 삼성문화재단 삼성미술관 리움 선임연구원을 역임하였고, 현재 수원시 역사박물관 전문위원으로 재직하고 있다.

옮긴이 김병헌(金柄憲)은 경북 영양에서 출생하여 성균관대학교 대학원 한문학과에서 석사·박사 과정을 수료하였다. 성균관대학교 강사 및 독립기념관 전문위원을 역임하였다. 현재 (주)사문원 대표이다.

옮긴이 성당제(成鴫濟)는 충남 예산에서 출생하여 성균관대학교 대학원 한문학과에서 석사·박사 과정을 수료하고 문학박사 학위를 취득하였다. 현재 성균관대학교 강사 및 서울대학교 규장각 한국학연구원으로 재직하고 있다.

이아주소 4

1판 1쇄 발행 2004년 12월 30일
1판 2쇄 발행 2008년 3월 25일

옮긴이 / 이충구·임재완·김병헌·성당제
펴낸이 / 박성모
펴낸곳 / 소명출판
등록 / 제13-522호
주소 / 137-878 서울시 서초구 서초동 1621-18 (란빌딩 1층)
대표전화 / (02) 585-7840
팩시밀리 / (02) 585-7848
somyong@korea.com / www.somyong.co.kr

ⓒ 2004, 한국학술진흥재단

값 30,000원

ISBN 978-89-5626-131-7 94030
ISBN 978-89-5626-127-0 (전6권)

이아주소(爾雅注疏) 4

Annotations on the Erya

이충구·임재완·김병헌·성당제 공역

일러두기

- 본 번역의 대본은 『爾雅注疏』로, 1999년 12월에 北京大學校 出版社에서 간행한 十三經注疏(標點本) 가운데 하나이다. 『爾雅』 經文과 郭璞의 『爾雅注』, 邢昺의 『爾雅疏』가 수록되어 있다.
- 『爾雅音義』는 대본에는 수록되어 있지 않았으나 필요하다고 생각하여 함께 번역하였다. 陸德明의 『經典釋文』 속에 수록된 『爾雅音義』로, 北京 中華書局에서 1983년에 간행한 것이다.
- 본서에 인용된 『詩經』을 비롯한 제경전 文句의 풀이는 朱熹 및 그 학파의 註釋에 의거하지 않고, 十三經注疏本의 주석에 의거하였다. 그 이유는 본서 대본의 저자 중 연대가 가장 늦은 邢昺도 주희보다 약 200년 이전 인물이기 때문에 주희 등의 주석과는 무관하기 때문이다.
- 번역에 참고를 가장 많이 한 서적은 『爾雅詁林』이다. 1998년 湖北敎育出版社에서 朱祖延 主編으로 간행되었다. 『爾雅』와 관련된 역대 모든 著作物을 총망라한 叢書이다.
- 陸璣의 『疏』는 정확히 말하자면 『毛詩草木鳥獸蟲魚疏』로 四庫全書本을 참고로 하였다.
- 주석에서 『爾雅詁林』 「義疏」라고 한 것은 淸의 고증학자인 郝懿行의 『爾雅義疏』를 가리키는 것으로 『爾雅』의 주석서로 가장 뛰어나다고 평가받고 있다.
- 주석에서 『爾雅詁林』 「正義」라고 한 것은 邵晉涵의 『爾雅正義』를 말한다.
- 주석에서 『爾雅詁林』 「音義攷證」이라 한 것은 盧文弨의 『爾雅音義攷證』을 말한다.
- 주석에서 『爾雅詁林』 「陸音義」라고 한 것은 『爾雅詁林』에 수록된 육덕명의 『爾雅音義』를 말하는데, 번역의 대본으로 한 『爾雅音義』(『經典釋文』)와는 板本의 差異가 다소 있다.
- 주석에서 『爾雅詁林』 「義證」이라 한 것은 尹桐陽의 『爾雅義證』을 말한다.
- 주석에서 저작자를 말하지 않고 「蟲名今釋」, 「郭注佚存補訂」, 「一切注音」, 「注疏本正誤」 등이라고 표현한 것이 있는데 모두 『爾雅詁林』에서 인용한 서명이다.
- 위에 밝힌 것 이외의 『爾雅詁林』 내의 여러 저서는 참고문헌에 그 서명을 제시하였다.

역자 서문

　『이아(爾雅)』는 선학(先學)들이 '여러 경전의 요체[群經之樞要]', '제자백가의 지침[百氏之指南]'이라고 하였다. 훈고(訓詁)를 연구하고 주소(注疏)를 다는 이들은 모두 『이아』를 근거로 삼았으며 『이아』가 13경에 편입되자 이를 극도로 추숭하였다. 『이아』의 가치는 훈고학의 기초를 확립했다는 점, 사어(詞語)의 다양한 옛 뜻을 보존하고 있다는 점에 있다. 따라서 『이아』는 고대 문헌을 학습하고 문화유산을 계승하는 데에 중요한 도구이다.

　한자 독해의 원조(元祖), 훈고의 으뜸 고전으로서 『이아』의 위치는 확고하다. 『이아』의 피석사(被釋詞 : 標題語)와 해석사(解釋詞 : 說明語), 그리고 본문을 주해한 주(注)·소(疏) 및 음의(音義)는 독음해의(讀音解義)에 직결되므로, 해당 한자의 음의(音義)를 이해할 뿐만 아니라, 한자의 독해법칙까지 살필 수 있다. 한마디로 『이아』는 한자 뜻풀이의 지침서라고 하겠다.

　이러한 중요성의 전제 아래 『이아』의 경문(經文)과 주소(注疏)와 음의(音義) 등을 한국어로 번역하여 옮긴 것이다. 『이아』의 번역은 한자의 한국적 독해, 즉 한자의 한국음의를 명확히 하고, 나아가 한자의 한국적 독해방식·경향을 제시했다는 데 그 의의가 있다. 그러므로 이로부터 한자 독해는 물론, 한자의 국어훈고 즉 한자의 국어의미 추구, 한자의미의 한국적 이해를 꾀할 수 있다. 이렇듯 한국어 사용자는 번역에 의해 한자의 의미를 파악하게 되므로, 『이아』의 번역은 결국 한국인에게 한자를 이해시키는 길잡이가 될 것이다.

이 번역이 갖는 의의를 몇 가지 들 수 있다.

첫째, 한자에 관한 최고(最古) 원전의 번역이다. 『이아』는 한자서로서 『설문해자(說文解字)』보다 훨씬 앞선다. 따라서 『이아』 번역은 한자 주석의 근원에 대한 국어번역이라고 할 수 있다.

둘째, 사서삼경 등 제경전을 해석하는 데 많은 도움이 될 수 있다. 『이아』에 수록된 한자는 특히 『시경(詩經)』을 비롯한 제경전에서 채록하여, 이를 훈고라는 입장에서 전문적으로 풀이한 것이다. 그러므로 『이아』 번역을 통해 제경전에 나오는 해당 한자의 의미를 분명히 이해할 수 있다.

셋째, 한자의 한국적 독해, 즉 한자의 한국 음의를 명확히 제시한다. 따라서 한국어 사용자들이 『이아』에 제시된 한자의 자음과 자의를 이해하는 데 도움을 줄 것이다.

넷째, 자전 편찬에 도움을 줄 수 있다. 『이아』는 자전의 원조라고 할 수 있다. 『이아』의 각 한자 의미는 자전에 모두 채택되어야 하는데, 이따금 누락된 것도 있고 또 부정확하게 주석된 경우도 있다. 그러므로 『이아』 번역은 자전의 미흡한 부분들을 보충하는 중요한 자료가 될 것이다.

다섯째, 『이아주소』의 번역은 세계 최초라는 점이다. 근래 『이아』 번역서가 나온 바 있으나 주소까지 함께 번역된 것은 없다.

번역 작업은 1998년 1월에 착수하였다. 윤번제로 원문과 역문을 준비하고 주로 격주 일요일에 함께 모여 낭독해 가면서 검토하였다. 작업이 상당히 진척된 2000년 가을에는 한국학술진흥재단의 동서양학술명저번역지원 사업에 채택되어 진도에 박차를 가하게 되었다. 약 1년 뒤인 2001년 9월 30일에 번역을 마쳐 학술진흥재단에 보고하고, 출판 허가를 받아 지금 출간하게 된 것이다. 출간이 늦어진 것은 벽자 등의 장애로 번역자와 출판사 양측에서 교정에 시간과 노력을 많이 들였기 때문이다.

번역에 참여한 인원은 출입이 있었는 바, 작업을 본격적으로 추진하여 마무리한 사람은 4명이다. 김병헌·임재완 연구원은 처음부터 참여하였고, 본인과 성당제 연구원은 1999년 2월에 합류하였다. 끝까지 함께 하지 못한 동학들에게 아쉬워하며 한편 고마움을 느낀다.

역자들이 이 번역을 감당하기에는 매우 벅찬 것이었다. 그럼에도 이를 시도한 것은 『이아』를 독파해보자는 학문적 욕구 때문이었다. 그러나 애로도 많았다. 특히 『이아』에 인용된 『시경』을 비롯한 제경전 구절의 풀이를 주자(朱子) 및 그 학파의 주석에 의거하지 않고 십삼경주소본(十三經注疏本)의 주석에 의거해야 했으므로, 지금까지 익혔던 선입관을 버리고 번역해야 하는 데서 고민이 많았다. 미흡한 점에 마음이 끌린다. 지금 작업을 끝내면서 그 결과에 대하여 매우 부끄러운 생각이 든다. 다만 주소까지 몇 차례 읽었다는 것으로 위안을 삼고자 한다. 부족한 점은 제현의 질정으로 보충되기를 기대한다.

이 책이 나오는 데에는 많은 도움을 받았다. 특히 한국동양철학회를 통하여 학술진흥재단에 번역사업이 신청된 일은 깊이 기억될 것이다. 성균관대학교 임형택 교수님께서는 일찍부터 관심을 두시고 이끌어주셨다. 학술진흥재단 관계자 제위께서는 번역지원 사업에 채택하고 출판을 허락해 주셨다. 그리고 소명출판에서는 어렵고 지루한 출판을 맡아주셨다. 감사드린다.

2004년 12월
이충구 씀

차례

이아주소 4

역자 서문 · 3

권7(卷七)

권7
卷七

석지(釋地) 제9(第九)

爾雅音義 地, 徒利反, 一音徒細反.『釋名』云:"地, 底也. 其體在底下, 載萬物也." 張顯「古今訓」云:"土·乙·力爲地." 許愼注『淮南子』云:"地, 麗也."『物理論』云:"地, 底也, 著也, 陰體下著."『禮統』云:"地, 施也, 諦也. 應變施化, 審諦不誤."

지(地)는 도(徒)와 리(利)의 반절인데, 일음(一音)은 도(徒)와 세(細)의 반절이다.『석명(釋名)』에 "지(地)는 저(底 : 바닥)이다. 그 몸체가 아래에 있고 만물을 싣는다"고 하였다. 장현(張顯[1])의 「고금훈」에 "토(土)·을(乙)·력(力)이 지(地)가 된다"[2]고 하였고,『회남자』의 허신(許愼) 주에 "지(地)는 려(麗 :

---

1) 張顯 : 漢의 常山人. 字는 智伯, 靈帝 때 太尉가 되었음.
2) 土·乙 …… 地가 된다 : 地의 字形을 土·乙·力 의 合字로 이해하여 땅에서 초목

붙다)이다"고 하였고, 『물리론(物理論)』3)에 "지(地)는 저(底 : 아래)이며 착(著 : 붙다)이다. 음체(陰體 : 음의 몸체)로서 아래에 붙어 있다"고 하였다. 『예통(禮統)』에 "지(地)는 시(施 : 베풀다)이며 체(諦 : 살피다)이다. 변화에 응하고 화육을 베풀고, 세심히 살펴 착오가 없다"고 하였다.

爾雅疏 案『說文』云 : "元氣初分, 輕淸陽爲天, 重濁陰爲地, 萬物所陳列也."『白虎通』云 : "地者, 易也. 言養萬物·懷任·交4)易·變化, 含吐應節也."『釋名』云 : "地, 底也. 其體在底下, 載萬物也."『禮統』云 : "地, 施也, 諦也. 應變施化, 審諦不誤也." 此篇「釋地」之所載四方·中國州·府·陵·藪之異, 故曰釋地.

살피건대, 『설문』에 "원기(元氣)가 처음 나뉠 때, 가볍고 맑은 것은 양(陽)으로서 천(天)이 되고, 무겁고 탁한 것은 음(陰)으로서 지(地)가 되어 만물이 진열(陳列)되는 곳이다"고 하였다. 『백호통』「천지(天地)」에 "지(地)는 역(易 : 바뀌다)이다. 만물을 기르고 잉태하고 바꾸고 변화시켜, 머금고 토해냄이 절기(節氣)에 응하는 것을 말한다"고 하였다. 『석명』에 "지(地)는 저(底)이다. 그 모양이 아래에 있어 만물을 싣는다"고 하였다. 『예통』에 "지(地)는 시(施)이며 체(諦)이다. 변화에 응하고 화육을 베풀고, 세심히 살펴 착오가 없다"고 하였다. 이 편의 「석지(釋地)」에 실린 사방(四方)과 중국의 주(州)·부(府)·능(陵)·수(藪)가 다르므로 석지(釋地)라고 하였다.

등의 새싹이 힘차게 올라오는 형상을 말한다고 한 것이다. 그러나 『說文』에서는 "地, 從土也聲"이라고 하여 形聲으로 설명하고, 段玉裁는 土·乙·力으로 설명한 것을 가소롭다고 하였다(『설문』 13篇 下).
3) 『物理論』 : 晉의 楊泉이 秦漢 諸子의 說을 채록하여 엮은 책. 『隋書』「經籍志」「儒家」의 雜錄에 15卷으로 되어 있으나 전하지 않는다.
4) 交 : 대본에는 '佼'로 되어 있으나 『白虎通』에 따랐다.

 兩河間曰冀州.

양하(兩河)의 사이를 기주(冀州)라 한다.

 自東河至西河.

동하(東河)에서 서하(西河)까지이다.

『周禮』云: "河內曰冀州." 韋昭注『漢書』云: "東·西·南·北皆有河, 故曰河內." 馬融曰: "在東河之西, 西河之東, 南河之北." 李巡云: "兩河間, 其氣淸, 厥性相近, 故曰冀. 冀, 近也."

『주례』「하관(夏官)」「직방씨(職方氏)」에 "하내(河內)를 기주(冀州)라 한다"고 하였다. 『한서』의 위소(韋昭) 주에 "동·서·남·북에 모두 하(河)가 있기 때문에 하내(河內)라 한다"고 하였다. 마융(馬融)은 "동하(東河)의 서쪽, 서하(西河)의 동쪽, 남하(南河)의 북쪽에 있다"고 하였다. 이순은 "양하(兩河)의 사이는 그 기(氣)가 맑아 그 성품(性品)이 서로 비슷하므로 기(冀)라고 한다. 기(冀)는 근(近: 가깝다)의 뜻이다"고 하였다.

此釋九州之名及其界域也. ○"兩河間曰冀州." 注"自東河至西河."『周禮』「職方氏」云: "河內曰冀州."「禹貢」不說境界. 孔安國云: "此州帝都, 不說境界, 以餘州所至, 卽可知." 以其「禹貢」"兗州云濟·河", 自東河以東也; "豫州云荊·河", 自南河以南也; "雍州云 西河", 自西河以西也. 明東河之西, 西河之東, 南河之北, 是冀州之境也.

言東河·西河·南河者, 皆據帝都冀州而言也. 案, 「禹貢」導河自積石·
龍門, 南流謂之西河. 至于華陰, 折而東, 經底柱·孟津, 過洛汭, 皆東流,
謂之南河. 至于大伾, 折而北流過降水, 至于大陸, 又北播爲九河, 同爲
逆河, 入于海, 謂之東河. 此惟云兩河者, 從可知. 李巡曰 : "兩河間其氣
淸, 厥性相近, 故曰冀. 冀, 近也."

여기서는 구주(九州)의 명칭과 그 경계(境界)를 풀이하였다. ○ "양하간왈
기주(兩河間曰冀州)"에 대하여 곽박의 주(注)에 "자동하지서하(自東河至西河)"
라 하였다. 『주례』「직방씨」에 "하내(河內)를 기주(冀州)라 한다"고 하였다.
『서경』「우공(禹貢)」에서는 경계를 말하지 않았는데, 공안국(孔安國)은 "이
주(州)는 제도(帝都)인데, 경계(境界)를 말하지 않은 것은 나머지의 주가 이
르는 것으로써 알 수 있기 때문이다"고 하였다. 『서경』「우공」에 "연주(兗
州)는 제수(濟水)와 하수(河水) 지역이다"고 하였는데, 동하(西河)에서 동쪽이
다. "예주(豫州)는 형산(荊山)과 하수(河水) 지역이다"고 하였는데, 남하(南河)
에서 남쪽이다. "옹주(雝州)는 서하(西河) 지역이다"고 하였는데, 서하(西河)
에서 서쪽이다. 동하(東河)의 서쪽, 서하(西河)의 동쪽, 남하(南河)의 북쪽이
기주(冀州)의 경역(境域)임이 분명하다. 동하(東河)·서하(西河)·남하(南河)라
고 말한 것은 모두 제도(帝都)인 기주(冀州)를 근거로 하여 말한 것이다. 살
피건대, 『서경』「우공」을 근거로 말하면, 하수의 물을 끌어오기를 적석(積
石)과 용문(龍門)에서 시작하여 남쪽으로 흐르게 하는데 이를 서하(西河)라
고 한다. 화음(華陰)에 이르러 꺾어져 동쪽으로 가서 지주(底柱)와 맹진(孟
津)을 경과하여 낙수(洛水)와 예수(汭水)를 거쳐 모두 동쪽으로 흐르는데 이
를 남하(南河)라 한다. 대비(大伾)에 이르러 꺾어져 북쪽으로 흘러 강수(降
水)를 지나 대륙(大陸)에 이르고, 또 북쪽으로 퍼져 흘러 구하(九河)5)를 이
루었다가 합해져 역하(逆河)6)를 이루어 바다로 들어가는데, 이를 동하(東

---

5) 九河 : 『爾雅』「釋水」에 九河를 徒駭, 太史, 馬頰, 覆釜, 胡蘇, 簡, 潔, 鉤盤, 鬲津이
라 하였다.

河)라 한다. 이 경문에서 오직 양하(兩河)라 한 것을 따라서 알 수 있다. 이순은 "양하(兩河)의 사이는 그 기(氣)가 맑아 그 성품(性品)이 서로 비슷하므로 기(冀)라고 한다. 기(冀)는 근(近)이다"고 하였다.

 河南曰豫州.

하수(河水)의 남쪽을 예주(豫州)라 한다.

 自南河至漢.

남하(南河)에서 한수(漢水)까지이다.

『周禮』云: "河南曰豫州." 『尙書』云: "荊 · 河, 惟豫州." 孔傳曰: "西南至荊山, 北距河水." 李巡云: "河南其氣著密, 厥性安舒, 故曰豫. 豫, 舒也." 『春秋元命包』云: "豫之言序也. 言陽氣分布, 各得其處, 故其氣平靜多序也."

『주례』「직방씨」에 "하남(河南)을 예주(豫州)라 한다"고 하였다. 『서경』「우공」에 "형산(荊山)에서 하수(河水)까지가 예주(豫州)이다"고 하였는데, 공안국의 전에 "서남(西南)쪽으로 형산(荊山)에 이르고 북쪽으로 하수(河水)에 이른다"고 하였다. 이순은 "하남은 그 기질이 치밀하고 성품이 편안하며

---

6) 逆河 : 孔氏傳에는 "同合爲一大河, 名逆河"라 하였다. 바다로 흘러들어가기 이전에 모든 강의 물결이 하나로 합쳐진 곳을 말한다.

느긋하므로 예(豫)라 한다. 예(豫)는 서(舒 : 느긋하다)이다"고 하였다. 『춘주원명포』에 "예(豫)라는 말은 서(序 : 편안하다)이다. 양기(陽氣)가 나누어 퍼져 각각 제자리를 얻었으므로, 그 기질이 평화롭고 조용하여 매우 편안함을 말한다"고 하였다.

爾雅疏 "河南曰豫州", 注"自南河至漢." 「職方」與此同. 「禹貢」云 : "荊・河, 惟豫州." 孔安國云 : "西南至荊山, 北距河水." 以其荊山在荊州, 漢水所經, 故文不同, 其實一也. 李巡云 : "河南其氣著密, 厥性安舒, 故曰豫. 豫, 舒也."

"하남왈예주(河南曰豫州)"에 대하여 주에서는 "남하(南河)에서 한수(漢水)까지이다"고 하였다. 『주례』 「직방씨(職方氏)」도 『이아』의 원문과 같다. 『서경』 「우공」에 "형산(荊山)에서 하수(河水)까지가 예주(豫州)이다"고 하였는데, 공안국은 "서남(西南)쪽으로 형산(荊山)에 이르고 북쪽으로 하수(河水)에 이른다"고 하였다. 형산이 형주(荊州)에 있고 한수(漢水)가 경과하는 곳이기 때문에 글이 같지 않으나, 그 실상은 한 가지이다. 이순은 "하남은 그 기질이 치밀하고 성품이 편안하며 느긋하므로 예(豫)라 한다. 예(豫)는 서(舒 : 느긋하다)이다"고 하였다.

 河西曰雝州.

하서(河西)를 옹주(雝州)라 한다.

自西河至黑水.

서하(西河)에서 흑수(黑水)까지이다.

『尚書』云 : “黑水・西河, 惟雍州.” 孔傳云 : “西距黑水, 東據河.”
『周禮』云 : “正西曰雍州.” 雍者, 擁也. 東崤・西漢・南商於・北
居庸四山之內擁翳也. 李巡云 : “河西其氣蔽壅, 厥性急凶, 故曰雍. 雍,
壅也.” 『太康地記』云 : “雍州兼得梁州之地, 西北之位, 陽所不及, 陰氣壅
閼, 故取名焉.” 案『周禮』及『爾雅』皆無梁州, 則雍州兼有梁州之地也.
「禹貢」云 : “華陽・黑水, 惟梁州.” 孔傳云 : “東據華山之南, 西距黑水.”
韋昭云 : “今益州也.” 『太康地記』云 : “梁州者, 言西方金剛之氣彊梁, 故
因以爲名.” 漢時改雍州爲梁州, 改梁州爲益州也.

『서경』「우공」에 “흑수(黑水)에서 서하(西河)까지가 옹주(雍州)이다”고 하
였는데, 공안국의 전에 “서쪽으로는 흑수에 이르고 동쪽으로 하수(河水)에
이른다”고 하였다. 『주례』「직방씨」에 “정서(正西)쪽을 옹주(雍州)라 한다”
고 하였다. 옹(雍)은 옹(擁 : 막다)이다. 동쪽으로 효산(崤山), 서쪽으로 한산(漢
山), 남쪽으로 상오산(商於山), 북쪽으로 거용산(居庸山)이란 네 곳의 산 안쪽
으로 막혀 있다. 이순은 “하서(河西)는 기(氣)가 가리고 막혀 그 성품이 급
하고 흉하기 때문에 옹(雍)이라 한다. 옹(雍)은 옹(壅 : 막히다)이다”고 하였다.
『태강지기(太康地記)[7]에 “옹주(雍州)는 양주(梁州)의 땅을 겸하고 있으며,
서북(西北)의 위치는 양기(陽氣)가 미치지 못하는 곳이며 음기(陰氣)로 막혀
있으므로 이러한 명칭을 취한 것이다”고 하였다. 살피건대, 『주례』와 『이
아』에는 모두 양주(梁州)가 없으니, 옹주(雍州)가 양주(梁州)의 땅을 겸유(兼

---

7) 『太康地記』 : 書名. 1卷. 晉 王隱이 지었으나, 일실되었다.

有)하고 있는 것이다. 『서경』「우공」에 "화산(華山)의 남쪽과 흑수(黑水)까지가 양주(梁州)이다"고 하였다. 공안국의 전에 "동쪽으로 화산의 남을 거점으로 하여 서쪽으로 흑수에 이른다"고 하였다. 위소(韋昭)는 "지금의 익주(益州)이다"고 하였다. 『태강지기』에 "양주(梁州)는 서쪽 금강(金剛)의 기(氣)가 드세기 때문에 이름 붙인 것이다"고 하였다. 한(漢)나라 때 옹주(雍州)를 고쳐 양주(梁州)라 하였고, 양주(梁州)를 고쳐 익주(益州)라 하였다.

▦ "河西曰雝州." 注"自西河至黑水." 『周禮』"正西曰雍州." 「禹貢」云: "黑水・西河, 惟雍州." 孔安國云: "西距黑水, 東據河." 案, 酈元『水經』: "黑水出張掖雞山, 南流至燉煌, 過三危山, 南流入于南海." 然則雍州之境, 東據龍門・河西距此黑水也. 李巡云: "河西其氣蔽壅, 厥性急凶, 故曰雝. 雝, 壅也." 兼得梁州之地, 西北之位, 陽所不及, 陰壅也.

"하서왈옹주(河西曰雝州)"에 대하여 주에서는 "서하(西河)에서 흑수(黑水)까지이다"고 하였다. 『주례』「직방씨」에서는 "정서(正西)쪽을 옹주(雍州)라 한다"고 하였다. 『서경』「우공」에 "흑수(黑水)에서 서하(西河)까지가 옹주(雍州)이다"고 하였는데, 공안국은 "서쪽으로는 흑수에 이르고 동쪽으로 하수(河水)에 이른다"고 하였다. 살피건대, 역도원(酈道元)의 『수경(水經)』에 "흑수는 장액(張掖)과 계산(雞山)에서 나와 남쪽으로 흘러 돈황(燉煌)에 이르고 삼위산(三危山)을 지나 남쪽으로 흘러 남해로 들어간다"고 하였다. 그렇다면 옹주(雍州)의 경계는 동쪽으로 용문(龍門)・하서(河西)를 근거로 하여 이 흑수에 이른다. 이순은 "하서(河西)는 기(氣)가 가리고 막혀 그 성품이 급하고 흉하기 때문에 옹(雝)이라 한다. 옹(雝)은 옹(壅: 막히다)이다"고 하였다. 옹주는 양주(梁州)의 땅을 겸하고 있으며, 서북(西北)의 자리는 양기(陽氣)가 미치지 못하는 곳이며 음기(陰氣)로 막혀 있다.

 漢南曰荊州.

한수(漢水) 남쪽을 형주(荊州)라 한다.

 自漢南至衡山之陽.

한수(漢水) 남쪽에서 형산(衡山)의 남쪽까지이다.

『尙書』云: "荊及衡陽惟荊州." 孔傳云: "北據荊山, 南及衡山之陽." 『周禮』云: "正南曰荊州." 『釋名』云: "荊州者, 取荊山之名, 荊, 警也. 南蠻數爲寇逆, 常8)警備故也."

『서경』 「우공」에 "형산(荊山)에서 형산(衡山) 남쪽까지가 형주(荊州)이다"고 하였는데, 공안국의 전에 "북으로 형산(荊山)을 점유하여 남으로 형산(衡山)의 남쪽까지 미친다"고 하였다. 『주례』 「직방씨」에 "정남(正南)을 형주(荊州)라 한다"고 하였다. 『석명』 「석주국(釋州國)」에 "형주(荊州)란 형산(荊山)의 명칭을 취한 것이며, 형(荊)은 경(警: 경계하다)이다. 남만(南蠻)이 자주 도적질하고 반역하였으므로 항상 경비(警備)했기 때문이다"고 하였다.

"漢南曰荊州." 注 "自漢南至衡山之陽." 『周禮』 "正南曰荊州." 「禹貢」: "荊及衡陽, 惟荊州." 孔安國云: "北據荊山, 南及衡山之陽." 言北據荊山, 則至漢水也. 李巡曰: "漢南其氣燥剛, 稟性强梁, 故曰荊. 荊, 强也." 『釋名』以爲取荊山之名. 荊, 警也. 南蠻數爲寇逆, 常警備也.

---

8) 常 : 대본에는 嘗으로 되어 있으나 『爾雅詁林』 「陸音義」에 따라 고쳤다.

"한남왈형주(漢南曰荊州)"에 대하여 주에서는 "한수(漢水) 남쪽에서 형산(衡山)의 남쪽까지이다"고 하였다. 『주례』「직방씨」에는 "정남(正南)을 형주(荊州)라 한다"고 하였다. 『서경』「우공」에 "형산(荊山)에서 형산(衡山) 남쪽까지가 형주(荊州)이다"고 하였는데, 공안국은 "북으로 형산(荊山)을 점유하여 남으로 형산(衡山)의 남쪽까지 미친다"고 하였다. 북쪽으로 형산(荊山)을 점유하면 한수(漢水)까지 이름을 말한다. 이순은 "한수(漢水) 남쪽은 그 기(氣)가 조급하고 강하여 그 성품이 억세므로 형(荊)이라 한다. 형(荊)은 강(强: 강하다)이다"고 하였다. 『석명』에는 "형주(荊州)란 형산(荊山)의 명칭을 취한 것이다. 형(荊)은 경(警)이다. 남만(南蠻)이 자주 도적질하고 반역하였으므로 항상 경비(警備)한 것이다"고 하였다.

 江南曰楊州.

강남(江南)을 양주(楊州)라 한다.

 白江南至海.

강남(江南)에서 해변(海邊)까지이다.

『尙書』云: "淮·海, 惟揚州." 孔傳云: "北據淮, 南距海." 『周禮』云: "東南曰楊州." 李巡云: "江南其氣燥勁, 厥性輕揚." 『太康地記』云: "以楊州漸太陽位, 天氣奮揚, 履正含文明, 故取名焉."

『서경』「우공」에 "회수(淮水)에서 해변까지가 양주(揚州)이다"고 하였는데, 공안국의 전에 "북쪽으로 회수(淮水)를 점유하여 남으로 해변에 이른다"고 하였다. 『주례』「직방씨」에 "동남(東南)을 양주(楊州)라 한다"고 하였다. 이순은 "강남(江南)은 그 기(氣)가 조급하고 굳세어서 그 성품이 가볍다"고 하였다. 『태강지기』에는 "양주(揚州)는 태양(太陽)의 자리에 가깝고, 기후가 뜨거우며 정도(正道)를 실천하고 문명(文明)을 함유하기 때문에 명칭을 취한 것이다"고 하였다.

爾雅 "江南曰楊州." 注 "自江南至海." 『周禮』 "東南曰楊州." 「禹貢」: "淮·海, 惟楊州." 孔安國云: "北據淮, 南距海." 然則楊州之境, 跨江北至淮. 此云江南者, 擧遠大而言也. 李巡曰: "江南其氣燥勁, 厥性輕揚." 『太康地記』云: "以楊州漸太陽位, 天氣奮揚, 履正含文, 故取名焉."

"강남왈형주(江南曰楊州)"에 대하여 주에서는 "강남(江南)에서 해변(海邊)까지이다"고 하였다. 『주례』「직방씨」에는 "동남(東南)을 양주(楊州)라 한다"고 하였다. 『서경』「우공」에 "회수(淮水)에서 해변까지가 양주(楊州)이다"고 하였는데, 공안국은 "북쪽으로 회수(淮水)를 점유하여 남으로 해변에 이른다"고 하였다. 그렇다면 양주(楊州)의 경역(境域)은 강북(江北)으로부터 회수(淮水)까지이다. 여기서 강남(江南)이라 한 것은 원대(遠大)함을 들어 말한 것이다. 이순은 "강남(江南)은 그 기(氣)가 조급하고 굳세어서 그 성품이 가볍다"고 하였다. 『태강지기』에는 "양주(楊州)는 태양(太陽)의 자리에 가깝고, 기후가 뜨거우며 정도(正道)를 실천하고 문명(文明)을 함유하기 때문에 명칭을 취한 것이다"고 하였다.

 濟·河間曰兗州.

제수(濟水)와 하(河) 사이를 연주(兗州)라 한다.

 自河東至濟.

하동(河東)에서 제수(濟水)까지이다.

濟, 本又作泲, 子禮反, 下同. 兗, 悅轉反.『尚書』云:"濟·河, 惟兗州." 孔傳云:"東南據濟, 西北距河."『周禮』云:"河東曰兗州." 李巡云:"濟河間, 其氣專質, 厥性信謹, 故曰兗. 兗, 信也."『釋名』以爲取兗水之義.

제(濟)는 본에 따라 제(泲)로 되어 있으며 자(子)와 례(禮)의 반절로 아래도 같다. 연(兗)은 열(悅)과 전(轉)의 반절이다.『서경』「우공」에 "제수(濟水)와 하수(河水) 사이를 연주(兗州)라 한다"고 하였는데, 공안국의 전에 "동남쪽으로 제수(濟水)를 거점으로 하여 서북쪽으로 하수(河水)에 이른다"고 하였다.『주례』「직방씨」에 "하동(河東)을 연주(兗州)라 한다"고 하였다. 이순은 "제수(濟水)와 하수(河水) 사이는 그 기(氣)가 한결같고 질박하여 그 성품이 믿음직스럽고 근실하므로 연(兗)이라 한다. 연(兗)은 신(信 : 믿음직스럽다)이다"고 하였다.『석명』에서는 연수(兗水)의 뜻에서 명칭을 취한 것이라고 하였다.

"濟‧河間曰兗州." 注"自河東至濟."『周禮』"河東曰兗州."「禹
貢」: "濟‧河, 惟兗州." 孔安國云: "東南據濟, 西北距河." 孔傳
凡云 據者, 謂跨之也, 距, 至也. 濟‧河之間相去路近. 兗州之境, 跨濟而
過, 東南越濟水, 西北至東河也. 李巡云: "濟‧河間, 其氣專質, 厥性信
謹, 故曰兗. 兗, 信也."『釋名』以爲取兗水之義.

"제하간왈연주(濟河間曰兗州)"에 대하여 주에서는 "하동(河東)에서 제수
(濟水)까지이다"고 하였다.『주례』「직방씨」에서는 "하동(河東)을 연주(兗州)
라 한다"고 하였다.『서경』「우공」에 "제수(濟水)와 하수(河水) 사이를 연주
(兗州)라 한다"고 하였는데, 공안국은 "동남쪽으로 제수(濟水)를 거점으로
하여 서북쪽으로 하수(河水)에 이른다"고 하였다. 공안국의 전에서 말하는
거(據)는 과(跨 : 차지하다, 자리잡다)이고, 거(距)는 지(至 : 이르다)이다. 제수(濟水)
와 하수(河水) 사이는 서로 거리가 가깝다. 연주(兗州)의 경역(境域)이 제(濟)
를 차지하고 지나가 동남쪽으로 제수(濟水)를 넘어 서북쪽으로 동하(東河)
에 이른다. 이순은 "제수(濟水)와 하수(河水) 사이는 그 기(氣)가 한결같고
질박하여 그 성품이 믿음직스럽고 근실하므로 연(兗)이라 한다. 연(兗)은
신(信)이다"고 하였다.『석명』에서는 연수(兗水)의 뜻에서 명칭을 취한 것
이라고 하였다.

濟東曰徐州.

제수(濟水) 동쪽을 서주(徐州)라 한다.

 自濟東至海.

제수(濟水) 동쪽에서 해변(海邊)까지이다.

爾雅音義 『尙書』云 : “海‧岱及淮, 惟徐州.” 孔傳云 : “東至海, 北至岱, 南及淮.” 『釋名』云 : “徐, 舒也. 土氣舒緩.” 『太康地記』以爲取徐丘爲名. 云 : “周合其地於靑州.” 案『周禮』 : 無營州而有靑州.

『서경』「우공」에 “해변과 대산(岱山)과 회수(淮水) 사이가 서주(徐州)이다”고 하였는데, 공안국의 전에 “동쪽으로 바다에 이르고, 북쪽으로 대산(岱山)에 이르며, 남쪽으로 회수(淮水)에 미친다”고 하였다. 『석명』에는 “서(徐)는 서(舒 : 완만하다)이다. 토기(土氣)가 완만하다”고 하였다. 『태강지기』에는 서구(徐丘 : 완만한 구릉)에서 명칭을 취했다고 하였으며, “주(周)나라가 그 땅을 청주(靑州)에 병합했다”고 하였다. 살피건대, 『주례』「직방씨」에는 영주(營州)는 없으나 청주(靑州)는 있다.

爾雅疏 “濟東曰徐州.” 注“自濟東至海.” 「禹貢」 : “海‧岱及淮惟徐州.” 孔傳云 : “東至海, 北至岱, 南及淮.” 此云“自濟東”, 則是西至濟也. 李巡曰 : “淮‧海間其氣寬舒, 稟性安徐, 故曰徐. 徐, 舒也.” 周合其地於靑州.

“제동왈서주(濟東曰徐州)”에 대하여 주에서는 “제수(濟水) 동쪽에서 해변(海邊)까지이다”고 하였다. 『서경』「우공」에 “해(海)‧대(岱)와 회수(淮水)는 서주(徐州)이다”고 하였는데, 공안국의 전에 “동쪽으로 바다에 이르고, 북쪽으로 대산(岱山)에 이르며, 남쪽으로 회수(淮水)에 미친다”고 하였다. 주에서 “자제동(自濟東)”이라 한 것은 서쪽으로 제수(濟水)에 이름을 말한다.

이순은 "회수(淮水)와 해변의 사이는 그 기(氣)가 넓고도 완만하여 품성이
편안하고 느리므로 서(徐)라 한다. 서(徐)는 서(舒 : 완만하다)이다"고 하였다.
주(周)나라에서 그 땅을 청주(靑州)에 병합하였다.

燕曰幽州.

연(燕)을 유주(幽州)라 한다.

自易水至北狄.

역수(易水)에서 북적(北狄)까지이다.

燕, 烏賢反. 『周禮』云 : "東北曰幽州." 李巡云 : "燕其氣深要, 厥
性剽疾, 故曰幽. 幽, 要也." 『太康地記』以爲因於幽都爲名. 或
云 : "北方太陰, 故以幽冥爲號." 二者相依也. 『周禮』云 : "正北曰幷州."
『春秋元命包』云 : "幷之言倂也. 陽合交幷, 其氣勇壯抱誠信也." 『太康地
記』云 : "幷州不以衛水爲號, 又不以恒山爲稱, 而言幷者, 蓋以其在兩谷
之間也."

연(燕)은 오(烏)와 현(賢)의 반절이다. 『주례』「직방씨」에 "동북(東北)을 유
주(幽州)라 한다"고 하였다. 이순은 "연(燕)은 그 기(氣)가 매우 어두워 그
성품이 사납고 급하기 때문에 유(幽)라 한다. 유(幽)는 요(要 : 어둡다)이다"[9]

---

9) 幽는 要이다 : 『爾雅詁林』「一切音注」에는 "幽, 惡也"라 하여 '나쁘다'로 풀이하였다.

고 하였다. 『태강지기(太康地記)』에서는 유도(幽都)에 의해서 명칭을 취하였다고 하였다. 혹자는 "북방(北方)은 태음(太陰)이므로 유명(幽冥 : 어둡다)으로 명칭을 삼은 것이다"고 하였다. 이 두 가지는 서로 비슷하다. 『주례』「직방씨」에 "정북(正北)을 병주(幷州)라 한다"고 하였다. 『춘추원명포』에 "병(幷)이란 말은 병(倂 : 합하다)이다. 양기(陽氣)가 합해져 서로 어우러지니, 그 기(氣)가 용맹하고 왕성하며 성신(誠信)을 품는다"고 하였다. 『태강지기』에 "병주(幷州)는 위수(衛水)로 명칭을 삼지 않았고, 또 항산(恒山)으로도 명칭을 삼지 않고, 병(幷)이라 말하는 것은 대개 두 고을(위수와 항산)의 사이에 있기 때문이다"고 하였다.

爾雅疏 "燕曰幽州." 注"自易水至北狄." 『周禮』"東北曰幽州." 李巡曰 : "燕其氣深要, 厥性剽疾, 故曰幽. 幽, 要也." 「禹貢」其地合於冀州.10) 「地理志」云 : "涿郡故安縣閆鄕, 易水所出, 東至范陽入濡也." 從此易水至於北狄, 幽州之境也.

"연왈유주(燕曰幽州)"에 대하여 주에서는 "역수(易水)에서 북적(北狄)까지이다"고 하였다. 『주례』「직방씨」에서는 "동북(東北)을 유주(幽州)라 한다"고 하였다. 이순은 "연(燕)은 그 기(氣)가 매우 어두워 그 성품이 사납고 급하기 때문에 유(幽)라 한다. 유(幽)는 요(要)이다"고 하였다. 『서경』「우공」에는 그 땅을 기주(冀州)에 병합하였다. 『한서』「지리지」에 "탁군(涿郡) 고안현(故安縣) 염향(閆鄕)은 역수(易水)가 나오는 곳이며 동쪽으로 범양(范陽)에 이르러 유수(濡水)로 들어간다"고 하였다. 이 역수(易水)에서 북적(北狄)까지가 유주(幽州)의 경역(境域)이다.

---

10) 其地合於冀州 : 邢昺은 「禹貢」에 이 글이 있는 것을 말함이 아니라 幽州가 冀州의 北方에 속함을 말한 것이다.

 齊曰營州.

제(齊)를 영주(營州)라 한다.

 自岱東至海, 此蓋殷制.

대산(岱山) 동쪽에서 해변까지인데, 이는 아마도 은(殷)의 제도인 듯하다.

『尙書』云: "海·岱, 惟靑州." 孔傳云: "東北據海, 西南距岱." 則 『爾雅』營州爲「禹貢」之靑州矣. 營者, 蓋取營丘以爲號. 『周禮』 云: "正東曰靑州." 『博物志』云: "營與靑同海, 東有靑丘, 齊有營丘, 豈 是名乎?" 『太康地記』云: "東方少陽, 其色靑, 其氣淸, 歲之首, 事之始, 故以靑爲名焉."

『서경』「우공」에 "해변에서 대산(岱山)까지가 청주(靑州)이다"고 하였는데, 공안국의 전에 "동북쪽으로 해변을 거점으로 하여 서남쪽으로 대산(岱山)에 이른다"고 하였다. 『이아』의 영주(營州)가 『서경』「우공」의 청주(靑州)이다. 영(營)이란 대개 영구(營丘)에서 취하여 호칭으로 삼은 것이다. 『주례』「직방씨」에 "정동(正東)을 청주(靑州)라 한다"고 하였다. 『박물지(博物志)』[11]에 "영(營)은 청(靑)과 바다를 함께 한다. 동(東)에는 청구(靑丘)가 있고, 제(齊)에는 영구(營丘)가 있으니 아마 이 명칭이 아니겠는가?"라고 하였다. 『태강지기』에 "동방(東方)은 소양(少陽)으로 그 색은 청(靑)이며 그 기

---

11) 『博物志』: 書名. 10권으로 晉 張華가 지었음. 神仙과 方術 등의 고사가 많이 실려 있다.

(氣)는 맑으며, 세(歲)의 첫머리이며 일의 시작이므로 청(靑)으로 명칭을 삼은 것이다"고 하였다.

"齊曰營州." 注 "自岱東至海, 此蓋殷制." 『周禮』 "正東曰靑州." 「禹貢」 : "海·岱, 惟靑州." 孔傳云 : "東北據海, 西南距岱." 然則此營州則靑州之地也. 『博物志』云 : "營與靑同海, 東有靑丘, 齊有營丘, 豈是名乎?" 『太康地記』云 : "東方少陽, 其色靑, 其氣淸, 歲之首, 事之始, 故以靑爲名焉." 云 "此蓋殷制" 者, 以此文上與 「禹貢」 不同, 下與 『周禮』 又異. 禹別九州有靑·徐·梁, 而無幽·幷·營, 是夏制也. 『周禮』, 周公所作, 有靑·幽·幷, 而無徐·梁·營, 是周制也. 此有徐·幽·營, 而無靑·梁·幷, 疑是殷制也. 以無正文, 故云 "蓋" 也.

　"제왈영주(齊曰營州)"에 대하여 주에서는 "대산(岱山) 동쪽에서 해변까지인데, 이는 아마도 은(殷)의 제도인 듯하다"고 하였다. 『주례』 「직방씨」에서는 "정동(正東)을 청주(靑州)라 한다"고 하였다. 『서경』 「우공」에 "해변에서 대산(岱山)까지가 청주(靑州)이다"고 하였는데, 공안국의 전에 "동북쪽으로 해변을 거점으로 하여 서남쪽으로 대산(岱山)에 이른다"고 하였다. 그렇다면 여기의 영주(營州)는 청주(靑州)의 땅이다. 『박물지』에 "영(營)은 청(靑)과 바다를 함께 한다. 동(東)에는 청구(靑丘)가 있고, 제(齊)에는 영구(營丘)가 있으니, 아마 이 명칭이 아니겠는가?"라 하였다. 『태강지기』에 "동방(東方)은 소양(少陽)으로 그 색은 청(靑)이며 그 기(氣)는 맑으며, 세(歲)의 첫머리이며 일의 시작이므로 청(靑)으로 명칭을 삼은 것이다"고 하였다. 주에서 "차개은제(此蓋殷制)"라 한 것은, 이 문장이 위로는 『상서』 「우공」과 같지 않고 아래로는 『주례』 「직방씨」와 또 다르다. 우(禹) 임금이 구주(九州)를 구별할 때는 청주(靑州)·서주(徐州)·양주(梁州)는 있었지만 유주(幽州)·병주(幷州)·영주(營州)는 없었으니, 이는 하(夏)나라의 제도이다. 『주례』는 주공(周公)이 지은 것으로 청주(靑州)·유주(幽州)·병주(幷州)

는 있지만 서주(徐州)·양주(梁州)·영주(營州)는 없으니, 이는 주(周)나라의
제도이다. 여기(『이아』)에는 서주(徐州)·유주(幽州)·영주(營州)는 있으나 청
주(青州)·양주(梁州)·병주(幷州)는 없으니, 아마도 은(殷)의 제도인 듯하다.
정문(正文)이 없기 때문에 "개(蓋 : 아마도)"라고 한 것이다.

 九州

구주(九州 : 아홉 주)이다.

案, 禹平水土, 畫爲九州, 「禹貢」所言是也. 其後舜分置十二州.
鄭玄云 : "舜以青州越海, 而分齊爲營州, 冀州南北太遠, 分衛爲
幷州, 燕以北爲幽州, 新置三州, 幷舊爲十二州也." 夏家依「禹貢」九州.
『爾雅』所言, 李郭以爲殷制, 『周禮』「職方氏」之敍列, 是周制也. 「禹貢」
無幽·幷·營, 『爾雅』有徐·幽·營, 而無青·梁·幷, 「職方」有青·
幽·幷, 而無徐·梁·營, 三代不同之故也.

살피건대, 우(禹)가 수토(水土)를 다스리고 구획을 지어 구주(九州)를 만
들었으니, 『서경』「우공」에서 말한 것이 이것이다. 그 후 순(舜)이 12주(州)
를 나누어 설치하였는데, 정현은 "순(舜)은 청주(青州)가 바다 멀리까지 이
르렀기 때문에 제(齊)를 나누어 영주(營州)를 만들었고, 기주(冀州)는 남북(南
北)의 사이가 너무 멀어 위수(衛水)를 나누어 병주(幷州)를 만들었으며, 연
(燕) 이북(以北)으로 유주(幽州)를 만들어 새로 3주(州)를 설치하고 옛 주(州)
와 아울러 12주를 만들었다"고 하였다. 하(夏)는 「우공」의 9주에 의거하였
다. 『이아』에서 언급한 것을 이순과 곽박은 은(殷)의 제도로 보았으며, 『주

례』「직방씨」에서 서술하여 나열한 것은 주(周)의 제도이다. 「우공」에는
유주(幽州)·병주(幷州)·영주(營州)가 없으며, 『이아』에는 서주(徐州)·유주
(幽州)·영주(營州)는 있으나 청주(靑州)·양주(梁州)·병주(幷州)는 없고, 『주
례』「직방씨」에는 청주(靑州)·유주(幽州)·병주(幷州)는 있으나 서주(徐
州)·양주(梁州)·영주(營州)가 없으니, 삼대(三代)가 같지 않기 때문이다.

 此上釋九州之名, 故題云九州也.

이상의 글은 구주(九州)의 명칭을 해석하였기 때문에 제목을 구주(九州)
라고 하였다.

 魯有大野.

노(魯)에는 대야(大野)가 있다.

 今高平鉅野縣東北大澤, 是也.

지금의 고평(高平) 거야현(鉅野縣) 동북의 대택(大澤)이 이것이다.

 鉅, 音巨.

거(鉅)는 음이 거(巨)이다.

此下至"周有焦護", 釋十藪之名也. 「禹貢」徐州云: "大野旣豬."
「地理志」云: "大野澤在山陽鉅野縣北." 鉅卽大也. 由其旁有大
澤, 故縣以鉅野爲名. 哀十四年『左傳』云: "西狩於大野." 以其澤在曲阜
西, 故云"西狩"也. 郭云"今高平鉅野縣"者, 東晋時, 鉅野屬高平郡, 故與
「志」不同. 凡注言今者, 皆謂東晋時也.

　여기서 아래로 "주유초호(周有焦護)"까지는 십수(十藪 : 열 개의 큰 못)의 명
칭을 풀이하였다. 『서경』 「우공」의 서주(徐州)에 대한 기사에 "대야(大野)
가 이미 연못이 되었다"고 하였다. 『한서』 「지리지」에 "대야택(大野澤)은
산양군(山陽郡) 거야현(鉅野縣)의 북쪽에 있다"고 하였다. 거(鉅)는 곧 대(大 :
크다)이다. 그 곁에 대택(大澤)이 있기 때문에 현(縣)을 거야(鉅野)로 부른 것
이다. 『좌전』 애공(哀公) 14년에 "서쪽으로 대야(大野)에서 사냥하였다"고
하였다. 그 연못이 곡부(曲阜) 서쪽에 있으므로 서수(西狩)라 하였다. 곽박
은 "금고평거야현(今高平鉅野縣)"이라 하였는데, 동진(東晋) 때에는 거야(鉅
野)가 고평군(高平郡)에 속해 있었으므로 『한서』 「지리지」와 같지 않다. 무
릇 주에서 말한 금(今)은 모두 동진(東晋) 때를 말한다.

 晉有大陸.

　진(晉)에는 대륙(大陸)이 있다.

今鉅鹿北廣河澤, 是也.

지금의 거록(鉅鹿) 북쪽의 광하택(廣河澤)이 이것이다.

孫炎曰: "廣河猶大陸." 以地名言之, 近爲是也. 「禹貢」冀州云: "大陸旣作." 是也. 案定元年『左傳』晉魏獻子"田於大陸, 焚焉, 還, 卒於甯." 杜預注: "嫌鉅鹿絶遠, 疑此田在汲郡吳澤." 甯, 今脩武縣, 近吳澤. 計此二澤相去甚遠, 亦得言大陸者, 以其廣平曰陸. 但廣而平者 則名大陸, 故異所而同名也. 澤雖卑下, 旁帶廣平之地, 故統名焉.

손염은 "광하(廣河)는 대륙(大陸)과 같다"고 하였다. 지명으로 말하면 광하와 대륙의 음이 가깝기 때문이다.12) 『서경』 「우공」 기주(冀州)에 대한 기록에 "대륙(大陸)의 땅을 경작할 수 있다"고 한 것이 이것이다. 살피건대, 『좌전』 정공(定公) 원년에 "진(晉)의 위헌자(魏獻子)가 대륙(大陸)에서 사냥을 하면서 불을 놓았는데 돌아오다가 영(甯)땅에서 죽었다"고 하였다. 두예의 주에 "거록(鉅鹿)이 매우 먼 것을 싫어하였는데, 아마도 이 사냥터는 급군(汲郡) 오택(吳澤)에 있는 것 같다"고 하였다. 녕(甯)은 지금의 수무현(脩武縣)으로 오택(吳澤)에 가깝다. 이 두 못 사이를 계산하면 서로의 거리가 매우 먼데, 또한 대륙이라 말할 수 있는 것은 넓고도 평평한 지역을 륙(陸)이라 하기 때문이다. 다만 넓고도 평평한 지역을 대륙이라 부르기 때문에 다른 장소이면서 같은 이름을 쓴 것이다. 택(澤)이 비록 낮으나 곁에 넓고도 평평한 땅을 두르고 있었으므로 통칭(統稱)해서 부르는 것이다.

---

12) 지명으로 …… 때문이다: 『爾雅正義』에 "大陸・廣河・鉅鹿, 雖有三名, 晉義實相通 也"라 하였다.

 秦有楊陓.

진(秦)에는 양우(楊陓)가 있다.

 今在扶風汧縣西.

지금의 부풍(扶風) 견현(汧縣)의 서쪽에 있다.

陓, 孫於于反, 郭烏花反. 本或作紆字, 非也. 汧, 苦堅反. 『字林』
: "水出隴右扶風也."

우(陓)에 대하여 손염은 어(於)와 우(于)의 반절, 곽박은 오(烏)와 화(花)의
반절이라고 하였다. 본에 따라서는 우(紆)자로 되어 있으나 잘못이다. 견
(汧)은 고(苦)와 견(堅)의 반절이다. 『자림』에는 "물이 솟아나는 농우(隴右)의
부풍이다"고 하였다.

『周禮』冀州云 : "其澤藪曰陽紆." 鄭注云 : "所在未聞." 又雍州云
: "其澤藪曰弦蒲." 鄭注云 : "在汧." 案「地理志」: "汧, 吳山在西,
古文以爲汧山. 北有蒲谷鄕弦中谷, 雍州藪." 今注亦云 "在汧." 然則『周
禮』弦蒲卽此楊陓也.

『주례』「직방씨(職方氏)」의 기주(冀州)에 "그 택수(澤藪)를 양우(陽紆)라 한
다"고 하였다. 정현의 주에는 "소재(所在)를 듣지 못하였다"고 하였다. 또
옹주(雍州)에 "그 택수를 현포(弦蒲)라 한다"고 하였다. 정현의 주에는 "견

(汧)에 있다"고 하였다. 살펴건대, 『한서』「지리지」에 "견(汧)은 오산(吳山) 서쪽에 있는데 고문(古文)에서 견산(汧山)이라고 하였다. 북에는 포곡향(蒲谷鄉) 현중곡(弦中谷)이 있는데 옹주(雍州)의 현포수(弦浦藪)이다"고 하였는데, 지금의 주에 역시 "견(汧)에 있다"고 하였다. 그렇다면 『주례』의 현포(弦蒲)가 곧 이 양우(楊陓)이다.

宋有孟諸.

송(宋)에는 맹저(孟諸)가 있다.

今在梁國睢陽縣東北.

지금의 양(梁)나라 수양현(睢陽縣)의 동북에 있다.

諸, 如字, 『左傳』同. 『尚書』作豬, 丁魚反. 灘, 蘇維反, 水名也. 本今作睢.

저(諸)는 여자(如字)이며, 『좌전』도 같다. 『서경』에는 저(豬)로 되어 있으며, 정(丁)과 어(魚)의 반절이다. 수(灘)는 소(蘇)와 유(維)의 반절로 수명(水名)이다. 본에 따라 지금은 수(睢)로 되어 있다.

『周禮』青州, "其澤藪曰望諸." 鄭玄云 : "望諸, 明都也. 在睢陽." 「禹貢」豫州云 : "導荷澤, 被孟豬." 『左傳』亦作"孟諸." 文不同者,聲轉字異, 正是一地也.

『주례』「직방씨(職方氏)」의 청주(靑州)에 "그 택수를 망저(望諸)라 한다"
고 하였는데, 정현은 "망저(望諸)는 명도(明都)이다. 수양(睢陽)에 있다"고 하
였다. 『서경』「우공」 예주(豫州)에 대한 기사에 "하택(菏澤)의 물을 이끌어
맹저(孟諸)에 미치게 한다"고 하였다. 『좌전』에도 "맹저(孟諸)"라고 하였다.
글자가 같지 않은 것은 성음(聲音)이 바뀌어 글자가 달라진 것이니, 바로
같은 한 지역이다.

 楚有雲夢.

초(楚)에는 운몽(雲夢)이 있다.

 今南郡華容縣東南巴丘湖, 是也.

지금의 남군(南郡) 화용현(華容縣) 동남(東南)의 파구호(巴丘湖)가 이것이다.

 夢, 本或作蒙, 亡貢・亡工二反.

몽(夢)은 본에 따라 몽(蒙)으로 되어 있으며 망(亡)과 공(貢), 망(亡)과 공
(工)으로 반절이 둘이다.

『周禮』荊州云 : "其澤藪曰雲瞢.13)" 鄭注云 : "雲瞢在華容." 「禹貢」云 : "雲土・夢作乂." 昭三年『左傳』: "楚子與鄭伯田于江南之夢." 又定四年 "楚子涉雎, 濟江, 入于雲中." 杜預云 : "南郡枝江縣西有雲夢城, 江夏安陸縣東南亦有夢城." 或曰 "南郡華容縣東南有巴丘湖, 江南之夢也." 雲夢一澤而每處有名者. 司馬相如『子虛賦』云 : "雲夢者, 方九百里." 則此澤跨江南北, 亦得單稱雲, 單稱夢. 瞢卽夢也.

『주례』「직방씨(職方氏)」형주(荊州)에 "그 택수(澤藪)를 운몽(雲瞢)이라 한다"고 하였다. 정현의 주에 "운몽(雲瞢)은 화용(華容)에 있다"고 하였다. 『서경』「우공」에 "운택(雲澤)에서 흙이 나오고, 몽택(夢澤)을 경작하여 다스려졌다"고 하였다. 『좌전』소공(昭公) 3년에 "초(楚)나라 임금과 정(鄭)나라 임금이 강남의 몽택(夢澤)에서 사냥을 하였다"고 하였다. 또 정공 4년에 "초나라 임금이 수(雎)를 건너고 강을 건너서 운중(雲中)에 들어갔다"고 하였다. 두예(杜預)는 "남군(南郡)의 지강현(枝江縣) 서쪽에 운몽성(雲夢城)이 있으며, 강하(江夏)의 안륙현(安陸縣) 동남에 역시 몽성(夢城)이 있다"고 하고, 혹자는 "남군(南郡) 화용현(華容縣) 동남에 파구호(巴丘湖)가 있는데 강남의 몽(夢)이라고 하였다"14)고 하였다. 운과 몽은 하나의 택(澤)인데 곳곳마다 이름이 있다. 사마상여의 「자허부(子虛賦)」에 "운몽은 사방 구백 리이다"고 하였다. 곧 이 택(澤)은 양자강의 남북을 걸치고 있어서 운(雲)이라는 한 글자로 일컫기도 하고 몽(夢)이라는 한 글자로도 부르기 때문이다. 몽(瞢)은 몽(夢)이다.

---

13) 瞢 : 대본에는 '瞢'으로 잘못되어 있다.
14) 南郡의 …… 하였다 : 孔穎達의 글이다.

 吳越之間有具區.

오(吳)와 월(越) 사이에는 구구(具區)가 있다.

 今吳縣南大湖, 卽震澤, 是也.

지금의 오현(吳縣) 남쪽의 태호(大湖)이니, 곧 진택(震澤)이 이것이다.

 『周禮』楊州云: "其澤藪曰具區." 鄭注云: "在吳南."「地理志」云 : "會稽吳縣. 故周泰伯所封國也. 具區在西, 古文以爲震澤."「禹 貢」楊州云: "三江旣入, 震澤底定." 是也.

『주례』「직방씨」양주(楊州)에 "그 택수(澤藪)를 구구(具區)라 한다"고 하였다. 정현의 주에는 "오현(吳縣)의 남쪽에 있다"고 하였다. 『한서』「지리지」에 "회계(會稽)의 오현(吳縣)이다. 옛날 주(周)의 태백(泰伯)이 봉지(封地)로 받은 나라이다. 구구(具區)는 서쪽에 있으며 고문(古文)에는 진택(震澤)으로 되어 있다"고 하였다. 『서경』「우공」양주(楊州)에 대한 기사에 "삼강(三江)이 바다로 흘러 들어가니 진택(震澤)이 안정해졌다"고 한 것이 이것이다.

 齊有海隅.

제(齊)에는 해우(海隅)가 있다.

 海濱廣斥.

바닷가의 넓은 개펄이다.

 隅, 本或作嵎, 同, 仰于反. 斥, 音赤.

우(隅)는 본에 따라 우(嵎)로 되어 있는데 음의가 같으며 앙(仰)과 우(于)의 반절이다. 척(斥)은 음이 적(赤)이다.

此營州藪也. 云"海濱廣斥",「禹貢」文也. 孔『傳』云: "濱, 涯也. 言復其斥鹵." 案『說文』云: "鹵, 鹹地也. 東方謂之斥, 西方謂之鹵." 海畔迥闊地皆斥鹵, 故云廣斥也.

이것은 영주(營州)의 수(藪)이다. "해빈광척(海濱廣斥)"은 『서경』「우공」의 글이다. 공안국 전에 "빈(濱)은 애(涯 : 물가)이다. 그 척로(斥鹵 : 염전)로 회복한 것을 말한다"고 하였다. 살펴건대, 『설문』에 "노(鹵)는 소금이 나는 곳이다. 동쪽에 있는 염전을 척(斥), 서쪽에 있는 염전을 노(鹵)라고 한다"고 하였다. 바닷가의 멀고 탁 트인 곳은 땅이 모두 척로(斥鹵)이므로 광척(廣斥 : 넓은 개펄)이라고 하였다.

 燕有昭余祁.

연(燕)에는 소여기(昭余祁)가 있다.

 今太原鄔陵縣北九澤, 是也.

지금의 태원(太原) 오릉현(鄔陵縣) 북쪽의 구택(九澤)이 이것이다.

余, 羊如反. 祁, 巨伊反, 又止尸反, 孫本作氐, 音之視反. 鄔, 於慮反, 『字林』云 : “太原縣也.” 又乙袪反.

여(余)는 양(羊)과 여(如)의 반절이다. 기(祁)는 거(巨)와 이(伊)의 반절, 또는 지(止)와 시(尸)의 반절이다. 손염본에는 지(氐)로 되어 있으며 음이 지(之)와 시(視)의 반절이다. 오(鄔)는 어(於)와 여(慮)의 반절인데, 『자림』에는 “태원현(太原縣)이다”고 하였다. 또 을(乙)과 거(袪)의 반절이다.

『周禮』幷州云 : “其澤藪曰昭余15)祁.” 鄭注云 : “在鄔.” 「地理志」云 : “鄔, 九澤在北, 是爲昭余祁, 幷州藪.” 是也.

『주례』「직방씨」 병주(幷州)에 “그 택수를 소여기(昭余祁)라 한다”고 하였다. 정현의 주에는 “오(鄔)에 있다”고 하였다. 『한서』「지리지」에는 “오릉현에는 구택(九澤)이 북쪽에 있는데 이것이 소여기(昭余祁)이며 병주수(幷州藪)이다”고 한 것이 이것이다.

---

15) 余 : 『주례』에는 '餘'로 되어 있다.

 鄭有圃田.

정(鄭)에는 포전(圃田)이 있다.

 今滎陽中牟縣西圃田澤, 是也.

지금의 형양(滎陽) 중모현(中牟縣) 서쪽의 포전택(圃田澤)이 이것이다.

 圃, 本或作圃字, 同, 布古反, 又音布. 滎, 乎銘反.

포(圃)는 본에 따라 포(圃)자로 되어 있으나 음의가 같으며, 포(布)와 고(古)의 반절, 또는 음이 포(布)이다. 형(滎)은 호(乎)와 명(銘)의 반절이다.

『周禮』豫州云 : "其澤藪曰圃田." 鄭注云 : "在中牟." 「地理志」云 : "中牟, 圃田澤在西, 豫州藪." 僖三十三年『左傳』云 : "鄭之有原圃, 猶秦之有具囿也." 又『詩』「車攻」云 : "東有甫草." 鄭玄以爲甫田之草, 皆謂此也.

『주례』「직방씨」예주(豫州)에 "그 택수(澤藪)를 포전(圃田)이라 한다"고 하였는데, 정현의 주에 "중모현(中牟縣)에 있다"고 하였다. 『한서』「지리지」에 "중모현(中牟縣)의 포전택(圃田澤)은 서쪽에 있으며 예주수(豫州藪)이다"고 하였다. 『좌전』희공(僖公) 33년에 "정(鄭)에 원포(原圃)가 있는 것은 진(秦)에 구유(具囿)가 있는 것과 같다"고 하였다. 또 『시경』「소아」「거공(車

攻)」에 "동쪽에 보초(甫草)가 있다"고 하였다. 정현은 보전(甫田)의 풀이라고 여겼는데 모두 이를 이른다.

 周有焦護.

주(周)에는 초호(焦護)가 있다.

 今扶風池陽縣瓠中, 是也.

지금의 부풍(扶風) 지양현(池陽縣) 호중(瓠中)이 이것이다.

 穫, 胡故反. 又作護, 同. 瓠, 胡故反.

호(穫)는 호(胡)와 고(故)의 반절이다. 또 호(護)로 쓰는데, 음의가 같다. 호(瓠)는 호(胡)와 고(故)의 반절이다.

 孫炎云 : "周, 岐周也." 『詩』「六月」云 : "玁狁匪茹, 整居焦穫." 是也. 時人謂之瓠中也.

손염은 "주는 기주(岐周)이다"고 하였다. 『시경』「소아」「유월(六月)」에는 "험윤(玁狁)이 제 분수도 모르고 초호(焦穫)에 정연하게 거처한다"고 한 것이 이것이다. 당시 사람들은 이를 호중(瓠中)이라고 하였다.

 十藪

십수(十藪)이다.

 藪, 素口反.

수(藪)는 소(素)와 구(口)의 반절이다.

爾雅
疏 此題上事也.『說文』云 : "大澤也."『風俗通』云 : "藪, 厚也. 有草
木魚鼈, 所以厚養人也."

이것은 위 기사에 대한 제목이다.『설문』은 수(藪)에 대해 "대택(大澤)이
다"고 하였다.『풍속통』에는 "수(藪)는 후(厚 : 두텁다)의 뜻이다. 풀·나무·
물고기·자라가 있어서 사람들을 풍부하게 양육하는 것이다"고 하였다.

 東陵, 阺. 南陵, 息愼. 西陵, 威夷. 中陵, 朱滕. 北陵,
西隃. 鴈門, 是也.

동릉(東陵)이 신(阺)이다. 남릉(南陵)이 식신(息愼)이다. 서릉(西陵)이 위이
(威夷)이다. 중릉(中陵)이 주등(朱滕)이다. 북릉(北陵)이 서수(西隃)이다. 안문
(雁門)이 이것이다.16)

---

16) 東陵이 …… 이것이다 :『爾雅義疏』에는 "北山經注, 鴈門山卽北陵西隃, 鴈門之所
出, 因以名云"이라 하여, 北陵西隃는 鴈門에서 나온 것이라 하였다. 그리고『注疏參
義』에는 "西隃乃雁門山旁之陵, 非卽雁門山也"라고 하여, 西隃는 雁門山 곁의 陵이

即雁門山也.

즉 안문산(雁門山)이다.

阢, 音信, 郭尸愼反, 『字林』所人反, 又所愼反. 艗, 徒登反. 又作滕, 同. 隃, 戌・輸二音.

신(阢)은 음이 신(信)인데, 곽박은 시(尸)와 신(愼)의 반절이라 하였으며 『자림』에는 소(所)와 인(人)의 반절, 또는 소(所)와 신(愼)의 반절이라 하였다. 등(艗)은 도(徒)와 등(登)의 반절이다. 또 등(滕)으로도 쓰는데 음의가 같다. 수(隃)는 수(戌)와 수(輸)로 음이 둘이다.

此五方之陵名也. 其義及所在未詳. 云“雁門是也”者, 此指解北陵也, 卽雁門山, 是也.

이것은 다섯 방위에 있는 능(陵：언덕)의 명칭이다. 그 뜻과 소재는 미상이다. “안문시야(雁門是也)”라고 한 것은 북릉(北陵)을 가리켜 풀이한 것이니, 곧 안문산(雁門山)이 이것이다.

陵莫大於加陵.

능(陵：큰 언덕)은 가릉(加陵)보다 큰 것이 없다.

라고 하였다.

 今所在未聞.

지금은 소재가 미상이다.

 莫, 無也. 陵, 大阜也. 言"陵無大于加陵"者, 謂加陵最大也. 今所在未聞.

막(莫)은 무(無)이다. 능(陵)은 큰 언덕이다. "능무대어가릉(陵無大於加陵)"이라 한 것은 가릉이 가장 크다는 것을 말한다. 지금은 소재를 듣지 못했다.

 梁莫大於湨梁.

양(梁 : 제방)은 격량(湨梁)보다 큰 것이 없다.

 湨, 水名. 梁, 隄也.

격(湨)은 수명(水名)이다. 양(梁)은 제방이다.

 湨, 古壁反. 隄, 丁兮反.

격(湨)은 고(古)와 벽(壁)의 반절이다. 제(隄)는 정(丁)과 혜(兮)의 반절이다.

 「釋宮」云 : "隄謂之梁." 『詩』傳云 : "石絶水曰梁." 然則以土石爲
隄障絶水者名梁. 雖所在皆有, 而無大於湨水之旁者. 杜預云 :
"湨水出河內軹縣東, 南至溫入河." 『春秋』襄十六年 : "公會晉侯以下于
湨梁",[17] 是也.

「석궁(釋宮)」에 "제(隄)를 양(梁)이라 한다"고 하였다. 『시』『위풍(衛風)』「유
호(有狐)」의 모전(毛傳)에 "돌로 물길을 끊는 것을 량(梁)이라 한다"고 하였
다. 그렇다면 흙이나 돌로 제방을 쌓아 물길을 끊는 것을 량(梁)이라 한다.
비록 곳곳에 모두 있으나 격수(湨水)의 곁에 있는 제방보다 큰 것이 없다.
두예의 주에 "격수(湨水)는 하내(河內) 지현(軹縣) 동에서 나와 남쪽으로 온
(溫)에 이르러 하수(河水)로 들어간다"고 하였다. 『춘추』양공(襄公) 16년에
"공이 진후(晉侯) 이하 제후와 격수의 제방에서 회담하였다"고 한 것이 이
것이다.

墳莫大於河墳.

분(墳 : 큰 둑)은 하분(河墳)보다 큰 것이 없다.

---

17) 公會晉侯以下于湨梁 : 原文의 내용을 요약한 것이다. 『좌전』의 글은 다음과 같이
    "三月, 公會于晉侯·宋公·衛侯·鄭伯·曹伯·莒子·邾子·薛伯·杞伯·小邾子
    于湨梁"이라 하여, '宋公……' 등이 더 있는데, 이들과 湨梁(격수의 제방)에서 회합하
    였다는 뜻이다.

墳, 扶云反. 防, 音房.

분(墳)은 부(扶)와 운(云)의 반절이다. 방(防)은 음이 방(房)이다.

 墳, 大防. 亦謂隄. 雖水所皆有, 而河墳最大也.

분은 큰 둑이다. 또한 제(隄)라 한다. 비록 물이 모두 있는 것이지만, 하분(河墳)이 가장 크다.

 八陵.

팔릉(八陵 : 여덟 언덕)이다.

 陵, 大阜曰陵.

능(陵)은 큰 언덕을 능(陵)이라 한다.

 此亦題上事也. 大阜曰陵. 澳梁·河墳雖非大阜, 以其絕大若陵, 故通謂之八陵也.

이것도 역시 위의 기사에 대한 제목이다. 큰 언덕을 능(陵)이라 한다.

격량(湨梁)과 하분(河墳)은 비록 대부(大阜)는 아니지만 능처럼 아주 크기 때문에 통틀어 팔릉(八陵)이라 한다.

 東方之美者, 有醫無閭之珣・玗・琪焉.

동방(東方)의 아름다운 것으로는 의무려(醫無閭)의 순(珣)・우(玗)・기(琪) 가 있다.

 醫無閭, 山名. 今在遼東. 珣・玗・琪, 玉屬.

의무려(醫無閭)[18]는 산 이름이다. 현재 요동(遼東)에 있다. 순(珣)・우(玗)・ 기(琪)는 옥(玉)의 종류이다.

 醫, 於其反. 李本作䃩, 音同. 珣, 胥均反, 又音峻.『說文』云: "「周 書」所謂美玉,[19] 讀若宣." 玗, 音于. 琪, 巨疑反.

의(醫)는 어(於)와 기(其)의 반절이다. 이순 본에는 '의(䃩)'로 되어 있는데 음은 같다. 순(珣)은 서(胥)와 균(均)의 반절인데 또한 음은 준(峻)이다.『설문』 에 "순(珣)은 「주서(周書)」에서는 미옥(美玉)이라 하였으며 선(宣)처럼 읽는다" 고 하였다. 우(玗)는 음이 우(于)이다. 기(琪)는 거(巨)와 의(疑)의 반절이다.

---

18) 醫無閭: 山名인데 醫巫閭・於微閭・廣寧山이라고도 부른다.
19) 美玉:『설문』에는 夷玉으로 되어 있다. 「周書」는『書經』「顧命」을 말하는데 역시 夷玉으로 되어 있다.

 此釋八方・中國名山所產之物也. 案, 「地理志」“遼東郡無慮縣. 應劭曰: 慮, 音閭. 顏師古曰: 卽所謂醫巫閭.” 是縣因山爲名, 故云山名, 今在遼東.『周禮』幽州鎭也. 云“珣・玗・琪, 玉屬”者,『說文』云: “珣, 「周書」所謂“夷玉”也.” “玗, 石之似玉者.” 琪, 玉也. 皆玉之類也, 故云玉屬.

여기서는 팔방(八方)과 중국(中國)[20]의 명산(名山)에서 생산되는 물건을 풀이하였다. 살피건대,『한서』「지리지」에는 “요동군(遼東郡) 무려현(無慮縣)이다. 응소(應劭)는 려(慮)는 음이 려(閭)이다. 안사고(顏師古)는 소위 의무려(醫巫閭)이다”고 하였다. 이 현은 산 이름에 따라 명칭이 지어졌으므로 산명(山名)이라고 하였으며, 지금 요동(遼東)에 있다.『주례』「하관」「직방씨(職方氏)」에 유주(幽州)의 진산(鎭山)이다고 하였다. “순・우・기, 옥속(珣・玗・琪, 玉屬)”에 대하여『설문』에는 “순(珣)은 「주서(周書)」에 말한 이옥(夷玉)이다”고 하였다. “우(玗)는 돌이 옥과 비슷한 것이다”고 하였다. 기(琪)는 옥이다. 모두 옥의 종류이므로 옥속(玉屬)이라 한 것이다.

 東南之美者, 有會稽之竹箭焉.

동남(東南)의 아름다운 것으로는 회계산(會稽山之)의 죽전(竹箭 : 화살대)이 있다.

爾雅注 會稽, 山名. 今在山陰縣南. 竹箭, 篠也.

---

20) 中國 : 國名이 아니라 천하 한 가운데라는 뜻이다.

회계는 산명(山名)이다. 지금 산음현(山陰縣) 남쪽에 있다. 죽전(竹箭)은 소(篠)이다.

會, 古外反. 稽, 古兮反. 箭, 子賤反. 篠, 悉了反.

회(會)는 고(古)와 외(外)의 반절이다. 계(稽)는 고(古)와 혜(兮)의 반절이다. 전(箭)은 자(子)와 천(賤)의 반절이다. 소(篠)는 실(悉)과 료(了)의 반절이다.

『周禮』楊州云: "其山鎭曰會稽." 鄭注云: "在山陰." 「地理志」會稽郡山陰縣云: "會稽在南, 上有禹冢・禹井", 故云山名, 今在山陰縣南也. 云"竹箭, 篠也"者, 「禹貢」楊州云: "篠蕩旣敷." 「釋草」云: "篠, 竹箭也." 郭云: "別二名." 則竹箭一名篠. 是竹之小者, 可以爲箭幹者也.

『주례』「하관」「직방씨」에 양주(楊州)에 대해서는 "양주(楊州)의 진산(鎭山)이 회계산이다"고 하였는데, 정현의 주에는 "산음(山陰)에 있다"고 하였다. 『한서』「지리지」에는 회계군(會稽郡) 산음현(山陰縣)에 대해 말하기를 "회계산은 남쪽에 있는데 정상에 우총(禹冢)과 우정(禹井)이 있다"고 하였으므로 산명(山名)이 된 것인데 지금 산음현 남쪽에 있다. "죽전, 조아(竹箭, 篠也)"라고 한 것은 『상서』「우공(禹貢)」에 양주(楊州)에 대해서는 "조릿대와 왕대가 널리 퍼져 있다"고 하였다. 「석초」에는 "소(篠)는 죽전(竹箭 : 살대이다"고 하였고, 곽박은 "두 가지 명칭을 구별하였다"고 하였으니, 죽전(竹箭)이 일명 소(篠)이다. 대나무 가운데 작은 것으로 이것으로 화살대를 만들 수 있다.

 南方之美者, 有梁山之犀・象焉.

남방(南方)의 아름다운 것으로는 양산(梁山)의 코뿔소와 코끼리가 있다.

 犀牛皮角・象牙骨.

코뿔소의 가죽과 뿔, 코끼리의 이빨과 뼈이다.

 犀, 音西.

서(犀)는 음이 서(西)이다.

 "南方之美者, 有梁山之犀象焉"者, 郭氏不注梁山所在. 犀・象, 二獸; 皮角・牙骨, 材之美者也.

"남방지미자, 유양산지서상언(南方之美者, 有梁山之犀象焉)"에 대하여 곽박은 양산(梁山)이 어느 곳에 있는지를 주석하지 않았다. 코뿔소와 코끼리는 두 종류의 짐승인데, 코뿔소의 가죽과 뿔, 코끼리의 이빨과 뼈는 재료 가운데 뛰어난 것이다.

 西南之美者, 有華山之金石焉.

서남(西南)의 아름다운 것으로는 화산(華山)의 금석(金石)이 있다.

 黃金·礝石之屬.

황금(黃金)과 연석(礝石)의 종류이다.

爾雅音義 華, 戶花反, 又戶化反. 礝, 本或作碝, 同, 如兗反. 應劭注「子虛賦」云: "礝石出鴈門, 白者若冰, 半有赤色."

화(華)는 호(戶)와 화(花)의 반절이고 또 호(戶)와 화(化)의 반절이다. 연(礝)은 본에 따라서 연(碝)으로 되어 있는데 음의가 같으며 여(如)와 연(兗)의 반절이다. 응소(應劭)는 사마상여(司馬相如)의 「자허부(子虛賦)」 주에 "연석(礝石)은 안문(鴈門)에서 생산되는데 흰 것은 얼음과 같으며 반 정도 적색을 띤다"고 하였다.

爾雅疏 注"黃金·礝石之屬." 經惟言金. 知黃金者, 以三品之中黃金爲上. 此言美者, 故知黃金. 礝石, 石之次玉者. 「玉藻」云: "士佩礝[21]玫而縕組綬." 是也. 其類非一, 故云"之屬."

주에서 "황금연석지속(黃金礝石之屬)"이라 하였다. 경문(經文)에서는 금(金)만 말하였다. 황금(黃金)임을 아는 것은 3품(三品: 금·은·동)[22] 가운데 황금이 상(上)이기 때문이다. 여기서 아름답다고 하였으므로 황금임을 알 수 있다. 연석(礝石)은 옥 다음 가는 돌이다. 『예기』 「옥조(玉藻)」에 "사(士)는 연민(礝玫)을 차는데 온조(縕組: 적황색의 끈)로 연결 줄을 한다"고 한 것이 이것이

---

21) 礝: 「玉藻」에는 '瑌'으로 되어 있다.
22) 三品: 『書經』 「禹貢」의 "惟金三品"에 대한 「孔傳」에 "金銀銅也"라고 하였다.

다. 그 종류가 하나가 아니므로 "지속(之屬 : ~의 종류)"이라 하였다.

 西方之美者, 有霍山之多珠玉焉.

서방(西方)의 아름다운 것으로는 곽산(霍山)에 주옥(珠玉)이 많이 있다.

 霍山, 今在平陽永安縣東北. 珠, 如今雜珠而精好.

곽산(霍山)은 지금 평양군(平陽郡) 영안현(永安縣) 동북에 있다. 주(珠)는 지금의 잡주(雜珠)[23]로 정밀하고 좋다.

 霍, 呼郭反.

곽(霍)은 호(呼)와 곽(郭)의 반절이다.

『周禮』冀州 : "其山鎭曰霍山." 鄭云 : "在彘." 案「地理志」河東[24] 郡彘縣云 : "霍大山在東. 冀州山, 周厲王所奔." 應劭曰 : "順帝 改曰永安." 然則東晉時屬平陽郡, 而縣名永安, 故云"今在平陽永安縣" 也. 云"珠, 如今雜珠而精好"者, 郭氏時驗爲然也.

---

23) 雜珠 : 단색의 구슬이 아닌 여러 가지 색으로 섞여 있는 구슬로 이해된다.
24) 東 : 대본에는 '南'으로 되어 있는데 『한서』「지리지」에 따라 '東'으로 고쳤다.

『주례』「하관」「직방씨」에 기주(冀州)에 대하여 "그 진산이 곽산(霍山)이다"고 하였는데, 정현은 "체현(彘縣)에 있다"고 하였다. 살피건대, 『한서』「지리지」에는 하동군(河同郡) 체현(彘縣)에 대하여 "곽대산(霍大山)이 동쪽에 있다. 기주산(冀州山)은 주(周) 여왕(厲王)이 달아난 곳이다"고 하였다. 응소(應劭)는 "순제(順帝) 때 영안(永安)으로 이름을 바꾸었다"고 하였다. 그렇다면 동진(東晉) 시기에 평양군(平陽郡)에 속하였고 현을 영안(永安)으로 부른 것이다. 그러므로 곽박이 "금재평양영안현(今在平陽永安縣)"이라고 한 것이다. "주여금잡주이정호(珠如今雜珠而精好)"고 한 것은 곽박이 당시의 경험으로 한 말이다.

 西北之美者, 有崑崙虛之璆琳琅玕焉.

서북(西北)의 아름다운 것으로는 곤륜산(崑崙山) 아래 구림낭간(璆琳琅玕)이 있다.

璆·琳, 美玉名. 琅玕, 狀似珠也. 『山海經』曰 : "崑崙山有琅玕樹.

구·림(璆·琳)은 아름다운 옥의 명칭이다. 낭간(琅玕)은 모양이 주(珠)와 비슷하다. 『산해경(山海經)』에는 "곤륜산(崑崙山)에 낭간수(琅玕樹)가 있다"고 하였다.

崑, 音昆. 崙, 路昆反. 虛, 羌魚反. 璆, 其樛反, 又音求. 琳, 音林. 瑯, 音郎, 又作琅, 同. 玕, 音干.

곤(崑)은 음이 곤(昆)이다. 륜(崙)은 로(路)와 곤(昆)의 반절이다. 허(虛)는 강(羌)과 어(魚)의 반절이다. 구(璆)는 기(其)와 규(樛)의 반절로 또한 음이 구(求)이다. 림(琳)은 음이 림(林)이다. 랑(琅)은 음이 랑(郞)으로 또 랑(琅)으로도 쓰는데 음의가 같다. 간(玕)은 음이 간(干)이다.

 璆與球同. 『說文』云 : “璆, 玉磬也. 琳, 美玉名.”[25] 『書』云 : “戞擊鳴球.” 美玉可以爲磬, 故皆云“美玉”也. 云‘『山海經』曰”者, 案「海內西經」云 : “帝之下都, 崑崙之虛, 方八百里, 高萬仞. 其上有三頭人. 琅玕樹.” 注云“琅玕子似珠”, 是也.

구(璆)는 구(球)와 같다. 『설문』에 “구(璆)는 옥경(玉磬)이다. 림(琳)은 아름다운 옥의 명칭이다”고 하였다. 『서경』「익직(益稷)」에 “알격명구(戞擊鳴球 : 명구를 친다)”라 하였다. 아름다운 옥으로 경(磬)을 만들 수 있으므로 모두 “미옥(美玉)”이라 부른 것이다. 주에서 말한 『산해경』은 살피건대, 『산해경』「해내서경(海內西經)」에 “천제의 지상(地上) 도읍지인 곤륜산 아래는 사방 팔백 리이고 높이가 만인(萬仞 : 만 길)이다. 그 위에는 머리 셋 달린 사람과 낭간수(琅玕樹)[26]가 있다”고 하였다. 곽박이 주에서 “낭간수의 열매가 주(珠)와 비슷하다”고 한 것이 이것이다.

경문 北方之美者, 有幽都之筋角焉.

---

25) 璆, 王磬也. 琳, 美玉名 : 段注本 『說文』에는 “璆, 王磬也”라는 글이 없다. “球, 王也”에 대해 段玉裁가 “鉉本王磬也”라 하였다. 즉 邢昺이 당시에 본 『說文』은 徐鉉本임을 추론할 수 있다.

26) 琅玕樹 : 『山海經』「海內西經」에는 “其上有三頭人, 伺琅玕樹”라 하여 ‘伺’자가 더 들어 있다. 琅玕樹는 琅玕처럼 생긴 열매를 맺는 나무인 듯하다.

북방(北方)의 아름다운 것으로는 유도(幽都)의 힘줄과 뿔이 있다.

 幽都, 山名. 謂多野牛筋角.

유도(幽都)는 산의 명칭이다. 들소의 힘줄과 뿔이 많음을 말한다.

 筋, 音斤, 本或作觔字, 非.

근(筋)은 음이 근(斤)인데 본에 따라서는 근(觔)자로 되어 있으나 잘못이다.

 『山海經』云 : "北海之內, 有山, 名曰幽都之山." 是也.

『산해경』 「해내경(海內經)」에 "북해(北海) 안에 산이 있는데 유도산(幽都山)이라고 부른다"고 한 것이 이것이다.

 東北之美者, 有斥山之文皮焉.

동북(東北)의 아름다운 것으로는 척산(斥山)의 무늬 있는 가죽이 있다.

 虎豹之屬, 皮有縟綵者.

호표(虎豹)의 종류로 가죽에 화려한 색채가 있다.

 斥, 昌亦反, 又昌夜反. 縟, 音辱.

척(斥)은 창(昌)과 역(亦)의 반절이고, 또 창(昌)과 야(夜)의 반절이다. 욕(縟)
은 음이 욕(辱)이다.

 斥山, 山名也. 文皮, 虎豹之屬. 其皮毛有文采·細縟, 故謂之文
皮焉.

척산(斥山)은 산 이름이다. 문피(文皮)는 호표의 종류이다. 그 가죽털에
무늬와 가느다란 색이 있으므로 문피(文皮)라고 하는 것이다.

 中有岱岳, 與其五穀魚鹽生焉.

중앙에는 대악(岱岳)이 있는데 오곡(五穀)과 함께 물고기 그리고 소금이
생산된다.

 言泰山有魚鹽之饒.

태산(泰山)에 물고기와 소금이 풍부하게 있음을 말한다.

 饒, 而遙反.

요(饒)는 이(而)와 요(遙)의 반절이다.

 岱岳, 泰山也. 此言中國也. 五穀 : 黍・稷・麻・麥・豆也. 泰山東近海. 「禹貢」 "海岱, 惟靑州, 厥貢鹽絺, 海物惟錯." 言其饒多, 非一種. 故注云"言泰山有魚鹽之饒"也.

대악(岱岳)은 태산(泰山)이다. 여기서는 천하의 중앙을 말하였다. 오곡(五穀)은 서(黍 : 메기장)・직(稷 : 찰기장)・마(麻 : 삼)・맥(麥 : 보리)・두(豆 : 콩)이다. 태산은 동쪽으로 바다에 가깝다. 『상서』 「우공」에 "바다와 태산 지역은 청주(靑州)이다. 그 공물은 소금과 가는 칡베이고, 해산물도 섞여 있다"고 하였으니, 그 풍부함이 한 종류가 아님을 말한 것이다. 그러므로 곽박이 주에서 "태산유어염지요(泰山有魚鹽之饒)"라고 하였다.

 九府.

구부(九府 : 아홉 창고)이다.

 府猶庫藏也.

부(府)는 곳간과 같다.

 此亦題上事也. 府, 聚也, 財物之所聚也. 言此八方及中, 皆美物之所聚, 故題云九府也.

이것 역시 위 글에 대해 제목을 붙인 것이다. 부(府)는 취(聚)의 뜻으로 재물을 모아 두는 곳이다. 이는 팔방(八方)과 중앙에 모두 좋은 물건이 모이는 곳을 말하였으므로, 제목을 구부(九府)라고 한 것이다.

 東方有比目魚焉. 不比不行, 其名謂之鰈.

동방(東方)에 비목어(比目魚 : 넙치)가 있다. 불비불행(不比不行 : 두 마리가 양쪽으로 합하지 않으면 가지 못한다)하니, 그 이름을 접(鰈)이라 한다.

 狀似牛脾, 鱗細, 紫黑色. 一眼, 兩片相合乃得行. 今水中所在有之. 江東又呼爲王餘魚.

모습이 우비(牛脾 : 소 지라)와 비슷한데 비늘이 가늘고 자흑색(紫黑色)이다. 눈이 하나인데 양쪽이 서로 합쳐서야 갈 수 있다. 지금도 물 속에 있다. 강동에서는 또 왕여어(王餘魚)라 부른다.

鰈, 本或作鰯, 同, 音牒, 又勅臘他盍二反. 脾, 婢支反.

접(鰈)은 본에 따라서 탑(鰯)으로 되어 있는데 음의가 같고 음은 첩(牒)이다. 또 칙(勅)과 렵(臘), 타(他)와 합(盍)으로 반절이 둘이다. 비(脾)는 비(婢)와 지(支)의 반절이다.

此釋五方異氣而産非常之物也. 云"東方有比目魚焉"者, 言東方
水中有魚, 其形狀似牛脾, 鱗細, 紫黑色. 一眼, 兩片相合·兩目
相比乃得行. 故曰比目魚. 云"不比不行"者, 比, 合也. 言一片不能行, 須
兩片相合乃行. 故云"不比不行"也. 云"其名謂之鰈"者, 言鰈爲此魚之名
也. 一名比目魚, 一名鰈. 郭云: "江東又呼爲王餘魚."

　여기서는 다섯 방위의 다른 기상(氣象)과 특별히 산출되는 물건을 풀이
하였다. "동방유비목어언(東方有比目魚焉)"은 동방 수중에 고기가 있는데
그 모습이 소의 지라와 비슷하며 비늘이 가늘고 자흑색(紫黑色)이다. 눈이
하나인데 양쪽이 서로 합치고 양쪽 눈이 서로 일치해야 행동할 수 있는
것을 말한다. 그러므로 비목어(比目魚)라 부른다. "불비불행(不比不行)"에서
비(比)는 합(合 : 합하다)이다. 한 쪽만으로는 행동할 수 없고, 반드시 양쪽이
서로 합쳐야 행동할 수 있다. 그러므로 "불비불행(不比不行)"이라고 하
였다. "기명위지접(其名謂之鰈)"은 접(鰈)이 이 고기의 명칭임을 말한다. 일
명 비목어(比目魚)이고, 일명 접(鰈)이다. 곽박은 "강동에서는 또 왕여어(王
餘魚)라 부른다"고 하였다.

 南方有比翼鳥. 不比不飛, 其名謂之鶼鶼.

　남방(南方)에 비익조(比翼鳥)가 있다. 몸이 나란히 합치하지 않으면 날지
못하는데, 그 이름을 겸겸(鶼鶼)이라 한다.

似鳧, 靑赤色. 一目一翼, 相得乃飛.

　부(鳧 : 오리)와 비슷하고 청흑색(靑赤色)이다. 눈이 하나 날개가 하나인데
서로 합쳐야 날 수 있다.

 翼, 本或作翊, 同, 羊式反. 鶼, 古恬反. 鳧, 音扶.

　익(翼)은 본에 따라 익(翊)으로 되어 있는데 음의가 같으며 양(羊)과 식(式)
의 반절이다. 겸(鶼)은 고(古)와 염(恬)의 반절이다. 부(鳧)는 음이 부(扶)이다.

 案『山海經』云 : “崇五山有鳥, 狀如鳧. 一翼一目, 相得乃飛, 名
曰蠻蠻.” 郭云 : “比翼鳥也, 色靑赤, 不比不能飛.” 『爾雅』作 “鶼
鶼” 者, 正謂此也.

　살피건대, 『산해경』 「서차삼경(西次三經)」에 “숭오산(崇五山)에 새가 있는
데 모습이 부(鳧)와 같다. 날개 하나 눈이 하나인데 서로 합쳐야 날 수 있
으며 이름을 만만(蠻蠻)이라 한다”고 하였다. 곽박은 “비익조(比翼鳥)이다.
색은 청적(靑赤)이며 서로 합치지 않으면 날 수 없다”고 하였다. 『이아』에
는 “겸겸(鶼鶼)”으로 되어 있는데 바로 이것을 말한다.

 西方有比肩獸焉. 與邛邛岠虛比, 爲邛邛岠虛齧甘
草. 卽有難, 邛邛岠虛負而走, 其名謂之蟨.

　서방(西方)에 비견수(比肩獸 : 어깨를 합하는 짐승)가 있다. 공공거허(邛邛岠虛)

와 함께 다니며 공공거허를 위해 맛있는 풀을 씹어준다. 만약 위급한 일이 있을 때면 공공거허가 등에 업고 달리는데, 그 이름을 궐(蟨)이라 한다.

『呂氏春秋』曰：“北方有獸, 其名爲蟨. 鼠前而兔後, 趨則頓, 走則顚.” 然則邛邛岠虛亦宜鼠後而兔前. 前高不得取甘草, 故須蟨食之. 今鴈門廣武縣夏屋山中有獸, 形如兔而大, 相負共行. 土俗名之爲蟨鼠, 音厥.

『여씨춘추』에 “북방에 짐승이 있는데 그 이름을 궐(蟨)이라 한다. 앞발은 쥐 같고 뒷발은 토끼 같아 천천히 가도 넘어지고 빨리 가면 자빠진다”27)고 하였다. 그렇다면 공공거허(邛邛岠虛) 또한 뒷발은 쥐 같고 앞발은 토끼와 같아야 할 것이다. 앞이 높아서 맛있는 풀을 뜯지 못하므로 궐(蟨)이 먹여 줄 때를 기다린다. 지금 안문(鴈門) 광무현(廣武縣) 하옥산(夏屋山)에 짐승이 있는데 모습이 토끼 같지만 토끼보다 더 크며 등에 업고서 함께 달린다. 그 지방에서는 부르기를 궐서(蟨鼠)라 하는데 음은 궐(厥)이다.

肩, 音堅. 邛, 本或作䣸䣸, 巨凶反. 岠, 音巨, 本或作岠, 又作岠, 音同. 虛, 本或作虗, 又作獹, 同, 許俱反. 爲, 于僞反. 齧, 五結反, 本或作噬, 謝音逝. 難, 奴旦反. 蟨, 郭音厥, 孫居衛反. 李云：“邛邛岠虛能走, 蟨知美草. 卽若驚難者, 邛邛岠虛便負蟨而走, 故曰比肩獸.” 孫云：“邛邛岠虛狀如馬, 前足鹿後足兔. 前高不得食而善走. 蟨前足鼠後足兔, 善求食, 走則倒. 故齧甘草, 則仰食邛邛岠虛. 邛邛岠虛負以走.” 郭云：“今鴈門夏屋山中有獸, 形如兔而大, 相負共行. 土俗名之爲蟨鼠.” 『穆天子傳』云：“邛邛岠虛走百里之類也.” 司馬相如『子虛賦』云：“蹴邛

---

27) 자빠진다 : 『呂氏春秋』 「愼大覽」 「不廣」에 나오는 것으로 원문에는 “北方有獸, 名曰蹶, 鼠前而兔後, 趨則跲, 走則顚, 常爲蛩蛩距虛取甘草以與之. 蹶有患害也, 蛩蛩距虛必負而走. 此以其所能託其所不能”으로 되어 있어 약간 차이가 있다.

邛, 轉岠虛." 又爲二獸也. 趨, 七兪反, 作趍, 非. 食, 音嗣. 夏, 戶雅反.

견(肩)은 음이 견(堅)이다. 공(邛)은 본에 따라서 공공(駏駏)으로 되어 있는
데 거(巨)와 흉(凶)의 반절이다. 거(駏)는 본에 따라 거(岠)로 쓰며, 또한 거(狟)
로도 쓰는데 음은 같다. 허(驢)는 본에 따라 허(虛)로 쓰며, 또 허(貜)로 되어
있는데 음의가 같으며 허(許)와 구(俱)의 반절이다. 위(爲)는 우(于)와 위(僞)
의 반절이다. 설(齧)은 오(五)와 결(結)의 반절이고, 본에 따라 서(噬)로 되어
있는데, 사교는 음이 서(逝)라 하였다. 난(難)은 노(奴)와 단(旦)의 반절이다.
궐(蟨)에 대하여 곽박은 음이 궐(厥)이라 하였으며, 손염은 거(居)와 위(衛)의
반절이라고 하였다. 이순은 "공공거허는 달리기를 잘하고 궐은 맛있는 풀
을 안다. 만약 위급한 상황이 일어나면 공공거허가 즉시 궐을 업고 달리
므로 비견수(比肩獸)라 한다"고 하였다. 손염은 "공공거허는 모습이 말과
같은데 앞발은 사슴, 뒷발은 토끼같다. 앞발이 높아 음식을 먹을 수 없으
나 달리기를 잘한다. 궐은 앞발은 쥐, 뒷발은 토끼 같아 음식 구하기를 잘
하지만 달리면 자빠진다. 그러므로 맛있는 풀을 씹어서는 공공거허를 쳐
다보며 먹여준다. 공공거허는 궐을 등에 업고 달린다"고 하였다. 곽박은
"지금 안문(鴈門) 광무현(廣武縣) 하옥산(夏屋山)에 짐승이 있는데 모습이 토
끼 같지만 토끼보다 더 크며 등에 업고서 함께 달린다. 그 지방에서는 부
르기를 궐서(蟨鼠)라 한다"고 하였다. 『목천자전(穆天子傳)』에 "공공거허는
백 리를 달리는 종류이다"고 하였다. 사마상여의 「자허부(子虛賦)」[28]에 "공
공(邛邛)처럼 빠르게 거허(岠虛)처럼 날쌔게"라 하였으니, 또한 두 마리의
짐승으로 여긴 것이다. 추(趨)는 칠(七)과 유(兪)의 반절인데 추(趍)로 씀은
잘못이다. 사(食)는 음이 사(嗣)이다. 하(夏)는 호(戶)와 아(雅)의 반절이다.

---

28) 「子虛賦」:『文選』卷7에 수록되어 있다.

云"西方有比肩獸焉"者, 此爲蹶也. 與邛邛岠虛相比, 蹶則肩痺[29]不能走, 而能取甘草. 邛邛岠虛則前高不得取甘草, 而善走. 『穆天子傳』曰"邛邛岠虛走百里" 是也. 故各以其能而濟所不能. 蹶常爲邛邛岠虛齧甘美之草, 仰而食之. 卽有急難, 邛邛岠虛則背負而走者, 其名謂之蹶也. 云『呂氏春秋』二十六篇, 秦相呂不韋輯智畧士作也, 云"日北方有獸"至"則顚"者, 『愼大[30]覽』「順說」篇之文也, 引之乃以證邛邛岠虛之形也. 然則以下郭氏注云 : "今鴈門廣武縣"云云者, 目驗知之也.

"서방유비견수언(西方有比肩獸焉)"라 하였는데 여기서는 궐(蹶)을 의미한다. 공공거허(邛邛岠虛)와 더불어 서로 합하는데, 궐(蹶)은 어깨가 마비되어 달리지 못하지만 맛있는 풀을 뜯는다. 공공거허는 앞발이 높아서 감초를 뜯지 못하지만 달리기를 잘한다. 『목천자전』에서 "공공거허는 백 리를 달린다"고 한 것이 이것이다. 그러므로 각각 그 잘하는 것으로 잘 하지 못하는 것을 돕는다. 궐(蹶)은 항상 공공거허를 위해서 맛있는 풀을 씹어서 위로 올려 먹여준다. 만일 위급한 일이 있을 시에는 공공거허가 등에 궐을 업고 달리는데, 등에 업힌 짐승의 이름을 궐(蹶)이라고 한다. 『여씨춘추』는 26편은 진(秦)의 재상 여불위(呂不韋)가 지모와 재략이 있는 사람을 모아서 지은 것이다. "왈북방유수(曰北方有獸)"로부터 "즉전(則顚)"까지는 『여씨춘추』「신대람(愼大覽)」「순설편(順說篇)」[31]의 글인데 곽박이 인용하여 공공거허의 모습을 증명한 것이다. 그렇다면 그 아래 곽박이 주석한 "금안문광무현(今鴈門廣武縣)"이라 운운한 것은 곽박이 목격하고 경험해서 안 것이다.

---

29) 痺 : 『이아고림』 「邢疏」에는 '卑'로 되어있고, 사고전서 본에는 '痺'로 되어있다.
30) 愼大 : 대본에는 大愼으로 되어 있으나 『呂氏春秋』에 따른다.
31) 「順說篇」 : 앞의 내용은 형병의 말과는 달리 「不廣篇」에 나온다.

北方有比肩民焉, 迭食而迭望.

북방(北方)에 비견인(比肩民 : 어깨를 합하는 사람)이 있는데 번갈아 가며 밥을 먹고 번갈아 가며 망을 본다.

爾雅注 此卽半體之人, 各有一目·一鼻·一孔·一臂·一脚, 亦猶魚鳥之相合, 更望備警急.

이것은 곧 반체지인(半體之人 : 반 쪽 몸의 사람)이다. 각각 눈 하나, 코 하나, 콧구멍 하나, 팔 하나, 다리 하나씩 가지고 있으니 또한 비목어·비익조가 서로 합하는 것과 비슷하다. 번갈아 가며 망을 보고 위급 사태에 대비한다.

爾雅音義 迭, 徒結反. 更, 音庚.

질(迭)은 도(徒)와 결(結)의 반절이다. 경(更)은 음이 경(庚)이다.

爾雅疏 此卽半體人也. 兩半相比, 乃得爲人動作及禦非常. 以肩在上而顯, 故謂之比肩民焉. 迭, 更也. 謂一體取食, 則一體瞻望, 所以備驚急也. 故云"迭食而迭望."

이는 곧 반체인(半體人)이다. 두 사람이 반반씩 서로 합쳐야 사람의 동작을 하고 비상시를 대비하는 것이다. 어깨가 위로 솟아 있기 때문에 비견민(比肩民)이라 한다. 질(迭)은 경(更 : 번갈아가다)이다. 한 몸뚱이가 밥을 먹으면 다른 한 몸뚱이는 망을 보아서 위급 사태에 대비하는 것을 말한다. 그러므로 "질식이질망(迭食而迭望)"이라 하였다.

 中有枳首蛇焉.

중앙에 지수사(枳首蛇 : 머리 둘 달린 뱀)가 있다.

 岐頭蛇也. 或曰 : "今江東呼兩頭蛇爲越王約髮, 亦名弩弦.

기두사(岐頭蛇)이다. 혹자는 "지금 강동에서는 양두사(兩頭蛇)를 부르기를, 월왕약발(越王約髮)이라고도 하며 또 노현(弩弦)이라도 한다"고 하였다.

 枳, 本或作稜, 顧音居是諸是二反. 郭巨宜反. 孫音支, 云 : "蛇有枝首者名曰率然." 施音指. 案枳首謂蛇有兩頭. 首, 舒酉反.

지(枳)는 본에 따라 지(稜)로도 되어 있는데 고야왕은 음이 거(居) 시(是), 제(諸) 시(是)로 반절이 둘이라 하였으며, 곽박은 거(巨)와 의(宜)의 반절이라 하였다. 손염은 음이 지(支)라 하였으며, "뱀 중에서 머리가 갈래가 있는 것의 명칭을 솔연(率然)이라 한다"고 하였다. 시건은 음이 지(指)라고 하였다. 살피건대, 지수(枳首)는 뱀이 머리가 둘 있는 것을 뜻한다. 수(首)는 서(舒)와 유(酉)의 반절이다.

 云"中有枳首蛇焉." 枳, 岐也. 此卽兩頭蛇也. 江東呼越王約髮, 言是越王約髮所變也. 亦名弩弦, 卽以形相似而名之也.

"중유지수사언(中有枳首蛇焉)"라 하였는데, 지(枳)는 기(岐 : 갈래)이다. 이것은 곧 머리 둘 달린 뱀이다. 강동에서는 월왕약발(越王約髮)이라 부르는데, 월왕의 묶은 머리가 변한 것을 말한다.[32] 또한 노현(弩弦)이라고도 하는데, 곧 형상이 비슷해서 그렇게 부른 것이다.

 此四方中國之異氣也.

여기서는 사방과 중국(中國)의 기이한 기상(氣象)을 말하였다.

 五方.

오방(五方 : 다섯 방위)이다.

 此亦題上事也. 言是五方風氣殊異而生此怪物也.

이것은 또한 위 글에 대해 제목을 붙인 것이다. 다섯 방위의 풍속과 기상이 다르므로 이런 괴물이 생겨난 것임을 말한다.

---

32) 강동에서는 …… 말한다 : 그 형상은 『爾雅義疏』에 "그 비단 무늬가 한 자 남짓하여 비슷하다[以其錦文長尺餘似之]"라고 설명하였다.

 邑外謂之郊, 郊外謂之牧, 牧外謂之野, 野外謂之林,
林外謂之坰.

국도(國都)의 밖을 교(郊 : 10리), 교(郊)의 밖을 목(牧 : 20리), 목(牧)의 밖을
야(野 : 30리), 야(野)의 밖을 림(林 : 40리), 림(林)의 밖을 경(坰 : 50리)이라 한다.

 邑, 國都也. 假令百里之國, 五十里之界, 界各十里也.

읍(邑)은 국도(國都 : 나라의 수도)이다. 가령 100리가 되는 나라는 중앙으
로부터 50리를 경계(境界)로 하는데, 경계는 각각 10리이다.

 牧, 亡卜反, 養也. 此謂牧養之地, 『說文』: "從牛" 或作目. 李本
牧作田字, 釋云: "田畞也. 謂畞列種穀之處. 畞, 音陳." 野, 本或
作埜古字, 羊者反. 坰, 古熒反. 令, 力呈反.

목(牧)은 망(亡)과 복(卜)의 반절이며, 양(養 : 기르다)이다. 이것은 기르고
재배하는 땅을 말한다. 『설문』은 목(牧)에 대해 "우(牛)를 따른다"고 하였
는데 혹은 목(目)으로 되어 있다. 이순 본에는 목(牧)이 전(田)자로 되어 있
는데, 풀이하기를 "전진(田畞)이다. 종자와 곡식을 진열한 곳을 말한다. 진
(畞)은 음이 진(陳)이다"고 하였다. 야(野)는 본에 따라서는 야(埜)로 되어 있
는데, 고자(古字)이고 양(羊)과 자(者)의 반절이다. 경(坰)은 고(古)와 영(熒)의
반절이다. 령(令)은 력(力)과 정(呈)의 반절이다.

此釋郊野之地遠近高下不同之名也. 云"邑外謂之郊"者, 邑, 國
都也. 謂國都城之外名郊也. 云"郊外謂之牧"者, 言可放牧也.

『書』「牧誓」云 : “王朝至于商郊牧野, 乃誓.” 是也. 云“牧外謂之野”者, 言
牧外之地名野. 『詩』傳云 : “郊外曰野”者. 以細別言之, 則郊外之地名牧,
牧外之地名野; 若大判而言, 則野者郊外通名. 故『周禮』六遂在遠郊之外.
「遂人職」云 : “凡治野田.” 是其郊外之地總稱野也. 云“野外謂之林”者,
言野外之地名林. 以其去都邑遠, 薪采者少, 其地可長平林, 因名云也.
云“林外謂之坰”者, 言林外之地, 最爲遠野, 名坰. 「魯頌」云 : “駉駉牡馬,
在坰之野.” 毛傳云“坰, 遠野” 是也. 云“邑, 國都也”者, 案『周禮』 : “四縣
爲都, 四井爲邑.” 『春秋』莊二十八年『左傳』曰 : “凡邑有宗廟先君之主曰
都, 無曰邑.” 然則邑與都異. 此爲一者, 彼對文之例耳. 但都者聚居之處,
故『詩』「小雅」云 : “彼都人士.” 『說文』云 : “邑, 國也.” 是天子諸侯所居國
城, 或謂之邑, 或謂之都. 故以國都解邑也. 云“假令百里之國, 五十里之
界, 界各十里也”者, 以其百里之國, 國都在中. 去境五十里, 每十里而異
其名, 則坰爲邊畔, 去國最遠. 故毛傳以爲遠野也. 此“假令”者, 據小國言
之. 郊爲遠郊, 牧·野·林·坰, 自郊外爲差耳. 然則郊之遠近, 計國境之
廣狹以爲差也. 「聘禮」云 : 賓“及郊.” 注云“郊, 遠郊. 周制, 天子畿內千
里, 遠郊百里, 以此差之. 遠郊, 上公五十里, 侯四十里, 伯三十里, 子二
十里, 男十里也. 近郊各半之.” 是鄭之所約也. 是以『司馬法』云 : “王國百
里爲遠郊.” 又此經從邑之外止有五名, 明當每皆百里, 故知遠郊百里也.
知近郊半之者, 『書』序云 : “周公旣沒, 命君陳分正東郊成周.” 於時周都
王城, 而謂成周爲東郊, 則成周在其郊也. 於漢, 王城爲河南, 成周爲洛
陽, 相去不容百里, 則所言郊者爲近郊. 故鄭注云 : “天子近郊五十里.” 今
河南·洛陽相去則然. 是鄭以河南·洛陽約近郊之里數也. 『周禮』杜子春
注云 : “五十里爲近郊.” 『白虎通』亦云 : “近郊五十里, 遠郊百里.” 是儒者
相傳爲然也.

　　여기서는 교(郊)와 야(野)의 지역이 원근고하(遠近高下)에 따라 다른 명칭
을 풀이하였다. “읍외위지교(邑外謂之郊)”라 하였는데 읍(邑)은 국도이다. 국

도의 성(城) 밖의 교(郊)임을 말한다. "교외위지목(郊外謂之牧)"이라 하였는데 방목(放牧)할 수 있음을 말한다. 『서경』「주서(周書)」「목서(牧誓)」에 "무왕이 아침에 상(商)의 교외인 목야(牧野)에 이르러 맹서하였다"고 한 것이 이것이다. "목외위지야(牧外謂之野)"라 한 것은 목(牧) 바깥의 지역에 대한 명칭(名稱)이 야(野)임을 말한다. 『시경』「소남」「야유사균(野有死麕)」의 모전(毛傳)에 "교외(郊外)를 야(野)라 한다"고 하였는데, 세세히 분별하여 말한다면 교외(郊外) 지역의 명칭은 목(牧)이며, 목외(牧外) 지역의 명칭은 야(野)이다. 만일 크게 분별하여 말한다면 야(野)는 교외(郊外)를 통칭(通稱)하는 명칭이다. 그러므로 『주례』에 육수(六遂)[33]가 원교(遠郊)의 밖에 있다고 하였다. 『주례』「지관」「수인직(遂人職)」에 "대개 야전(野田)을 다스린다"고 하였다. 이는 교외의 지역을 총칭하여 야(野)라고 한 것이다. "야외위지임(野外謂之林)"이라 한 것은 야외(野外) 지역의 명칭이 임(林)임을 말한다. 도읍과 멀리 떨어져 있기 때문에 나무하는 자들이 적고 그 지역에서는 편편한 숲을 기를 수 있으므로 이름한 것이다. "임외위지경(林外謂之坰)"이라 한 것은 임외(林外)의 지역은 가장 멀리 있는 원야(遠野)이므로 경(坰)이라 부른 것을 말한다. 『시경』「노송(魯頌)」「경(駉)」에 "건장한 숫말이 경(坰)의 들에 있다"고 하였는데, 모전에 "경(坰)은 원야(遠野 : 먼 들)이다"고 한 것이 이것이다. 주에서 "읍, 국도야(邑, 國都也)"라 하였는데 살피건대, 『주례』「지관」「소사도(小司徒)」에 "사현(四縣)을 도(都)라 하며 사정(四井)을 읍(邑)이라 한다"고 하였다. 『춘추』 장공 28년에 대해 『좌전』에는 "읍(邑)에 종묘(宗廟)의 선군(先君)의 신주가 있으면 도(都), 없으면 읍(邑)이라 한다"고 하였다. 그렇다면 읍(邑)과 도(都)는 다른 것이다. 여기서는 하나로 하였고, 저기(『좌전』)서는 상대적으로 표현한 한 글의 예(例)일 따름이다. 단지 도(都)라는 것은 모여 머무는 곳이므로 『시경』「소아」「도인사(都人士)」에 "피도인사(彼都人士 : 저 도성의 사람들)"라 하였다. 『설문』에 "읍(邑)은 국(國)이다"고 하

---

33) 六遂 : 周의 制度에 都城 밖의 100里 밖 200리 안을 나누어 六遂라 하였는데, 매 遂에는 遂人이 있어 그 政令을 관장하였다.

였다. 이는 천자와 제후가 거처하는 국성(國城)을 혹은 읍이라 하고, 혹은 도(都)라 한다. 그러므로 국도(國都)를 읍(邑)으로 풀이하였다. "가령백리지국, 오십리지계, 계각십리야(假令百里之國, 五十里之界, 界各十里也)"라 한 것은, 100리가 되는 나라는 국도(國都)가 중앙에 있다. 50리 경계까지 매 10리마다 그 명칭을 달리하는데 경(坰)이 변방이 되고 국도와 거리가 가장 멀리 떨어져 있다. 그러므로 모전은 이를 원야(遠野)라고 한 것이다. 여기서 "가령(假令)"이라 한 것은 소국(小國)에 의거하여 한 말이다. 교(郊)는 원교(遠郊)이고, 목(牧)·야(野)·임(林)·경(坰)은 교외(郊外)로부터 차이를 두었을 뿐이다. 그렇다면 교(郊)의 원근(遠近)은 국경의 넓고 좁음으로 계산하면 차이가 난다. 『의례』「빙례(聘禮)」에 손님이 "교(郊)에 도착했다"고 하였다. 그 주(注)에 "교(郊)는 원교(遠郊)이다. 주(周)의 제도에 천자의 기내(畿內)는 1000리, 원교(遠郊)는 100리로 정하여, 이로써 차등을 두었다. 원교(遠郊)의 경우 상공(上公)은 50리, 후(侯)는 40리, 백(伯)은 30리, 자(子)는 20리, 남(男)은 10리로 하였고, 근교(近郊)는 각각 반으로 하였다"고 하였다. 이는 정현이 약정(約定)한 것이다. 이 때문에 사마법(『司馬法』)에 "왕국(王國)은 100리를 원교(遠郊)로 한다"고 하였다. 또 이『이아』경문(經文)에서는 읍의 밖에 단지 다섯 가지의 명칭이 있는 것을 따랐으니, 매 경계당 모두 100리가 분명하므로 원교(遠郊)는 100리임을 알 수 있다. 근교(近郊)는 이를 반으로 한 것임을 알 수 있는 것은, 『서경』「주서(周書)」「군진(君陳)」의 서(序)에 "주공(周公)이 죽은 후 성왕(成王)이 군진(君陳)에게 명하여 동교(東郊)인 성주(成周)를 나누어 다스리도록 하였다"고 하였다. 당시에 주(周)는 왕성(王城)을 수도로 하고 성주(成周)를 일러 동교(東郊)라 하였으니, 성주는 그 교(郊)에 있었다. 한대(漢代)에 왕성(王城)은 하남(河南)이고 성주(成周)는 낙양(洛陽)으로 서로의 거리는 100리를 넘지 않았으니, 이른바 교(郊)는 근교(近郊)가 된다. 그러므로 정현의 주(注)에 "천자의 근교는 50리이다"고 하였다. 지금 하남과 낙양의 거리가 그렇다. 이것이 정현이 하남과 낙양의 거리를 근거로 근교(近郊)의 이수(里數)를 약정한 것이다. 『주례』「지관」「재사(載師)」의 두자춘(杜

子春)의 주에 "50리를 근교라 한다"고 하였다. 『백호통』에도 역시 "근교는 50리이고, 원교는 100리이다"고 하였다. 이는 유자(儒者)들이 서로 전하여 그렇게 된 것이다.

 下湿曰隰, 大野曰平, 廣平曰原, 高平曰陸, 大陸曰阜, 大阜曰陵, 大陵曰阿.

지형이 낮고 물기가 있는 곳을 습(隰), 대야(大野)를 평(平), 너른 평야를 원(原), 높은 평야를 육(陸), 대륙(大陸)을 부(阜), 대부(大阜)를 릉(陵), 대릉(大陵)을 아(阿)라 한다.

爾雅音義 湿, 俗作濕, 申入反. 隰, 音習.

습(湿)은 민간에서는 습(濕)으로 쓰며 신(申)과 입(入)의 반절이다. 습(隰)은 음이 습(習)이다.

爾雅疏 "下湿曰隰"者, 謂地形庳下而水湿者. 李巡曰: "下湿, 謂土地窊下常沮洳, 名爲隰也." 云"大野曰平"者, 大野之澤一名平, 魯有大野, 是也. 云"廣平曰原"者, 謂澤之廣平者亦名原. 漢以平原爲郡名, 屬青州. 云"高平曰陸, 大陸曰阜, 大阜曰陵, 大陵曰阿"者, 李巡曰: "高平, 謂土地豐正名爲陸. 土地高大名曰阜, 最大名爲陵, 陵之大者名阿." 『詩』「大雅」「皇矣」云: "無矢我陵, 我陵我阿." 是也. 此上七者, 或萊沛沮洳, 或險阻磽确, 雖不可種穀給食, 亦得其名也.

"하습왈습(下隰曰隰)"은 지형이 낮고 물기가 있는 곳을 말한다. 이순은 "하습(下隰)이란 토지가 우묵하고 낮아 항상 물에 젖어 있는 곳의 명칭을 습(隰)이라 한다"고 하였다. "대야왈평(大野曰平)"이라는 것은 대야(大野)의 택(澤)을 일명 평(平)이라 하는데, 노(魯)에 대야(大野)가 있다고 한 것이 이것이다. "광평왈원(廣平曰原)"이라는 것은 택(澤)이 넓고 평평한 것을 또한 원(原)이라 부르는 것을 말한다. 한(漢)나라는 평원(平原)을 군(郡)의 명칭으로 만들어 청주(靑州)에 속하게 하였다. "고평왈육, 대륙왈부, 대부왈릉, 대륙왈아(高平曰陸, 大陸曰阜, 大阜曰陵, 大陵曰阿)"에서 이순은 "고평(高平)이란 토지가 넓고 반듯한 것을 육(陸), 토지가 높고 큰 것을 부(阜), 가장 큰 것을 릉(陵), 릉이 큰 것을 아(阿)라 한다"고 하였다. 『시경』「대아」, 「황의(皇矣)」에 "우리의 릉을 감당할 자 없다. 우리의 릉(陵), 우리의 아(阿)여!"[34]라 한 것이 이것이다. 이상의 7가지는 혹은 풀이 난 늪이거나 물에 젖은 곳, 혹은 험하고 비탈지며 자갈이 많은 곳이라서 비록 곡식을 심어 식량을 공급할 수는 없지만 또한 그 명칭을 주었다.

 可食者曰原.

곡식을 심어 식량을 공급할 수 있는 곳을 원(原)이라 한다.

 可種穀給食.

34) 우리의 …… 우리의 아여 : 鄭箋의 "矢, 猶當也" 및 "無敢當我陵, 無敢當我阿者"를 따랐다. 集傳은 "矢, 陳. …… 人無敢陳兵於陵, 飮水於泉, 以拒我也"라고 하여, '우리 陵에 진칠 자가 없는지라, 우리 陵이며 우리 阿며'로 풀이된다.

곡식을 심어 식량을 공급할 수 있다.

 陂者曰阪,

비탈진 곳을 판(阪)이라 하고

 陂陀不平.

비탈져서 평평하지 않다.

 下者曰隰.

지형이 낮은 곳을 습(隰)이라 한다.

 『公羊傳』曰 : "下平曰隰."

『공양전』 소공(昭公) 원년에 "지형이 낮고 평평한 곳을 습(隰)이라 한다"
고 하였다.

種, 之用反. 陂, 彼宜反, 『字林』或彼義反. 又作坡, 郭音普何反. 阪, 甫晚反, 『字林』父板反. 陀, 大何反.

종(種)은 지(之)와 용(用)의 반절이다. 피(陂)는 피(彼)와 의(宜)의 반절인데, 『자림』에는 혹 피(彼)와 의(義)의 반절이라 하였다. 또한 파(坡)로도 쓰는데, 곽박은 음을 보(普)와 하(何)의 반절이라 하였다. 판(阪)은 보(甫)와 만(晚)의 반절인데, 『자림』에는 부(父)와 판(板)의 반절이라 하였다. 타(陀)는 대(大)와 하(何)의 반절이다.

云"可食者曰原, 陂者曰阪, 下者曰隰", 此三者, 釋地形雖有高下不平, 皆可種穀給食. 高而可食者名原. 『詩』「大雅」云 : "篤公劉, 于胥斯原." 是也. 陂陀不平而可食者名阪. 『詩』「小雅」「正月」云 : "瞻彼阪田, 有菀其特." 是也. 下平而可食者名隰. 本作濕, 誤. 注『公羊傳』曰 : '下平曰隰'", 此昭元年傳文也. 案, 彼曰 : "晉荀吳帥師, 敗狄于太原. 此大鹵也. 曷爲謂之太原? 地物從中國, 邑人名從主人. 原者何? 上平曰原, 下平曰隰." 何休云 : "分別之者, 地勢各有所生. 原宜粟, 隰宜麥, 當敎民所宜, 因以制貢賦." 是也.

"가식자왈원, 피자왈판, 하자왈습(可食者曰原, 陂者曰阪, 下者曰隰)"이라 하였는데, 이 3가지는 지형을 풀이한 것으로 비록 높낮이가 평평하지 않음이 있으나 모두 곡식을 심어 식량을 공급할 수 있다. 지형이 높으면서 식량을 공급할 수 있는 곳을 원(原)이라 한다. 『시경』「대아」「공류(公劉)」에 "후덕한 공류(公劉)가 이 원(原)을 본다"고 한 것이 이것이다. 비탈져서 평평하지 못한데도 식량을 공급할 수 있는 곳을 판(阪)이라 한다. 『시경』「소아」「정월(正月)」에 "저 비탈지고 척박한 밭을 보니 무성하게 우뚝한 싹이 있다"고 한 것이 이것이다. 지형이 낮고 평평하면서 식량을 공급할 수 있는 곳을 습(隰)이라 한다. 본에 따라 습(濕)으로 되어 있으나 잘못이다. 주

(注)에서 말한『공양전』의 "하평왈습(下平日隰)"은 소공 원년의 전문(傳文)이다. 살펴건대,『공양전』에 "진(晉)의 순오(荀吳)가 군사를 거느리고 태원(大原)[35]에서 적(狄)을 패퇴(敗退)시켰다. 그곳을 태로(大鹵)라고도 하는데 어찌하여 태원(太原)이라 하였는가? 지명과 사물의 명칭은 중국(中國：諸夏)을 따르고 읍명(邑名)과 인명(人名)은 자기의 주인들이 부르던 대로 따른다.[36] 원(原)이란 무엇인가? 지형이 높으면서 평평한 곳을 원(原)이라 하고, 지형이 낮고 평평한 곳을 습(隰)이라 한다"고 하였는데, 하휴(何休)는 "이를 구별해 놓은 것은 지세(地勢)에 따라 각각 생산되는 것이 있어서이다. 원(原)에는 속(粟)이 적당하고, 습(隰)에는 맥(麥)이 적당하여, 백성들에게 그 토지에 알맞은 것을 가르치고 그것을 근거로 공부(貢賦)를 제정하였다"고 한 것이 이것이다.

 田一歲曰菑.

밭이 1년 된 것을 치(菑)라 한다.

 今江東呼初耕地反草爲菑.

지금 강동에서는 초경지(初耕地：애벌갈이 한 땅)의 풀을 뒤엎는 것을 치

---

35) 大原：何休「解詁」에 "大原, 晉泰. 下同"이라 하였다.
36) 지명과 …… 따른다：大原이라고 부르는 것은 中國의 명칭을 쓴 것이고, 太鹵는 夷狄의 명칭을 쓴 것이다. 그리고 主人은 夷狄을 말한다.『公羊傳』疏에 "言所以今經與師讀皆言大原者, 正以地與諸物之名, 皆須從諸夏名之故也. …… 此主人謂夷狄也. 言大原人道云之時, 從其夷狄, 皆謂之大鹵, 故注云 '邑人名, 自夷狄所名也'"라고 하였다.

(菑)라 한다.

 二歲曰新田.

밭이 2년 된 것을 신전(新田)이라 한다.

 『詩』曰 : "于彼新田.

『시경』「채기(采芑)」에 "저 신전에서 한다"고 하였다.

 三歲曰畬.

밭이 3년 된 것을 여(畬)라 한다.

 『易』曰 : "不菑, 畬."

『주역』「무망(无妄)」 육이(六二)의 효사(爻辭)에 "1년 밭을 개간하지 않아
도 여(畬 : 3년 된 밭)가 된다"[37]고 하였다.

---

37) 1년 밭을 …… 畬가 된다 : 程傳의 "不菑而畬, 謂不首造其事, 因其事理所當然也"를
따랐다.

菑, 本或作甾, 同, 側基反, 孫音災. 畬, 本或作畭, 羊如反, 『字
林』弋恕反.

치(菑)는 본에 따라서 치(甾)로 되어 있는데, 음의가 같으며, 측(側)과 기
(基)의 반절이고, 손염은 음을 재(災)라 하였다. 여(畬)는 본에 따라서는 여
(畭)로 되어 있는데, 양(羊)과 여(如)의 반절이며, 『자림』에는 익(弋)과 서(恕)
의 반절이라 하였다.

"田一歲曰菑, 二歲曰新田, 三歲曰畬." 此釋耕田年歲遠近名義
不同之事也. 菑者, 災也. 畬, 和柔之意也. 孫炎云: "菑, 始災殺
其草木也. 新田, 新成柔田也. 畬, 和也. 田舒緩也." 郭云: "今江東呼初
耕地反草爲菑." 注"『詩』曰: '于彼新田'", 此「小雅」「采芑」篇文也. 案, 彼
云: "薄言采芑, 于彼新田, 于此菑畝." 毛傳取此文爲說, 故引爲證也. 云
"『易』曰: '不菑, 畬'", 此「无妄」「六二」爻辭也. 鄭注亦取此文, 故引以爲
證也.

"전일세왈치, 이세왈신, 삼세왈여(田一歲曰菑, 二歲曰新田, 三歲曰畬)"라고
하였으니, 여기서는 밭이 몇 년 되었다거나 멀고 가까운데 따른 명칭과
뜻이 같지 않은 사항을 풀이하였다. 치(菑)는 재(災: 불 태우다)이다. 여(畬)는
화유(和柔: 땅을 부드럽게 만들다)이다. 손염은 "치(菑)란 처음 불을 놓아 그
초목을 죽이는 것이다"고 하였다. 신전(新田)이란 "유전(柔田)[38]을 새로 만
드는 것이다. 여(畬)는 화(和)인데, 밭이 부드럽게 풀리는 것이다"고 하였
다. 곽박은 "지금 강동에서는 초경지(初耕地)의 풀을 뒤엎는 것을 치(菑)라
한다"고 하였다. 주에서 말한 『시경』의 "우피신전(于彼新田)"은 『시경』「소
아」, 「채기(采芑)」편의 글이다. 살펴건대, 「채기」에서는 "잠깐 기(芑) 나물

---

38) 柔田: 거친 땅을 호미 등의 농기구로 일구어 부드럽게 하는 것을 말함.

캐기를 저 신전(新田 : 2년 된 밭)에서 하고, 이 치무(菑畝 : 1년 된 밭이랑)에서 한다"고 하였다. 모전이 이 글을 취하여 설명하였기 인용하여 증명하였다. 주에서 말한 『주역』의 "불치, 여(不菑, 畬)"는 『주역』「무망(无妄)」 육이(六二)의 효사(爻辭)이다. 정현이 주(注)에서 또 이 글을 취하였으므로[39] 인용하여 증거로 한 것이다.

 野

야(野 : 들)이다.

此亦題上事也. 上自"邑外謂之郊"以下, 雖遠近高下其名不同, 野爲摠稱, 故題云野.

이는 또한 윗 기사에 대하여 제목을 붙인 것이다. 위의 "읍외위지교(邑外謂之郊)" 이하는 비록 원근고하(遠近高下)에 따라 그 명칭이 같지는 않지만, 야(野)가 총칭이 되기 때문에 제목을 야(野)라 붙인 것이다.

 東至於泰遠, 西至於邠國, 南至於濮鉛, 北至於祝栗, 謂之四極.

동쪽으로는 태원(泰遠)에 이르고, 서쪽으로는 빈국(邠國)에 이르고, 남쪽

---

39) 정현이 …… 취하였으므로 : 『詩經』「小雅」「采芑」의 鄭玄 注에 "田一歲曰菑, 二歲曰新田, 三歲曰畬"라고 하여, 『이아』의 經文을 사용하여 주석한 것을 말한다.

으로는 복연(濮鉛)에 이르고, 북쪽으로는 축률(祝栗)에 이르는데, 이를 사극(四極)이라 한다.

 皆四方極遠之國.

모두 사방의 매우 멀리 있는 국명이다.

泰, 音太. 邠, 本或作豳, 同, 彼貧反, 『說文』作汾, 音同. 濮, 音卜. 鉛, 悅全反. 祝, 章六, 昌六反.

태(泰)는 음이 태(太)이다, 빈(邠)은 본에 따라 빈(豳)으로도 되어 있는데 음의가 같으며, 피(彼)와 빈(貧)의 반절이고, 『설문』에는 빈(汾)으로 되어 있으나, 음이 같다. 복(濮)은 음이 복(卜)이다. 연(鉛)은 열(悅)과 전(全)의 반절이다. 축(祝)은 장(章)과 육(六), 창(昌)과 육(六)의 반절이다.

此釋九州之外·四方極遠之國名, 及其人性稟氣不同也. 泰遠·邠國·濮鉛·祝栗, 此四方極遠之國名也.

여기서는 구주(九州)의 밖 사방 끝의 멀리 있는 나라의 명칭과 그 인성(人性)과 품기(稟氣)가 같지 않음을 풀이하였다. 태원(泰遠)·빈국(邠國)·복연(濮鉛)·축률(祝栗)은 사방의 매우 멀리 있는 나라의 명칭이다.

 觚竹·北戶·西王母·日下, 謂之四荒.

고죽(觚竹)·북호(北戶)·서왕모(西王母)·일하(日下)를 사황(四荒)이라 한다.

爾雅注 觚竹在北, 北戶在南, 西王母在西, 日下在東, 皆四方昏荒之國,
次四極者.

고죽(觚竹)은 북쪽에, 북호(北戶)는 남쪽에, 서왕모(西王母)는 서쪽에, 일하
(日下)는 동쪽에 있는데, 모두 사방의 미개한 나라이며, 사극(四極)의 안쪽
에 있다.

爾雅音義 觚, 姜胡反, 本又作孤, 同. 西王母是西方昏荒國名. 又曰西王母
神名, 狀如人, 虎齒豹尾, 蓬頭戴勝, 善處穴宿. 周穆王巡狩至崑
崙山, 見之. 西王母亦來賓昭宮. 見出『竹書』及『穆天子傳』.

고(觚)는 강(姜)과 호(胡)의 반절이며, 본에 따라서는 또 고(孤)로 되어 있
는데, 음의가 같다. 서왕모(西王母)는 서방(西方)의 미개한 나라의 명칭이다.
또한 서왕모는 신(神)의 이름인데, 모습은 사람과 같으나, 호랑이 이에 표
범의 꼬리를 하고 있으며, 쑥대머리에 옥으로 만든 장식40)을 쓰고 동굴에
서 살기를 좋아한다. 주(周)의 목왕(穆王)이 순수(巡狩)하다가 곤륜산(崑崙山)
에 이르러 서왕모를 만났다. 서왕모 또한 소궁(昭宮)으로 초대해 대접했다.
『죽서기년(竹書紀年)』과 『목천자전(穆天子傳)』에 이에 대한 내용이 보인다.

爾雅疏 "觚竹"者, 『漢書』「地理志」遼西令支有"孤竹城", 是也. "北戶者",
卽日南郡, 是也. 顏師古曰 : "言其在日之南, 所謂北戶以向日
者." 西王母者, 『山海』「西荒經」云 : "西海之中, 流沙之濱, 赤水之後, 黑
水之前, 有大山, 名崑崙之丘. 有人, 戴勝, 虎齒, 有尾, 穴處, 名曰西王

---

40) 옥으로 만든 장식 : '勝'은 玉勝으로 婦人의 머리꾸미개이다.

母." 又『穆天子傳』曰 : "天子賓于西王母, 乃紀其迹于弇山, 名曰西王母之山." 是也. 日下者, 謂日所出處其下之國也.『山海』「東荒經」云 : "大荒之中, 有山名曰大言, 日月所出. 有波谷山者, 有大人之國." 又云 : "大荒之中, 有山名曰合虛, 日月所出, 有中容之國." 如此之類, 是也. 云"謂之四荒"者, 言聲敎不及, 無禮義文章, 是四方昏荒之國也, 在土四極之內.

　　고죽(觚竹)이란 『한서』「지리지」의 요서군(遼西郡) 영지현(令支縣)에 "고죽성(孤竹城)이 있다"고 한 것이 이것이다. 북호(北戶)란 곧 일남군(日南郡)이 이것이다. 안사고(顏師古)는 "해가 있는 남방(南方)으로, 이른 바 북호(北戶)를 통하여 해를 향할 수 있다는 것이다"고 하였다. 서왕모(西王母)란 『산해경』「서황경(西荒經)」에 "서해(西海) 가운데 유사(流沙)의 물가, 적수(赤水)의 뒤, 흑수(黑水)의 앞에 큰 산이 있는데 곤륜(崑崙)의 언덕이라고 부른다. 여기에 옥으로 만든 장식을 쓰고 호랑이 이빨에 꼬리가 있고 동굴에 거처하는 사람이 있는데, 서왕모라 부른다"고 하였다. 또한『목천자전』에 "천자가 서왕모를 손님으로 대접하고, 엄산(弇山)에 그 자취를 기록하여 서왕모의 산이라 불렀다"고 한 것이 이것이다. 일하(日下)란 해가 뜨는 그 아래의 나라를 말한다.『산해경』「동황경(東荒經)」에 "대황(大荒) 가운데에 대언(大言)이라는 산이 있는데, 해와 달이 뜨는 곳이다. 파곡산(波谷山)이 있으며, 대인(大人)이라는 나라가 있다"고 하였다. 또 "대황(大荒) 가운데 합허(合虛)라는 산이 있는데, 해와 달이 뜨는 곳이고 중용(中容)이라는 나라가 있다"고 하였으니, 이와 같은 종류가 이것이다. "위지사황(謂之四荒)"이라 한 것은 교화(敎化)가 미치지 않아 예절·의리와 문장이 없어, 이것이 사방의 미개한 나라이고 땅위 사극(四極)의 안에 위치해 있음을 말한다.

 九夷・八狄・七戎・六蠻, 謂之四海.

구이(九夷)・팔적(八狄)・칠융(七戎)・육만(六蠻)을 사해(四海)라 한다.

 九夷在東, 八狄在北, 七戎在西, 六蠻在南, 次四荒者.

구이는 동쪽에, 팔적은 북쪽에, 칠융은 서쪽에, 육만은 남쪽에 있는데,
사황(四荒)의 안쪽에 위치한다.

云"九夷・八狄・七戎・六蠻, 謂之四海"者, 孫炎云:"海之言晦,
晦暗於禮義也." 知在東・西・南・北者, 以「曲禮」云"其在東
夷・北狄・西戎・南蠻, 雖大曰子"故也. 案『風俗通』云:"東方人, 好生,
萬物紙觸地而出." 夷者, 紙也. 其類有九, 依「東夷傳」夷有九種:"曰畎
夷・于夷・方夷・黃夷・白夷・赤夷・玄夷・風夷・陽夷." 又"一曰玄
菟, 二曰樂浪, 三曰高驪, 四曰滿飾, 五曰鳧更, 六曰索家, 七曰東屠, 八
曰倭人, 九曰天鄙." 蠻者, 『風俗通』云:"君臣同川而浴, 極爲簡慢." 蠻
者, 慢也. 其類有八, 李巡曰:"一曰天竺, 二曰咳首, 三曰僬僥, 四曰跛
踵, 五曰穿胸, 六曰儋耳, 七曰狗軌, 八曰旁脊." 戎者, 『風俗通』云:"斬
伐殺生, 不得其中." 戎者, 兇也. 其類有六, 李巡云:"一曰僥夷, 二曰戎
夫, 三曰老白, 四曰耆羌, 五曰鼻息, 六曰天剛." 狄者, 『風俗通』云:"父
子嫂叔, 同穴無別." 狄者, 辟也, 其行邪辟. 其類有五, 李巡云:"一曰月
支, 二曰穢貊, 三曰匈奴, 四曰單于, 五曰白屋." 案, 李巡所注『爾雅』本,
"謂之四海"下更三句云:"八蠻在南方, 六戎在西方, 五狄在北方", 故得
此解. 孫炎・郭氏諸本皆無此三句. 案「明堂位」稱九夷・八蠻・六戎・五

狄.『周禮』「職方氏」掌"四夷八蠻, 七閩九貉, 五戎六狄之人." 鄭注云 :
"四·八·七·九·五·六, 周之所服國數也." 徧檢經傳, 四夷之數參差
不同. 先儒舊解, 此『爾雅』上文殷制, 「明堂位」及「職方」并『爾雅』下文皆
爲周制. 義或當然. 此在四荒之內, 九州之外, 於王者世一見.『周禮』曰 :
"九州之外謂之蕃國, 世一見." 是也, 故云"次四荒者."

"구이·팔적·칠융·육만·위지사해(九夷八狄七戎六蠻謂之四海)"라 하였
는데, 손염은 "해(海)란 말은 회(晦 : 어둡다)이며, 예의(禮義)에 어두운 것이
다"고 하였다. 사해(四海)가 동·서·남·북에 있음을 알 수 있는 것은
『예기』「곡례하(曲禮下)」에 "동이(東夷)·북적(北狄)·서융(西戎)·남만(南蠻)
에 있는 것은 비록 나라가 커도 자(子[41] : 子爵)이다"고 하였기 때문이다.
살피건대,『풍속통』에 "동방의 사람들은 살아 있는 것을 좋아하니, 만물
이 땅을 저촉하고 나온다"고 하였다. 이(夷)란 저(牴 : 저촉하다)이다. 그 종류
에 아홉 가지가 있는데,『삼국지』「동이전」에 의하면, 이(夷)는 아홉 종(種)
이 있으니, "견이(畎夷)·우이(于夷)·방이(方夷)·황이(黃夷)·백이(白夷)·적
이(赤夷)·현이(玄夷)·풍이(風夷)·양이(陽夷)이다"고 하였다. 또 "하나는 현
토(玄菟), 둘은 낙랑(樂浪), 셋은 고려(高驪), 넷은 만식(滿飾), 다섯은 부갱(鳧
更), 여섯은 색가(索家), 일곱은 동도(東屠), 여덟은 왜인(倭人), 아홉은 천비
(天鄙)이다"고 하였다. 만(蠻)은『풍속통』에 "임금과 신하가 같은 내에서 목
욕하며 행동이 지극히 소홀하고 거만하다"고 하였다. 만(蠻)이란 만(慢 : 게
으르다)이다. 그 종류는 여덟 가지인데, 이순은 "하나는 천축(天竺), 둘은 해
수(咳首), 셋은 초요(僬僥), 넷은 파종(跛踵), 다섯은 천흉(穿胸), 여섯은 담이
(儋耳), 일곱은 구궤(狗軌), 여덟은 방척(旁脊)이다"고 하였다. 융(戎)은『풍속
통』에 "베고 치고 살생하여 그 중도(中道)를 얻지 못한다"고 하였다. 융(戎)
이란 흉(兇 : 흉악하다)이다. 그 종류는 6가지인데, 이순은 "하나는 요이(僥

---

41) 子 : 公侯伯子男에서 4번째로, 등급이 낮다.

夷), 둘은 융부(戎夫), 셋은 노백(老白), 넷은 기강(耆羌), 다섯은 비식(鼻息), 여섯은 천강(天剛)이다"고 하였다. 적(狄)은 『풍속통』에 "아버지와 아들, 형수와 시동생이 같은 동굴에서 생활하며 남녀의 구별이 없다"고 하였다. 적(狄)이란 벽(辟:어긋나 편벽되다)이며, 그 행동이 도리에 어긋나 편벽된 것이고, 그 종류에는 5가지가 있다. 이순은 "하나는 월지(月支), 둘은 예맥(穢貊), 셋은 흉노(匈奴), 넷은 선우(單于), 다섯은 백옥(白屋)이다"고 하였다. 살펴건대, 이순이 주석한 『이아』본에는 "위지사해(謂之四海)" 아래의 세 구절을 고쳐 "팔만(八蠻)은 남방에 있고, 육융(六戎)은 서방에 있고, 오적(五狄)은 북방에 있다"고 하였기 때문에 이러한 풀이를 하였다. 손염과 곽박 등의 여러 본에는 모두 이 세 구절이 없다. 살펴건대, 『예기』 「명당위(明堂位)」에서는 구이(九夷)·팔만(八蠻)·육융(六戎)·오적(五狄)이라고 칭하였으며, 『주례』 「직방씨(職方氏)」에 "직방씨(職方氏)는 사이(四夷)·팔만(八蠻)·칠민(七閩)·구맥(九貉)·오융(五戎)·육적(六狄)의 사람을 관장한다"고 하였다. 정현의 주석에는 "4·8·7·9·5·6은 주(周)가 복속시킨 나라의 숫자이다"고 하였다. 경전(經傳)을 두루 조사하면 사이(四夷)의 숫자는 들쭉날쭉하여 같지 않다. 선유(先儒)들의 오래된 해석은, 이 『이아』의 윗글은 은(殷)의 제도이며, 「명당위」와 「직방씨」와 『이아』의 아래 글은 모두 주(周)의 제도라고 하였으니, 의미가 당연하겠다. 이는 사황(四荒)의 안 구주(九州)의 밖은 제후들이 왕(王:天子)에게 세대(世代)가 바뀌면 한 번 알현한다. 『주례』 「대행인(大行人)」에 "구주의 밖을 번국(蕃國)이라 하는데, 세대가 바뀌면 한 번 천자를 알현한다"[42]고 한 것이 그것이다. 그러므로 여기서 "사황(四荒)의 안에 위치한다"고 한 것이다.

---

42) 한 번 알현한다 : '世一見'은 九州之外의 제후는 朝貢하는 해가 없고, 아버지가 죽어 아들이 즉위하면 嗣王이 즉위한 입장으로서 천자께 한 번 조회하는 것이다. 『주례』의 鄭玄 注에 "然則九州之外, 其君皆子·男也. 無朝貢之歲, 以父死子立, 及嗣王卽位, 乃一來耳"라고 하였다.

 岠齊州以南戴日爲丹穴.

중국(中國) 이남(以南)에 떨어져 있으면서 해를 이고 있으므로 단혈(丹穴)이라 한다.

 岠, 去也. 齊, 中也.

거(岠)는 거(去 : 떨어지다)이다. 제(齊)는 중(中 : 중앙)이다.

 北戴斗極爲空桐. 東至日所出爲大平. 西至日所入爲大蒙.

북방은 북두(北斗)와 북극성(北極星)에 당하므로 공동(空桐)이라 한다. 동쪽 끝의 해가 뜨는 곳을 태평(大平)이라 한다. 서쪽 끝의 해가 지는 곳을 태몽(大蒙)이라 한다.

 戴, 値. 卽蒙汜也.

대(戴)는 치(値 : 당하다)이다. 곧 몽사(蒙汜 : 해가 지는 곳)이다.

 岠, 音巨. 大, 音泰, 下同. 濛, 音濛, 本今作蒙. 汜, 音祀, 一音似. 或云 : "祀·似同音." 後放此

거(岠)는 음이 거(巨)이다. 태(太)는 음이 태(泰)이며 아래도 같다. 몽(濛)은 음이 몽(蒙)인데, 본에 따라 지금은 몽(蒙)으로 되어 있다. 사(汜)는 음이 사(祀)인데 일음(一音)은 사(似)이다. 혹자는 "사(祀)와 사(似)는 음이 같다"고 하였는데, 뒤에도 이와 같다.

爾雅疏 "岠齊州以南戴日爲丹穴." 此明四海之中別有下四種之名也. 岠, 去也. 齊, 中也. 中州猶言中國也. 戴, 値也. 言去中國以南, 北戶以北, 値日之下, 其處名丹穴. 天老說鳳云: "濯羽弱水, 莫宿丹穴." 又 『山海經』云: "禱過山東五百里, 曰丹穴山" 是也.[43] 云"北戴斗極爲空桐"者, 斗, 北斗也. 極者, 中宮天極星. 其一明者, 泰一之常居也. 以其居天之中, 故謂之極. 極, 中也. 北斗拱極, 故云斗極. 値此斗極之下, 其處名空桐. 注"卽蒙汜也", 卽『淮南子』云: "日出扶桑, 入於蒙汜." 是也.

"거제주이남대일위단혈(岠齊州以南戴日爲丹穴)"이라 하였는데, 이는 사해(四海) 안에 별도로 아래로 네 종류의 명칭이 있음을 밝혔다. 거(岠)는 거(去 : 떨어지다)이다. 제(齊)는 중(中 : 중앙)이다. 중주(中州)는 중국(中國)이라는 말과 같다. 대(戴)는 치(値 : 만나다)이다. 중국 이남(以南)으로 떨어져 있고 북호(北戶) 이북(以北)에서 해를 만나는 아래인데 그 곳의 명칭이 단혈(丹穴)임을 말한다. 천로(天老)[44]가 봉황을 설명하여 말하기를 "약수(弱水)에서 깃털을 씻고 해가 저물면 단혈(丹穴)에서 잔다"고 하였다. 또 『산해경』에 "도과산(禱過山) 동쪽 500리를 단혈산(丹穴山)이라 한다"고 한 것이 이것이다. "북대두극위공동(北戴斗極爲空桐)"에서 두(斗)는 북두(北斗)이다. 극(極)은 중궁(中宮)[45]의 천극성(天極星)[46]이다. 그 가운데 하나 밝은 곳에 태일(泰一)[47]이 항

---

43) 也 : 대본에는 乎로 되어 있다.
44) 天老 : 상고시대 黃帝의 신하.
45) 中宮 : 北極星이 있는 區域을 가리킨다.
46) 天極星 : 太子星・帝星・庶子星・後宮星・天樞星의 다섯 별자리가 일직선으로 나란히 위치한 별자리를 말한다.

상 거처한다. 태일(泰一)이 하늘의 중앙에 있으므로 극(極)이라 한다. 극(極)
은 중(中 : 중앙)이다. 북두는 북극성을 향하므로 두극(斗極)이라 한다. 이 두
극의 밑에 당하는 곳을 공동(空桐)이라 한다. 주(注)에서 말한 "즉몽사(卽蒙
汜也)"는 곧 『회남자』에 "해는 부상(扶桑)에서 나와 몽사(蒙汜)로 들어간다"
고 한 것이 이것이다.

 大平之人仁, 丹穴之人智, 大蒙之人信, 空桐之人武.

태평(大平)에 사는 사람은 어질고, 단혈(丹穴)에 사는 사람은 지혜롭고, 태
몽(大蒙)에 사는 사람은 믿음직스럽고, 공동(空桐)에 사는 사람은 용감하다.

 地氣使之然也.

지기(地氣 : 땅 기운)가 그렇게 한 것이다.

注"地氣使之然也." 言是土地之氣剛柔不同, 使之仁 · 智 · 信 ·
武耳. 若「考工記」云 : "鄭之刀, 宋之斤, 魯之削, 吳越之劍, 遷乎
其地, 而弗能爲良, 地氣然也."

주에서 "지기사지연야(地氣使之然也)"라 하였다. 땅 기운의 강유(剛柔)가
같지 않아 사람을 어질고 지혜롭고 믿음직스럽고 용감하게 함을 말한 것이
다. 예컨대, 『주례』「고공기」에 "정(鄭)나라의 도(刀칼 : 외날 칼)와 송(宋)나

---

47) 泰一 : 天神 이름.

라의 도끼와 노(魯)나라의 조각칼과 오월(吳越)의 검(劍 : 양날 칼)은 그 지역
을 떠나면 좋아질 수 없는 것은 지기(地氣)가 그런 것이다"고 한 것이다.

 四極.

사극(四極 : 사방 끝)이다.

석구(釋丘) 제10(第十)

丘, 羌牛反. 本又作北古字. 非人所爲曰丘. 『廣雅』云 : "小陵曰
丘."

구(丘)는 강(羌)과 우(牛)의 반절이다. 본에 따라서는 구(北)로 되어 있는
데 고자(古字)이다. 사람이 만들지 않은 것을 구(丘 : 언덕)라 한다. 『광아』에
는 "소릉(小陵 : 작은 언덕)을 구(丘)라 한다"고 하였다.

案 『廣雅』云 : "小陵曰丘." 『說文解字』曰 : "土之高也, 非人所爲
也. 從北, 從一. 一, 地也. 人居在丘南, 故從北. 中邦之居在崑
崙東南. 一曰 : 四方高·中央下爲丘. 象形." 此下云非人爲之丘. 然則土
有自然而高, 小於陵者名丘也. 其體雖一, 其名則多. 或近道途, 或因水
澤所如, 則陵畝各異, 其重則再三不同, 通見 『詩』· 『書』. 此篇具釋, 故

名釋丘.

    살펴건대, 『광아』에는 "소릉(小陵)을 구(丘)라 한다"고 하였다. 『설문해자』에는 구(丘)에 대해 "흙이 높은 곳으로, 사람이 만든 것이 아니다. 북(北)의 뜻을 따르고 일(一)의 뜻을 따른다.[48] 일(一 : 여기서는 非文임)은 지(地 : 땅)이다. 사람들의 거처는 구(丘)의 남쪽에 있기 때문에 북(北)의 뜻을 따른 것이다. 중방(中邦 : 中華)의 위치는 곤륜(崑崙)의 동남쪽에 있다. 한편으로는[49] 사방이 높고 중앙이 낮은 것을 구(丘)라고 하는데 상형(象形)이다"고 하였다. 이「釋丘」의 아래 글에서 "비인위지구(非人爲之丘 : 사람이 만들지 않은 것을 구라 한다)"라 하였다. 그렇다면 땅 중에서 저절로 높은 곳이 있으면서 능보다 작은 것의 명칭이 구(丘)이다. 그 실체는 비록 하나이나, 그 이름은 많다. 혹은 길에 가깝고 혹은 수택(水澤)을 따라 가는 곳에는 능(陵)과 무(畝)가 각각 다르고, 중첩된 것은 둘과 셋이 다른데 모두 『시경』·『서경』에 보인다. 이 편에서 갖추어 풀이해 놓았기 때문에 석구(釋丘)라 한다.

 丘, 一成爲敦丘.

---

48) 北의 …… 따른다 : '從北, 從一'은 丘의 문자 구조를 설명한 것인 바, 이에 대하여 『說文』에는 象形이라 하였고, 段注는 會意라 하였고, 『說文通訓定聲』은 會意兼指事라고 하였다(이상 『說文詁林』에 의함). 會意는 北·一을 모두 文으로 처리한 것이다. 象形·指事는 北만 문으로 보고, 一은 非文으로 본 것이다. 一이 地를 나타낸 것이면, 文이 될 수 없는바, 立·土의 一이 이와 같다. 따라서 丘는 象形·指事로 설명하는 것이 타당하다. 이 경우 象形·指事의 變例로 설명되어, 合體象形·合體指事로 된다. 合體는 增體라고도 하는데, 象形·指事이면서 2부분으로 되어 있기 때문이다. '一'은 땅의 모양을 가리키는 것이므로, 合體指事로 처리하고자 한다.
49) 한편으로는 : 원문의 '一曰'은 『說文』에서 本義를 제시한 뒤에 다른 뜻을 덧붙여 말한 것임. 즉 '一曰'은 두 가지 뜻을 제시할 때 '부차적으로 제시하는 다른 의미'를 말한다. 丘의 본뜻은 '土之高也 ……'이고, 一曰에 의한 부차적 뜻은 '四方高·中央下'이다.

구(丘) 중에서 일성(一成 : 한 겹)을 돈구(敦丘 : 한 겹 언덕)라 한다.

爾雅
注 成猶重也. 『周禮』曰 : "爲壇三成." 今江東呼地高堆者爲敦.

성(成)은 중(重 : 겹)과 같다. 『주례』에 "단(壇)을 만들되 세 겹으로 하였다"
고 하였다. 지금의 강동에서는 땅이 높이 쌓여 있는 것을 일러 돈(敦)이라
한다.

爾雅
音義 敦, 郭云"音頓, 或丁回反." 謝如字讀. 注並[50]如後二音. 重, 直
龍反, 下同. 壇, 大干反. 堆, 丁回反.

돈(敦)에 대하여 곽박은 "음은 돈(頓)이다. 혹은 정(丁)과 회(回)의 반절이
다"고 하였다. 사교는 여자(如字)로 읽는다고 하였다. 주에서는 모두 뒤의
두 가지 음으로 읽어야 한다. 중(重)은 직(直)과 룡(龍)의 반절이며 아래도 같
다. 단(壇)은 대(大)와 간(干)의 반절이다. 퇴(堆)는 정(丁)과 회(回)의 반절이다.

爾雅
疏 成, 重也. 言丘上更有一丘相重累者, 名敦丘. 『詩』「衛風」「氓」篇
云 : "送子涉淇, 至于頓丘." 是也. 孫炎云 : "形如覆敦, 敦器似
盂." 今案, 下文別云"如覆敦者, 敦丘", 則此自是丘之一重者. 故郭氏云 :
"成猶重也." 與孫氏意異. 注"『周禮』曰'爲壇三成'"者, 此「秋官」「司儀職」
文也. 鄭司農云 : "三成, 三重也." 引之證成爲重也.

성(成)은 중(重)이다. 구(丘) 위에 다시 하나의 구(丘)가 있어서 서로 중첩
된 것의 명칭이 돈구(敦丘)이다. 『시경』「위풍」「맹(氓)」편에 "그대를 전송

---

50) 並 : 『爾雅詁林』「陸音義」에는 '宜'로 되어 있다.

하느라, 기수(淇水) 건너 돈구(頓丘)에 이르렀다"고 한 것이 이것이다. 손염은 "형상이 엎어놓은 대(敦)⁵¹)와 같은데 대기(敦器)는 우(盂)와 같다"고 하였다. 지금 살피건대 아래 글에 별도로 "여복대자, 대구(如覆敦者, 敦丘 : 엎어놓은 대와 같은 것이 대구이다)"라고 하였으니, 이것도 저절로 구(丘)가 한 겹인 것이다. 그러므로 곽박은 "성(成)은 중(重)과 같다"고 하였는데, 손염의 뜻과는 다르다. 주에서 말한 『주례』의 "위단삼성(爲壇三成)"은 「추관(秋官)」「사의직(司儀職)」의 글이다. 정사농은 "삼성(三成)은 삼중(三重)이다"고 하였다. 곽박은 정사농의 글을 인용하여 성(成)이 중(重)의 뜻임을 증명하였다.

 再成爲陶丘.

재성(再成 : 두 겹)을 도구(陶丘 : 두 겹 언덕)라고 한다.

 今濟陰定陶城中有陶丘.

지금의 제음군(濟陰郡) 정도현(定陶縣)의 성중(城中)에 도구(陶丘)가 있다.

 陶, 徒刀反. 孫云 : "形如累兩盂." 濟, 子禮反.

도(陶)는 도(徒)와 도(刀)의 반절이다. 손염은 "모양이 두 개의 사발이 겹쳐진 것과 같다"고 하였다. 제(濟)는 자(子)와 례(禮)의 반절이다.

---

51) 敦 : 祭器의 일종으로 黍稷을 담을 때 사용하며 이때의 음은 '대'이다.

 丘形上有兩丘相重累者, 名陶丘. 李巡曰: "再成, 其形再重也." 「禹貢」: "濟水東出于陶丘北." 是也. "濟陰定陶"者, 濟陰, 郡名; 定陶, 縣名也. 「地理志」云: "定陶縣西南有陶丘亭." 是也.

구(丘)의 형상이 위에 두 개의 구(丘)가 있어서 서로 겹쳐진 것이 있는데 도구(陶丘)라 부른다. 이순은 "재성(再成)은 그 형상이 두 겹이다"고 하였다. 『서경』「우공」에 "제수(濟水)는 도구(陶丘)의 북쪽에서 동으로 흘러 나간다"고 한 것이 이것이다. "제음정도(濟陰定陶)"라고 한 것에서 제음(濟陰)은 군명(郡名)이며, 정도(定陶)는 현명(縣名)이다. 『한서』「지리지」에 "정도현의 서남에 도구정(陶丘亭)이 있다"고 한 것이 이것이다.

 再成銳上爲融丘

재성(再成)의 뾰족한 봉우리가 융구(融丘: 두 겹 언덕의 뾰족한 봉우리)이다.

 纖頂者.

뾰족한 봉우리이다.

銳, 唯歲反. 纖, 子廉反.

예(銳)는 유(唯)와 세(歲)의 반절이다. 첨(纖)은 자(子)와 렴(廉)의 반절이다.

丘形再重而頂纖者, 名融丘也.

구의 형상이 두 겹으로 중첩(重疊)되어 있으면서 꼭대기가 뾰족한 것을 융구(融丘)라 부른다.

 三成爲崑崙丘.

삼성(三成 : 세 겹)이 곤륜구(崑崙丘 : 세 겹 언덕)이다.

 崑崙山三重, 故以名云.

곤륜산(崑崙山)이 세 겹이기 때문에 이름을 붙인 것이다.

 丘形三重者名崑崙丘. 『崑崙山記』云 : "崑崙山, 一名崑丘, 三重, 高萬一千里." 是也. 凡丘之形三重者, 因取此名云耳.

구의 형상이 세 겹인 것의 명칭이 곤륜구(崑崙丘)이다. 『곤륜산기』에 "곤륜산은 일명 곤구(崑丘)인데 세 겹에 높이가 일만 일천 리이다"고 한 것이 이것이다. 대체로 구(丘)의 형상이 세 겹인 것은 그대로 이 명칭을 사용했을 뿐이다.

 如椉者, 椉丘.

승(椉 : 수레)과 같은 것은 승구(椉丘 : 수레 모양의 언덕)이다.

 形似車椉也. 或云 : "椉者, 謂稻田塍埒."

형상이 수레와 같다. 혹자는 "승(椉)은 논 두둑을 말한다"고 하였다.

乘, 本又作椉, 繩證反, 注車乘同. 李·郭皆云 : "形如車乘." 又
市陵反, 或云 : "如稻田塍埒." 下文並倣此. 塍, 市陵反, 許叔重
云 : "稻田畦隄埒畔."52) 埒, 音劣.

승(乘)은 본에 따라 승(椉)으로 되어 있는데, 승(繩)과 증(證)의 반절이며
주(注)의 거승(車乘)의 승(乘)도 같다. 이순과 곽박은 모두 "형상이 거승(車
乘)과 같다"고 하였다. 또는 시(市)와 릉(陵)의 반절이다. 혹자는 "논 두둑과
같다"고 하였다. 아래의 글도 모두 이와 같다. 승(塍)은 시(市)와 릉(陵)의
반절이다. 허숙중(許叔重 : 許愼)은 승(塍)에 대해 "논 두둑이다"고 하였다.
열(埒)은 음이 렬(劣)이다.

郭氏兩解 : 一云"形似車椉也. 繩證切." 二或云"椉, 謂稻田塍埒.
椉, 市陵切." 許叔重云 : "塍埒, 稻田畦隄." 埒, 畔也. 案「地理
志」云 : "泰山有椉丘." 『春秋』莊十年"公敗宋師于乘丘." 是因丘以爲名乎?

---

52) 稻田畦隄埒畔 : 段注本 『說文』에는 "稻田中畦埒"로 되어 있다.

곽박은 둘로 풀이하였는데, 하나는 "형상이 수레와 같다. 승(繩)과 증(證)의 반절이다"고 하였으며, 다른 하나는 "승(乘)은 논 두둑을 말한다. 승(乘)은 시(市)와 릉(陵)의 반절이다"고 하였다. 허신은 "승렬(塍埒)은 논 두둑이다"고 하였다. 렬(埒)은 반(畔 : 밭두둑)의 뜻이다. 살피건대, 『한서』「지리지」에 "태산군(泰山郡)에 승구(乘丘)가 있다"고 하였다. 『춘추』 장공 10년에 "공(公)이 송(宋)의 군대를 승구(乘丘)에서 패퇴(敗退)시켰다"고 하였다. 이는 구(丘)에 의하여 명칭을 삼은 것인가?

 如陼者, 陼丘.

저(陼 : 물 속의 작은 모래섬)와 같은 것은 저구(陼丘 : 물 속의 작은 언덕)이다.

 水中小洲爲陼.

물 속의 작은 모래 섬을 저(陼)라 한다.

 陼, 章汝反, 下同.

저(陼)는 장(章)과 여(汝)의 반절이며 아래도 같다.

 陼, 水中可居之小者. 丘形似之, 名爲陼丘也.

저(陼)는 물 가운데 살 수 있는 작은 곳이다. 구(丘)의 형상과 비슷하여
저구(陼丘)라고 부르는 것이다.

 水潦所止, 泥丘.

빗물이 고여 있는 곳이 니구(泥丘 : 웅덩이진 산꼭대기)이다.

 頂上汚下者.

정상이 웅덩이져 내려앉은 것이다.

 潦, 力道反. 泥, 乃兮反. 依字作尼, 又作坭. 汚, 音烏, 又烏花反,
本或作洿.

로(潦)는 력(力)과 도(道)의 반절이다. 니(泥)는 내(乃)와 혜(兮)의 반절인데
글자에 따라서는 니(尼)로도 쓰며, 또는 니(坭)로도 쓴다. 오(汚)는 음이 오
(烏), 또는 오(烏)와 화(花)의 반절이며, 본에 따라서는 오(洿)로 되어 있다.

 水潦, 雨水也. 丘形頂上汚下, 潦水停止而成泥濘者, 名泥丘.

수로(水潦)는 빗물이다. 구의 형상이 정상이 웅덩이져 내려앉아[53] 장마

---

53) 정상이 …… 내려앉아 : 『爾雅詁林』「正義」에는 이 부분에 대해 『史記索隱』의 "耳

비가 멈추어 진흙탕을 이룬 것을 니구(泥丘)라 부른다.

 方丘, 胡丘.

방구(方丘)는 호구(胡丘 : 네모난 언덕)이다.

 形四方.

형상이 네 곳에 모서리져 있다.

 丘形四方者名胡丘.

구의 형상이 네 곳에 모서리가 있는 것을 호구(胡丘)라 부른다.

 絶高爲之京.

아주 높게 만든 것은 경(京 : 높게 만든 언덕)이다.

頂言頂上窊也"를 인용하여 '정상의 웅덩이'로 풀이하였다.

 人力所作.

사람의 힘으로 만든 것이다.

 作, 子各反.

작(作)은 자(子)와 각(各)의 반절이다.

 言卓絶高大如丘, 而人力所作之者名京. 案, 『春秋』宣十二年『左傳』"楚敗晉師於邲." "潘黨曰 : '君盍築武軍而收晉尸以爲京觀?' 楚子曰云云, '今罪無所, 而民皆盡忠以死君命, 又何以爲京觀乎?'" 是其類也.

구(丘)처럼 아주 높고 크되 사람의 힘으로 만든 것의 명칭이 경(京)임을 말한 것이다. 살펴건대, 『춘추』선공 12년의 『좌전』에 "초(楚)나라 임금이 필(邲)에서 진(晉)의 군대를 패퇴시켰다"고 하였다. "반당(潘黨)이 말하기를 '임금께서는 어찌하여 군영(軍營)을 구축하여 진(晉)나라 병사들의 시체를 거두어 경관(京觀)⁵⁴⁾을 만들지 않습니까?'라고 하니, 초나라·임금이 대답하기를 '지금 진(晉)이 죄를 범한 것이 없고 백성들이 모두 충성을 다하여 임금의 명(命)에 목숨을 바치는데 또 무엇 때문에 경관(京觀)을 만들겠는가?'"라고 한 것이 이러한 종류이다.

---

54) 京觀 : 戰功을 드러내기 위하여 적의 시체를 높이 쌓아 흙으로 덮은 큰 무덤.

 非人爲之丘.

사람이 만들지 않은 것을 구(丘 : 자연 언덕)라 한다.

 地自然生.

땅이 자연히 생긴 것이다.

 李巡云 : "謂非人力所爲, 自然生者." 孫炎曰 : "地性自然也." 故郭云 : "地自然生."

이순은 "사람의 힘으로 만든 것이 아니라 자연히 생긴 것을 말한다"고 하였다. 손염은 "땅의 성질이 저절로 그렇게 된 것이다"고 하였다. 그러므로 곽박은 "땅이 자연히 생긴 것이다"고 하였다.

 水潦所還, 埒丘.

물이 둘러싸고 있는 것이 열구(埒丘 : 물에 쌓인 언덕)이다.

 謂丘邊有界埒, 水環繞之.

구(丘) 주위로 경계의 두둑이 있는데 물이 둘러싼 것을 말한다.

 還, 戶關反, 又音患, 下同. 施音旋. 繞, 音遶.

환(還)은 호(戶)와 관(關)의 반절, 또는 음이 환(患)이며 아래도 같다. 시건은 음을 선(旋)이라 하였다. 요(繞)는 음이 요(遶)이다.

 還, 環繞也. 埒, 小隄也, 壝土爲之. 言此丘邊有其界埒, 外則爲水潦環繞者, 名埒丘.

환은 빙 둘러 있는 것이다. 렬(埒)은 작은 제방인데 유토(壝土 : 둘러싼 낮은 흙담)로 되어 있다. 이 구(丘)의 주변에 경계를 짓는 작은 제방이 있으며 바깥은 물이 둘러싸고 있는 것의 명칭이 열구(埒丘)임을 말한 것이다.

 上正, 章丘.

위가 평평한 것이 장구(章丘 : 위가 편편한 언덕)이다.

 頂平.

꼭대기가 평평하다.

丘頂上平正者, 名章丘. 章亦平也.

구(丘)의 정상이 평평한 것을 장구(章丘)라 부른다. 장(章)은 또한 평평함이다.

 澤中有丘, 都丘.

연못 가운데에 있는 구가 도구(都丘 : 연못 속 언덕)이다.

 在池澤中.

연못 가운데에 있다.

 都, 水所聚也. 言在池澤中者, 因名都丘.

도(都)는 물이 모인 곳이다. 지택(池澤 : 못) 가운데에 있으므로 명칭이 도구(都丘)임을 말한 것이다.

 當途, 梧丘.

길에 닿아 있는 것은 오구(梧丘 : 길 가 언덕)이다.

 途, 道.

도(途)는 길이다.

 涂, 子文作涂, 音圖. 梧, 五故反, 又音吾.

도(涂)는 글자를 또 도(途)로 쓰는데, 음이 도(圖)이다. 오(梧)는 오(五)와
고(故)의 반절, 또는 음이 오(吾)이다.

 途, 道也. 梧, 遇也. 當道有丘名梧丘, 言若相遇於道路然也.

도(途)는 도(道)이다. 오(梧)는 우(遇 : 만나다)이다. 길에 닿아 있는 구(丘)를
오구(梧丘)라 하는데, 길에 서로 만난 듯한 것을 말한다.

 途出其右而還之, 畫丘.

길이 서쪽으로 나 둘러싸고 있는 것은 획구(畫丘 : 서쪽 길에 돌린 언덕)이다.

言爲道所規畫.

길에 의해 경계선이 지워진 것을 말한다.

 畫, 郭音獲, 謝胡卦反.

획(畫)에 대하여 곽박은 음을 획(獲)이라 하였으며, 사교는 호(胡)와 괘(卦)의 반절이라고 하였다.

 右謂西也. 還, 繞也. 畫, 規畫也. 言道出丘西而復環繞之者, 名畫丘, 若爲道所規畫然也.

우(右)는 서쪽을 말한다. 환은 요(繞 : 두르다)이다. 획(畫)은 경계선을 그음이다. 도로가 구의 서쪽에서 나와 다시 둘러싸고 있는 것의 명칭이 획구(畫丘)인데, 마치 길에 의해 경계선이 지워진 것과 같은 것을 말한다.

 途出其前, 戴丘.

도로가 그 앞으로 난 것은 대구(戴丘 : 앞에 길이 난 언덕)이다.

 道出丘南.

도로가 구의 남쪽으로 난 것이다.

 謂道過丘南, 若爲道負戴, 故名戴丘.

도로가 구(丘)의 남쪽을 지나 길이 지거나 이고 있는 듯하므로 명칭이
대구(戴丘)라 함을 말한다.

 途出其後, 昌丘.

도로가 그 뒤로 나 있는 것은 창구(昌丘: 뒤에 길이 난 언덕)이다.

 道出丘北.

도로가 구의 북쪽으로 난 것이다.

 謂道過丘北者, 名昌丘.

도로가 구(丘)의 북쪽을 지나는 것을 창구(昌丘)라 한다.

 水出其前, 渚丘. 水出其後, 沮丘. 水出其右, 正丘. 水出其左, 營丘.

물이 그 앞으로 나오는 것은 성구(渚丘 : 앞에 물이 있는 언덕)이다. 물이 그 뒤로 나오는 것은 저구(沮丘 : 뒤에 물이 있는 언덕)이다. 물이 그 오른쪽으로 나오는 것은 정구(正丘 : 오른편에 물이 있는 언덕)이다. 물이 그 왼쪽으로 나오는 것은 영구(營丘 : 왼편에 물이 있는 언덕)이다.

 今齊之營丘, 淄水過其南及東.

지금 제(齊)의 영구(營丘)에는 치수(淄水)가 그 남쪽을 지나 동쪽에 이른다.

 渚, 本或作渻字, 所景反. 沮, 孫·郭同, 辭與·慈呂二反, 謝子預反, 施子余反. 淄, 仄其反. 過, 古臥反.

성(渚)은 본에 따라 성(渻)자로 되어 있으며, 소(所)와 경(景)의 반절이다. 저(沮)에 대하여 손염과 곽박은 같은데 사(辭)와 여(與), 자(慈)와 여(呂) 두 가지의 반절이라고 하였으며, 사교는 자(子)와 예(預)의 반절, 시건은 자(子)와 여(余)의 반절이라고 하였다. 치(淄)는 측(仄)과 기(其)의 반절이다. 과(過)는 고(古)와 와(臥)의 반절이다.

爾雅疏 此釋丘之前後左右有水過之者名也. 左右猶東西也.「地理志」云 : 齊郡臨淄"城中有丘, 即營丘也."[55]「志」又云 : 泰山萊蕪縣, "淄水所出, 東至博昌入泲." 然則淄水出萊蕪, 經臨淄, 過營丘, 南折而北至

---

55) 城中有丘, 即營丘也 : 應劭의 注에 "今齊之城中有丘, 即營丘也"라 하였다.

博昌入沛. 言此以證水出其左者, 名營丘.

　여기서는 구(丘)의 전후좌우에 물이 지나가는 것이 있는 명칭을 풀이하
였다. 좌우(左右)는 동서(東西)와 같다. 『한서』 「지리지」에 제군(齊郡)의 임치
현(臨淄縣)을 설명하면서 "성(城) 가운데에 구가 있는데 곧 영구(營丘)이다"
고 하였다. 『한서』 「지리지」에 또 태산군(泰山郡)의 내무현(萊蕪縣)을 설명
하면서 "치수(淄水)가 나오는 곳으로 동쪽으로 박창(博昌)에 이르러 제수(沛
水)로 들어간다"고 하였다. 그렇다면 치수(淄水)는 내무(萊蕪)에서 나와 임치
(臨淄)를 경과하고 영구(營丘)를 지나서 남으로 꺾였다가 북으로 박창(博昌)
에 이르러서 제수(沛水)로 들어가는 것이다. 말하자면 이것으로써 물이 구
(丘)의 좌에서 나오는 것이 영구(營丘)라고 부르는 것임을 증명하는 것이다.

 如覆敦者, 敦丘.

　엎어놓은 사발과 같은 것이 대구(敦丘: 엎은 사발 모양의 언덕)이다.

 敦, 盂也.

　대(敦)는 우(盂: 사발)이다.

 覆, 芳服反. 敦, 丁回反, 下及注同.

복(覆)은 부(孚)와 복(服)의 반절이다. 대(敦)는 정(丁)과 회(回)의 반절인데 아래의 글과 주에서도 같다.

案『周禮』「九嬪職」云 : "凡祭祀, 贊王齍." 注云 : "玉齍, 玉敦也. 受黍稷器." 又「小牢禮」曰 : "主婦, 執壹金敦黍, 有蓋. 凡設四, 敦皆南首." 注云 : "敦有首者, 尊者器飾也. 飾象龜形."『孝經緯』說, 敦如簠簋, 容受雖同, 上下內外皆圓爲異. 郭氏言"敦, 盂", 擧其類而言之也. 丘形如覆敦者, 名敦丘.

살피건대,『주례』「구빈직(九嬪職)」에 "무릇 제사에 옥제(玉齍)로 돕는다" 고 하였다. 정현 주에 "옥제는 옥대(玉敦)이다. 서직(黍稷)을 담는 그릇이 다"고 하였다. 또『의례』「소뢰궤사례(小牢饋食禮)」에 "주부(主婦)가 금으로 장식한 대(敦) 하나를 잡고 기장을 담는데 뚜껑이 있다. 대체로 네 개의 대를 진설하는데 모두 머리를 남쪽으로 한다"56)고 하였는데, 정현 주에 "대(敦)에 머리가 있는 것은 높은 사람의 그릇 꾸미개이다. 코끼리와 거북의 형상을 장식한 것이다"고 하였다.『효경위(孝經緯)』에 설명하기를 대(敦)는 보궤(簠簋)57)와 같은데, 담는 것이 비록 같지만 대는 상하와 내외가 모두 둥글어서 보궤와 다르다고 하였다. 곽박이 "대는 우(盂)이다"고 한 것은 비슷한 종류들을 들어 말한 것이다. 구(丘)의 형상이 엎어놓은 사발과 같은 것을 대구(敦丘)라 부른다.

---

56) 主婦가 …… 한다 :『儀禮』原文은 "主婦自東房執一金敦黍, 有蓋, 坐設于羊俎之南. 婦贊者執敦稷以授主婦. 主婦興受, 坐設于魚俎南. 又興受贊者敦黍, 坐設于稷南. 又興受贊者敦稷, 坐設于黍南. 敦皆南首"이다.

57) 簠簋 : 簠는 外方內圓이고, 簋는 內方外圓이다.

 邐迤, 沙丘.

옆으로 비껴 이어진 것이 사구(沙丘: 비껴 이어진 언덕)이다.

 旁行連延.

옆으로 가면서 이어진 것이다.

邐, 呂紙反, 『說文』云: "邐, 行也." 迤, 字或作迆, 余紙·余支二反, 『說文』云: "迆, 邪行也."

리(邐)는 려(呂)와 지(紙)의 반절이다. 『설문』에는 "리(邐)는 행(行: 가다)이다"고 하였다. 이(迤)는 글자를 혹 이(迆)로도 쓰는데 여(余)와 지(紙), 여(余)와 지(支)로 반절이 둘이다. 『설문』에 "이(迆)는 비스듬히 감이다"고 하였다.

『說文』云: "邐, 行也. 迆, 斜行也." 故注云"旁行連延"也. 連延謂連接延長, 丘形斜行連接而長者名沙丘. 「地理志」云: 鉅鹿有"紂所作沙丘臺在東北七十里."

『설문』에 "리(邐)는 행(行)이다. 이(迆)는 비스듬히 감이다"고 하였다. 그러므로 주에서 "옆으로 가면서 이어진 것이다"고 하였다. 연연(連延)은 연접(連接)하여 연장(延長)됨을 말하는 것으로, 구(丘)의 형상이 비스듬히 가면서 이어져 길게 나아간 것의 명칭이 사구(沙丘)이다. 『한서』「지리지」에 거록현(鉅鹿縣)을 설명하면서 "주(紂)가 만든 사구대(沙丘臺)가 있으니, 현

(縣) 동북 70리에 있다"고 하였다.

 左高, 咸丘. 右高, 臨丘. 前高, 旄丘.

왼쪽이 높은 것은 함구(咸丘 : 왼쪽이 높은 언덕)이다. 오른쪽이 높은 것은 임구(臨丘 : 오른쪽이 높은 언덕)이다. 앞이 높은 것은 모구(旄丘 : 앞이 높은 언덕)이다.

 『詩』云 : "旄丘之葛兮."

『시경』에 "모구(旄丘)의 칡넝쿨이여"라고 하였다.

 後高, 陵丘.

뒤가 높은 것은 능구(陵丘 : 뒤가 높은 언덕)이다.

 旄, 謝音毛.『字林』作嵍, 又作堥, 俱亡付反.

모(旄)에 대하여 사교는 음이 모(毛)라 하였다.『자림』에는 무(嵍) 또는 무(堥)로 되어 있는데 모두 음이 망(亡)과 부(付)의 반절이다.

此四者, 釋丘形左右前後高而名不同也. 注"『詩』云: 旄丘之葛", 「邶風」「旄丘」篇文也.

이 네 가지는 구(丘)의 형상이 좌우전후가 높으면서 명칭이 같지 않은 것을 풀이한 것이다. 주에서 말한『시경』의 "모구지갈혜(旄丘之葛兮)"는 「패풍(邶風)」「모구(旄丘)」편의 글이다.

 偏高, 阿丘.

한 쪽이 높은 것이 아구(阿丘: 한쪽 높은 언덕)이다.

 『詩』云: "陟彼阿丘."

『시경』에 "저 아구(阿丘) 오른다"고 하였다.

 偏, 音篇.

편(偏)은 음이 편(篇)이다.

 謂丘形四隅有一高而不正在左右前後者, 名阿丘也. "『詩』云: 陟彼阿丘"者, 「鄘風」「載馳」篇文也.

구(丘)의 모양이 네 모퉁이 가운데 한 곳이 높되 전후좌우에 정확하지 않게 있는 것을 아구(阿丘)라고 한다. 주에서 말한 『시경』의 "척피아구(陟彼阿丘)"는 「용풍」「재치(載馳)」편의 글이다.

宛中, 宛丘.

완(宛) 가운데에 높은 것이 완구(宛丘)이다.

宛謂中央隆高.

완(宛)은 중앙이 우뚝 높은 것을 말한다.

宛, 施於阮反. 孫云: "謂中央汚也." 郭於粉反. 謂蘊聚隆高也, 下同. 隆, 力躬反.

완(宛)에 대하여 시건은 어(於)와 완(阮)의 반절이라 하였다. 손염은 중앙이 웅덩이진 것이라고 하였다. 곽박은 어(於)와 분(粉)의 반절이라 하였다. 흙덩이가 모여 쌓여서 우뚝 높은 것을 말하며 아래도 같다. 륭(隆)은 력(力)과 궁(躬)의 반절이다.

案『詩』「陳風」云: "宛丘之上兮." 毛傳云: "四方高, 中央下曰宛丘." 李巡·孫炎亦皆云: "中央下." 而郭氏以爲中央高者, 以其四方高中央下卽是上文"水潦所止, 泥丘"也. 又下云"丘上有丘爲宛丘." 作

者嫌人不曉, 故重辯之. 旣言"丘上有丘", 非中央隆高而何? 此郭氏所以
不從先儒也.

　『시경』「진풍(陳風)」「완구(宛丘)」에 "완구(宛丘)의 위로다"고 하였다. 모
전에 "사방이 높고 중앙이 낮은 것을 완구(宛丘)라 한다"고 하였다. 이순
과 손염도 모두 "중앙이 낮다"고 하였다. 그런데 곽박이 중앙이 높다고
말한 것은 사방이 높고 중앙이 낮은 것이 바로 위 글의 "물이 그친 곳이
니구(泥丘)이다"고 하였기 때문이다. 또 아래 글에서 "구 위에 구가 있는
것은 완구(宛丘)이다"고 하였다. 『이아』를 지은 이는 사람들이 깨우치지
못할까 염려했기 때문에 거듭 변론한 것이다. 이미 "구(丘) 위에 구(丘)가
있다"고 한 것은 중앙이 높은 것이 아니고 무엇이겠는가? 이것은 곽박이
선유(先儒)를 따르지 않은 것이다.

 丘背有丘爲負丘

　구(丘) 등성이 위에 구(丘)가 있는 것을 부구(負丘 : 언덕 등성이 위에 있는 언
덕)라 한다.

 此解宛丘中央隆峻, 狀如負一丘於背上.

　여기서는 완구(宛丘)의 중앙이 우뚝 솟아 있어 모양이 등성이 위에 일
구(一丘 : 언덕 하나)를 짊어진 듯한 것을 풀이하였다.

解, 古買反. 背, 如字.

해(解)는 고(古)와 매(買)의 반절이다. 배(背)는 여자(如字)이다.

 此解宛丘之狀也. 言中央隆峻, 若丘背之上更有一丘而負戴之者, 名宛丘, 又名負丘也.

여기서는 완구(宛丘)의 모습을 풀이하였다. 중앙이 우뚝 솟아 있고 구(丘)의 등성이 위에 다시 일구(一丘)가 있어, 구를 짊어진 듯한 것의 명칭이 완구(宛丘)이고, 또 명칭이 부구(負丘)임을 말한 것이다.

 左澤, 定丘

구(丘)의 동쪽에 택(澤)이 있는 것을 정구(定丘 : 동쪽에 못이 있는 언덕)라 한다.

 定, 丁佞反.

정(定)은 정(丁)과 녕(佞)의 반절이다.

 謂丘之東有水澤者, 名定丘.

구(丘)의 동쪽에 수택(水澤)이 있는 것을 정구(定丘)라 부른다.

 右陵, 泰丘.

구(丘)의 서쪽에 대부(大阜 : 큰 언덕)가 있는 것을 태구(泰丘 : 서쪽에 큰 언덕
이 있는 언덕)라 한다.

 宋有泰丘社亡. 見『史記』.

송(宋)에 태구사(泰丘社)가 있었는데 멸망했다. 『사기』「육국연표(六國年
表)」에 보인다.

 謂丘之西有大阜者, 名泰丘. 注“宋有太丘社亡, 見『史記』.” 案
「六國年表」: “周顯王三十三年, 秦惠文王二年, 宋太丘社亡.” 是
也. 宋依丘作社, 在宋國於時亡去, 故云“太丘社亡”, 亦咎徵也.

구(丘)의 서쪽에 큰 언덕이 있는 것을 태구(泰丘)라 부른다. 곽박의 주에
서는 “송유태구사망, 견사기(宋有太丘社亡, 見史記)”라 하였다. 살피건대,
『사기』「육국연표」에 “주 현왕(周顯王) 33년(B.C.336), 즉 진 혜문왕(秦惠文王)
2년에 송(宋)의 태구사(太丘社)가 멸망했다”고 한 것이 이것이다. 송(宋)은
구(丘)에 의거해 사당을 지었는데 송이 이때 망하였으므로 “태구사망(太丘
社亡)”이라 하였으니, 역시 하늘의 재앙이 내린 증거이다.

 如畝, 畝丘.

무(畝 : 밭두둑)와 같은 것을 무구(畝丘 : 두둑 경계가 있는 언덕)라 한다.

 丘有壟界如田畝.

구(丘)에 두둑 경계가 밭두둑과 같은 것이 있는 것이다.

 畝, 本或作畒. 隴, 力勇反, 本又作壟.

무(畝)는 본에 따라 무(畒)로 되어 있다. 롱(隴)은 력(力)과 용(勇)의 반절인데 본에 따라 농(壟)으로 되어 있다.

李巡曰 : "謂丘如田畝曰畝丘." 孫炎云 : "方百步." 郭以爲田畝之壟也, 丘形有界埒似之, 因名云. 『詩』「小雅」「巷伯」云 : "楊園之道, 猗於畝丘." 是也.

이순은 "구(丘)가 밭이랑 같은 것을 무구(畝丘)라 한다"고 하였다. 손염은 "사방 일 백 보(步)이다"고 하였다. 곽박이 논밭의 두둑이라고 한 것은 언덕의 형태에 경계가 있어 비슷하므로, 그렇게 명칭을 붙인 것이다. 『시경』「소아(小雅)」「항백(巷伯)」에 "양원(楊園)58)의 길은 무구(畝丘)를 거쳐야 한다"59)고 한 것이 이것이다.

---

58) 楊園 : 毛傳에는 園名이라 하였다.

 如陵, 陵丘

능(陵)과 같은 것을 능구(陵丘 : 큰 언덕)라 한다.

 陵, 大阜也.

능(陵)은 큰 언덕이다.

 丘形如大阜者, 名陵丘. 云“陵, 大阜”者,「釋地」文也.

구(丘)의 형태가 큰 언덕처럼 생긴 것을 능구(陵丘)라 부른다. 곽박이 주
에서 “능, 대부(陵, 大阜)”라 한 것은 『이아』「석지(釋地)」에 나오는 글이다.

 丘上有丘爲宛丘.

구(丘) 위에 구(丘)가 있는 것을 완구(宛丘 : 언덕 위의 언덕)라 한다.

 嫌人不了, 故重曉之.

---

59) 楊園의 …… 거쳐야 한다: 鄭箋의 “欲之楊園之道, 當先歷畂丘”를 따랐다. 모전에는
　　“猗, 加也. 畂丘, 丘名”이라 하였다.

사람들이 이해하지 못할까 염려되어 거듭 밝혔다.

 陳有宛丘,

진(陳)에 완구(宛丘)[60]가 있다.

 今在陳郡陳縣.

지금 진군(陳郡) 진현(陳縣)에 있다.

 晉有潛丘,

진(晉)에 잠구(潛丘)가 있다.

 今在太原晉陽縣.

지금 태원(太原) 진양현(晉陽縣)에 있다.

---

60) 宛丘 : 여기서의 宛丘는 地名을 뜻한다.

 淮南有州黎丘.

회남(淮南)에 주려구(州黎丘)가 있다.

 今在壽春縣.

지금 수춘현(壽春縣)에 있다.

 天下有名丘五, 其三在河南, 其二在河北.

천하에 명구(名丘)가 다섯 있는데 셋은 하남(河南), 둘은 하북(河北)에 있다.

說者多以州黎·宛·營爲河南, 潛·敦爲河北者. 案, 此方稱天下之名丘, 恐此諸丘磝磝未足用當之. 殆自別更有魁梧桀大者五, 但未詳其名號·今者所在耳.

주석가들은 대부분 주려구(州黎丘)·완구(宛丘)·영구(營丘)는 하남에 있고, 잠구(潛丘)·돈구(敦丘)는 하북에 있다고 여긴다. 살피건대 여기에서는 천하의 명구(名丘)라 칭하지만, 아마 이 여러 구(丘)는 잘아서 명구에 해당되기에 충분치 않다. 아마 절로 다시 장대하게 우뚝 선 것이 다섯 있는데, 다만 그 명칭과 현재의 소재지를 알지 못할 뿐이다.

了, 或作憭. 重, 直用反. 潛, 昨鹽反. 黎, 力兮反. 敦, 丁回反. 磥,
音祿. 更, 古孟反. 魁, 口回反. 梧, 五故·五胡二反. 傑, 渠列反,
本今作桀.

료(了)는 혹은 료(憭)로도 쓴다. 중(重)은 직(直)과 용(用)의 반절이다. 잠(潛)
은 작(昨)과 염(鹽)의 반절이다. 려(黎)는 력(力)과 혜(兮)의 반절이다. 대(敦)는
정(丁)과 회(回)의 반절이다. 록(磥)은 음이 록(祿)이다. 갱(更)은 고(古)와 맹(孟)
의 반절이다. 괴(魁)는 구(口)와 회(回)의 반절이다. 오(梧)는 오(五)와 고(故),
오(五)와 호(胡) 두 가지의 반절이다. 걸(傑)은 거(渠)와 렬(列)의 반절인데, 본
에 따라 지금은 걸(桀)로 되어 있다.

此郭氏破先儒說天下名丘未當也. 磥, 小石也. 磥磥, 多貌. 恐此
州黎等五丘磥磥然小耳. 『史記』毛遂入楚謂平原君諸舍人曰:
"公等磥磥, 所謂因人成事者也." 意相類也. 殆, 近也. 近自更有魁梧然桀
大者五, 但名號所在, 今所未詳知也.

여기서는 곽박이 선유(先儒)들이 설명한 천하의 명구가 해당되지 않는
것을 논파(論破)하였다. 녹(磥)은 자그마한 돌이다. 녹록(磥磥)은 돌이 많은
모양이다. 아마도 여기의 주려구(州黎丘等) 등의 오구(五丘)는 하찮게 자그
마한 것으로 여겼을 것이다. 『사기』「평원군열전(平原君列傳)」에 모수(毛遂)
가 초(楚)나라에 들어가 평원군(平原君)과 여러 사인(舍人)들에게 말하기를
"그대들은 하찮은 존재들이다. 소위 남을 따라 일을 이루는 사람들이다"
고 하였으니, 녹록(磥磥)이란 의미가 서로 비슷하다. 태(殆)는 아마라는 뜻
이다. 아마 절로 다시 장대하게 우뚝 선 것이 다섯 있는데 다만 명칭의
소재를 지금 상세히 알지 못하는 것이다.

 丘

구(丘 : 언덕)이다

 此已上釋衆丘之名義, 故題曰丘也.

이 이상은 여러 구(丘)의 명칭과 뜻을 풀이하였기 때문에 구(丘)라 제목
을 붙였다.

 望厓洒而高, 岸.

애(厓 : 물가)를 바라봄에 깊고도 높은 것이 안(岸 : 가파르고 물이 깊은 낭떠러
지)이다.

 厓, 水邊. 洒謂深也. 視厓峻而水深者曰岸.

애(厓)는 물가이다. 선(洒)은 깊음을 말한다. 애를 바라봄에 가파르고 물
이 깊은 것을 안(岸)이라 한다.

 厓, 字又作涯, 魚佳反. 洒, 蘇典反, 又西禮反, 下同.

애(厓)는 글자를 또 애(涯)로도 쓰는데 어(魚)와 가(佳)의 반절이다. 선(洒)
은 소(蘇)와 전(典)의 반절, 또는 서(西)와 례(禮)의 반절인데 아래 글에서도
같다.

望, 視也. 厓, 水邊也. 洒, 水深也. 言視水邊之厓, 其下水深, 其
厓高峻者, 名岸. 『詩』「衛風」云 : "淇則有岸."

망(望)은 시(視 : 보다)이다. 애(厓)는 물가이다. 선(洒)은 물이 깊은 것이다.
말하자면 물가의 언덕을 보고 그 아래 물이 깊고 언덕이 높고 가파른 것
을 안(岸)이라 한다.『시경』「위풍(衛風)」「맹(氓)」에 "기수에는 낭떠러지가
있다"고 하였다.

夷上洒下, 不漘.

물가 언덕의 위가 평평하고 아래는 물이 깊은 곳이 순(漘 : 위가 평평하고
아래가 물이 깊은 물가)이다.

厓上平坦而下水深者爲漘. 不, 發聲.

물가 언덕의 위가 평평하고 아래는 물이 깊은 것을 순(漘)이라 한다. 불
(不)은 발어성(發語聲)이다.

漘, 音脣. 坦, 土但反.

순(漘)은 음이 순(脣)이다. 탄(坦)은 토(土)와 단(但)의 반절이다.

 李巡云 : "夷上, 平上. 洒下, 陗下. 故名曰漘." 孫炎曰 : "平上陗下, 故名曰漘. 不者, 蓋衍字." 郭云 : "厓上平坦而下水深者爲漘. 不, 發聲"也. 『詩』「王風」「葛藟」云 : "在河之漘." 是也.

이순은 "이상(夷上)은 위가 평평한 것이다. 선하(洒下)는 아래가 가파른 것이다. 그러므로 순(漘)이라 부른다"고 하였다. 손염은 "위는 평평하고 아래는 가팔라서 순(漘)이라 부른다. 불(不)은 더 들어간 글자이다"고 하였다. 곽박은 "물가 언덕의 위가 평평하고 아래는 물이 깊은 것을 순(漘)이라 한다. 불(不)은 발어성(發語聲)이다"고 하였다. 『시경』「왕풍(王風)」「갈류(葛藟)」에 "하수(河水)의 순(漘)에 있다"고 한 것이 이것이다.

 隩, 隈.

욱(隩)은 외(隈 : 물가 언덕의 안쪽 깊숙한 곳)이다.

 今江東呼爲浦隩. 『淮南子』曰 : "漁者不爭隈."

지금 강동에서는 포욱(浦隩)이라 한다. 『회남자(淮南子)』에 "어부들은 고기가 많이 모이는 외(隈)를 다투지 않는다"고 하였다.

 隩, 『字林』烏到反. 郭於六反, 注及下同, 本或作澳. 隈, 本或作渨, 同, 烏回反. 『字林』一由反. 漁, 音魚.

　　욱(隩)은 『자림』은 오(烏)와 도(到)의 반절이라 하였다. 곽박은 어(於)와 육(六)의 반절이라 하였는데, 주와 아래에서도 같으며, 본에 따라 욱(澳)으로 되어 있다. 외(隈)는 본에 따라 외(渨)로 되어 있는데 음의가 같으며, 오(烏)와 회(回)의 반절이다. 『자림』은 일(一)과 유(由)의 반절이라 하였다. 어(漁)는 음이 어(魚)이다.

 隩, 一名隈也. 孫炎云: "隈, 水曲中也." 『詩』「衛風」云: "瞻彼淇隩." 故此釋之也. 案『淮南子』「原道」篇云: "昔舜耕於歷山, 朞年而田者爭處墝埆, 以封畔肥饒相讓. 釣於河濱, 朞年而漁者爭處湍瀨, 以曲隈深潭相予." 是不爭隈之事. 引之以證隈卽厓內深隩之處也.

　　욱(隩)은 일명 외(隈)이다. 손염은 "외(隈)는 물굽이 안쪽이다"고 하였다. 『시경』「위풍(衛風)」「기욱(淇隩)」에 "저 기수의 물굽이를 본다"고 하였으므로, 여기서 풀이하였다. 살피건대, 『회남자』「원도」편에 "옛적 순 임금이 역산(歷山)에서 농사를 지었는데, 일 년이 지나자 농부들이 다투어서 척박한 땅을 차지하고 비옥한 땅을 서로 양보하였다. 하수의 물가에서 고기를 잡았는데 일 년이 지나자 어부들이 다투어 얕은 물가를 차지하고 고기가 많이 잡히는 굽이지고 깊은 물은 서로 양보하였다"고 하였다. 이것이 고기가 많이 잡히는 물 깊은 곳 외(隈)를 다투지 않은 일이다. 이 대목을 인용하여 외(隈)는 즉 물가 언덕의 안쪽 깊숙한 곳임을 증명하였다.

 厓內爲隩, 外爲隈.

물가 언덕의 안쪽이 욱(隩 : 안쪽 물굽이)이고, 바깥이 외(隈 : 바깥쪽 물굽이)
이다.

別厓表裏之名.

물가 언덕의 안과 바깥 명칭을 구별하였다.

別, 彼列反. 裏, 音里.

별(別)은 피(彼)와 렬(列)의 반절이다. 리(裏)는 음이 리(里)이다.

別厓表裏之名也. 孫炎云 : "內曲, 裏也 ; 外曲, 表也." 李巡曰 :
"厓內近水爲隩, 其外爲鞠." 此句覆釋上文隩 · 隈之處也. 云"外
爲隈"者, 隈當作鞠, 傳寫誤也.『詩』「大雅」「公劉」云 : "芮鞠之卽."毛傳
云 : "水之外曰鞠." 然則厓在水曲, 其內名隩, 又名隈 ; 其外名鞠. 又作坭,
音義同. 今以隩 · 隈一事, 分爲外內之名, 故知誤也.

물가 언덕의 안과 바깥 명칭을 구별하였다. 손염은 "내곡(內曲)은 물굽
이 안이고, 외곡(外曲)은 물굽이 바깥이다"고 하였다. 이순은 "물가 언덕
안으로 물에 가까이 있는 곳이 욱(隩)이고, 바깥에 있는 곳이 국(鞠)이다"
고 하였다. 이 구절은 다시 위 문장의 욱(隩) · 외(隈)의 위치를 설명한 것

이다. "외위외(外爲隈)"에서 외(隈)는 국(鞫)으로 써야 합당하니, 옮겨 적으면서 잘못 쓴 것이다. 『시경』「대아」「공류(公劉)」에 "예국지즉(芮鞫之卽 : 물가 안 굽이와 바깥 굽이로 간다)"[61]이라 하였다. 모전[62]은 "물의 바깥쪽이 국(鞫)이다"고 하였다. 그렇다면 애(厓)는 물굽이에 있고, 그 안쪽을 욱(隩) 또는 외(隈)라 하고, 그 바깥쪽을 국(鞫)이라 한다. 또 국(㲉)으로 되어 있으나 음의가 같다. 지금 욱(隩)과 외(隈)는 동일한 사물인데 안과 바깥이라는 명칭으로 나누었으니, 잘못임을 알겠다.

 畢, 堂牆.

필(畢 : 담 같은 언덕길)이란 길은 집의 담처럼 생겼다.

 今終南山道名畢, 其邊若堂之牆.

지금 종남산(終南山)의 길 이름이 필(畢)인데, 그 주변이 집의 담과 같다.

 畢, 本又作嗶, 卑吉反.

필(畢)은 본에 따라 필(嗶)로 되어 있는데 비(卑)와 길(吉)의 반절이다.

---

61) 물가 …… 간다 : 정전의 "芮之言內也, 水之內曰隩, 水之外曰鞫"을 따랐다. 集傳에는 "芮, 水名. …… 鞫, 水外也"라고 하여, '芮水의 물가로 간다'로 풀이된다.
62) 毛傳 : 鄭箋을 잘못 썼다. 毛傳은 "芮, 水厓也. 鞫, 究也"라 하였다.

 李巡云:“堂, 牆名. 厓似堂牆曰畢.” 郭以畢終南山道名也. 其邊之厓如堂室之牆. 言平正也.『詩』「秦風」云:“終南何有? 有紀有堂.” 是也.

이순은 "당(堂)은 담의 명칭이다. 언덕이 집의 담과 비슷한 것을 필(畢)이라 한다"고 하였다. 곽박은 필(畢)은 종남산의 길 이름으로 그 주변의 언덕이 집의 담과 같다고 하였다. 말하자면 평평하고 곧은 것이다.『시경』「진풍(秦風)」「종남(終南)」에 "종남산(終南山)에 무엇이 있는가? 기(紀:산언덕)가 있고 당(堂:평평한 길)이 있네"라고 한 것이 이것이다.

 重厓,[63] 岸.

물가 언덕이 중첩된 것이 안(岸:겹친 물가 언덕)이다.

 兩厓累者爲岸.

두 개 물가 언덕이 겹으로 되어 있는 것이 안(岸)이다.

爾雅
音義 重, 直龍反.

---

63) 重厓:郝懿行의『爾雅義疏』에 의하면 "重厓는 그 높은 것을 말함이지, 반드시 두 개 언덕을 포갠 것이 아니다……. 厓도 이미 높은 것이다. 岸은 더욱 높기 때문에 重厓라고 하였다(重厓者, 言其高, 非必累兩厓也. 此卽上文望厓洒而高岸之義. 蓋厓已高, 其岸尤高, 故云重厓)"라 하여, '높은 물가 언덕'으로 풀이하였다.

중(重)은 직(直)과 룡(龍)의 반절이다.

 言兩厓相重累者, 亦名岸也.

두 개 물가 언덕이 상호 중첩된 것을 또한 안(岸)이라고 부른다.

 岸上, 滸

안(岸)의 위가 호(滸 : 물가 위의 편편한 땅)이다.

 岸上地.

안(岸) 위의 땅이다.

 滸, 呼五反.

호(滸)는 호(呼)와 오(五)의 반절이다.

 岸上平地, 去水稍遠者名滸. 『詩』「大雅」「緜」篇云 "率西水滸" 之
類, 是也.

안(岸) 위의 평평한 지역으로 물에서 조금 멀리 떨어진 곳을 호(滸)라 한다. 『시경』 「대아」 「면(縣)」에 "솔서수호(率西水滸 : 서쪽 물가를 따라간다)"라는 종류가 이것이다.

 墳, 大防.

분(墳)은 대방(大防 : 큰 제방)이다.

 謂隄.

제방을 말한다.

爾雅
音義　墳, 符紛反. 防, 音房. 隄, 丁兮反.

분(墳)은 부(符)와 분(紛)의 반절이다. 방(防)은 음이 방(房)이다. 제(隄)는 정(丁)과 혜(兮)의 반절이다.

爾雅
疏　李巡曰 : "墳謂厓岸, 狀如墳墓, 名大防也." 『詩』 「周南」云 : "遵彼汝墳." 又 「釋地」云 : "墳莫大於河墳." 是也.

이순은 "분(墳)은 애안(厓岸)을 말하니, 모습이 분묘(墳墓)와 같아 대방(大防)이라 부른다"고 하였다. 『시경』 「주남」 「여분(汝墳)」에 "저 여수의 제방

을 따라간다"고 하였다. 또 「석지(釋地)」에 "제방은 하수(河水)의 제방보다
큰 것이 없다"고 한 것이 이것이다.

 涘爲厓.

사(涘)는 애(厓 : 물가)이다.

 謂水邊.

물가를 말한다.

 涘, 舊音仕.

사(涘)는 옛 음이 사(仕)이다.

 李巡曰 : "涘, 一名厓, 謂水邊也." 『詩』「秦風」云 : "所謂伊人, 在
水之涘." 是也.

이순은 "사(涘)는 일명 애(厓)로 물가를 뜻한다"고 하였다. 『시경』「진풍
(秦風)」「겸가(蒹葭)」에 "소위이인, 재수지사(所謂伊人, 在水之涘 : 이른바 저 사
람이 물가에 있다)"고 한 것이 이것이다.

 窮瀆, 氾.

궁독(窮瀆)은 사(氾 : 물 없는 도랑)이다.

 水無所通者.

물이 소통되지 않는 곳이다.

 瀆, 音獨. 氾, 音似.

독(瀆)은 음이 독(獨), 사(氾)는 음이 사(似)이다.

 謂窮困不通之水瀆名氾也. 亦得名谿, 卽「釋山」云 : "山嶺無所通, 谿." 郭注云 : "所謂窮瀆者, 雖無所通, 與水注川同名." 是也.

물이 말라 흐르지 않는 도랑을 사(氾)라 하는데, 또한 계(谿)라고도 한다. 즉 「석산(釋山)」에 "산의 도랑이 흐르지 않은 곳을 계(谿)라 한다"고 하였는데, 곽박이 주석하기를 "소위 궁독(窮瀆)은 물이 흐르지 않은 곳이나 물이 천(川)에 흘러가는 계(谿)[64]와 명칭이 동일하다"고 한 것이 이것이다.

---

64) 谿 : 谿에는 물이 흐르지 않은 웅덩이와 물이 흘러간다는 두 가지 의미가 있다는 의미다. 「釋水」에 "水注川曰谿"라 하였다.

 谷者, 澈.

곡(谷)으로 흐르는 것이 미(澈: 골짜기로 통하는 도랑)이다.

 通於谷.

곡(谷)으로 흐르는 것이다.

 澈, 本又作湄, 亡悲反, 又音微.

미(澈)는 본에 따라 미(湄)로 되어 있는데, 망(亡)과 비(悲)의 반절이며 또 음이 미(微)이다.

 謂窮瀆汜若能通於谷者, 則別名澈也.

물이 마른 웅덩이인 사(汜)가 만약 곡(谷)으로 흐르면 별명이 미(澈)이다.

 厓岸

애안(厓岸: 언덕)이다.

此已上釋厓岸之名也, 故題厓岸.

이 이상은 애(厓)와 안(岸)의 명칭을 풀이하였으므로, 애안(厓岸)이라 제목을 붙였다.

석산(釋山) 제11(第十一)

 山, 所閑反, 或所㫋反.『廣雅』云: "土高有石曰山. 山, 産也." 能産萬物也.『說文』云: "山, 宣也. 宣氣散,[65] 生萬物也." 凡天下名山五千二百七十, 出銅之山四百六十七, 出鐵之山三千六百有九.

산(山)은 소(所)와 한(閑)의 반절인데, 혹 소(所)와 전(㫋)의 반절로도 한다.『광아(廣雅)』「석산(釋山)」에 "흙이 높고 돌이 있는 것을 산이라 한다. 산은 산(産 : 낳다)이다"고 하였으니, 능히 만물을 생산한다는 뜻이다.『설문』에 "산은 선(宣 : 펴다)이다. 기(氣)를 퍼뜨리고 흩어지게 하여 만물을 생성케 한다"고 하였다. 천하의 이름난 산은 5,270개, 구리가 산출되는 산은 467개, 철이 산출되는 산은 3,609개이다.[66]

案『釋名』云: "山, 産也." 言産生萬物.『說文』云: "山, 宣也, 宣氣散, 生萬物, 有石而高. 象形也." 此篇釋諸山之名, 故云釋山.

---

65) 宣氣散 : 段注本에는 '謂能宣散气'로 되어 있다.
66) 천하의……3,609개이다 :『광아』「석산」에 있는 내용이다.

살피건대, 유희(劉熙)의 『석명(釋名)』 「석산(釋山)」에 "산(山)은 산(産)이다"
고 하였으니, 만물을 생산함을 말한다. 『설문』에는 "산(山)은 선(宣)이다.
기(氣)를 퍼뜨리고 흩어지게 하여 만물을 생성케 하고 돌이 있고 높다. 상
형(象形)이다"고 하였다. 이 편은 여러 산의 명칭을 풀이하였으므로 석산
(釋山)이라 한다.

 河南華.

하남(河南)[67]의 화음산(華陰山)이다.

 華陰山.

화음산이다.

 河西嶽.

하서(河西)의 악산(嶽山)이다.

 吳嶽.

---

67) 河南 : 河南은 黃河 以南 지역을 말하고 華陰山은 華山이다.

오악(吳嶽)이다.

 河東垈.

하동(河東)의 대종(垈宗)이다.

 岱宗, 泰山.

대종(岱宗)은 태산(泰山)이다.

 河北恒.

하북(河北)의 항산(恒山)이다.

 北嶽, 恒山.

북악(北嶽)은 항산(恒山)이다.

 江南衡.

강남(江南)의 형산(衡山)이다.

 衡山, 南嶽.

형산(衡山)은 남악(南嶽)이다.

 華, 戶花・戶化二反. 『字林』作崋, 同. 吳, 音吾. 『周禮』「職方氏」: "正西曰雍州, 其山鎭曰嶽." 後鄭云: "嶽, 吳嶽也." 與郭同.

화(華)는 호(戶)와 화(花), 호(戶)와 화(化)로 반절이 둘이다. 『자림』에는 화(崋)로 되어 있는데 음의가 같다. 오(吳)는 음이 오(吾)이다. 『주례』「하관(夏官)」「직방씨(職方氏)」에 "정서(正西)를 옹주(雍州)라 하며, 그곳의 진산(鎭山)을 악산(嶽山)이라 한다"고 하였다. 정현은 "악(嶽)은 오악(吳嶽)이다"고 하였으니, 곽박과 해석이 같다.

爾雅
疏　篇首載此五山者, 以爲中國之名山也. 案『周禮』「職方氏」: "河南曰豫州, 其山鎭曰華山. 正西曰雍州, 其山鎭曰嶽山. 河東[68]曰兗州, 其山鎭曰岱山. 正北曰幷州, 其山鎭曰恒山. 正南曰荊州, 其山鎭曰衡山." 鄭注云: "鎭, 名山安地德者也." 又爲五嶽知者, 案鄭注「大司樂」云: "五嶽, 岱在兗州, 衡在荊州, 華在豫州, 嶽在雍州, 恒在幷州." 是也. 案下文及經典群書言五嶽者, 皆數嵩高不數嶽. 而鄭云然者, 蓋鄭有

---

68) 河東 : 대본에는 '沔東'으로 되어 있으나 『周禮』에 따라 고쳤다.

所案據, 更見異意也. 其正名五嶽, 必取嵩高爲定解, 下文別釋. 云"河南
華", 注"華陰山"者. 案「禹貢」: "導河積石, 至于龍門; 南至于華陰; 東至
于底柱." 孔安國云 : "河自龍門南流, 至華山北而東行." 然則此山在河之
南, 故曰"河南華." 下皆放此. 在華陰縣界, 故曰華陰山也. 云"河西嶽",
注"吳嶽"者. 在西河之西, 一名吳嶽. 鄭玄云 : "在汧." 云"河東岱", 注"岱
宗, 泰山"者. 在東河之東, 一名岱宗, 一名泰山. 鄭玄云 : "在博." 云"河
北恒", 注"北嶽, 恒山"者. 下文"恒山爲北嶽"是也. 鄭玄云 : "在上曲陽."
云"江南衡"・注"衡山, 南嶽"者. 「禹貢」云 : "岷山導江." 又曰 : "岷山之
陽, 至于衡山." 孔注云 : "衡山, 江所經." 然則江水經此山之北, 東入于
海, 故云"江南衡"也. 鄭注「大宗伯」云 : 五嶽, "南曰衡山[69]"是也.

　편 머리에 이 다섯 산을 실은 것은 중국(中國)의 명산(名山)으로 여겨서
이다. 살피건대, 『주례』「하관」「직방씨」에 "하남(河南)을 예주(豫州)라 하
는데, 그 곳의 진산을 화산(華山)이라 한다. 정서(正西)를 옹주(雍州)라 하는
데, 그 곳의 진산을 악산(嶽山)이라 한다. 하동(河東)을 연주(兗州)라 하는데,
그 곳의 진산을 대산(岱山)이라 한다. 정북(正北)을 병주(并州)라 하는데, 그
곳의 진산을 항산(恒山)이라 한다. 정남(正南)을 형주(荊州)라 하는데, 그 곳
의 진산을 형산(衡山)이라 한다"고 하였다. 정현은 주석하기를 "진(鎭)은 명
산(名山)으로 지덕(地德)을 편안히 하는 것이다"고 하였다. 또 오악(五嶽)이
라고 부르는 것을 알 수 있는 것은, 살피건대, 『주례』「춘관」「대사악(大司
樂)」의 정현 주에 "오악(五嶽)에서 대산(岱山)은 연주(兗州), 형산(衡山)은 형주
(荊州), 화산(華山)은 예주(豫州), 악산(嶽山)은 옹주(雍州), 항산(恒山)은 병주(并
州)에 있다"고 한 것이 이것이다. 살피건대, 아래의 문장[70]과 경전과 여러
서적에서 오악(五嶽)을 언급할 때는 모두 숭고(嵩高)를 오악에 넣었지 악산
(嶽山)을 오악에 넣지 않았다. 그런데 정현이 악산을 오악에 넣은 것은 아

---

　69) 山 : 대본에는 '也'로 되어 있으나 『周禮』 鄭玄 注에 따라 고쳤다.
　70) 아래의 문장 : 바로 이어서 나오는 「釋山」의 "嵩高爲中嶽"을 말한다. 嵩高는 嵩山이다.

마 정현이 근거한 것이 있어 다시 이견(異見)을 나타낸 듯하다. 오악을 정확하게 부르려면 반드시 숭고(嵩高)를 넣어야 확실한 해석이 되니, 아래 글에서 별도로 풀이한다. "하남화(河南華)"는 곽박은 주에서 "화음산(華陰山)이다"고 하였다. 살피건대, 『서경』「우공(禹貢)」에 "황하를 적석산(積石山)에 인도하여 용문산(龍門山)에 이른다. 남쪽으로 화음산(華陰山)에 이르고 동쪽으로 지주산(底柱山)에 이른다"고 하였는데, 공안국은 "황하가 용문산 남쪽으로 흘러 화산 북쪽에 이르러 동쪽으로 흐른다"고 하였다. 그렇다면 화산은 하수(河水)의 남쪽에 있으므로 "하남화(河南華)이다"고 한 것이다. 아래도 모두 이와 같다. 화음현(華陰縣)의 경계에 있으므로 화음산(華陰山)이라 부른 것이다. "하서악(河西嶽)"은 곽박이 주에서 "오악(吳嶽)이다"고 하였다. 서하(西河)71)의 서쪽에 있는데, 일명 오악(吳嶽)이다. 정현은 "견(汧)에 있다"고 하였다. "하동대(河東岱)"는 곽박이 주에서 "대종은 태산(岱宗 : 泰山)이다"고 하였다. 동하(東河)의 동쪽에 있으므로 일명 대종(岱宗), 일명 태산(泰山)이라 부른다. 정현은 "박(博)에 있다"고 하였다. "하북항(河北恒)"에 대하여 곽박이 주에서 "북악(北嶽)은 항산(恒山)이다"고 하였다. 아래 글에서 "항산(恒山)이 북악(北嶽)이다"고 한 것이 이것이다. 정현은 "상곡양(上曲陽)에 있다"고 하였다. "강남형(江南衡)"은 곽박이 주에서 "형산(衡山)은 남악(南嶽)이다"고 하였다. 『서경』「우공」에 "민산(岷山)에 양자강을 인도한다"고 하였으며, 또 "민산의 남쪽에서 형산(衡山)에 이른다"고 하였는데, 공안국의 주에 "형산은 양자강이 경유하는 곳이다"고 하였다. 그렇다면 양자강 물은 형산의 북쪽을 경유하여 동쪽으로 흘러 바다로 들어간다. 그러므로 강남의 형산이라고 한 것이다. 『주례』「춘관」「대종백(大宗伯)」의 정현 주에 오악(五嶽) 가운데 "남악은 형산이다"고 한 것이 이것이다.

---

71) 西河 : 河名. 龍門山의 河川으로 冀州의 서쪽에 있으므로 西河라고 한다.

 山三襲, 陟.

산이 세 번 겹쳐 있는 것이 척(陟 : 세 번 겹친 산)이다.

 襲亦重.

습(襲)은 또한 중(重 : 겹치다)의 뜻이다.

襲, 音習. 重, 直龍反, 下皆同.

습(襲)은 음이 습(習)이다. 중(重)은 직(直)과 룡(龍)의 반절인데, 아래도 모두 같다.

山之形若三山重累者名陟. 重衣謂之襲, 故以襲爲重也. 上篇注已云"成猶重也", 故此云, 亦也.

산의 형태가 마치 세 산이 겹쳐 있는 것과 같은 것을 척(陟)이라 부른다. 옷을 겹쳐 입는 것을 습(襲)이라 하기 때문에 습(襲)을 중(重)이라고 한 것이다. 상편(上篇)의 주에서 이미 "성유중야(成猶重也)"라 하였기 때문에 여기서 역(亦 : 또한)이라 한 것이다.

 再成, 英.

산이 두 번 겹쳐 있는 것이 영(英: 두 번 겹친 산)이다.

 兩山相重.

두 산이 서로 겹쳐 있는 것이다.

 成, 重也. 山形兩重者名英. 今南郡英山縣, 蓋取此名也.

성(成)은 중(重: 겹치다)의 뜻이다. 산의 형태가 두 번 겹친 것을 영(英)이라 부른다. 지금 남군(南郡) 영산현(英山縣)에서는 대체적으로 이 명칭을 취한다.

 一成, 坯.

산이 한 번 겹쳐 있는 것이 비(坯: 한 번 겹친 산)이다.

 『書』曰 : "至于大坯."

『서경』「우공(禹貢)」에 "대비(大坯)에 이른다"고 하였다.

坯, 或作伾, 備悲反, 又備美反. 沈五窟反. 韋昭音軽, 『說文』作坏.

비(坯)는 혹 비(伾)로도 쓰며 비(備)와 비(悲)의 반절이고, 또 비(備)와 미(美)의 반절이다. 심선은 오(五)와 굴(窟)의 반절이라고 하였으며, 위소는 음을 비(軽)라 하였고, 『설문』에는 비(坏)로 되어 있다.

案此文則山上更有一山重累者, 名坯. "『書』曰"者,「禹貢」文也. 孔安國云: "山再成曰坯." 與此不同者, 蓋所見異也. 鄭玄云: "大坯, 在脩武武德之界." 張揖云: "成皋縣山也." 『漢書音義』臣瓚以爲皆非. "今黎陽縣山臨河, 豈不是大坯乎." 瓚意當然.

살피건대, 이 글에서는 산 위에 다시 한 개의 산이 겹쳐 있는 것을 비(坯)라 부른 것이다. "『서』왈(『書』曰)"이라 한 것은 「우공(禹貢)」의 글이다. 공안국은 "산이 두 번 겹친 것을 비(坯)라 한다"고 하였다. 이 글과 같지 않은 것은 대개 견해가 다르기 때문이다. 정현은 "대비(大坯)는 하내군(河內郡)의 수무현(脩武縣)과 무덕현(武德縣)의 경계에 있다"고 하였다. 장읍(張揖)은 "하남군(河南郡)의 성고현(成皋縣)에 있는 산이다"라고 하였다. 『한서음의(漢書音義)』에서 신찬(臣瓚)[72]은 모두 잘못된 것으로 보았다. "지금 여양현(黎陽縣)에 있는 산이 하수(河水)를 굽어보고 있는데, 아마 여기가 대비(大坯)가 아닐까?"라 하였으니, 찬(瓚)의 뜻이 합당한 듯하다.

---

72) 臣瓚: 晉人. 姓氏와 出身地域은 未詳. 『漢書』를 注하였다. 于瓚, 薛瓚으로도 쓴다.

 山大而高, 崧.

산이 크고 높은 것이 숭(崧: 높고 큰 산)이다.

 今中嶽嵩高山, 蓋依此名.

지금의 중악(中嶽)인 숭고산(嵩高山)은 아마도 이 명칭을 따른 듯하다.

 崧, 思忠反, 又作嵩. 崧卽嵩也, 俱是高大之貌.

숭(崧)은 사(思)와 충(忠)의 반절이며, 또한 숭(嵩)으로도 쓴다. 숭(崧)은 즉 숭(嵩: 높다)으로, 모두 높고 큰 모양이다.

 『詩』「大雅」云: "崧高維嶽." 毛傳云: "崧, 高貌." 『釋名』云: "崧, 竦也, 亦高稱也." 李巡曰: "高大曰嵩." 此則山高大者自名崧. 本不指中嶽, 名嵩高, 或取此文以立名乎? 無正文, 故云"蓋"以疑之.

『시경』「대아」「숭고(崧高)」편에 "크고 높은 산이 사악(四嶽[73])이다"고 하였다. 모전에 "숭(崧)은 높은 모양이다"고 하였다. 『석명』에 "숭(崧)은 송(竦: 높이 솟다)인데, 또한 높다는 명칭이다"고 하였다. 이순은 "높고 큰 것을 숭(嵩)이라 한다"고 하였다. 이것은 높고 큰 산을 숭(崧)이라 부른다는 것이다. 본래 중악(中嶽)을 가리키지는 않았는데 숭고(崧高)라 부르는 것은

---

73) 四嶽: 毛傳에 의하면 東嶽인 泰山, 南嶽인 衡山, 西嶽인 華山, 北嶽인 恒山이다.

아마도 이 글에서 취하여 명칭을 정한 것인가? 정확한 글이 없기 때문에 "개(蓋 : 아마)"라 하여 의심하였다.

 山小而高, 岑.

산이 작고 높은 것이 잠(岑 : 작고 높은 산)이다.

 言岑崟.

봉우리가 험준함을 말한다.

 岑, 吉金反, 『字林』才心反. 崟, 魚金反, 字又作崯.

잠(岑)은 길(吉)과 금(金)의 반절인데, 『자림』에는 재(才)와 심(心)의 반절이라 하였다. 음(崟)은 어(魚)와 금(金)의 반절인데, 글자를 또한 음(崯)으로도 쓴다.

 言山形雖小而高嶔崟者, 名岑也.

산의 형상은 비록 작지만 높고 험준한 산을 잠(岑)이라 부른다.

 銳而高, 嶠.

뾰족하고 높은 산이 교(嶠 : 뾰족하고 높은 산)이다.

 言鐵峻.

뾰족하고 험준함을 말한다.

 嶠, 渠驕反, 郭又音驕, 『字林』作嶠, 云 : "山銳而長也." 巨照反. 鐵, 子廉反.

교(嶠)는 거(渠)와 교(驕)의 반절인데, 곽박은 또한 음을 교(驕)라 하였다. 『자림』에는 교(嶠)로 되어 있고, "산이 뾰족하고 긴 것이다"고 하였다. 거(巨)와 죠(照)의 반절이다. 첨(鐵)은 자(子)와 렴(廉)의 반절이다.

 銳則鐵也, 言山形鐵峻而高者名嶠. 『列子』曰 : "渤海之東有壑, 其中山曰員嶠." 蓋同此也

예(銳)는 첨(鐵 : 뾰족함)인데, 산의 형상이 뾰족하고 험준하며 높은 것을 교(嶠)라 부른다. 『열자』「탕문(湯問)」에 "발해(渤海)의 동쪽에 큰 골짜기가 있고, 그 가운데 산74)을 원교(員嶠)라 부른다"고 하였으니, 대체로 이와 같다.

---

74) 산 : 다섯 개의 산을 말하는데, 大興・員嶠・方壺(一名 方丈)・瀛洲・蓬萊이다.

 卑而大, 扈.

산이 낮고 큰 것이 호(扈 : 낮고 큰 산)이다.

 扈, 廣貌.

호(扈)는 넓은 모양이다.

 卑, 如字, 又音婢. 嵑, 音戶, 或作扈.

비(卑)는 여자(如字)인데, 또한 음은 비(婢)이다. 호(嵑)는 음이 호(戶)인데, 혹 호(扈)로도 쓴다.

言山形卑下而廣大者名扈. 『禮記』「檀弓」云 : "南宮縚之妻之姑之喪, 夫子誨之髽, 曰 : '爾毋扈扈爾.'" 鄭注云 : "扈扈謂大廣." 蓋取此義也.

산의 형상이 낮고도 광대한 것의 명칭이 호(扈)임을 말한 것이다. 『예기』「단궁」에 "남궁도(南宮縚)[75) 처(妻)의 시어머니 상(喪)에, 공자가 남궁도의 아내에게 좌(髽)[76)를 만드는 법을 가르치면서 말하기를 '너는 호호(扈扈)하게 하지 마라!'"고 하였다. 정현의 주에 "호호(扈扈)는 크고 넓음을 말

---

75) 南宮縚 : 孟僖子의 아들인 南宮括이며, 보통 南容이라 한다. 남궁도의 妻는 孔子의 형의 딸이다. 『論語』「先進」에 "南容三復白圭, 孔子以其兄之子妻之"의 南容이다.
76) 髽 : 북상투. 여자가 喪中에 묶는 머리.

한다"고 하였다. 대체로 이 뜻을 취한 것이다.

 小而衆, 嵬.

작으면서 떼지어 있는 산이 귀(嵬 : 작으면서 떼지어 있는 산)이다.

 小山叢羅.

작은 산이 모여 나열된 것이다.

 嵬, 丘軌反, 嵬然高峻貌. 『字林』丘追反, 小山而衆也. 叢, 才公反.

귀(嵬)는 구(丘)와 궤(軌)의 반절인데, 귀연(嵬然)은 높고 험준한 모양이다. 『자림』에는 구(丘)와 추(追)의 반절로 되어 있는데, 작은 산이 떼지어 있다는 뜻이다. 총(叢)은 재(才)와 공(公)의 반절이다.

 言山小而衆·叢萃羅列者, 名嵬.

산이 작으면서 떼지어 모여 나열해 있는 것의 명칭이 귀(嵬)이다.

 小山岌大山, 峘.

작은 산이 삐쭉 솟아 큰산보다 더 높은 것이 환(峘: 작은 산이 큰 산 보다 높은 산)이다.

 岌謂高過.

급(岌)은 높게 초월한 것을 말한다.

 岌, 魚泣反, 高也. 峘, 胡官反, 一音袁.『埤蒼』云:"峘, 大山." 又音恒. 過, 古臥反.[77]

급(岌)은 어(魚)와 읍(泣)의 반절이며, 높다는 뜻이다. 환(峘)은 호(胡)와 관(官)의 반절이며, 일음(一音)은 원(袁)이다.『비창』에 "환(峘)은 큰산이다"고 하였다. 또한 음은 항(恒)이다. 과(過)는 고(古)와 와(臥)의 반절이다.

言小山與大山相並, 而小山高過於大山者, 名峘. 非謂小山名岌, 大山名峘也.

작은 산이 큰산과 서로 나란히 있으나 작은 산이 큰산보다 더 높은 것의 명칭이 환(峘)임을 말한 것이다. 작은 산의 명칭이 급(岌)이고 큰산의 명칭이 환(峘)임을 말한 것이 아니다.

---

77) 古臥反 : 去聲으로 읽는다. 이 경우에 '過'는 '超過하다'·'심하다'·'지나치다'는 등의 의미를 가진다.

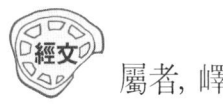 屬者, 嶧.

산이 연속된 것이 역(嶧)이다.

 言駱驛相連屬.

이어져 서로 연속된 것을 말한다.

 屬, 章玉·時欲二反, 謂相連屬. 嶧, 羊石反, 『說文』: "葛嶧山在東海下邳." 『尙書』云 : "嶧陽孤桐." 駱, 音洛. 驛, 音亦.

속(屬)은 장(章)과 옥(玉), 시(時)와 욕(欲)으로 반절이 둘인데, 서로 연속됨을 말한다. 역(嶧)은 양(羊)과 석(石)의 반절이다. 『설문』에는 역(嶧)에 대하여 "갈역산(葛嶧山)은 동해군(東海郡) 하비현(下邳縣)에 있다"고 하였다. 『서경』 「우공」에 "역산(嶧山)의 남쪽에 우뚝 선 오동나무"라 하였다. 락(駱)은 음이 락(洛)이다. 역(驛)은 음이 역(亦)이다.

 言山形相連屬駱驛然不絕者, 名嶧. 駱驛, 連屬不絕之辭. 「禹貢」云 : "嶧陽孤桐." 「地理志」云 : 東海下邳縣西有"葛嶧山", 取此名也.

산의 형상이 서로 연속되고 이어져서 끊어지지 않은 것의 명칭이 역(嶧)임을 말한 것이다. 낙역(駱驛)은 연속되어 끊어지지 않는다는 말이다. 『서경』 「우공」에 "역양고동(嶧陽孤桐)"이라 하였다. 『한서』 「지리지」에 동

해군 하비현 서쪽에 "갈역산(葛嶧山)"이 있다고 하였는데, 이 명칭을 취하
였다.

獨者, 蜀.

산이 단독(單獨)으로 있는 것이 촉(蜀 : 홀로 있는 산)이다.

蜀亦孤獨

촉(蜀) 역시 단독의 뜻이다.

言山之孤獨者名蜀. 案『說文』云 : 蜀, 蟲名. 『詩』云 : "蜎蜎者蜀."
「釋蟲」云 : "蚅, 烏蠋." 郭云 : "大蟲如指, 似蠶." 此蟲更無羣匹,
故云 : "蜀亦孤獨." 旣蟲之孤獨者名蜀, 是以山之孤獨者亦名曰蜀也.

산이 외롭게 홀로 있는 것의 명칭이 촉(蜀)임을 말한 것이다. 살피건대
『설문』에 촉(蜀)은 벌레의 명칭이라 하였다. 『시』「빈풍」「동산(東山)」에
"꿈틀거리는 것은 촉(蜀 : 뽕나무 벌레)이다"고 하였다. 『이아』「석충」에 "궤
(蚅)는 검은 뽕나무 벌레이다"고 하였는데, 곽박은 "큰 벌레로서 손가락만
하고 누에와 비슷하다"고 하였다. 이 벌레는 다시 무리 짓지 않기 때문에
"촉역고독(蜀亦孤獨)"이라 한 것이다. 이미 벌레가 홀로 있는 것을 촉(蜀)이
라 하였으므로 산(山)이 외롭게 있는 것을 또한 촉(蜀)이라 부른다.

 上正, 章.

산 위가 평평한 것이 장(章 : 위가 편편한 산)이다.

 山上平.

산 위가 평평한 것이다.

 正猶平也. 言山形上平者名章.

정(正)은 평(平 : 편편하다)과 같다. 산의 형상이 위가 평평한 것의 명칭이 장(章)임을 말한 것이다.

 宛中, 隆.

산의 중앙이 높은 것이 융(隆 : 중앙이 높은 산)이다.

 山中央高.

산의 중앙이 높은 것이다.

宛, 於粉反.

완(宛)은 어(於)와 분(粉)의 반절이다.

 言山形中央蘊聚而高者名隆.

산의 형상이 중앙으로 모여 높은 것의 명칭이 융(隆)임을 말한 것이다.

 山脊, 岡.

산등성마루가 강(岡 : 산등성마루)이다.

 謂山長脊.

산의 긴 등성마루를 말한다.

 脊, 音積. 岡, 又作㟭, 皆古郎反.

척(脊)은 음이 적(積)이다. 강(岡)은 또한 강(㟭)으로도 쓰는데, 모두 고(古)와 랑(郎)의 반절이다.

孫炎云：“長山之脊也.” 言高山之長脊, 名岡. 『詩』云：“陟彼高
岡.” 是也.

　손염은 "긴 산의 등성마루이다"고 하였다. 높은 산의 긴 등성마루의 명
칭이 강(岡)임을 말한 것이다. 『시경』「주남」「권이(卷耳)」에 "저 높은 산등
성마루에 오른다"고 한 것이 이것이다.

 未及上, 翠微.

　산 정상에 미치기 전에 옆에 비탈진 곳이 취미(翠微 : 산비탈)이다.

 近上旁陂

　정상 가까이의 옆에 있는 비탈이다.

翠, 七遂反. 微, 亡非反. 近, 附近之近. 陂, 普河反, 又彼義反.

　취(翠)는 칠(七)과 수(遂)의 반절이다. 미(微)는 망(亡)과 비(非)의 반절이다.
근(近)은 부근(附近)의 근(近)이다. 파(陂)는 보(普)와 하(河)의 반절, 또는 피
(彼)와 의(義)의 반절이다.

 謂未及頂上, 在旁陂陀之處, 名翠微. 一說 : 山氣靑縹色, 故曰翠
微也.

정상에 이르기 전에 옆에 비탈진 곳에 있는 것의 명칭이 취미(翠微)임
을 말한 것이다. 일설에는 산의 기운이 파랗기 때문에 취미(翠微)라 한다
고 하였다.

 山頂, 冢.

산의 정상이 총(冢 : 산꼭대기)이다.

 山巓.

산의 정상이다.

 崒者, 厜㕒.

산봉우리가 가파른 것이 수유(厜㕒 : 가파르고 험한 산봉우리)이다.

 謂山峰頭巉巖.

산봉우리가 가파르고 험한 것을 말한다.

爾雅
音義 崒, 子恤・才戌二反. 『字林』才沒・子出二反. 厜, 姊規反. 郭才
規反, 『字林』同, 顧視規反. 本或作㕒, 又作㟪, 皆才何反. 㕒, 郭
語規反. 『字林』音危, 顧魚奇反, 本或作㠎, 又作㠋, 皆五何反. 巉, 士杉
反, 又士咸反. 嵒, 五咸反, 本又作巖, 『字林』云 : “巉巖, 山貌也.”

  줄(崒)은 자(子)와 휼(恤), 재(才)와 술(戌)로 반절이 둘이다. 『자림』에는 재
(才)와 몰(沒), 자(子)와 출(出)로 반절이 둘이다. 수(厜)는 자(姊)와 규(規)의 반
절이다. 곽박은 재(才)와 규(規)의 반절이라 하였고, 『자림』도 같으며, 고야
왕은 시(視)와 규(規)의 반절이라 하였다. 본에 따라 수(㕒)로 되어 있으며,
또한 수(㟪)로도 쓰는데, 모두 재(才)와 하(何)의 반절이다. 유(㕒)에 대하여
곽박은 어(語)와 규(規)의 반절이라 하였으며, 『자림』에는 음을 위(危)라 하
였고, 고야왕은 어(魚)와 기(奇)의 반절이라 하였으며, 본에 따라 아(㠎)로,
또 아(㠋)로 되어 있는데, 모두 오(五)와 하(何)의 반절이다. 참(巉)은 사(士)와
삼(杉)의 반절, 또는 사(士)와 함(咸)의 반절이다. 암(嵒)은 오(五)와 함(咸)의
반절인데, 본에 따라 암(巖)으로 되어 있으며, 『자림』에는 “참암(巉巖)은 산
의 모양이다”고 하였다.

爾雅
疏 此二句釋「小雅」「十月」云“山冢崒崩”之文也. 毛傳云 : “山頂曰
冢.” 鄭箋云 : “崒者, 崔嵬.” 雖音字小異, 義實同也, 是取此文爲
說. 彼云 : “冢者, 謂山頂也.” 「釋言」云 : “顚, 頂也.” 故此郭云“山巓.” 彼
云“崒者, 謂山巓之末”, 其峰巉巖㕒㕒然者也.[78]

---

78) 彼云 …… 然者也 : 彼는 『詩經』 「小雅」 「漸漸之石」의 “維其卒矣”의 鄭箋을 말한
다. 鄭箋에 “卒者, 崔嵬也, 謂山巓之末也”라고 하였다. 이에 따르면 “其峰 ……”은 형
병이 자신의 견해를 보충한 것으로 보인다.

이 두 구(句)는 『시』「소아」「시월지교(十月之交)」에 "산 봉우리의 가파른 곳이 무너지다"고는 글을 풀이한 것이다. 모전(毛傳)에 "산의 정상을 총(冢)이라 한다"고 하였으며, 정전(鄭箋)에는 "줄(崒)이란 최외(崔嵬 : 높음)이다"고 하였다. 비록 음(音)이나 글자는 약간 다르지만 뜻은 실제로 동일한데 이것은 이 글『이아』을 취하여 설명했기 때문이다. 모전은 "총(冢)은 산의 정상을 말한다"고 하였다. 『이아』「석언(釋言)」에 "전(顚)은 정상(頂上)이다"고 하였기 때문에 이 글에서 곽박은 "산전(山巓)"이라고 한 것이다. 거기에 "줄(崒)은 산 정상의 끝을 말하니, 그 봉우리가 가파르고 험한 것이다"고 하였다.

山如堂者, 密.

당(堂 : 집)과 같이 생긴 산이 밀(密 : 집처럼 생긴 산)이다.

形如堂室者.『尸子』曰 : "松柏之鼠, 不知堂密之有美樅."

산의 형상이 집처럼 생긴 것이다. 『시자』에 "소나무와 잣나무에 사는 쥐는 당(堂)처럼 생긴 산에 아름다운 전나무가 있음을 알지 못한다"고 하였다.

密, 又作宓. 樅, 七容反, 木名.

밀(密)은 또한 밀(峚)로도 쓴다. 종(樅)은 칠(七)과 용(容)의 반절이며, 나무 이름이다.

 言山形如堂室者, 名密. 此『尸子』「綽子」篇文, 引之證山有名密者.

산의 형상이 집과 같은 것의 명칭이 밀(密)임을 말한 것이다. 이는 『시자(尸子)』「작자(綽子)」편의 글인데, 이 글을 인용하여 산 가운데 밀(密)이란 명칭이 있음을 증명하였다.

 如防者, 盛.

산이 제방(堤防)과 같은 산이 성(盛 : 제방처럼 생긴 산)이다.

 防, 隄.

방(防)은 제(隄 : 둑)이다.

 盛, 時征反, 又市政反, 謂山形如黍稷之在器.

성(盛)은 시(時)와 정(征)의 반절, 또는 시(市)와 정(政)의 반절인데, 산의 형상이 서직(黍稷)이 그릇에 담겨 있는 것과 같음을 말한다.

此盛, 讀如粢盛之盛. 隄防之形隋而高峻, 若黍稷之在器, 故其
山形如隄防者, 亦名盛也.

여기의 성(盛)자는 자성(粢盛 : 기장을 그릇에 담아 놓음)의 성(盛)과 같이 읽
어야 한다. 제방의 형상이 길게 뻗어 있으면서 높고 험준하여, 마치 서직
(黍稷)이 그릇에 담겨 있는 것과 같으므로, 제방(堤防)처럼 생긴 산 모양을
또한 성(盛)이라 부른다.

 巒, 山隋.[79]

만(巒)은 산이 길고 좁은 것이다.

 謂山形長狹者, 荊州謂之巒. 『詩』曰 : "隋山喬嶽."

산의 형상이 길고 좁은 것을 말하며, 형주에서는 만(巒)이라 부른다. 『시
경』에 "길고 좁은 산과 높은 산"이라 하였다.

巒, 力官反, 『埤蒼』云 : "山小而銳." 隋, 湯果反, 狹而長也. 『字
林』云 : "山之施隋者, 大果反." 狹, 乎夾反. 喬, 巨苗反.

만(巒)은 력(力)과 관(官)의 반절인데, 『비창』에 "산이 작고 뾰족한 것이
다"고 하였다. 타(隋)는 탕(湯)과 과(果)의 반절이며 좁고 긴 것이다. 『자림』

---

79) 隋 : 대본에는 '墮'로 되어 있다.

에 "산이 길고 좁게 뻗어 있는 것이며, 대(大)와 과(果)의 반절이다"고 하였다. 협(狹)은 호(乎)와 협(夾)의 반절이다. 교(喬)는 거(巨)와 묘(苗)의 반절이다.

 凡物狹而長者謂之隓, 則此言山隓者, 謂山形狹長者, 一名巒也. 注曰"隓山喬嶽", 乃「周頌」「般」篇文也.

대체로 사물이 좁고 긴 것을 타(隓)라 하니, 여기서 산타(山隓)라고 하는 것은 산의 형상이 좁고 긴 것을 말하는데, 일명 만(巒)이다. 주(注)의 "타산교악(隓山喬嶽)"은 바로 「주송(周頌)」「반(般)」편의 글이다.

 重甗, 隒.

두 개의 시루를 겹쳐 놓은 것 같은 형상의 산이 엄(隒 : 겹친 시루 모양 산)이다.

 謂山形如累兩甗. 甗, 甑也. 山形狀似之, 因以名云.

산의 형상이 두 개의 시루를 겹쳐 놓은 것 같음을 말한다. 언(甗)은 증(甑 : 시루)이다. 산의 형상이 이와 비슷하므로 이름 붙인 것이다.

 重, 直龍反. 甗, 魚寋反, 郭音言. 又音彦,『字林』牛建反. 隒, 本或作嵰字, 同, 郭魚檢反.『字林』云 : "山形似重甗." 居儉反, 顧, 力儉·力儼二反. 甑, 子孕反.

중(重)은 직(直)과 룡(龍)의 반절이다. 언(甗)은 어(魚)와 건(蹇)의 반절인데, 곽박은 음을 언(言)이라 하였다. 또한 음은 언(彥)이며, 『자림』에는 우(牛)와 건(建)의 반절이라 하였다. 엄(陳)은 본에 따라서는 엄(嵰)자로 되어 있으나 음의가 같으며, 곽박은 어(魚)와 검(檢)의 반절이라 하였다. 『자림』에는 "산의 형상이 시루를 겹쳐 놓은 것과 같다"고 하였다. 거(居)와 검(儉)의 반절인데, 고야왕은 력(力)과 검(儉), 력(力)과 엄(儼)으로 반절이 둘이라고 하였다. 증(甑)은 자(子)와 잉(孕)의 반절이다.

 孫炎云 : "山基有重岸也." 郭云 : "甗, 甑者, 鄭衆注「考工記」云 : "甗, 無底甑." 『方言』云 : "甑, 自關而東謂之甗." 故知甗, 甑也.

손염은 "산밑에 겹친 언덕이 있는 것이다"고 하였다. 곽박이 "언(甗)은 증(甑)이다"고 하였는데, 『주례』 「고공기」 「도인(陶人)」의 정중(鄭衆)의 주에 "언(甗)은 밑이 없는 증(甑)이다"고 하였다. 『방언』에 "증(甑)을 함곡관 동쪽에서는 언(甗)이라 한다"고 하였다. 그러므로 언(甗)이 증(甑)임을 알 수 있다.

經文 左右有岸, 厒.

산의 좌우에 언덕이 있는 것이 갑(厒 : 산을 끼고 있는 언덕)이다.

 夾山有岸.

산을 끼고 언덕이 있는 것이다.

峆, 口閤反.

갑(峆)은 구(口)와 합(閤)의 반절이다.

 謂山兩邊有水, 山與水爲岸, 此山名峆.

산 양변에 물이 있고, 산이 물과 언덕을 이루는데, 이러한 산의 명칭이 갑(峆)임을 말한 것이다.

 大山宮小山, 霍.

큰산이 작은 산을 둘러싼 산이 곽(霍 : 큰 산이 작은 산을 둘러싼 산)이다.

 宮謂圍繞之. 『禮記』曰 : "君爲廬, 宮之." 是也.

궁(宮)이란 둘러싸는 것을 말한다. 『예기』「상대기(喪大記)」에 "군주는 여막(廬幕)을 만들되 휘장으로 둘러싼다"[80]고 한 것이 이것이다.

 霍, 許郭反.

---

80) 군주는 …… 둘러싼다 : 「喪大記」 孔穎達 疏의 "謂廬次以帷障之, 如宮墻"을 따랐다.

곽(霍)은 허(許)와 곽(郭)의 반절이다.

 宮猶圍繞也. 謂小山在中, 大山在外圍繞之, 山形若此者, 名霍. 非謂大山名宮, 小山名霍也. 注"『禮記』曰"者, 「喪大記」文也. 鄭注云:"宮謂圍障之也." 引之者, 證宮爲圍繞之義也.

궁(宮)은 위요(圍繞 : 둘러싸다)와 같다. 작은 산이 가운데에 있고 큰산이 밖에 있으면서 둘러싸서 산의 형상이 이와 같은 것을 곽(霍)이라 부른다. 큰산의 명칭이 궁(宮)이고 작은 산의 명칭이 곽(霍)임을 말하는 것이 아니다. 주에서 "『예기』왈"이라 한 것은 『예기』「상대기」의 글이다. 정현의 주에 "궁(宮)은 담으로 둘러싼 것이다"고 하였다. 곽박이 이 글을 인용한 것은 궁(宮)이 둘러싸는 뜻이 됨을 증명한 것이다.

 小山別大山, 鮮.

작은 산이 큰산과 떨어져 있는 산이 선(鮮 : 큰 산과 떨어진 작은 산)이다.

 不相連.

서로 연결되지 않은 것이다.

 別, 彼列反, 下注同. 鮮, 息淺反, 李云:"大山少, 故曰鮮." 或作嶼字, 又音仙.

별(別)은 피(彼)와 렬(列)의 반절인데, 아래의 주(注)에서도 같다. 선(鮮)은 식(息)과 천(淺)의 반절인데, 이순은 "큰산이 적기 때문에 선(鮮)이라 한다"고 하였다. 혹 선(嶼)자로도 쓰며, 또한 음은 선(仙)이다.

 謂小山與大山分別不相連屬者, 名鮮. 李巡云 : "大山少, 故曰鮮."

작은 산이 큰산과 떨어져 있어 서로 연속되지 않은 산을 선(鮮)이라 부른다. 이순은 "큰산이 적기 때문에 선(鮮)이라 한다"고 하였다.

 山絶, 陘.

중간에 끊긴 산이 형(陘 : 중간이 끊긴 산)이다.

 連山中斷絶.

연속된 산이 중간에 단절된 것이다.

爾雅
音義 陘, 郭胡經 · 古定二反.

형(陘)에 대하여 곽박은 호(胡)와 경(經), 고(古)와 정(定)으로 반절이 둘이라고 하였다.

謂山形連延中忽斷絶者, 名陘.

산의 형상이 연속되다가 중간에 갑자기 단절된 산을 형(陘)이라 부른다.

 多小石, 磝.

작은 돌이 많은 산이 오(磝: 자갈이 많은 산)이다.

 多礓礫.

자갈이 많은 것이다.

 磝, 字或作磽, 同. 『字林』口交反. 郭五交·五角二反. 礓, 居羊反, 『字林』云 : "礫也." 礫, 力的反. 『說文』云 : "小石也."

오(磝)는 글자를 혹 교(磽)로도 쓰는데, 음의가 같다. 『자림』에는 구(口)와 교(交)의 반절이라 하였다. 곽박은 오(五)와 교(交), 오(五)와 각(角)으로 반절이 둘이라고 하였다. 강(礓)은 거(居)와 양(羊)의 반절인데, 『자림』에는 "력(礫: 자갈)이다"고 하였다. 력(礫)은 력(力)과 적(的)의 반절이다. 『설문』은 력(礫)에 대해 "작은 돌이다"고 하였다.

礧礫, 卽小石也. 山多此小石者名磝.『釋名』曰：“小石曰礫.”

　강력(礧礫)은 곧 작은 돌이다. 산에 이러한 작은 돌이 많은 산의 명칭이 오(磝)이다.『석명』에 "작은 돌을 력(礫)이라 한다"고 하였다.

 多大石, 礐.

　큰돌이 많은 산이 각(礐：큰 돌이 많은 산)이다.

 多盤石.

　반석(盤石：너럭바위)이 많은 것이다.

 礐, 字或作确, 又作㪩, 又作埆. 郭苦角反, 又戶角反. 磐, 步丸反. 今作盤, 同.

　각(礐)은 글자를 혹 학(确)으로, 또는 학(㪩)으로, 또는 각(埆)으로도 쓴다. 곽박은 고(苦)와 각(角)의 반절, 또는 호(戶)와 각(角)의 반절이라 하였다. 반(磐)은 보(步)와 환(丸)의 반절이다. 지금은 반(盤)으로 쓰는데 음의가 같다.

 盤, 大石也. 山多此盤石者名礐.

반(盤)은 큰돌이다. 반석(盤石)이 많은 산을 각(礐)이라 부른다.

 多草木, 岵; 無草木, 峐.

초목이 많은 산이 호(岵 : 초목이 많은 산), 초목이 없는 산이 해(峐 : 초목이 없는 산)이다.

 皆見『詩』.

모두『시경』에 보인다.

 岵, 音戶. 峐, 『三蒼』・『字林』・『聲類』並云 : “猶屺字, 音起.” 阮孝緒『字略』音古開反.

호(岵)는 음이 호(戶)이다. 해(峐)에 대하여『삼창(三蒼)』[81]・『자림』・『성류』에서는 모두 “기(屺)자와 같으며 음은 기(起)이다”고 하였다. 완효서(阮孝緒)의『자략(字略)』에는 음을 고(古)와 개(開)의 반절이라 하였다.

 峐當作屺, 音起. 案『詩』「魏風」云 : “陟彼岵兮, 瞻望父兮.” 又曰 : “陟彼屺兮, 瞻望母兮.” 毛傳云 : “山無草木曰岵, 山有草木曰

---

81) 『三蒼』: 『三倉』으로도 쓴다. 漢의 初期에 어떤 사람이 당시에 流傳하는 字書인『倉頡篇』・『爰歷篇』・『博學篇』을 합하여 한 권의 책으로 만들었는데, 통칭『倉頡篇』또는『三倉』이라 하였다. 그 뒤 魏晉 때에 다시『倉頡篇』과 漢의 揚雄의『訓纂篇』・賈訪의『滂喜篇』을 합하여 한 권으로 만들어『三倉』이라 하였다.

屺." 與此不同者, 當是傳寫誤也. 王肅解依『爾雅』.

해(峐)는 마땅히 기(屺)가 되어야 하며, 음은 기(起)이다. 살펴건대, 『시』
「위풍(魏風)」 「척호(陟岵)」편에 "저 호(岵)에 올라 아버지를 바라본다"고 하
였고, 또 "저 기(屺)에 올라 어머니를 바라본다"고 하였다. 모전에 "산에
초목이 없는 것을 호(岵)라 하고, 산에 초목이 있는 것을 기(屺)라 한다"고
하였다. 『이아』와 같지 않은 것은 전사(傳寫)의 잘못이라고 해야 하겠다.
왕숙(王肅)의 풀이는 『이아』를 따랐다.

 山上有水, 埒.

산 정상에 물이 있는 것이 렬(埒 : 꼭대기에 물이 있는 산)이다.

 有停泉.

샘물이 고여 있는 것이다.

 埒, 音劣, 字或作浖. 渟, 音亭. 亦作停, 同.

렬(埒)은 음이 렬(劣)인데, 글자는 렬(浖)로도 쓴다. 정(渟)은 음이 정(亭)이
다. 또한 정(停)으로도 쓰는데, 음의가 같다.

謂山巓之上有停泉, 名埒.

산 정상에 고여 있는 물이 있는 것의 명칭이 렬(埒)임을 말한 것이다.

 夏有水, 冬無水, 㶜.

여름에는 물이 있고 겨울에는 물이 없는 것이 학(㶜 : 꼭대기의 못에 여름에만 물이 있는 산)이다.

 有停潦.

고인 빗물이 있다.

 㶜, 『字林』火篤反, 郭同, 又徂學反. 潦, 音老.

학(㶜)에 대하여 『자림』에는 화(火)와 독(篤)의 반절이라 하였는데 곽박도 같으며, 또 조(徂)와 학(學)의 반절이다. 로(潦)는 음이 로(老)이다.

 潦, 雨水也. 言山上汚下, 夏有停泉, 至冬竭涸者, 名㶜.

로(潦)는 빗물이다. 산 위에 푹 꺼진 데가 있어서 여름에는 고인 샘물이 있고 겨울에는 마르는 것의 명칭이 학(壑)임을 말한 것이다.

 山讀無所通, 谿.

산독(山讀 : 산의 도랑)에 물이 통하는 곳이 없는 것을 계(谿 : 물이 없는 산도랑)라 한다.

 所謂窮瀆者, 雖無所通, 與水注川同名.

소위 궁독(窮瀆 : 물 없는 산도랑)이라는 것은 비록 흘러가는 물은 없지만 물이 흐르는 도랑과 명칭이 동일하다.

 瀆, 『說文』云 : "古文隤字." 徒木反. 谿, 苦奚反.

독(瀆)은 『설문』에 "독(隤)의 고문(古文)[82]이라 하였는데, 도(徒)와 목(木)의 반절이다. 계(谿)는 고(苦)와 해(奚)의 반절이다.

 瀆卽溝瀆也. 山有瀆而無通流者, 名谿. "所謂"者, 所謂「釋丘」云 "窮瀆, 汜"者也. 云"與水注川同名"者, 卽「釋水」云"水注川曰谿" 是也.

---

82) 古文 : 여기서의 古文이란 許愼이 말한 바 大篆을 말한다(『說文解字』, 許愼敍).

독(瀆)은 곧 구독(溝瀆 : 물 고랑)이다. 산에 독(瀆)이 있으면서도 흘러가는 물이 없는 것을 계(谿)라 부른다. "소위(所謂)"라고 한 것은 「석구(釋丘)」에서 말한 "궁독(窮瀆)을 사(泥)라 한다"는 것이다. 주에서 "물이 흐르는 도랑과 명칭이 동일하다"고 한 것은 곧 「석수(釋水)」의 "물이 흐르는 도랑을 계(谿)라 한다"고 한 것이 이것이다.

 石戴土謂之崔嵬.

돌산에 흙을 이고 있는 것을 최외(崔嵬)라 한다.

 石山上有土者.

돌산 위에 흙이 있는 것이다.

 戴, 本或作載字, 同, 丁代反, 下同. 崔, 徂回反. 嵬, 五回反.

대(戴)는 본에 따라 재자(載字)로도 되어 있는데 음의가 같고 정(丁)과 대(代)의 반절이며 아래도 같다. 최(崔)는 조(徂)와 회(回)의 반절이다. 외(嵬)는 오(五)와 회(回)의 반절이다.

 土戴石爲砠.

흙산 위에 돌이 있는 것이 저(砠: 흙 위에 돌이 있는 산)이다.

 土山上有石者.

흙산 위에 돌이 있는 것이다.

 砠, 『說文』亦作岨, 七余反.

저(砠)는 『설문』에 또한 저(岨)라고 하였으며 칠(七)과 여(余)의 반절이다.

 『詩』「周南」「卷耳」云 : "陟彼崔嵬." 又云 : "陟彼砠矣." 毛傳云 : "崔嵬, 土山之戴石者. 石山戴土曰砠." 與此正反者, 或傳寫誤也.

『시경』「주남」「권이」에 "저 최외(崔嵬)에 오른다"고 하였으며 또 "저(砠 : 돌산)에 오른다"고 하였다. 모전에 "최외(崔嵬)는 흙산이 돌을 이고 있는 것이다. 돌산이 흙을 이고 있는 것을 저(砠)라 한다"고 하였다. 『이아』의 글과 정반대인 것은 혹 전사(傳寫)의 잘못인 것 같다.

 山夾水, 澗. 陵夾水, 澞.

산이 물을 끼고 있는 것을 간(澗: 산의 사이에 있는 도랑)이라 하고, 능(陵: 언덕)이 물을 끼고 있는 것을 우(漮: 능의 사이에 있는 도랑)라 한다.

 別山陵間有水者之名.

산과 능에 있는 물의 명칭을 구별하였다.

 夾, 古治反. 漮, 魚俱反, 本或作虞.

협(夾)은 고(古)와 흡(治)의 반절이다. 우(漮)는 어(魚)와 구(俱)의 반절인데 본에 따라서는 우(虞)로 되어 있다.

 謂山間有水者名澗. 『詩』云"考盤在澗" 是也. 其陵間有水者名漮.

산 사이에 물이 있는 것을 간(澗)이라 부른다. 『시』「위풍(衛風)」「고반(考槃)」의 "즐거움을 이룩함이 간(澗)에 있다"[83]이라 한 것이 이것이다. 능 사이에 있는 물을 우(漮)라 부른다.

 山有穴爲岫.

---

83) 즐거움을 …… 있다: 毛傳의 "考, 成. 槃, 樂也"를 따랐다.

산에 구멍이 있는 것이 수(峀 : 굴이 있는 산)이다.

 謂岩穴.

바위 구멍을 말한다.

 峀, 徐究反. 郭音胄, 又音由. 『字林』弋又反.

수(峀)는 서(徐)와 구(究)의 반절이다. 곽박은 음을 주(胄)라고 하였는데,
또 음이 유(由)이다. 『자림』에는 익(弋)과 우(又)의 반절이라 하였다.

 謂山有巖穴者爲峀也.

산에 바위 구멍이 있는 것이 수(峀)임을 말한 것이다.

 山西曰夕陽.

산의 서쪽을 석양(夕陽 : 산 서쪽)이라 한다.

 暮乃見日.

저녁이 되어야 해를 본다.

 日卽陽也. 夕始得陽, 故名夕陽.『詩』「大雅」「公劉」云 : "度其夕
陽, 豳居允荒." 是也.

일(日)은 곧 양(陽 : 해)이다. 저녁에야 비로소 해를 볼 수 있는 까닭에 석
양(夕陽)이라 한다.『시경』「대아」「공류(公劉)」에 "그 석양(夕陽)을 헤아려
보니, 빈(豳)의 거처가 진실로 광대하다"[84]라 한 것이 이것이다.

 山東曰朝陽.

산의 동쪽을 조양(朝陽 : 산 동쪽)이라 한다.

 旦卽見日.

아침이 되자마자 해를 본다.

 謂山頂之東, 皆早朝見日. 但是山東之岡脊, 總曰朝陽.『詩』「大
雅」「卷阿」曰 : "梧桐生矣, 于彼朝陽." 是也.

산꼭대기의 동쪽은 모두 이른 아침에 해를 볼 수 있음을 말한다. 단지

---

84) 그 석양을 …… 광대하다 : 鄭箋의 "度, 待洛反. …… 允, 信也. …… 豳之所處, 信寬
大也"를 따랐다.

산 동쪽의 산마루를 모두 조양(朝陽)이라 부른다. 『시경』 「대아」 「권아」에 "오동(梧桐)이 났구나! 저 조양(朝陽)에서"라 한 것이 이것이다.

 泰山爲東嶽,

태산(泰山)이 동악(東嶽: 동쪽의 악산)이다.

 華山爲西嶽,

화산(華山)이 서악(西嶽: 서쪽의 악산)이다.

 霍山爲南嶽,

곽산(霍山)은 남악(南嶽: 남쪽의 악산)이다.

 卽天柱山. 潛水所出也.

곧 천주산이니 잠수(潛水)가 나오는 곳이다.

 恒山爲北嶽,

항산(恒山)은 북악(北嶽:북쪽의 악산)이다.

 常山.

상산(常山)이다.

 嵩高爲中嶽.

숭고(崇高)는 중악(中嶽:중앙의 악산)이다.

 大室山也.

태실산(大室山)이다.

泰山, 一名岱宗, 在兗州界. 漢在泰山博縣, 又云在奉高縣. 華山, 在豫州界. 漢在弘農華陰縣. 霍山, 一名衡山, 在荊州界. 漢在長沙湘南縣, 又云在廬江潛縣. 恒山, 在幷州界. 漢在常山上曲陽縣. 以犯漢文帝諱, 改爲常山. 嵩高, 在豫州界. 漢在河南.

태산(泰山)은 일명 대종(岱宗)인데 연주(兗州)의 경계에 있다. 한대(漢代)에는 태산군(泰山郡) 박현(博縣)에 있었는데 또 봉고현(奉高縣)에 있다고 하였다. 화산(華山)은 예주(豫州)의 경계에 있다. 한대(漢代)에는 홍농군(弘農郡) 화음현(華陰縣)에 있었다. 곽산(霍山)은 일명 형산(衡山)인데 형주(荊州)의 경계에 있다. 한대(漢代)는 장사국(長沙國) 상남현(湘南縣)에 있었으며, 또 여강군(廬江君) 잠현(潛縣)에 있다고 한다. 항산(恒山)은 병주(幷州)의 경계에 있다. 한대(漢代)에는 상산군(常山郡) 상곡양현(上曲陽縣)에 있었다. 항(恒)은 한 문제(漢文帝)의 이름을 범하게 되어서 상산(常山)이라 고쳤다. 숭고(崇高)는 예주(豫州)의 경계에 있다. 한대(漢代)에는 하남(河南)에 있었다.

爾雅疏 案『周禮』「大宗伯」云 : "以血祭祭社稷五祀五嶽." 故此釋之也. 『白虎通』云 : "嶽者何爲? 嶽之爲言捔, 捔功德也. 東方爲岱者, 言萬物皆相代於東方也. 南方爲霍, 霍之爲言護也. 言大陽用事護養萬物也. 西方爲華, 華之爲言獲也. 言萬物成熟可得獲也. 北方爲恒, 恒者, 常也, 萬物伏藏於北方有常也. 中央爲嵩, 嵩言其高大也." 『風俗通』云 : "嶽, 捔考功德黜陟也."[85] 然則以四方, 方有一山, 天子巡守至其下, 捔考諸侯功德而黜陟之, 故謂之嶽也. 案『詩』傳言四嶽之名, 東嶽岱, 南嶽衡. 此及諸經傳多云 : 泰山爲東嶽, 霍山爲南嶽者, 皆山有二名也. 『風俗通』云 : "泰山, 山之尊. 一曰岱宗. 岱, 始也; 宗, 長也. 萬物之始, 陰陽交代, 故爲五嶽長. 王者受命, 恒封禪之. 衡山, 一名霍. 言萬物霍然大也. 華, 變也. 萬物成變由於西方也. 恒, 常也, 萬物伏北方有常也. 崧, 高也. 言高大也." 是解衡之與霍, 泰之與岱, 皆一山而有二名也. 若此, 上云"江南衡", 「地理志」云 : "衡山在長沙湘南縣." 張揖『廣雅』云 : "天柱謂之霍山." 「地理志」云 : "天柱在廬江潛縣." 則在江北矣. 而云衡 · 霍一山二名者, 本衡山一名霍山. 漢武帝移嶽神於天柱, 又名天柱亦爲霍. 故漢已來衡 ·

---

85) 嶽捔考功德黜陟也 : 『풍속통』에는 "嶽者埆功考德黜陟幽明也"로 되어 있다.

霍別耳. 郭云：“霍山在廬江潛縣西南, 別名天柱山.” 漢武帝以衡山遼曠,
移其神於此, 今其土俗人皆呼之爲南嶽. 南嶽本自以兩山爲名, 非從近
也. 而學者多以霍山不得爲南嶽, 又言從漢武帝始乃名之. 如此言, 爲武
帝在『爾雅』前乎? 斯不然矣. 竊以璞言爲然. 何則? 孫炎以霍山爲誤, 當
作衡山. 案『書傳』「虞夏傳」及『白虎通』・『風俗通』・『廣雅』並云：“霍山
爲南嶽.” 豈諸文皆誤? 明是衡山一名霍也. ○注“卽天柱山. 潛水所出.”
此據作注時霍山爲言也. 此山本名天柱. 漢武帝移江南霍山之祀於此, 故
又名霍山. 其經之霍山, 卽江南衡, 是也. 故上注云“衡山, 南嶽”也. ○注
“大室山也”, 案『山海經』云：“半石山東五十里曰少室山, 又東三十里曰
泰室山.” 郭注云：“卽中嶽嵩高山也, 今在陽城縣西.” 戴延之『西征記』云
：“其山, 東謂之大室, 西謂之少室, 相去十七里. 嵩, 其總名也. 以其下各
有室焉, 故謂之室.” 是也.

　　살피건대, 『주례』「춘관」「대종백」에 “혈제(血祭)[86]로 사직(社稷)과 오사
(五祀)와 오악(五嶽)에 제사지낸다”고 하였기 때문에 이렇게 풀이하였다.
『백호통』에 “악(嶽)이란 무엇을 의미하는가? 악(嶽)이란 말은 각(挌 : 비교하
다)으로 공덕(功德)을 견주는 것이다. 동방(東方)을 대(岱)라 하는 것은 만물
이 모두 동방에서 번갈아 서로 바뀜을 말한다. 남방은 곽(靃)인데, 곽(靃)이
란 말은 호(護 : 보호하다)이다. 태양이 작용하여 만물을 보호하고 기르는 것
을 말한다. 서방은 화(華)인데 화(華)라는 말은 획(獲 : 얻다)이다. 만물이 성
숙하여 획득할 수 있음을 말한다. 북방은 항(恒)인데, 항(恒)은 상(常 : 항상)
이니, 만물이 북방에 잠복하여 항상(恒常)됨이 있는 것이다. 중앙은 숭산
(嵩山)인데 숭(崇 : 높다)은 높고 큼을 말한다”고 하였다. 『풍속통』에 “악(嶽)
이란 공덕(功德)을 견주고 평가하여 출척(黜陟 : 내치거나 올리다)하는 것이다”
고 하였다. 그렇다면 사방으로 각 방향에 하나의 산이 있는데 천자가 순

---

86) 血祭 : 犧牲의 피로 제사함.

수(巡守)할 때 그 아래에 이르러 제후들의 공덕을 견주고 평가하여 출척하는 것이다. 그러므로 악(嶽)이라 한다. 살피건대 『모시』전87)에 사악(四嶽)의 명칭에서 동악(東嶽)을 대산(岱山), 남악(南嶽)을 형산(衡山)이라 하였으며, 『이아』와 모든 경전에서 대부분 태산(泰山)을 동악(東嶽), 곽산(霍山)을 남악으로 하였는데, 모두 산에 두 가지 이름이 있기 때문이다. 『풍속통』「오악(五岳)」에 "태산은 산 중에 존귀하다. 일명 대종(岱宗)이라 한다. 대(岱)는 시(始 : 시작하다)의 뜻이며 종(宗)은 장(長 : 우두머리)의 뜻이다. 만물(萬物)의 시작이며 음양(陰陽)이 교대(交代)하기 때문에 오악(五嶽)의 우두머리이다. 왕이 천명을 받으면 항상 태산에서 봉선(封禪)한다. 형산(衡山)은 일명 곽산(霍山)이다. 만물이 대단히 큰 것을 말한다. 화(華)는 변(變 : 변하다)의 뜻이다. 만물이 변화를 이루는 것은 서방에서 시작한다. 항(恒)은 상(常)이다. 만물이 북방에 잠복하여 항상(恒常)됨이 있는 것이다. 숭(崇)은 고(高)이다. 높고 큰 것을 말한다"고 하였다. 이는 형산(衡山)과 곽산, 태산과 대종이 모두 동일한 산이면서 두 가지 명칭이 있음을 풀이한 것이다. 이와 같이 위에서는 "강남(江南)의 형산(衡山)"이라 하였으며, 『한서』「지리지」에는 "형산(衡山)은 장사국(長沙國) 상남현(湘南縣)에 있다"고 하였다. 장읍(張揖)의 『광아』에는 "천주(天柱)를 곽산(霍山)이라 한다"고 하였다. 『한서』「지리지」에 "천주(天柱)는 여강(廬江) 잠현(潛縣)에 있다"고 하였으니, 강북에 있는 것이다. 형산과 곽산이 동일한 산인데 두 가지 이름이라고 한 것은, 본래 형산이 일명 곽산이기 때문이다. 한무제(漢武帝)가 악신(嶽神)을 천주산에 옮기고, 또 천주산을 이름하여 역시 곽산(霍山)이라 하였다. 그러므로 한(漢) 이래로 형산(衡山)과 곽산(霍山)이 나누어졌다. 곽박은 "곽산(霍山)은 여강군(廬江郡) 잠현(潛縣) 서남(西南)에 있는데 별명이 천주산(天柱山)이다"고 하였다. 한무제(漢武帝)는 형산(衡山)이 멀고도 광대해 그 신(神)을 천주산에 옮겼는데, 지금 그 지방 사람들은 모두 남악(南嶽)이라 부른다. 남악에 본

---

87) 『모시』전 : 『大雅』「崧高」편의 毛傳이다.

래부터 두 가지 산명이 있었던 것이지, 근래에 와서 두 가지 명칭이 있게 된 것이 아니다. 그런데 학자들은 대부분 곽산(霍山)을 남악이라 할 수 없다고 하였으며 또 한무제가 처음으로 부른 대로 따른다고 하였다. 이 말대로라면 무제가 『이아』전에 있었다는 것인가? 그렇지는 않다. 곽박의 말이 옳다고 생각한다. 왜냐하면 손염은 "곽산은 잘못이니, 마땅히 형산(衡山)으로 해야 한다"고 하였다. 살펴건대, 『서경』「우하전」과 『백호통』・『광아』에는 모두 "곽산이 남악이다"고 하였다. 어찌 모든 글이 다 틀렸겠는가? 분명히 형산은 일명 곽산이다. ○ 주에 "즉천주산. 잠수소출(卽天柱山. 潛水所出)"이라 하였는데, 이는 주를 지을 때에 곽산에 근거해서 한 말이다. 이 산의 본명은 천주산(天柱山)이다. 한무제가 강남 곽산의 제사를 여기에 옮겼기 때문에 또 곽산이라 하였다. 『이아』의 곽산은 즉 강남의 형산(衡山)이라 한 것이 이것이다. 그러므로 앞의 곽박 주에서 "형산(衡山)은 남악(南嶽)이다"고 하였다. ○ 주에서 "태실산야(大室山也)"라 하였는데 살펴건대 『산해경』은 다음과 같이 되어 있다. "반석산(半石山) 동쪽 50리를 소실산(小室山)이라 하고 또 동으로 30리를 태실산(泰室山)이라 한다"고 하였다. 곽박의 주에 "즉 중악(中嶽)인 숭고산(崇高山)이다. 지금 양성현(陽城縣) 서쪽에 있다"고 하였다. 대연지(戴延之)의 『서정기(西征記)』에 "그 산은 동을 태실(大室), 서를 소실(小室)이라 하는데, 서로의 거리가 17리이다. 숭산(崇山)은 그 총체적인 명칭이다. 그 아래에 각기 실(室)이 있기 때문에 실(室)이라 한다"고 한 것이 이것이다.

 梁山, 晉望也.

양산(梁山 : 진나라 망제를 지내는 산)은 진(晉)나라가 망제(望祭)[88]를 지내는

곳이다.

晉國所望祭者, 今在馮翊夏陽縣西北, 臨河上.

　진나라가 망제(望祭)를 지내는 곳이다. 지금 풍익군(馮翊郡) 하양현(夏陽縣) 서북쪽에 있으며, 하수(河水) 가에 임하였다.

翊, 音翼. 夏, 戶雅反. 河, 或作魚依反.

　익(翊)은 음이 익(翼)이다. 하(夏)는 호(戶)와 아(雅)의 반절이다. 하(河)는 혹 어(魚)와 의(依)의 반절로 되어 있다.

言梁山在晉國境內. 晉以歲時望祭之, 故云晉望也. 云"晉國所望祭者", 案『春秋』僖三十一年經云 : "夏四月, 四卜郊, 不從, 乃免牲, 猶三望." 『公羊傳』云 : "三望者何? 望祭也." 鄭玄以爲望者, 祭山川之名也. 諸侯之祭山川在其地者, 非其地則不祭. 賈逵·服虔·杜預皆以爲三望分野之星·國中山川. 「楚語」云 : "天子徧祀羣神品物, 諸侯二王後祀天地·三辰及其土地之山川." 注『國語』者皆云 : 諸侯二王後祀天地. 三辰, 日·月·星也. 非二王後祀分野星辰·山川也. 以此知三望, 則分野之星國內山川, 其義是也. 今案, 昭元年『左傳』云 : "辰爲商星. 參爲晉星." 又『禮記』「禮器」云 : "晉人將有事於河, 必先有事於呼池." 及此云 "梁山, 晉望也." 然則晉國三望謂參也, 梁山也, 河也, 故云"晉國所望祭者." 云"今在馮翊夏陽縣西北"者, 「地理志」文也. 知"臨河上"者, 成五年

---

88) 望祭 : 星·山·川에 지내는 제사의 명칭.

『公羊傳』曰 : "梁山者何? 河上之山也." 故知臨河上.

　　양산(梁山)은 진나라의 경내에 있는데, 진이 세시(歲時)에 망제(望祭)를 지
내기 때문에 진망(晉望)이라 함을 말하였다. 주에서 "진국소망제(晉國所望
祭)"라고 한 것은 살피건대,『춘추』희공 31년의 경문(經文)에 "하(夏) 4월에
교제 지낼 날짜를 네 번 점쳤으나 불길해서 따르지 않고 희생물을 풀어
주고[89] 오히려 삼망(三望) 제사를 지냈다"고 하였다.『공양전』에 "삼망(三
望)이란 무엇인가? 망제(望祭)이다"고 하였다. 정현은 망(望)이란 산천에 지
내는 제사의 명칭이라고 여겼다. 제후가 자기 나라 땅에 있는 산천에 제
사지내는 것이니, 자기 나라 땅이 아니면 제사지내지 않는다. 가규・복
건・두예는 모두 삼망(三望)을 분야(分野)의 별이며 나라 안의 산(山)과 천
(川)이라 하였다.『국어』「초어」에 "천자는 두루 여러 신과 품물(品物)에 제
사를 지내며, 제후와 이왕(二王)[90]의 후손은 천지와 삼신(三辰) 및 그 땅의
산천(山川)에 제사지낸다"고 하였다.『국어』를 주석한 사람들은 모두 "제
후와 이왕(二王)의 후손은 천지에 제사지낸다. 삼신(三辰)은 일(日)・월(月)・
성(星)이다. 이왕의 후손만 분야의 별과 산・천에 제사지내는 것이 아니
다"고 하였다. 이 글을 근거로 한다면 삼망(三望)이 분야의 별과 나라 안
의 산・천임을 알 수 있으니 그 의미가 옳다. 지금『좌전』소공 원년을
살펴보면 "신(辰)은 상성(商星)이며 삼(參 : 오리온자리)은 진성(晉星)이다"고 하
였다. 또『예기』「예기(禮器)」에 "진(晉)나라 사람이 하수(河水)에서 제사지
내려고 할 때면 반드시 호타(滹池)[91]에 먼저 지낸다"고 하였다.『이아』에
서는 "양산, 진망야(梁山, 晉望也)"라고 하였다. 그렇다면 진국의 삼망(三望)
은 삼성(參星)과 양산(梁山)과 하수(河水)이다. 그러므로 양산을 "진나라가
망 제사지내는 곳이다"고 하였다. "금재풍익하양현서북(在馮翊夏陽縣西北)"

---

89) 희생물을 풀어 주고 : 郊祭를 지내지 않았음을 말한다.
90) 二王 : 夏의 후손인 杞와 殷의 후손인 宋.
91) 호타(滹池) : 滹池는 물 이름으로, 呼沱와 같다.

라고 한 것은『한서』「지리지」의 글이다. "하수가에 임하였다"고 한 것을 알 수 있는 것은『공양전』성공 5년에 "양산은 무엇인가? 하수 가의 산이다"고 하였기 때문에 하수(河水)가에 임하였음을 알 수 있다.

석수(釋水) 제12(第十二)

水, 尸癸反.『尚書』「洪範」: "五行, 一曰水, 水曰潤下."『說文』云 : "水, 北方之行. 象衆泉並流, 著微陽之氣也."『白虎通』云 : "水, 準也." 言水之平均而可準法也.

수(水)는 시(尸)와 계(癸)의 반절이다.『서경』「홍범」에 "오행은 첫째 수(水)라 한다. 수(水)는 아래를 적시는 것이다"고 하였다.『설문』에 "수(水)는 오행(五行)으로는 북방에 속한다. 여러 물이 함께 흐르되 미양(微陽 : 숨은 양, ☳卦)의 기운이 드러나는 것을 본뜬 것이다"고 하였다.『백호통』에 "수(水)는 준(準 : 평평함)이다"고 하였는데, 물이 평평하고 고르기 때문에 준법(準法)이 될 수 있음을 말한 것이다.

『說文解字』云 : "水, 準也. 北方之行. 象衆水並流, 中有微陽之氣也."『白虎通』云 : "水之爲言準也." 是平均法則之稱. 此篇釋諸水之名, 故曰釋水.

『설문해자』에 "수(水)는 준(準)이다. 오행(五行)으로 북방에 속한다. 여러 물이 함께 흐르되 가운데에 미양(微陽)의 기운이 드러나는 것을 본뜬 것이다"고 하였다.『백호통』에 "수(水)라는 말은 준(準)이다"고 하였다. 이는 평균(平均)과 법칙(法則)이라는 명칭이다. 이 편에서는 여러 가지 물의 명칭을 풀이하였기 때문에 석수(釋水)라고 한다.

 泉一見一否爲瀸.

샘 중에 어떤 때는 샘물이 나타났다가 어떤 때는 나타나지 않는 것을 첨(瀸 : 보였다가 말았다가 하는 샘)이라 한다.

 瀸, 纔有貌.

첨은 겨우 모양이 있는 것이다.

 見, 賢遍反. 否, 方有·卑美二反. 『廣雅』云 : "否, 不也." 瀸, 息廉反, 又子廉反. 纔, 音才.

현(見)은 현(賢)과 편(遍)의 반절이다. 부(否)는 방(方)과 유(有), 비(卑)와 미(美)로 반절이 둘이다. 『광아』에 "부(否)는 부(不 : 않다)이다"고 하였다. 첨(瀸)은 식(息)과 렴(廉)의 반절, 또는 자(子)와 렴(廉)의 반절이다. 재(纔)는 음이 재(才)이다.

 『說文』云 : "泉, 水原92)也." 言此泉其水有時出見·有時不出而竭涸者名瀸. 謂瀸微也. 故注云 : "纔有貌."

---

92) 原 : 源의 本字이다.

『설문』에 "천(泉)은 물의 샘이다"고 하였다. 이 샘은 물이 어떤 때는 나오고 어떤 때는 나오지 않아 말라버리는 것의 명칭이 첨(瀸)임을 말한 것이다. 물의 양이 적음을 뜻한다. 그러므로 주에서 "겨우 모양이 있는 것이다"고 하였다.

 井一有水一無水爲瀱汋.

우물에 어떤 때는 물이 있고 어떤 때는 물이 없는 것을 계작(瀱汋: 있다가 말랐다가 하는 우물)이라 한다.

 『山海經』云 : "天井夏有水冬無水." 卽此類也.

『산해경』에 "천정(天井)은 여름에는 물이 있고 겨울에는 물이 없다"고 한 것이 바로 이런 종류이다.

 瀱, 居例反, 孫, 許發反. 汋, 仕捉反, 又上若反.

계(瀱)는 거(居)와 례(例)의 반절인데, 손염은 허(許)와 발(發)의 반절이라 하였다. 작(汋)은 사(仕)와 착(捉)의 반절, 또는 상(上)과 약(若)의 반절이다.

 『說文』云 : 井, 鑿地取水也. 『釋名』云 : 井, 淸也, 泉之淸潔者也. 『世本』云伯益作, 亦云黃帝始穿. 此言井或一時有水・一時無水者名灡汋也. 案「中山經」云: 帝囷山"東南五十里, 曰視山, 其上多韭. 有井焉, 名天井, 夏有水, 冬竭"者, 是也.『孫子兵法』云: "地陷曰天井." 然則非人爲之者曰天井. 云"卽此類也"者, 以此經但言井,『山海經』言天井, 非正相當, 故云"類也."

『설문』에 "정(井)은 땅을 파서 물을 취하는 것이다"[93]고 하였다.『석명』에는 "정(井)은 청(淸 : 깨끗하다)이니, 샘이 청결한 것이다"고 하였다.『세본』에는 백익이 만들었다고 하였으며, 또 황제가 처음 팠다고도 하였다. 여기서는 우물이 간혹 어떤 때는 물이 있고, 어떤 때는 물이 없는 것의 명칭이 계작(灡汋)임을 말한 것이다. 살피건대,『산해경』「중산경(中山經)」에 제균산(帝囷山)에는 "동남 50리를 시산(視山)이라 하는데, 그 위에 부추가많고, 우물이 있는데 이름을 천정(天井)이라 하며, 여름에는 물이 있다가겨울에는 마른다"고 한 것이 이것이다.『손자병법』에는 "땅이 꺼진 것을천정이라 한다"고 하였다. 그렇다면 사람이 만들지 않은 것을 천정(天井)이라 한다. 주에서 "즉차류야(卽此類也)"라고 한 것은『이아』에서 단지 정(井)이라고만 말하고『산해경』에서는 천정(天井)이라고 하여 서로 정확하게 부합되지 않기 때문에 "류(類 : 종류)"라고 한 것이다.

灡泉正出. 正出, 涌出也.

남천(灡泉 : 똑바로 나오는 샘)은 정출(正出 : 똑바로 솟아 나오다)하는 것이다.정출은 용출(涌出 : 솟아 나오다)이다.

---

93) 井은 …… 것이다 :『설문고림』「說文句讀」에는 있으나, 段注本『說文解字』 등에는이 글이 없다.

『公羊傳』曰 : "直出", 直猶正也.

『공양전』에 "직출(直出)"이라고 하였는데, 직(直)은 정(正 : 바르다)과 같다.

濫, 胡覽反. 湧, 音勇.

람(濫)은 호(胡)와 람(覽)의 반절이다. 용(湧)은 음이 용(勇)이다.

『詩』「大雅」「瞻卬」云 : "觱沸檻泉." 故此釋之也. 『詩』言"檻泉"者, 正直上出之泉也. 其水涌出, 故更云"正出, 涌出也." 李巡曰 : "水泉從下上出曰涌泉." 濫·檻音義同. 案, 昭五年傳云 : "叔弓帥師敗莒師于濆泉. 濆泉者何? 直泉也. 直泉者何,[94] 涌泉也." 是其事也. 郭云"直出"者, 蓋以義言之. 彼言直, 此言正, 其意一也. 故云"直猶正也."

『시』「대아」「첨앙(瞻卬)」에 "똑바로 솟아나는 함천(檻泉)"이라 하였으므로 여기에 풀이하였다. 『시경』에서 말한 "함천(檻泉)"은 곧바로 위로 솟아나는 샘이다. 그 물이 솟아오르기 때문에 다시 "정출(正出)은 용출(涌出)이다"고 한 것이다. 이순은 "샘이 아래에서 위로 나오는 것을 용천(涌泉)이라 한다"고 하였다. 람(濫)과 함(檻)은 음의가 같다. 살피건대, 『공양전』소공 5년에 "숙궁(叔弓)이 군사를 이끌고 분천(濆泉)에서 거(莒)의 군사를 패퇴시켰다. 분천(濆泉)은 무엇인가? 직천(直泉)이다. 직천(直泉)은 무엇인가? 용천(涌泉)이다"고 한 것이 그 기사이다. 곽박이 "직출(直出)"이라고 한 것은 대체로 그 뜻으로 말한 것이다. 『공양전』에서는 직(直)이라 하고 『이

---

94) 何 : 대본에는 없으나 『公羊傳』에 따라 삽입하였다.

아』에서는 정(正)이라 하였으나, 그 뜻은 한 가지이다. 그러므로 곽박은 "직(直)은 정(正)과 같다"고 한 것이다.

 沃泉縣出. 縣出, 下出也.

옥천(沃泉 : 위에서 내리는 샘)은 현출(縣出 : 위에서 흘러내리다)하는 것이다. 현출은 아래로 나오는 것이다.

 從上溜下.

위에서 흘러내리는 것이다.

沃, 烏鹿反. 縣, 音玄. 霤, 本又作溜, 力又反.

옥(沃)은 오(烏)와 록(鹿)의 반절이다. 현(縣)은 음이 현(玄)이다. 류(霤)는 본에 따라 또 류(溜)로 되어 있는데, 력(力)과 우(又)의 반절이다.

李巡亦云 : "水泉從上溜下." 然則相傳爲然也. 「曹風」云 : "冽彼下泉." 則此沃泉也.

이순도 역시 "물이 위에서 흘러내리는 것이다"고 하였다. 그렇다면 서로 전하여 그렇게 된 것이다. 『시경』 「조풍(曹風)」 「하천(下泉)」에 "차가운

저 아래로 흐르는 샘이여!"이라 하였으니, 이것이 옥천(沃泉)이다.

氿泉穴出. 穴出, 仄出也.

궤천(氿泉 : 곁에서 나오는 샘)은 혈출(穴出 : 곁에서 나오다)하는 것이다. 혈출
(穴出)은 곁에서 나오는 것이다.

從旁出也.

곁에서 나오는 것이다.

氿, 音軌. 『詩』云 : "有洌氿泉." 仄, 菹棘反, 本亦作側氿, 同.

궤(氿)는 음이 궤(軌)이다. 『시경』에 "차가운 궤천(氿泉)이 있다"고 하였
다. 측(仄)은 저(菹)와 극(棘)의 반절이다. 본에 따라 측(側)과 측(氿)으로 되어
있으나 음의가 같다.

李巡曰 : "水泉從旁出名曰氿. 氿, 仄出." 是側出曰氿泉也.「大
東」云 : "有洌氿泉." 是也.

이순은 "곁에서 나오는 샘물을 궤(氿)라 부른다. 궤는 곁에서 나오는 것
이다"고 하였으니, 이는 곁에서 나오는 것을 궤천(氿泉)이라 한다는 것이

다.『시경』「소아」「대동(大東)」에 "유열궤천(有洌氿泉)"이라 한 것이 이것
이다.

 湀闢, 流川.

규벽(湀闢 : 관통하여 가는 내)은 유천(流川 : 흐르는 내)이다.

 通流.

땅을 관통하여 흐르는 것이다.

 湀, 郭巨癸反, 孫苦穴反,『字林』音圭. 闢, 婢亦反, 一音匹亦反.

규(湀)에 대하여 곽박은 거(巨)와 계(癸)의 반절이라 하였고, 손염은 고(苦)
와 혈(穴)의 반절이라 하였고,『자림』에는 음을 규(圭)라 하였다. 벽(闢)은
비(婢)와 역(亦)의 반절인데, 일음(一音)은 필(匹)과 역(亦)의 반절이다.

『說文解字』云 : "川, 貫穿通流水也." 「虞書」曰 : "濬畎澮距川."
言深濬畎澮之水會爲川也."『釋名』云 : "川, 穿也. 穿地而流也."
然則湀闢者, 則通流大川之別名也.

『설문』에 "천(川)은 땅을 뚫고 흘러가는 물이다.『서경』「우서(虞書)」「익

직(稷)」에 '준견회거천(濬畎澮距川 : 畎과 澮를 깊게 파서 川에 이르게 한다)'[95)]이라 하였으니, 견(畎)과 회(澮)의 물이 모이도록 깊게 하여 천(川)이 된 것을 말한다. 『석명』에 "천(川)은 천(穿 : 뚫다)이다. 땅을 뚫고 흐르는 것이다. 그렇다면 규벽(湀闢)이라는 것은 대천(大川)을 관통하여 흐르는 물의 별명이다.

 過辨, 回川.

과변(過辨)은 회천(回川 : 소용돌이치며 흐르는 내)이다.

 旋流.

돌아서 흐르는 것이다.

 過, 本或作渦, 同, 古禾反. 辨, 普見反. 回, 又作洄, 戶恢反.

과(過)는 본에 따라 와(渦)로 되어 있으나 음의가 같으며, 고(古)와 화(禾)의 반절이다. 변(辨)은 보(普)와 견(見)의 반절이다. 회(回)는 또 회(洄)로도 되어 있는데, 호(戶)와 회(恢)의 반절이다.

---

95) 畎과 …… 이르게 한다 : 『書經』 「益稷」 孔傳의 "距, 至也. …… 澮畎深之至川"을 따랐다. 그리고 또 孔傳에는 "一畝之間, 廣尺深尺曰畎, 方百里之間, 廣二尋深二仞曰澮"라고 하여, 畎은 작은 도랑이고 澮는 큰 도랑으로 풀이하였다.

回, 旋也. 言川水之中有回旋而流者, 名過辨也.

회(回)는 선(旋 : 돌다)이다. 시냇물의 가운데에 빙빙 돌면서 흐르는 것이 과변(過辨)이라고 부르는 것임을 말한 것이다.

 灉, 反入.

옹(灉 : 돌아 들어오는 물)은 돌아드는 것이다.

 卽河水決出, 復還入者. 河之有灉, 猶江之有沱.

즉 하수(河水)에서 터져 나갔다가 다시 하수로 돌아드는 것이다. 하수(河水)에 옹(灉)이 있는 것은 강수(江水)에 타(沱)가 있는 것과 같다.

 灉, 於用反, 又於恭反. 復, 扶又反, 下及注並同. 沱, 徒河反, 或作沲, 音似.

옹(灉)은 어(於)와 용(用)의 반절, 또는 어(於)와 공(恭)의 반절이다. 부(復)는 부(扶)와 우(又)의 반절인데, 아래와 주도 모두 같다. 타(沱)는 도(徒)와 하(河)의 반절인데, 혹 사(沲)로도 쓰며 음은 사(似)이다.

反, 復也. 謂河水決出而復入河者名灉. 卽下云"水自河出爲灉"
是也.

　반(反)은 부(復：다시)이다. 하수(河水)에서 터져 나왔다가 다시 하수(河水)
로 들어가는 것의 명칭이 옹(灉)임을 말한 것이다. 곧 아래 글에서 "하수
(河水)에서 나온 물을 옹(灉)이라 한다"고 한 것이 이것이다.

潭, 沙出.

　단(潭)은 사출(沙出：물 가운데서 쌓인 모래 더미)이다.

今江東呼水中沙堆爲潭.

　지금 강동에서는 물 가운데서 쌓인 모래 더미를 단(潭)이라 한다.

潭, 徒坦反. 堆, 字或作𡸫, 又作墥字, 同, 都回反.

　단(潭)은 도(徒)와 탄(坦)의 반절이다. 퇴(堆)는 글자가 혹 퇴(𡸫), 또는 퇴
(墥)자로도 되어 있는데, 음의가 같으며 도(都)와 회(回)의 반절이다.

言潭者是沙堆出於水中之名也, 故曰沙出.

단(灗)은 모래 더미가 물 한가운데서 솟아나온 명칭이므로 사출(沙出)이라 함을 말한 것이다.

 汧, 出不流.

견(汧 : 물이 나와 흐르지 않는 못)은 물이 나오지만 흐르지 않는 못이다.

 水泉潛出, 便自停成汙池.

샘이 땅 밑에서 솟아 나오지만 곧 저절로 멈추어서 웅덩이를 이룬 것이다.

 汧, 口千·口見二反.

견(汧)은 구(口)와 천(千), 구(口)와 견(見)으로 반절이 둘이다.

 謂水泉潛出停成汙池者名汧. 「地理志」云 : "扶風汧縣, 雍州弦蒲藪. 汧出西北, 入渭."96) 以其初出不流, 停成弦蒲澤藪, 故曰"汧, 出不流"也. 其終則入渭也.

---

96) 扶風汧縣, 雍州弦蒲藪. 汧出西北, 入渭:『漢書』「地理志」에는 "右扶風汧縣, 北有雍州弦蒲藪. 汧水出西北, 入渭"라 되어 있다. 여기서는『漢書』「地理志」의 글대로 해석을 하였다.

샘이 땅 밑에서 솟아 나오지만 멈추어서 웅덩이를 이룬 것을 견(汧)이
라 한다. 『한서』「지리지」에 "우부풍(右扶風) 견현(汧縣)의 북쪽으로 옹주(雍
州) 현포수(弦蒲藪)가 있다. 견수(汧水)는 견현의 서북으로 나와서 위수(渭水)
로 들어간다"고 하였다. 처음에는 나왔지만 흐르지 않아 현포택수(弦蒲澤
藪)에 머물러 있으므로 "견, 출불류(汧, 出不流)"라 하였는데, 끝내는 위수로
흘러 들어간다.

 歸異出同流, 肥.

귀착지는 다르지만 같은 지역에서 나오는 물줄기를 비(肥: 가는 곳이 달
라도 샘이 같은 물줄기)라 한다.

 『毛詩』傳曰 : "所出同, 所歸異爲肥."

『모시』전에 "나오는 곳은 같으나 돌아가는 곳이 다른 것이 비(肥)이다"
고 하였다.

謂小水支分歸入大水則異, 其泉源初出則同流者, 名肥. 卽『詩』
「邶風」「泉水」云 : "我思肥泉, 茲之永歎." 毛傳云 : "所出同, 所歸
異爲肥泉." 是也.

작은 물이 갈래로 나누어져 큰 물로 들어가는 것이 다르기는 하지만
그 샘의 근원에서 처음 흘러나올 때는 같은 물줄기인 것을 비(肥)라 한다.

『시경』「패풍(邶風)」「천수(泉水)」에 "내가 비천(肥泉)을 생각하며 이에 영원히 탄식한다"라고 하였는데, 모전은 "나오는 곳은 같으나 들어가는 곳은 다른 곳이 비천(肥泉)이다"고 한 것이 이것이다.

濆, 大出尾下.

분(濆: 바닥에서 크게 솟는 샘)은 바닥에서 크게 솟아 나오는 샘이다.

爾雅注 今河東汾陰縣有水口, 如車輪許. 濆沸涌出, 其深無限, 名之爲濆. 馮翊郃陽縣復有濆, 亦如之. 相去數里而夾河. 河中陼上又有一濆, 濆源皆潛相通. 在汾陰者, 人壅其流以爲陂, 種稻. 呼其本所出處爲濆魁, 此是也. 尾猶底也.

지금 하동군(河東郡) 분음현(汾陰縣)에 수구(水口)가 있는데 수레바퀴 정도의 크기이다. 솟구쳐 나오는데 그 깊이가 한도 없어 분(濆)이라 부른다. 좌풍익(左馮翊) 합양현(郃陽縣)에도 또 분(濆)이 있는데 역시 이와 같다. 서로의 거리가 수 리인데 하수(河水)를 끼고 있다. 하수(河水) 가운데 작은 섬 위에 또 하나의 분이 있는데, 분의 근원은 모두 땅속에 잠복되어 서로 통한다. 분음현(汾陰縣)에 있는 것은 사람들이 그 물줄기를 막아서 방죽을 만들고 벼를 심는다. 그 물이 나오는 근원을 분괴(濆魁: 분의 근원)라 부르는데 하동 분음현에 있는 것이 그것이다. 미(尾)는 저(底: 바닥)와 같다.

爾雅音義 濆, 敷問反. 義或方問反, 水本同而出異. 尾, 字或作泥屄同, 亡鬼反. 汾, 符[97]云反. 車, 昌蛇反. 濆, 扶粉反. 翊, 音弋. 郃, 戶荅反. 數, 色主反. 夾, 古洽反. 壅, 於勇反. 陂, 彼爲反. 處, 昌慮反, 下同.
魁, 口回反.

분(濆)은 부(敷)와 문(問)의 반절이다. 의미상 혹 방(方)과 문(問)의 반절인
데, 물의 근원은 동일하나 나가는 곳이 다른 것이다. 미(尾)는 글자를 혹
미(浘)와 미(㞞)로도 쓰는데, 음의가 같으며 망(亡)과 귀(鬼)의 반절이다. 분
(汾)은 우(又)와 윤(云)의 반절이다. 차(車)는 창(昌)과 사(蛇)의 반절이다. 분
(濆)은 부(扶)와 분(粉)의 반절이다. 익(翊)은 음이 익(弋)이다. 합(郃)은 호(戶)
와 답(答)의 반절이다. 수(數)는 색(色)과 주(主)의 반절이다. 협(夾)은 고(古)와
흡(洽)의 반절이다. 옹(壅)은 어(於)와 용(勇)의 반절이다. 피(陂)는 피(彼)와 위
(爲)의 반절이다. 처(處)는 창(昌)과 려(慮)의 반절이며 아래도 같다. 괴(魁)는
구(口)와 회(回)의 반절이다.

爾雅疏 尾猶底也. 言源深大出於底下者名濆. 濆猶灑散也. 河東·馮翊
者皆郡名也. 云"河中陼上"者, 陼謂水中可居之小者. 云"人壅其
流以爲陂, 種稻"者, 澤障曰陂. 謂人畜壅此水以爲陂澤, 而漑稻田也. 云
"濆魁"者, 魁, 帥也, 首也. 以其水源, 故謂之魁也.

미(尾)는 저(底)와 같다. 근원이 깊고 커 바닥에서 나오는 물의 명칭이
분(濆)임을 말한 것이다. 분(濆)은 쇄산(灑散 : 뿜어 흩어지다)이다. 하동(河東)과
풍익(馮翊)은 모두 군명(郡名)이다. 주에서 "하중저상(河中陼上)"이라 하였는
데, 저(陼)는 물 가운데 거주할 수 있는 작은 섬을 말한다. "인옹기류이위
피, 종도(人壅其流以爲陂, 種稻)"라 하였는데, 못물을 막은 것을 피(陂)라 한
다. 사람들이 이 물을 막아 못으로 만들어 벼를 심은 논에 물을 대는 것
이다. "분괴(濆魁)"라고 하였는데, 괴(魁)는 수(帥 : 장수)이고 수(首 : 머리)이다.

---

97) 符 : 대본에는 '又'로 되어 있는데 '符'를 잘못 쓴 듯하다.

물의 근원이므로 괴(魁)라 하는 것이다.

 水醮曰屬.

물이 마른 것을 궤(屬 : 물이 마른 곳)라 한다.

 謂水醮盡.

물이 마른 것을 말한다.

爾雅
音義 醮, 子召反, 盡也, 字或作湫, 同. 屬, 字又作漸, 音軌.

초(醮)는 자(子)와 소(召)의 반절로 진(盡 : 다 말랐다)이라는 뜻이며, 글자는
혹 초(湫)로도 쓰는데, 음의가 같다. 궤(屬)는 글자를 또 궤(漸)로도 쓰는데,
음은 궤(軌)이다.

 醮, 盡也. 凡水之盡皆曰屬, 屬, 則竭涸之一名也.

초(醮)는 진(盡)이다. 일반적으로 물이 말라 버린 것을 궤(屬)라 하는데,
궤는 즉 갈학(竭涸 : 물이 마르다)의 또 다른 명칭이다.

 水自河出爲灉.

물이 하수(河水)에서 갈라져 나온 물을 옹수(灉水)라 한다.

 『書』曰：“灉沮會同.”

『서경』에 “옹수(灉水)와 저수(沮水)가 모여 하나가 되었다”라 하였다.

 濟爲濋, 汶爲灡, 洛爲波, 漢爲潛,

제수(濟水)에서 갈라져 나온 물을 초수(濋水), 문수(汶水)에서 갈라져 나온 물을 천수(灡水), 낙수(洛水)에서 갈라져 나온 물을 파수(波水), 한수(漢水)에서 갈라져 나온 물을 잠수(潛水)라 한다.

 『書』曰：“沱潛旣道.”

『서경』에 “타수(沱水)와 잠수(潛水)가 이미 제 길로 간다”라 하였다.

 淮爲滸, 江爲沱,

회수(淮爲)에서 갈라져 나온 물을 호수(滸水), 강수(江水)에서 갈라져 나온 물을 타수(沱水)라 한다.

 『書』曰 : "岷山導江, 東別爲沱."

『서경』에 "민산(岷山)에 강수(江水)를 이끌어, 동쪽으로 갈라져 타수(沱水)가 된다"고 하였다.

 渦爲洵, 潁爲沙, 汝爲濆.

과수(渦水)에서 갈라져 나온 물을 순수(洵水), 영수(潁水)에서 갈라져 나온 물을 사수(沙水), 여수(汝水)에서 갈라져 나온 물을 분수(濆水)라고 한다.

 『詩』曰 : "遵彼汝濆."[98] 皆大水溢出, 別爲小水之名.

『시경』에 "저 여수(汝水)의 작은 지류인 분수(濆水)를 따라간다"라고 하였다. 모두 큰 강물이 넘쳐흘러 따로 작은 강물의 명칭이 된 것이다.

 灉, 於用反, 或於凶反, 字又作瀦, 注及下同. 沮, 七余反. 濟, 本又作泲, 子禮反. 漵, 初呂反. 汶, 音問. 灛, 字或作潭, 同, 昌善

---

98) 濆 : 대본에는 墳으로 되어 있으나 곽박의 뜻에 따른다. 「집전」에서는 "墳, 大防也"라고 하여 '둑'으로 풀이하였다.

反, 李云: "溢也." 沱, 徒河反, 下文及注並同, 字亦作池. 詳, 呼⁹⁹⁾五反. 岷, 亡巾反. 道, 徒報反, 本或作導. 渦, 又作渦, 謝古禾反, 又烏禾反, 本或作過. 洵, 私旬反. 穎, 餘頃反, 水名, 在汝南. 呂伯雍云: "水出陽成乾山." 濆, 符云反, 下同. 『字林』作涓, 工玄反. 衆『爾雅』本, 亦作涓.

옹(灉)은 어(於)와 용(用)의 반절, 혹은 어(於)와 흉(凶)의 반절이고, 글자는 또 옹(灉)으로도 쓰며 주와 아래에서도 같다. 저(沮)는 칠(七)과 여(余)의 반절이다. 제(濟)는 본에 따라 제(泲)로 되어 있는데, 자(子)와 례(禮)의 반절이다. 초(漻)는 초(初)와 려(呂)의 반절이다. 문(汶)은 음이 문(問)이다. 천(灛)은 글자를 혹 천(潬)으로도 쓰는데, 음의가 같고, 창(昌)과 선(善)의 반절인데 이순은 "일(溢: 넘치다)이다"고 하였다. 타(沱)는 도(徒)와 하(河)의 반절인데, 아래 글과 주에서도 모두 음의가 같으며 글자는 또 타(池)로도 쓴다. 호(詳)는 호(呼)와 오(五)의 반절이다. 민(岷)은 망(亡)과 건(巾)의 반절이다. 도(道)는 도(徒)와 보(報)의 반절인데, 본에 따라 도(導)로 되어 있다. 과(渦)는 혹 와(渦)로 쓰는데, 사교는 고(古)와 화(禾)의 반절, 또는 오(烏)와 화(禾)의 반절이라 하였으며, 본에 따라 과(過)로 되어 있다. 순(洵)은 사(私)와 순(旬)의 반절이다. 영(穎)은 여(餘)와 경(頃)의 반절인데, 물 이름이고 여남(汝南)에 있다. 여백옹(呂伯雍)은 "물은 양성(陽成) 건산(乾山)에서 나온다"고 하였다. 분(濆)은 부(符)와 운(云)의 반절인데 아래도 같다. 『자림』에는 연(涓)으로 썼는데, 공(工)과 현(玄)의 반절이다. 다른 여러 『이아(爾雅)』본에는 또한 연(涓)으로 되어 있다.

爾雅疏　此十者皆大水分出, 別爲小水之名也. 注"『書』曰: 灉沮會同"者, 「禹貢」兗州云: "雷夏旣澤, 灉沮會同." 孔安國云: "雷夏, 澤名. 灉・沮二水, 會同此澤." 引之證水自河出別名爲灉也. ○注"『書』曰: 沱

---

99) 呼: 대본에는 字로 되어 있으나, 『字典彙編』 本을 따랐다.

潛既道", 「禹貢」梁州云 : "岷·嶓既藝, 沱·潛既道." 孔安國云 : "岷山·
嶓冢, 皆山名. 沱·潛, 發源此州, 入荊州." 案「地理志」云 : "蜀郡有湔道,
岷山在西徼外, 江水所出也. 隴西郡西縣, 嶓冢山, 西漢水所出." 是二者
皆山名也. 沱出於江, 潛出于漢, 二水發源此州, 而入荊州, 故荊州亦云
"沱潛既道." 案, 郭氏『音義』云 : "沱水自蜀郡都水縣揗山與江別而更流."
又云 : "有水從漢中·沔陽南流至梓潼·漢壽, 入大穴中通峒山下西南潛
出, 一名沔水. 舊俗云卽「禹貢」潛也." 郭氏此言, 並解梁州沱潛也. 然則
此注言"『書』曰"者, 亦指梁州者也. 所以荊州亦有沱潛者, 蓋以水從江·
漢出者皆曰沱潛. 所以荊梁二州皆有也. ○注"『書』曰 : 岷山導江, 東別爲
沱", 亦「禹貢」文也. 孔安國云 : "江東南流, 沱東行." 引之證江水溢出名
沱也. ○注"『詩』曰 : 遵彼汝墳", 此「周南」「汝墳」篇文也. 毛傳云 : "汝, 水
名也. 墳, 大防也." 毛意以爲伐薪宜於厓岸之上, 故以大防解之. 郭意以
爲汝濆所分之處有美地, 因謂之濆. 且毛傳墳從土, 此濆從水, 所以異也.

　　여기 열 가지는 모두 큰 강물에서 나누어져 나와 별도로 작은 물을 이
룬 강의 명칭이다. 곽박이 주에서 말한 『서경』의 "옹저회동(灉沮會同)"은,
『서경』「우공」의 연주(兗州)에 "뇌하(雷夏)가 이미 못이 되어 옹수와 저수가
만나 합해졌다"고 하였다. 공안국은 "뇌하(雷夏)는 못 이름이다. 옹수와 저
수 두 물이 이 못에서 만난다"고 하였다. 곽박은 공안국의 글을 인용하여
물이 하수(河水)에서 나와 별도로 불러 옹수(灉水)라고 증명하였다. ○ 주에
서 말한 『서경』의 "타잠기도(沱潛旣道)"는, 「우공」 양주(梁州)에 "민산(岷山)
과 파총산(嶓冢山)에 이미 곡식을 심을 수 있으며, 타수(沱水)와 잠수(潛水)가
제 길로 간다"고 하였다. 공안국은 "민산과 파총은 모두 산 이름이다. 타
수와 잠수가 양주(梁州)에서 발원하여 형주(荊州)로 들어간다"고 하였다. 살
피건대, 『한서』「지리지」에는 "촉군(蜀郡)에 전도현(湔道縣)이 있고 민산(岷
山)은 서쪽 끝에 있는데 강수(江水)가 나오는 곳이다. 농서군(隴西郡) 서현(西
縣)의 파총산(嶓冢山)은 서쪽에서 한수(漢水)가 나오는 곳이다"고 하였다. 이

두 곳은 모두 산 이름이다. 타수(沱水)는 강수(江水)에서 나오고, 잠수(潛水)는 한수(漢水)에서 나온다. 타수·잠수가 양주(梁州)에서 발원하여 형주(荊州)로 들어가므로 「우공」 형주(荊州)에서 또한 "타잠기도(沱潛旣道)"라고 한 것이다. 살피건대, 곽박은 『음의』에서 "타수는 촉군 도수현(都水縣) 전산(揃山)에서 강수와 갈라져 다시 흐른다"고 하였으며, 또 "물이 한중(漢中)·면양(沔陽)에서 남으로 흘러 재동(梓潼) 한수현(漢壽縣)에 이르러 큰 구멍으로 들어갔다가 동산(峒山) 아래를 통과하여 서남쪽으로 숨어 있다가 나오는데 일명 면수(沔水)라 한다. 옛 풍속에는 말하기를 바로 「우공」에서 말한 잠수(潛水)이다"고 하였다. 곽박이 한 이 말은 모두 양주(梁州)의 타수와 잠수로 풀이한 것이다. 그렇다면 곽박이 주에서 말한 "『서』왈(『書』曰)"은 역시 양주(梁州)의 것을 가리키는 것이다. 형주(荊州)에도 또한 타수(沱水)와 잠수(潛水)가 있는 까닭은 강수(江水)와 한수(漢水)에서 나오는 물은 모두 타수·잠수라고 불러서이다. 그러므로 형주와 양주 두 주에 모두 타수와 잠수가 있는 것이다. ○ 주에서 말한 『상서』의 "민산도강 동별위타(岷山導江, 東別爲沱)"는 역시 「우공」에 나오는 글이다. 공안국은 "강수(江水)는 동남으로 흐르고 타수(沱水)가 동으로 간다"고 하였다. 곽박이 공안국의 글을 인용하여 강수가 넘쳐 나간 것의 명칭이 타수임을 증명한 것이다. ○ 주에서 말한 『시경』의 "준피여분(遵彼汝濆)"은 『시경』 「주남(周南)」 「여분(汝墳)」편의 글이다. 모전에 "여(汝)는 수명(水名)이고, 분(墳)은 큰 제방이다"고 하였다. 모전의 의미는 나무를 베기에는 언덕 위가 적당하다고 여겼으므로, 큰 제방으로 풀이하였다. 곽박의 의미는 여수와 분수가 나누어지는 곳에 비옥한 땅이 있으므로, 분(濆)이라 하였다. 또 모전에서는 분(墳)은 토(土)를 따랐고, 여기서 분(濆)은 수(水)를 따랐으므로 다른 것이다.

 水決之澤爲汧.

물길을 터서 만든 못이 견(汧 : 물을 터서 들어가게 한 인공 못)이다.

 水決入澤中者亦名爲汧.

물길을 터 못 안에 들어가게 한 것을 역시 견(汧)이라 한다.

 汧, 苦見・苦堅二反.

견(汧)은 고(苦)와 견(見), 고(苦)와 견(堅)으로 반절이 둘이다.

 凡水爲人所決陂障爲澤者, 亦與上"出不流"者同名汧也.

일반적으로 물을 사람이 터트려 제방을 쌓아 못으로 만든 것인데, 또한 위 글의 "출불류(出不流)"와 같은 이름으로 견(汧)이다.

 決復入爲氾.

터져 나간 물이 다시 들어오는 것이 사(氾 : 샛강)이다.

水出去復還.

물이 나갔다가 다시 들어오는 것이다.

 汜, 音似.

사(汜)는 음이 사(似)이다.

 凡水決之岐流, 復還本水者名汜. 『詩』「召南」云 : "江有汜." 是也.

일반적으로 물길이 터져 갈래로 흐르다가 다시 본래의 물로 되돌아오는 것을 사(汜)라 한다. 『시경』「소남」「강유사(江有汜)」에 "강에 사(汜)가 있다"고 한 것이 이것이다.

 "河水淸且瀾漪", 大波爲瀾,

"하수(河水)가 맑고도 세차구나"에서 큰 물결이 란(瀾 : 큰 물결)이다.

 言渙瀾.

세찬 물결을 말한다.

 小波爲淪,

작은 물결이 륜(淪 : 작은 물결)이다.

 言蘊淪.

잔물결을 말한다.

 直波爲徑.

곧은 물결이 경(徑 : 곧은 물결)이다.

 言徑侹.

곧은 물결을 말한다.

瀾, 郭力旦反, 又力安反, 下及注同. 李依『詩』, 作漣, 音連. 漪, 本
又作猗, 於宜反. 渙, 呼貫反. 淪, 音輪. 蘊, 紆云·紆粉二反. 徑,

古定反, 字或作經, 注同. 俓, 字又作挺, 他定反, 又徒頂反. 俓, 俓直也.

란(瀾)에 대하여 곽박은 력(力)과 단(旦)의 반절, 또는 력(力)과 안(安)의 반절이라 하였는데 아래와 주에서도 같다. 이순은 『시경』에 의거하여 련(漣)으로 쓰고 음은 련(連)이라 하였다. 의(漪)는 본에 따라 의(猗)로 되어 있는데, 어(於)와 의(宜)의 반절이다. 환(渙)은 호(呼)와 관(貫)의 반절이다. 륜(淪)은 음이 륜(輪)이다. 온(蘊)은 우(紆)와 운(云), 우(紆)와 분(粉)으로 반절이 둘이다. 경(俓)은 고(古)와 정(定)의 반절이며 글자를 경(經)으로도 쓰며, 주에서도 같다. 정(俓)은 글자를 또 정(挺)으로도 쓰는데, 타(他)와 정(定)의 반절이고 또 도(徒)와 정(頂)의 반절이다. 경(俓)은 평평하고 똑바르다는 뜻이다.

爾雅疏 案『詩』「魏風」「伐檀」篇云 : "河水淸且漣漪." 又曰 : "河水淸且直漪." 又曰 : "河水淸且淪漪." 故此釋之. 毛傳云 : "風行水成文曰漣. 直, 直波也. 小風, 水成文轉如輪也." 李巡云 : "分別水大小曲直之名." 郭氏云 : "瀾言渙瀾, 淪言蘊淪, 俓言俓俓." 然則瀾‧直‧淪, 論水波之異. 漪, 皆辭也. 案『詩』漣‧淪皆言波. 名直波, 不言俓而言直, 又在淪漪前者, 取韻故也. 瀾‧漣雖異而義同. "瀾漪"先擧『詩』文然後釋之, 直‧淪不擧者, 省文, 從可知也.

살피건대, 『시경』「위풍(魏風)」「벌단(伐檀)」편에 "하수(河水)가 맑고 또 큰 물결 인다"라 하였고, 또 "하수가 맑고 또 곧은 물결 인다"라 하였고, 또 "하수가 맑고 또 수레바퀴 물결이 인다"라 하였으므로 여기에 풀이한 것이다. 모전에 "바람이 불어 물이 물결을 이루는 것을 련(漣)이라 한다. 직(直)은 곧은 물결이다. 작은 바람이 불어 물이 물결을 이루며 도는데 수레바퀴 같다"고 하였다. 이순은 "물의 크고 작고 굽고 곧음을 분별한 명칭이다"고 하였다. 곽박은 "란(瀾)은 큰 물결, 륜(淪)은 잔물결, 경(俓)은 곧은 물결이다"고 하였다. 그렇다면 란(瀾)‧직(直)‧륜(淪)으로 물결의 다른 모양을 논한 것이다. 의(漪)는 모두 어조사이다. 살피건대, 『시경』「위풍」
「벌단」편에서 련(漣)과 륜(淪)은 모두 물결을 말한 것이다. 명칭을 직파(直
波)라 하여 경(徑)이라 하지 않고 직(直)이라고 한 것과 또 윤의(淪漪) 앞에
둔 것은 운을 맞추고자 하기 때문이다.[100] 란(瀾)과 연(漣)이 다르기는 하
나 의미는 같다. 난의(瀾漪)에 대해서는 "하수청차(河水淸且)"라는 『시경』의
글을 먼저 거론하고 풀이하였다. 직의(直漪) · 윤의(淪漪)에 대해서는 "하수
청차(河水淸且)"라는 글을 거론하지 않은 것은 생략한 문장임을 따라서 알
수 있다.

江有沱, 河有灉, 汝有濆.

강수(江水)에서 갈라져 나온 물인 타수(沱水)가 있고, 하수(河水)에서 갈라
져 나온 물인 옹수(灉水)가 있고, 여수(汝水)에서 갈라져 나온 물인 분수(濆
水)가 있다.

此故上水別出耳, 所作者重見.

타수 · 옹수 · 분수는 윗물인 강수 · 하수 · 여수에서 갈라져 나왔을 뿐
인데 『이아』를 지은 사람에 의해 재차 보인다.

---

100) 명칭을 …… 때문이다 : 순서가 漣漪, 直漪, 淪漪이다. 伐檀篇 2장은 則 · 直 · 億 ·
特 · 食이 韻으로 되어 있어, 徑으로 하면 운이 맞지 않으므로, 徑을 쓰지 않고 直으로
썼다.

作, 子各反. 重, 直用反. 見, 賢徧反.

작(作)은 자(子)와 각(各)의 반절이다. 중(重)은 직(直)과 용(用)의 반절이다.
현(見)은 현(賢)과 편(徧)의 반절이다.

 滸, 水厓.

호(滸 : 물가 땅)는 물가의 땅이다.

 水邊地.

물가 땅이다.

 厓, 五街反.

애(厓)는 오(五)와 가(街)의 반절이다.

 謂水邊厓岸之地別名滸. 李巡曰 : "滸, 水邊地名, 厓也." 『詩』「大
雅」「江漢」云 : "江漢之滸." 是也.

물가 언덕 지역의 별명이 호(滸)임을 말한 것이다. 이순은 "호(滸)는 물가 지역으로 애(厓)라 부른다"고 하였다. 『시경』「대아」「강한(江漢)」에 "강수(江水)와 한수(漢水)의 물가"라 한 것이 이것이다.

 水草交爲湄.

물에 풀이 섞여 있는 곳이 미(湄)이다.

 『詩』日 : "居河之湄."

『시경』에 "하수의 미(湄)에 산다"고 하였다.

 湄, 本或作溦湄濻濴, 四字同, 亡悲反.

미(湄)는 본에 따라 미(溦)·미(湄)·미(濻)·미(濴)로 되어 있는데 네 글자는 음의가 같으며 망(亡)과 비(悲)의 반절이다.

 此「小雅」「巧言」之篇文也. 以『詩』有此言, 故釋之. 云"水草交爲湄", 李巡曰 : "水中有草木交會曰湄." 今『詩』作麋, 音義同.

이는 『시경』「소아(小雅)」「교언(巧言)」에 나오는 글이다. 『시경』에 이 말이 있으므로 풀이한 것이다. "수초교위미(水草交爲湄)"라 하였는데, 이순은 "물 가운데 초목이 섞여 있는 곳이 미(湄)이다"고 하였다. 지금 『시경』

에는 미(縻)로 되어 있으나 음의가 같다.

 濟有深涉.

제(濟 : 나루)에 깊은 건널 곳이 있다.

 謂濟渡之處.

건너는 곳을 말한다.

 深則厲, 淺則揭. 揭者, 揭衣也.

물이 깊으면 옷을 입고 건너고, 얕으면 아래옷을 걷고 건넌다. 게(揭)는
옷을 걷는 것이다.

 謂褰裳也.

아래옷을 걷음을 말한다.

 以衣涉水爲厲.

옷을 입고 물을 건너는 것을 려(厲 : 옷 입은 채 물 건넘)라 한다.

 衣謂褌.

의(衣)는 곤(褌 : 잠방이)을 말한다.

 繇膝以下爲揭, 繇膝以上爲涉, 繇帶以上爲厲.

무릎 이하로 걷고 건너는 것을 게(揭 : 무릎 아래를 걷고 물 건넘), 무릎 이상
으로 걷고 건너는 것을 섭(涉 : 무릎 위까지 걷고 물 건넘), 허리 이상으로 옷
입은 채로 건너는 것을 려(厲)라 한다.

 繇, 自也.

유(繇)는 자(自 : 부터)이다.

濟, 子細反. 厲, 如字, 本或作濿. 『說文』云 : "濿, 或作砅, 履石渡
水也." 俱力曳反. 揭, 起例反, 褰衣渡水也. 下揭者爲揭, 同. 揭,
起例反, 或丘竭反, 『說文』云 : "高擧也." 褰, 去焉反. 褌, 音昆. 繇, 古由

字, 下同. 膝, 字又作䏅, 辛七反. 上, 時掌反, 下同.

　제(濟)는 자(子)와 세(細)의 반절이다. 려(厲)는 여자인데, 본에 따라 려(濿)로 되어 있다. 『설문』에는 "려(濿) 혹은 려(砅)로도 쓰는데, 돌을 밟고 물을 건너는 것이다"고 하였다. 모두 력(力)과 예(曳)의 반절이다. 게(揭)는 기(起)와 례(例)의 반절인데, 옷을 걷고 물을 건너는 것이다. 아래 글의 게자(揭者)·위게(爲揭)의 게(揭)자도 〈천즉게(淺則揭)의 게(揭)자와〉 음의가 같다. 게(揭)는 기(起)와 례(例)의 반절인데, 혹은 구(丘)와 갈(竭)의 반절이다. 『설문』에 게(揭)는 "높이 드는 것이다"고 하였다. 건(褰)은 거(去)와 언(焉)의 반절이다. 곤(褌)은 음이 곤(昆)이다. 유(繇)는 유(由)의 고자(古字)이며 아래도 같다. 슬(膝)은 글자를 또 슬(䏅)로도 쓰는데, 신(辛)과 칠(七)의 반절이다. 상(上)은 시(時)와 장(掌)의 반절인데 아래서도 같다.

爾雅疏　案『詩』「邶風」「匏有苦葉」篇云 : "匏有苦葉, 濟有深涉. 深則厲, 淺則揭." 故此先引『詩』文, 然後釋之云"揭者, 揭衣也." 謂渡處水淺, 惟褰裳可涉者名揭. 注云"謂褰裳也"者, 對文言之, 則在上曰衣, 在下曰裳; 散而言之則通. 是以此經言"揭衣", 注言"褰裳." 「曲禮」云 : "兩手摳衣去齊尺." 衣亦謂裳也. 云"以衣涉水爲厲"者, 此衣謂褌也. 言水深至於褌以上者而涉渡者, 名厲. 云"繇膝以下爲揭"者, 此更釋揭·涉及厲之名. 繇與由同, 繇, 由也. 言水淺自膝以下爲揭, 水差深自膝以上者爲涉, 水若深至衣帶以上者爲厲. 注云"繇, 自也", 「釋詁」文.

　살피건대, 『시경』「패풍」「포유고엽(匏有苦葉)」에 "박에 먹지 못할 잎이 있고, 나루에 건너야 할 깊은 곳이 있다. 깊으면 옷 입고 건너고, 얕으면 옷 걷고 건넌다"라 하였기 때문에 『이아』에서 먼저 『시경』의 글을 인용한 다음에 풀이하여 "게자, 게의야(揭者, 揭衣也)"라 하였다. 건너는 곳의 물이 얕아 아래옷을 걷고 건너는 것을 게(揭)라 부른다. 주에서 "위건상야(謂褰裳

也"라고 한 것은 문장을 대비시켜 한 말로 웃옷을 의(衣), 아래옷을 상(裳)이라 한다. 넓게 말하여도 그 뜻이 통용한다. 이런 까닭에 『이아』에서는 "게의(揭衣)"라 하고, 곽박의 주에서는 "건상(褰裳)"이라 하였다. 『예기』「곡례상(曲禮上)」에서 "두 손으로 의(衣)를 걷어올리는데 아랫단을 땅에서 한 자 정도 떨어지게 한다"고 하였으니, 여기서의 의(衣)는 역시 상(裳)을 의미한다. "이의섭수위려(以衣涉水爲厲)"라고 하였는데, 여기서의 의(衣)는 곤(褌)으로 물이 깊어 곤(褌) 위에까지 이르러도 건너는 것의 명칭이 려(厲)임을 말한 것이다. "요슬이하위게(繇膝以下爲揭)"라 하였는데, 이는 게(揭)·섭(涉)·려(厲)의 명칭을 다시 설명한 것이다. 유(繇)는 유(由)와 음의가 같으며, 유(繇)는 유(由 : 부터)이다. 물이 얕아 무릎 이하이면 게(揭), 물이 조금 깊어 무릎 이상이면 섭(涉), 물이 만약 깊어 웃옷 허리띠 이상이면 려(厲)임을 말한 것이다. 곽박의 주에서 "유, 자야(繇, 自也)"라 한 것은 『이아』「석고」의 글이다.

潛行爲泳.

잠수해서 가는 것이 영(泳 : 잠수하다)이다.

水底行也. 『晏子春秋』曰 : "潛行, 逆流百步, 順流七里."

물밑으로 헤엄쳐 가는 것이다. 『안자춘추(晏子春秋)』에 "잠수하여 물길을 거슬러 백 보를 가고, 물결 따라 칠 리를 갔다"고 하였다.

泳, 于柄反. 底, 丁禮反.

영(泳)은 우(于)와 병(柄)의 반절이다. 저(底)는 정(丁)과 례(禮)의 반절이다.

 謂人潛隱水底而行者, 名爲泳.『詩』「周南」「漢廣」云: "漢之廣矣, 不可泳思." 是矣. 注『晏子春秋』曰"者, 晏子, 名嬰, 諡平仲, 相齊景公. 孔子稱善與人交者也. 著書謂之『晏子春秋』. 云: "景公蓄勇士. 公孫接・田開彊・古冶子事景公, 以勇力搏虎聞. 晏子晨趨, 三子者不起, 晏子見公, 請去之. 公乃使人餽之二桃, 令三子計功而食. 公孫接曰: '接一搏特猏, 再搏乳虎. 若接之功, 可以食桃, 而毋與人同矣.' 援桃而起. 田開彊曰: '吾伏兵却三軍者再. 若開彊之功, 可以食桃, 而毋與人同矣.' 援桃而起. 古冶子曰: '吾嘗從君濟於河, 黿銜左驂以入砥柱之中流. 當是時也, 冶少不能游, 潛行, 逆流百步, 順流九里, 得黿而殺之. 左操馬尾, 右挈黿頭, 鶴躍而出. 津人皆曰: 河伯也! 冶視之, 則大黿之首也. 若冶之功, 可以食桃, 而毋與人同矣.' 二子恥功不逮而自殺, 古冶子亦自殺." 是其所引之文也. 以證潛行爲泳之事也. 但彼作九里, 此作七里, 蓋傳寫誤, 或所見本異也.

사람이 물 바닥으로 잠겨 숨어서 가는 것을 영(泳)이라 한다.『시경』「주남」「한광(漢廣)」에 "한수(漢水)가 넓어 잠수할 수 없다"라 한 것이 이것이다. 곽박의 주에서 "『안자춘추』왈『晏子春秋』曰"이라 하였는데 안자(晏子)의 이름은 영(嬰), 시호는 평중(平仲)101)으로 제경공(齊景公) 때의 재상이다. 공자도 남과 사귀는데 뛰어난 사람이라고 칭찬하였다.102) 그가 지은 저서를『안자춘추(晏子春秋)』라 한다.『안자춘추』에 "경공(景公)이 용감한 무사

---

101) 平仲:『史記』「晏嬰列傳」索隱에는 "平諡, 仲字"라 하여, '平'만 시호로 나타낸다.
102) 칭찬하였다:『論語』「公冶長」에 "子曰: 晏平仲, 善與人交, 久而敬之"라고 하였다.

를 양성하였다. 공손접(公孫接)·전개강(田開疆)·고야자(古冶子)가 경공을
섬겼는데, 용감한 힘이 호랑이를 때려잡는다고 소문이 났다. 안자가 새벽
에 바삐 가는데 세 사람은 일어나지도 않았다. 안자는 경공을 만나 그들
을 제거하기를 청했다. 경공은 사람을 시켜 복숭아 두 개를 보내어 세 사
람으로 하여금 공로(功勞)를 헤아려 먹게 하였다. 공손접이 말하기를 '나
는 첫 번째는 큰 산돼지를 잡고 두 번째는 새끼를 가진 호랑이를 잡았다.
나 정도의 공이라면 복숭아를 먹을 수 있으며 다른 사람과 같지 않다'고
하고 복숭아를 들고 일어섰다. 전개강이 말하기를 '나는 병사를 매복시켜
삼군(三軍)을 물리친 것이 두 번이다. 나 정도의 공이라면 복숭아를 먹을
수 있으며 다른 사람과 같지 않다'고 하고 복숭아를 들고 일어섰다. 고야
자가 말하기를 '나는 예전에 임금을 모시면서 하수를 건널 때, 큰 자라가
왼쪽 말을 입에 물고 지주(砥柱)[103]의 물 속으로 들어갔다. 당시 나는 조
금도 헤엄칠 줄 몰랐으나 잠수하여 물을 거슬러 백 보를 가고, 물길 따라
구 리를 가서 큰 자라를 잡아 죽였다. 좌측 손은 말꼬리를 잡고 우측 손
은 큰 자라 머리를 당겨서 학처럼 튀어 올라 나왔다. 나루터 사람들이 모
두 하백(河伯)이라고 하였으나 내가 보니, 큰 자라의 머리였다. 나 정도의
공이라면 복숭아를 먹을 수 있고 다른 사람과 같지 않다'고 하였다. 공손
접과 전개강은 공이 미치지 못함을 부끄럽게 여기고 자살하였다. 고야자
역시 자살하였다"[104]고 하였다. 이것이 인용한 글인데 잠수하여 가는 것
이 영(泳)임을 증명한 것이다. 다만 『안자춘추』에서는 9리라 하였고, 곽박
의 주에서는 7리라고 한 것은 아마도 옮겨 적으면서 잘못 되었거나 혹은
본 판본이 달라서일 것이다.

---

103) 砥柱 : 산 이름. 물 속에 기둥처럼 서 있다.
104) 景公이 …… 자살하였다 : 『晏子春秋』 원문과 꼭 같지는 않으나 전체적으로 비슷하다.

 "汎汎楊舟, 紼纚維之." 紼, 繂也.

"두둥실 떠가는 버드나무 배 동아줄로 묶는다"고 하였다. 불(紼 : 동아줄)
은 율(繂)이다.

 繂, 索.

율(繂)은 삭(索 : 끈)이다.

 纚, 緌也.

리(纚)는 유(緌 : 매다)이다.

 緌, 繫.

유(緌)는 계(繫 : 매다)이다.

 汎, 孚劍反. 紼, 本或作紱, 又作紋, 同, 甫勿反. 纚, 力知反, 下
同. 繂, 本或作綷字, 同, 音律. 索, 悉各反. 緌, 如誰反.

범(汎)은 부(孚)와 검(劍)의 반절이다. 불(紼)은 본에 따라 발(紱)로 되어 있으며, 또 불(紱)로 되어 있는데, 음의가 같으며 보(甫)와 물(勿)의 반절이다. 리(縭)는 력(力)과 지(知)의 반절인데 아래도 같다. 률(繂)은 본에 따라 률(繂)로 되어 있는데, 음의가 같으며 음은 률(律)이다. 삭(索)은 실(悉)과 각(各)의 반절이다. 유(綏)는 여(如)와 수(誰)의 반절이다.

"汎汎楊舟, 紼縭維之." 此『詩』「小雅」「采菽」篇文也. 云"紼, 繂也. 縭, 綏也", 此釋『詩』紼‧縭之義也. 李巡云 : "繂, 竹爲索, 所以維持舟者." 郭云 : "綏, 繫." 孫炎云 : "舟止繫之於樹木, 戾竹爲大索." 然則紼訓爲繂, 繂是綆. 縭訓爲綏, 綏又爲繫. 正謂舟之止息以綆繫而維持之也.

"범범양주, 불리유지(汎汎楊舟, 紼縭維之)"는 『시경』「소아」「채숙(采菽)」편의 글이다. 본문에서 "불(紼)은 률(繂)이고, 리(縭)는 유(綏)이다"고 하였는데, 이것은 『시경』에 나오는 불‧리(紼‧縭)의 뜻을 풀이한 것이다. 이순은 "률(繂)은 대껍질로 만든 끈으로 배를 매어 잡는 것이다"고 하였다. 곽박은 "유(綏)는 계(繫)이다"고 하였다. 손염은 "배가 멈추면 나무에다 배를 매는데, 대껍질을 꼬아서 굵은 끈을 쓴다"고 하였다. 그렇다면 불(紼)은 률(繂)로 풀이되고, 률(繂)은 동아줄이다. 리(縭)는 유(綏)로 풀이되고, 유(綏)는 또 묶는다는 뜻이다. 바로 배가 머무르면 동아줄로 매어 잡음을 말한다.

 天子造舟,

천자는 배를 나란히 이어 다리를 만든다.

比船爲橋.

배를 나란히 이어 다리를 만든다.

 諸侯維舟,

제후(諸侯)는 배 네 척을 이어서 묶는다.

 維連四船.

배 네 척을 이어서 묶는다.

 大夫方舟,

대부(大夫)는 배 두 척을 잇는다.

 併兩船.

배 두 척을 잇는다.

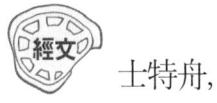 士特舟,

사(士)는 배가 한 척이다.

 單船.

배가 한 척이다.

 庶人乘泭.

서인(庶人)은 뗏목을 탄다.

 倂木以渡.

나무를 합쳐 건너는 것이다.

 造, 草報反. 『廣雅』作艁, 音同, 又造舟爲浮梁. 謂比舟船, 造作
橋梁, 或作皁. 案『說文』: "艁, 古文造也." 郭『圖』云: "天子並七
船, 諸侯四, 大夫二, 士一." 方, 音舫, 或作舫, 又音方. 倂, 步丁反. 特,
大得反, 本或作犆, 同. 泭, 音桴, 倂木以渡.

조(造)는 초(草)와 보(報)의 반절이다. 『광아』에는 조(艁)로 되어 있는데 음이 같으며, 또 조주(造舟)를 부량(浮梁 : 뜬 다리)이라 한다고 하였다. 배를 나란히 붙여 교량(橋梁)을 만드는 것을 말하며, 혹 조(皁)로도 쓴다. 살피건 대, 『설문』에 "조(艁)는 조(造)의 고문(古文)이다"고 하였다. 곽박의 『이아도 찬(爾雅圖讚)』에 "천자는 일곱 척, 제후는 네 척, 대부는 두 척을 나란히 매 고, 사는 한 척이다"고 하였다. 방(方)은 음이 방(舫)인데, 혹 방(舫)으로 쓰 며 또 음이 방(方)이다. 병(倂)은 보(步)와 정(丁)의 반절이다. 특(特)은 대(大) 와 득(得)의 반절로, 본에 따라 특(犆)으로 되어 있는데, 음의가 같다. 부(泭) 는 음이 부(枹)인데, 나무를 합쳐 건넌다.

🔲爾雅疏 此釋尊卑橋船之異制也. 云"天子造舟"者,『詩』「大雅」「大明」云 : "造舟爲梁." 是也. 言造舟者, 比船於水, 加板於上, 卽今之浮橋. 故杜預云 : "造舟爲梁." 則河橋之謂也. "維舟"以下, 則水上浮而行. 但船 有多少爲等差耳. 云"庶人乘泭"者,『詩』「漢廣」云 : "江之永矣, 不可方 思." 毛傳云 : "方, 泭也."「釋言」云 : "舫, 泭." 郭注云 : "水中篺筏."『論 語』曰 : "乘桴浮於海." 注云 : "桴, 編竹木, 大曰筏, 小曰桴." 是也. 桴·泭音義同.

여기서는 신분의 존비에 따라 교선(橋船 : 다리를 만드는데 쓰이는 배)의 다 른 제도를 풀이하였다. 본문에서 "천자조주(天子造舟)"라 한 것은,『시경』 「대아」「대명(大明)」에 "배를 묶어 다리를 만든다"라 한 것이 이것이다. 조주(造舟)란 물위에 배를 나란히 늘어서게 하여 그 위에 널빤지를 까는 것으로 지금의 부교(浮橋 : 배다리. 물위에 뜬 다리)를 말한다. 그러므로 〈『좌 전』소공 원년의 "조주우하(造舟于河 : 황하에 배다리를 만들다)에〉 두예(杜預) 가 "조주위량(造舟爲梁)"이라고 주석하였으니, 하수(河水)의 다리를 말한다. "유주(維舟)" 이하는 물위에 뜬 채로 다니는 것이다. 다만 배 숫자에 다소 차이가 있다. "서인승부(庶人乘泭)"라고 하였는데『시경』「주남」「한광(漢

廣」에 "강이 길어 뗏목을 타고 갈 수 없다"라 하였다. 모전은 "방(方)은 부(泭)이다"고 하였다. 『이아』 「석언」에 "방(舫)은 부(泭)이다"고 하였는데, 곽박이 "물 속의 패벌(榫筏 : 뗏목)이다"고 하였다. 『논어』 「공야장(公冶長)」에 "뗏목을 타고 바다로 간다"고 하였다. 주에 "부(桴)는 대나무를 엮은 것인데 큰 것을 벌(筏)이라 하고, 작은 것을 부(桴)라 한다"고 한 것이 이것이다. 부(桴)와 부(泭)는 음의가 같다.

 水注川曰谿, 注谿曰谷, 注谷曰溝, 注溝曰澮, 注澮曰瀆.

물이 천(川)으로 흐르는 것을 계(谿), 계로 흐르는 물을 곡(谷), 곡으로 흐르는 물을 구(溝)라 하고, 구에서 흘러가는 물을 회(澮)라 하고, 회에서 흘러가는 물을 독(瀆)이라 한다.

 此皆道水轉相灌注所入之處名.

이것은 모두 물이 옮겨 서로 흘러 들어가는 곳의 명칭을 말한다.

 注, 之樹反, 下同. 谿, 苦兮反. 澮, 古外反. 灌, 古亂反. 處, 昌預反.

주(注)는 지(之)와 수(樹)의 반절이며, 아래도 같다. 계(谿)는 고(苦)와 혜(兮)의 반절이다. 회(澮)는 고(古)와 외(外)의 반절이다. 관(灌)은 고(古)와 란(亂)의 반절이다. 처(處)는 창(昌)과 예(預)의 반절이다.

郭云"轉相灌注"者, 蓋以川瀆皆水之大者也. 「虞書」云: "濬畎澮距川." 下云"江·河·淮·濟爲四瀆"是也. 今若言"水注川曰谿", 謂水之注入川者名谿, 則注入溝者名澮. 溝小如澮豈能容乎? 若言"注溝曰澮", 謂注溝水入之名澮, 則注川水入之者名谿. 杜預云: "谿, 亦澗也", 豈能容受川水乎? 然則"水注川曰谿", 是澗谿之水注入川也. 故李巡云: "水出於山入於川曰谿." "注谿曰谷", 謂山谷中水注入澗谿也. "注谷曰溝", 此以下與上不類. 謂山谷中水無澗谿者, 注入平地之溝. 溝廣深四尺, 注之澮. 廣二尋, 深二仞曰澮. 謂注溝水入之者名澮, 注澮水入之者名瀆. 故注云"轉相灌注"也. 灌·貫同.

곽박이 "전상관주(轉相灌注)"라 한 것은 대체로 천(川)과 독(瀆)은 모두 물이 큰 것이기 때문이다. 『서경』「우서(虞書)」「익직(益稷)」에 "견(畎)[105]과 회(澮)[106]를 깊게 하여 물을 천(川)에 이르게 하였다"고 하였고, 아래 글에서 "강수(江水)·하수(河水)·회수(澮水)·제수(濟水)를 사독(四瀆)이라 한다"고 한 것이 이것이다. 지금 "수주천왈계(水注川曰谿)"는 물이 천(川)으로 흘러 들어가는 명칭이 계(谿)라고 한다면, 구(溝)로 흘러 들어가는 물의 명칭은 회(澮)가 됨을 뜻한다. 구(溝)가 회(澮)처럼 작으니, 어찌 큰물을 받아들일 수 있겠는가? "주구왈회(注溝曰澮)"는 구(溝)로 흘러가는 물의 명칭이 회(澮)이니, 천(川)으로 흘러가는 물의 명칭이 계(谿)임을 뜻한다. 두예(杜預)는 "계(谿)는 또한 간(澗)이다"고 하였으니, 어찌 천(川)의 물을 받아들일 수 있겠는가? 그렇다면 "수주천왈계(水注川曰谿)"는 간계(澗谿)의 물이 천(川)으로 주입되는 것이다. 그러므로 이순은 "물이 산에서 나와 천(川)으로 들어가는 것을 계(谿)라 한다"고 하였다. "주계왈곡(注谿曰谷)"은 산 계곡 속의 물이 간계(澗

---

105) 畎: 『書經』「虞書」「益稷」孔穎達의 注에 "넓이가 1尺, 깊이가 1尺을 畎이라 한다"고 하였다.
106) 澮: 『書經』「虞書」「益稷」孔穎達의 注에 "넓이 1尋, 깊이 2仞을 澮라 한다"고 하였다.

谿)로 주입되는 것을 말한다. "주곡왈구(注谷曰溝)"에서 이 이하는 글의 의미가 앞과는 같지 않다. 산 계곡 속의 물로서 간계(澗谿)가 없는 것이 평지의 구(溝)에 주입된 것을 말한다.[107] 구(溝)는 넓이와 깊이가 4척으로 회(澮)에 흘러 들어간다. 넓이가 2심(尋), 깊이가 2인(仞)인 것을 회(澮)라고 한다. 구(溝)의 물을 대어 들어가는 것의 명칭이 회(澮)이고, 회(澮)의 물을 대어 들어가는 것의 명칭이 독(瀆)임을 말한 것이다. 그러므로 주(注)에서 "전상관주(轉相灌注)"라 말한 것이다. 관(灌)과 관(貫)은 음의가 같다.[108]

 逆流而上曰泝洄, 順流而下曰泝游.

물을 거슬러 올라가는 것을 소회(泝洄)라 하며, 물을 따라 아래로 내려가는 것을 소유(泝游)라 한다.

 皆見『詩』.

모두 『시경』에 보인다.

 泝, 蘇故反, 『詩』作遡. 洄, 胡恢反. 游, 音由.

---

107) 注谷曰溝 …… 말한다:『爾雅詁林』「正義」에 "山谷水, 有不盡注於谿者, 則注於溝. 自溝注於澮 …… 水注谷曰溝, 田間之水亦曰溝"라 하여 溝를 "水注谷"과 "田間之水" 두 가지로 제시하였다.

108) 그러므로 …… 음의가 같다:『爾雅詁林』「正義」에 "그 물이 서로 관통됨을 말한다[言其水相貫通也]"라고 보충 설명하였다.

소(泝)는 소(蘇)와 고(故)의 반절인데 『시경』에는 소(遡)로 되어 있다. 회(洄)는 호(胡)와 회(恢)의 반절이다. 유(遊)는 음(音)이 유(由)이다.

 案『詩』「秦風」「蒹葭」云：“遡洄從之, 道阻且長；遡游從之, 宛在水中央.” 是也. 孫炎曰：“逆渡者, 逆流也. 順渡者, 順流也.” 然則逆流順流, 皆謂渡水有逆順也.

살펴건대, 『시경』「진풍」「겸가(蒹葭)」편에 “물결 거슬러 올라가나, 길 험하고 길다. 물결 따라 내려가나, 완연히 물 가운데 있다”고 한 것이 이것이다. 손염은 “거슬러 건너는 것이 역류(逆流)이며, 물길을 따라 건너는 것이 순류(順流)이다”고 하였다. 그렇다면 역류(逆流)와 순류(順流)는 모두 물을 건너는 데 역(逆)과 순(順)이 있음을 말한다.

 正絕流曰亂.

곧게 물의 흐름을 끊어 건너는 것을 난(亂：곧바로 가로질러 건너다)이라 한다.

 直橫渡也. 『書』曰：“亂于河.”

곧게 물의 흐름을 가로지르는 것이다. 『서경』에 “하수(河水)를 가로질러 건넌다”고 하였다.

 正, 直也. 謂橫絶其流而直渡, 名曰亂. 注“『書』曰 : 亂于河”, 案 「禹貢」梁州云 : “入于渭, 亂于河.” 孔安國云 : “越沔[109]而北入 渭, 浮東渡河, 而還帝都, 白[110]所治. 正絶流曰亂.”[111] 以帝都在河之東, 故直橫渡河, 陸行而還帝都也. 彼孔氏引此文, 故以爲證也.

정(正)은 직(直 : 곧음)이다. 그 흐름을 횡으로 끊어 곧게 건너는 것을 난 (亂)이라 한다. 주에서 말한 『서경』의 “난우하(亂于河)”는 살피건대, 『서경』 「우공」의 양주(梁州)에 “위수(渭水)로 들어가 하수(河水)를 가로질러 건넌다” 고 하였다. 공안국은 “면수(沔水)를 넘어 북쪽으로 위수(渭水)로 들어가 배 를 타고 동쪽으로 하수(河水)를 건너 제도(帝都)로 돌아와 다스린 바를 아 뢴다. 곧게 물의 흐름을 끊어 건너는 것을 난(亂)이라 한다”고 하였다. 제 도(帝都)는 하수(河水)의 동쪽에 있기 때문에 곧게 횡으로 하수(河水)를 건 너 육지로 가다가 제도(帝都)로 돌아온다. 『서경』에서 공안국이 『이아』의 이 글을 인용하였으므로 증거로 삼은 것이다.

 江 · 河 · 淮 · 濟爲四瀆. 四瀆者, 發源注海者也.

강수(江水) · 하수(河水) · 회수(淮水) · 제수(濟水)를 사독(四瀆)이라 한다. 사 독(四瀆)이란 샘을 내어 바다로 흘러 들어가는 것이다.

 江, 出蜀郡岷山. 河, 出崑崙山, 或云出積石. 淮, 出南陽平氏縣 胎簪山, 亦云出桐柏山. 濟, 子禮反, 出河東垣縣王屋山, 或云出

---

109) 沔 : 대본에는 河로 되어 있으나 孔安國의 注에 따랐다.
110) 白 : 대본에는 ‘曰’로 되어 있으나 孔安國의 注에 따라 고쳤다.
111) 正絶流曰亂 : 대본에는 없으나 孔安國 注에 의하여 보충하였다.

河內溫西北平地. 瀆, 徒木反. 『廣雅』云："江, 貢也. 河, 何也. 淮, 均也.
濟, 濟也."

　　강수(江水)는 촉군(蜀郡) 민산(岷山)에서 나온다. 하수(河水)는 곤륜산(崑崙
山)에서 나오는데, 혹 적석산(積石山)에서 나온다고도 한다. 회수(淮水)는 남
양군(南陽郡) 평씨현(平氏縣)의 태잠산(胎簪山)에서 나오는데, 혹 동백산(桐柏
山)에서 나온다고도 한다. 제(濟)는 자(子)와 례(禮)의 반절이며, 하동군(河東
郡) 원현(垣縣) 왕옥산(王屋山)에서 나오는데, 혹 하내군(河內郡) 온서현(溫西
縣) 북평지(北平地)에서 나온다고도 한다. 독(瀆)은 도(徒)와 목(木)의 반절이
다. 『광아』에 "강(江)은 공(貢：바치다)이며, 하(河)는 하(何：메다)이며, 회(淮)는
균(均：고르다)이며, 제(濟)는 제(濟：건너다)이다"[112]고 하였다.

案『白虎通』云："瀆者何? 謂濁.[113] 中國垢[114]濁, 發源東[115]注海,
其功著大, 稱瀆也." 案「禹貢」云："導河積石, 至于龍門; 南至于
華陰, 東至于底柱; 又東至于孟津, 東過洛汭, 至于大伾; 北過降水, 至于
大陸; 又北, 播爲九河, 同爲逆河, 入于海. 岷山導江, 東別爲沱; 又東至
于澧, 過九江, 至于東陵; 東迤北, 會于匯; 東爲中江, 入于海. 導沇水, 東
流爲濟, 入于河, 溢爲滎; 東出于陶丘北. 又東至于菏; 又東北會于汶; 又
北東, 入于海. 導淮自桐柏, 東會于泗·沂, 東入于海." 是發源注海者也.

　　살피건대, 『백호통』「순수(巡狩)」에 "독(瀆)이란 무엇인가? 탁(濁：더럽다)
이다. 중국(中國)이 구탁(垢濁：오물, 더러운 것)을 내어 동으로 바다에 흘려 보

---

112) 江은 …… 濟이다：『廣雅疏證』(『字典彙編』 25권, 568면)에 "江者, 貢也. 出珍物可貢
　　獻也. …… 河之爲言荷也. 荷精分布懷陰引度也. 荷與何同. …… 淮者, 均其務也. ……
　　濟, 濟也. 源出河北, 濟河而南也"라고 하였다.
113) 濁：대본에는 瀆으로 되어 있으나 『白虎通』에 따른다.
114) 垢：대본에는 恬으로 되어 있으나 『白虎通』에 따른다.
115) 東：대본에는 而로 되어 있으나 『白虎通』에 따른다.

내니, 그 공이 현저하게 큰 것을 독(瀆)이라 일컫는다"고 하였다. 살펴건대, 『서경』「우공」에 "적석(積石)에서 하수(河水)를 이끌어 용문(龍門)에 이른다. 남쪽으로는 화음산(華陰山)에 이르고, 동쪽으로는 지주산(底柱山)에 이른다. 또 동쪽으로 맹진(孟津)에 이르고, 동쪽으로 낙수(洛水)와 예수(汭水)를 지나 대비(大伾)에 이른다. 북쪽으로 향하여 항수(降水)116)를 지나 대륙(大陸)에 이른다. 또 북쪽으로 펼쳐져 구하(九河)를 이루고 합해져 역하(逆河)를 이루어 바다로 들어간다. 민산(岷山)에서 강수(江水)를 이끌어 동쪽으로 나뉘어 타수(沱水)가 된다. 또 동쪽으로 예수(澧水)에 이르고 구강(九江)을 지나 동릉(東陵)에 이른다. 동쪽으로 향하여 넘쳐흘러 북으로 가서 회수(匯水)에서 만난다. 동쪽에서 중강(中江)을 이루어 바다로 들어간다. 연수(沇水)를 이끌어 동쪽으로 흘러 제수(濟水)를 이루고 하수(河水)로 들어가 넘쳐 형수(滎水)를 이루고 동쪽으로 도구(陶丘)의 북쪽으로 나온다. 또 동쪽으로 가택(菏澤)에 이르며, 또 동북쪽으로 가서 문수(汶水)와 만나고, 또 북동쪽으로 가서 바다로 들어간다. 회수(淮水)를 이끌어 동백(桐柏)으로부터 시작하여 동쪽으로 사수(泗水)와 기수(沂水)에 모여 동쪽으로 가서 바다로 들어간다"고 하였다. 이것이 샘에서 솟아 나와 바다로 들어간다는 것이다.

 水泉

물의 샘이다.

---

116) 降水 : 『書經』「禹貢」 공안국 전에는 "降如字, 鄭戶江反"이라고 하여, '降'의 음이 '강' 또는 '항'으로 된다. 大全本 『서경』「우공」에는 '降水'로 쓰여져 '강'으로 된다.

題上事也. 下皆倣此.

위의 기사(記事)에 제목을 붙인 것이다. 아래도 모두 이와 같다.

 水中可居者曰洲. 小洲曰陼, 小陼曰沚, 小沚曰坻, 人
所爲爲潏.

물 가운데 거주할 수 있는 곳을 주(洲 : 섬)라 한다. 작은 주(洲)를 저(陼 :
작은 섬), 작은 저(陼)를 지(沚 : 작은 섬), 작은 지(沚)를 지(坻 : 작은 섬)라 하고,
사람이 만든 것을 휼(潏 : 인공섬)이라 한다.

 人力所作.

사람의 힘으로 만든 것이다.

爾雅
音義 洲, 音州. 陼, 字又作渚, 章汝反, 本或直云 : "小洲曰渚." 沚, 音
止, 本或作泜, 音同, 又音市. 坻, 本或作墀, 同, 直基反, 本又作
汦, 音同. 潏, 郭述·決二音, 呂伯雍音同. 案郭『圖』: "水中自然可居者
爲洲. 人亦於水中作洲, 而小不可止住者, 名潏, 水中地也."

주(洲)는 음이 주(州)이다. 저(陼)는 글자를 또 저(渚)로도 쓰며, 장(章)과
여(汝)의 반절이고, 본에 따라 곧바로 "소주(小洲)를 저(渚)라 한다"고 하기
도 한다. 지(沚)는 음이 지(止)이며, 본에 따라 지(泜)로 되어 있는데, 음은

같으며 또는 음이 시(市)이다. 지(坻)는 본에 따라 지(坻)로 되어 있는데, 음의가 같으며, 직(直)과 기(基)의 반절이고, 본에 따라 지(泜)로 되어 있으나음이 같다. 흘(澨)에 대하여 곽박은 술(述)과 결(決) 두 가지의 음이라고 하였고, 여백옹(呂伯雍)도 음이 같다. 살피건대, 곽박의 『이아도찬(爾雅圖贊)』에 "물 가운데 자연스럽게 살 만하게 된 곳을 주(洲)라 한다. 사람이 또한물 가운데에 주(洲)를 만들었지만 작아서 머무를 수 없는 곳을 이름하여흘(澨)이라 하는데, 물 가운데의 땅이다"고 하였다.

爾雅
疏 此一段釋水中之地名也. 故下題云"水中." 案, 李巡云 : "四方皆有水, 中央獨可居, 但大小異其名耳." 若人所作者則名澨.「周南」云 : "在河之洲."「召南」云 : "江有渚."「采蘩」云 : "于沼于沚."「秦風」「蒹葭」云 : "宛在水中坻." 是其所出之文也.

이 한 단락은 물 가운데의 땅의 명칭을 풀이하였다. 그러므로 아래에"수중(水中)"이라 제목을 붙였다. 살피건대, 이순은 "사방에 모두 물이 있고 중앙에 유독 거주할 수 있는 곳으로 단지 대소에 따라 그 명칭을 달리할 뿐이다"고 하였다. 만일 사람이 만든 경우에는 흘(澨)이라 한다. 『시경』「주남」「관저(關雎)」에 "하수(河水)의 주(洲)에 있다"라 하였다. 『시경』「소남」「강유사(江有汜)」에 "강수(江水)에 저(渚)가 있다"라 하였다. 『시경』「소남」「채번(采蘩)」에 "소(沼)에서 지(沚 : 못)에서 한다"라 하였다. 『시경』「진풍(秦風)」「겸가(蒹葭)」에 "완연히 물 가운데의 지(坻)에 있다"라 하였다. 이것이 이 글의 출처이다.

 水中

물 가운데이다.

 題上事也. 洲・渚・沚・坻・瀶, 皆水中高地. 故題曰水中也.[117]

위 기사에 제목을 붙인 것이다. 주(洲)・저(渚)・지(沚)・지(坻)・흘(瀶)은 모두 물 가운데의 높은 땅이다. 그러므로 수중(水中)이라고 제목을 붙인 것이다.

 河出崑崙虛, 色白.

하수(河水)는 곤륜산(崑崙山) 아래 터에서 나오며 빛깔은 희다.

 『山海經』曰 : "河出崑崙西北隅." 虛, 山下基也.

『산해경』에 "하수(河水)는 곤륜산 서북쪽 모퉁이에서 나온다"고 하였다. 허(虛)는 산아래 터이다.

 所渠幷千七百, 一川色黄.

---

117) 題上事也 …… 故題曰水中也 : 대본에는 없으나 『이아고림』「義疏」에 따라 삽입하였다.

받아들이는 도랑은 모두 1,700개인데, 하나의 천(川)을 이루면서 물빛이 누렇다.

潛流地中, 汩漱沙壤. 所受渠多, 衆水溷淆, 宜其濁黃.

땅속으로 잠입하여 흐르면서 모래땅을 씻어 내린다. 받아들이는 도랑이 많아, 여러 물이 뒤섞여 탁하니, 누런 것이 당연하다.

百里一小曲, 千里一曲一直.

100리에 한 번 약간 굽어 흐르고, 1,000리에 한 번은 굽어 흐르며 한 번은 곧게 흐른다.

『公羊傳』曰 : “河曲流. 河千里一曲一直.”[118]

『공양전』 문공(文公) 12년에 “하곡(河曲)[119]이 흐른다. 하수(河水)는 1,000리쯤에서 한 번 구부러지고 한 번은 곧바르게 흐른다”고 하였다.

---

118) 河曲流, 河千里一曲一直 : 『公羊傳』 成公 12年 傳文에는 '河曲疏矣, 河千里而一曲也'로 되어 있다.
119) 河曲 : 地名. 春秋時代 秦 · 晉 兩國이 交戰한 지역이다. 지금의 山西省 永濟縣 南方에 해당된다. 河水의 물이 굽어서 흐르므로 이런 명칭이 붙었다고 한다.

崑, 古門反. 崙, 力門反. 虛, 去魚反, 本亦作墟. "色白", 李云: "河水始出, 其色白也." 孫云: "崑崙, 山名也. 墟者, 山下之地. 白者, 西方之色也." 郭云: "『山海經』曰: '河出崑崙西北隅.' 墟者, 山下基也." 發源處高激峻湊, 故水色白也. 郭『音義』云: "「禹本紀」及『山海經』皆云: '河出崑崙山.' 『漢書』曰: '張騫使西域, 窮河源, 其山多玉石, 而不見崑崙.' 世人皆以此疑河不出崑崙. 案『山海經』曰: '東望泑澤, 河水之所潛也. 其源渾渾泡泡.' 又云: '敦夢之水注於泑澤, 出乎崑崙之西北隅, 實惟河源也.' 「西域傳」又云: '河有兩源, 一出葱嶺山, 一出于闐. 于闐在南山下. 其河北流, 與葱嶺之河合, 東注鹽澤. 鹽澤一名蒲昌海, 去玉門陽關三百餘里, 輪廣三四百里. 其水停, 冬夏不增減, 皆以爲潛行地下, 而南出於積石山, 而爲中國河云.' 然則河出崑崙, 便潛行地下, 至葱嶺及于闐, 又分流岐出也. 張騫所見, 蓋謂此矣. 其去崑崙里數遠近所未得而詳也. 泑澤, 卽鹽澤也. 泑, 音於糾反. 闐, 徒偏反." 『圖讚』云: "崑崙三層, 號曰天柱. 實惟河源, 水之靈府." 是也. 隅, 又作嵎·堣, 同音, 魚吁反. "一川色黃", 李云: "水流而分, 交錯相穿, 故曰川也." 孫云: "所受渠多, 轉流溷濁, 故色黃." 郭云: "潛流地中, 汨漱沙壤, 所受渠多, 衆水溷淆, 宜其濁黃." 汨, 于筆反, 流水也. 『方言』云: "遙疾行也." 『字林』云: "水聲急也." 漱, 色救反. 溷, 戶本反, 又戶困反. 謂雜亂, 字或作渾, 同. 淆, 戶交反, 本亦作濁. "小曲"·"一曲一直", 李云: "水勢小曲, 乃大直也, 故曰'小曲.' 水陰節每一曲一直, 通無極也, 故曰'千里一曲一直.'" 郭云: "『公羊傳』云: 河曲流. 河千里一曲一直也."

곤(崑)은 고(古)와 문(門)의 반절이다. 륜(崙)은 력(力)과 문(門)의 반절이다. 허(虛)는 거(去)와 어(魚)의 반절인데 본에 따라 허(墟)로 되어 있다. "색백(色白)"에 대하여 이순은 "하수(河水)가 처음 나올 때 그 빛깔은 희다"고 하였다. 손염은 "곤륜(崑崙)은 산의 명칭이다. 허(墟)란 산아래 쪽이다. 백(白)이란 서방의 색이다"고 하였다. 곽박은 『산해경』의 "하출곤륜서북우(河出崑

崙西北隅”를 인용하여 “허(墟)는 산아래 터이다”고 하였다. 발원하는 곳에서 물이 높고도 격렬하게 쏟아져 내리므로 물빛이 희다. 곽박의 『음의(音義)』에 “『사기』「우본기」와 『산해경』에서 모두 ‘하수(河水)는 곤륜산에서 나온다’고 하였다. 『한서』에 ‘장건(張騫)이 서역으로 사신 가서 하수(河水)의 발원지까지 다 갔는데, 그 지역의 산에 옥석은 많으나 곤륜은 보지 못했다’고 하였다. 세상 사람들은 모두 이 때문에 하수(河水)가 곤륜에서 나오지 않는 것으로 의심하였다. 살펴건대, 『산해경』「서산경(西山經)」에 ‘불주지산(不周之山) 동쪽으로 유택(泑澤)이 보이는데, 하수(河水)가 잠류(潛流)하는 곳이다. 그 샘은 시원스럽게 뿜어 나온다’고 하였다. 또 『산해경』「북산경」에 ‘돈몽(敦夢)의 물이 유택으로 흘러 들어가, 곤륜산의 서북쪽 모퉁이로 나오는데 실제로 하수(河水)의 발원지이다’고 하였다. 『한서』「서역전(西域傳)」에 또 “하수(河水)에는 두 근원이 있는데, 하나는 총령산(葱嶺山)에서 나오고, 다른 하나는 우전(于闐)에서 나온다. 우전은 남산(南山) 아래에 있다. 우전의 하수(河水)는 북쪽으로 흘러 총령산의 하수(河水)와 합류하여, 동쪽으로 염택(鹽澤)으로 흐른다. 염택은 일명 포창해(蒲昌海)이며, 옥문(玉門)·양관(陽關)과는 300여 리 떨어져 있고, 종횡(縱橫)은 300~400리이다. 그 물이 고인 곳은 겨울과 여름에도 증감이 없는데, 모두 지하로 잠겨 들었다가 남쪽으로 적석산(積石山)으로 나와 중국의 하수(河水)를 이룬다’고 하였다. 그렇다면 하수(河水)는 곤륜산에서 나와 곧바로 지하로 잠겨 들었다가 총령산과 우전에 이르러 나뉘어져 흘러나오는 것이다. 장건이 본 것은 모두 이러한 정황을 말하는 것이다. 곤륜산과 떨어진 거리와 원근(遠近)은 상세히 알 수가 없다. 유택(泑澤)은 염택(鹽澤)이다. 유(泑)는 음이 오(於)와 규(糾)의 반절이다. 전(闐)은 도(徒)와 편(偏)의 반절이다”고 하였다. 『이아도찬』에 “곤륜은 3층이고 천주(天柱)라 부른다. 실제로 하수(河水)의 근원이고 물의 영부(靈府 : 신령스러운 창고)이다”고 한 것이 이것이다. 우(隅)는 또한 우(嵎)와 우(堣)로도 쓰며 음은 같고, 어(魚)와 우(吁)의 반절이다. “일천색황(一川色黃)”에 대하여, 이순은 “물이 흘러 나뉘어져 교착(交錯)되고 서로 꿰뚫기 때문에 천(川)이라 한다"고 하였다. 손염은 "받아들이는 도랑이 많고 돌아 흘러 혼탁하므로 색깔이 누렇다"고 하였다. 곽박이 주에서 "잠류지중, 율수사양, 소수거다, 중수혼효, 의기탁황(潛流地中, 汩漱沙壤, 所受渠多, 衆水溷淆, 宜其濁黃)"이라 하였는데, 율(汩)은 우(于)와 필(筆)의 반절이며 물이 흘러가는 것이다. 『방언』에 "멀리 빨리 가는 것이다"고 하였다. 『자림』에 "물소리가 급한 것이다"고 하였다. 수(漱)는 색(色)과 구(救)의 반절이다. 혼(溷)은 호(戶)와 본(本)의 반절, 또는 호(戶)와 곤(困)의 반절이다. 섞여 어지러운 것을 말하며, 글자는 혹 혼(渾)으로도 쓰는데 음의가 같다. 효(淆)는 호(戶)와 교(交)의 반절인데, 본에 따라 탁(濁)으로 되어 있다. "소곡(小曲)"과 "일곡일직(一曲一直)"에 대하여, 이순은 "물의 형세가 조금 굽었으면서 대체로 곧으므로 소곡(小曲)이라 한다. 물길이 은근히 마디져서 한 번은 굽고 한 번은 곧아서 끝이 없이 소통되기 때문에 '천리일곡일직(千里一曲一直)'이다'라고 하였다. 곽박은 『공양전』의 "하곡(河曲)이 흐른다. 하수(河水)는 1,000리쯤에 한 번은 굽어 흐르고 한 번은 직선으로 흐른다"는 글을 인용하였다.

爾雅疏　此一段釋河源所自及遠近曲直之勢也. 故下題云"河曲." 云"河出崑崙虛, 色白"者, 崑崙, 山名. 虛, 山下基也. 言河源出於崑崙山下之基, 其初纖微, 源高激湊, 故水色白也. 云"所渠幷千七百"者, 謂所受之渠, 幷計凡有一千七百也. 云"一川色黃"者, 以其所受渠多, 沙壤溷淆, 故爲一川而水色黃也. 云"百里一小曲, 千里一曲一直"者, 此河自然之勢也. 故謂之"河曲." ○案「海內西經」云: "帝之下都, 崑崙之虛, 方八百里, 高萬仞. 河水出東北隅, 以行其北, 西南又入渤海, 又出海外, 卽西北而北, 入禹所導積石山." 又「北山經」云: "敦薨山, 敦薨水出焉, 西注于泑澤. 出乎崑崙東北隅, 實惟河源." 郭注云: 卽"河出崑崙虛"也. 今注云"西北"者, 蓋所見本異或傳寫誤. ○云"潛流地中"者, 案『漢書』「西域傳」云: "河有兩源: 一出葱嶺, 一出于闐. 于闐在南山下. 其河北流與葱嶺河合, 東注蒲昌海. 蒲昌海一名鹽澤者, 去玉門陽關三百餘里, 廣袤三四百里, 其水停居, 冬夏不增減, 皆以爲潛行地下, 南出于積石, 爲中國河." 又『山海經』云: "不周山, 東望泑澤, 河水之所潛也, 其源渾渾泡泡." 郭注云: "河出崑崙, 潛行地下至葱嶺山・于闐國, 復分流岐出, 合而東流注泑澤. 又復潛行, 南出于積石而爲中國河." 泑澤, 一名蒲昌海. 潛行, 渾渾泡泡, 水潰涌之貌, 是潛行地中也.『說文』云: 汨, 水流也. 瀾, 濁也. 淆, 雜亂也. 言水流潄其沙壤, 所受之渠又多, 衆水瀾濁雜亂, 所以宜其水濁且黃也. ○注云"『公羊傳』曰"者, 此文十二年傳文也. 案, 彼經云: "晉人・秦人戰于河曲." 傳云: "曷爲以水地? 河曲疏矣, 河千里而一曲也." 言其河曲之地疏闊, 故可戰也. 引之證河必千里一曲一直之義. 然此注以疏爲流, 又加一直字, 誤也.

　　이 단락은 하수(河水)의 샘이 시작되는 곳과 원근(遠近)・곡직(曲直)의 형세를 풀이하였다. 그러므로 아래에서 "하곡(河曲)"이라 제목을 붙였다. "하출곤륜허, 색백(河出崑崙虛, 色白)"이라 하였는데, 곤륜(崑崙)은 산의 명칭이다. 허(虛)는 산 아래 터이니, 하수(河水)의 샘이 곤륜산 아래 터에서 나와서 그 처음은 가늘고 작으나 샘이 높아 세차게 흘러 빨리 나가기 때문에 물빛이 흼을 말한다. "소거병천칠백(所渠幷千七百)"이라 하였는데, 받아들이는 도랑을 모두 계산하면 1,700개가 됨을 말한다. "일천색황(一川色黃)"이라 하였는데, 받아들이는 도랑이 많아 모래와 흙이 혼탁하게 뒤섞이기 때문에 하나의 천(川)을 이루면서 물빛이 누렇게 되었다는 것이다. "백리일소곡, 천리일곡일직(百里一小曲, 千里一曲一直)"이라 하였는데, 이는 하수(河水)의 자연스러운 형세이다. 그러므로 "하곡(河曲)"이라 한다. ○ 살피건대, 『산해경』「해내서경(海內西經)」에 "황제가 내려와 도읍으로 정했던 곳은 곤륜산 아래 터로, 사방 800리이고 높이는 10,000인(仞)이다. 하수(河水)는 곤륜산 동북쪽 모퉁이에서 나와, 산 북쪽을 지나, 서남쪽으로 향하다가 또 발해(渤海)로 들어가고, 또 해외(海外)로 나가다가 바로 서북쪽으로 향하면서 북쪽으로 향해 흘러, 우(禹)가 하수(河水)를 인도했던 적석산(積石山)으로 들어간다"고 하였다. 또『산해경』「북산경(北山經)」에 "돈몽산(敦夢山)에서 돈몽수(敦夢水)가 흘러나오는데, 서쪽으로 유택(泑澤)으로 흘러 들어간다. 곤륜산의 동북쪽 모퉁이로 나오는데, 실제로 하수(河水)의 발원지이다"고 하였으니, 곽박이 주에서 말한 바로 "하수(河水)가 곤륜산 아래 터에서 나온다"는 것이다.『산해경』의 주석에서는 "서북(西北)"이라 하였는데, 대체로 보았던 본이 다르거나 혹은 전사(傳寫)의 잘못인 듯하다. ○ "잠류지중(潛流地中)"이라 한 것은 살피건대,『한서』「서역전(西域傳)」에 또 "하수(河水)에는 두 근원이 있는데, 하나는 총령산(葱嶺山)에서 나오고, 다른 하나는 우전(于闐)에서 나온다. 우전은 남산 아래에 있다. 우전의 하수(河水)는 북쪽으로 흘러 총령산의 하수(河水)와 합류하여 동쪽으로 포창해로 흐른다. 포창해는 일명 염택이며 옥문·양관과의 거리는 300여 리이고 종횡(縱橫)은 300~400리이다. 그 물이 고여 있어 겨울과 여름에도 증감이 없는데, 모두 지하로 잠겨 들었다가 남쪽으로 적석산(積石山)으로 나와 중국의 하수(河水)를 이룬다"고 하였다. 또『산해경』「서산경」에 "불주산(不周山) 동쪽으로 유택(泑澤)이 보이는데, 하수(河水)가 잠류(潛流)하는 곳이다. 그 샘은 시원스럽게 뿜어 나온다"고 하였다. 곽박의 주에 "하수의 물이 곤륜산에서 나와 잠복하여 땅 속으로 가서 총령산과 우전국에 이르렀다가 다시 나뉘어 흘러 가지쳐 나오다가 합해져 동쪽의 유택으로 흘러든다. 다시 잠복해 남쪽으로 적석산으로 나가서 중국의 하수(河水)를 이룬다"고 하였다. 유택은 일명 포창해이다. 잠행(潛行)하다가 혼혼포포(渾渾泡泡)하는 것은 물이 뿜어 솟아 나오는 모양으로 이것이 "잠행지중(潛行地中)"이라는 것이다.『설문』에 "율(汨)은 물이 흐르는 것이다. 혼(潤)은 탁(濁 : 흐리다)이다. 효(淆)는 섞여 혼란스러운 것이다"고 하였다. 말하자면 물이 흘러 모래와 흙을 씻어 내고, 받아들이는 도랑이 또한 많아, 여러 갈래의 물이 혼탁하고 뒤섞였기 때문에 그 물이 혼탁하고 누런 색을 띤다는 것이다. ○ 주에서 말한『공양전』은 문공(文公) 12년의 전문(傳文)이다. 살피건대, 경문(經文)에

"진인(晉人)과 진인(秦人)이 하곡(河曲)에서 싸웠다"고 하였는데, 『공양전』에 "무엇 때문에 물이 있는 곳을 전투 지역으로 하였는가? 하곡은 소활(疏闊)하기 때문이다. 하수(河水)는 1,000리쯤에 한 번 굽어 흐른다"고 하였다. 그 하곡의 지역이 소활(疏闊)하기 때문에 싸울 수 있는 것을 말한다. 곽박은 이 글을 인용하여 "하수(河水)는 필시 1,000리쯤에 한 번 굽어 흐르고 한 번은 곧게 흐른다"는 뜻을 증명한 것이다. 그러나 곽박의 주(注)에서는 소(疏)를 유(流)라 하였고, 또 일직(一直)이란 글자를 더했으니 잘못이다.

 河曲

하곡이다.

 此釋河耳. 謂之曲者, 河勢善曲, 其地疏闊, 隨處委折, 咸被斯名. 故題曰"河曲"也.[120]

이는 하수(河水)에 대한 풀이다. 곡(曲)이라고 하는 것은 하수(河水)의 형세가 굽기를 잘하고 그 지역이 소활(疏闊)하고 곳에 따라 굽어 꺾여서 모두 이 명칭을 받게 된 것이다. 그러므로 "하곡(河曲)"이라 제목을 붙였다.

 徒駭.

---

120) 此釋河耳 …… 故題曰河曲也 : 대본에는 없으나 『이아고림』 「義疏」에 따라 삽입하였다.

도해.

 今在成平縣, 義所未聞.

지금 성평현(成平縣)에 있는데, 의미를 모른다.

 太史.

태사.

 今所在未詳.

지금은 소재가 미상이다.

 馬頰.

마협.

 河勢上廣下狹, 狀如馬頰.

하수(河水)의 형세가 위는 넓고 아래는 좁아 모양이 마치 마협(馬頰 : 말의 뺨)과 같은 것이다.

 覆鬴.

복부.

 水中可居, 往往而有, 狀如覆釜.

물 가운데 거처할 만한 곳으로, 더러 있는데 모양이 솥을 엎어놓은 것과 같다.

 胡蘇.

호소

 東莞縣今有胡蘇亭, 其義未詳.

동완현(東莞縣)에 지금 호소정(胡蘇亭)이 있는데, 그 의미는 미상이다.

 簡.

간.

 水道簡易.

물길이 간단하고 용이한 것이다.

 絜.

혈.

 水多約絜.

물이 장애물이 많은 것이다.

 鉤盤.

구반.

 水曲如鉤, 流盤桓也.

물굽이가 갈고리 같아서, 물줄기가 빙 도는 것이다.

經文 鬲津.

격진.

爾雅注 水多阨狹, 可隔以爲津而橫渡.

물에 좁은 곳이 많아 막아서 나루터를 만들어 횡단하여 건널 수 있는
곳이다.

爾雅音義 "徒駭", 李云: "禹疏九河, 以徒衆起, 故曰徒駭." 孫云: "禹疏九
河, 此河功難, 衆懼不成, 故曰徒駭." 大, 謝音泰, 孫如字, 本今
作太. 史, 李·孫云: "禹大使徒衆於此通水, 故曰大史."[121] 或云"太史者,
史官記事之處." 馬頰, 李·孫·郭並云, 河勢上廣下狹, 狀如馬頰也. 狹,
胡夾反, 覆, 孚腹反. 䰞, 郭云: "古釜字." 李·孫·郭並云, 水中多渚, 往
往而有可居之處. 狀如覆釜之形. "胡蘇", 李云: "其水下流, 故曰胡蘇.
胡, 下. 蘇, 流也." 孫云: "水流多散, 胡蘇然也." 簡, 古限反, 李·孫並云

---

121) 大史: 史의 의미를 『이아고림』「匡名」에 "古史使通用, 故史有使義"라고 하여, '使'
로 풀이 하였다.

：“河水深而簡大也.” 郭云, “水道簡易.” 易, 以鼓反. 絜, 戶結反, 孫·郭
並云, “水多約絜.” 又苦八反, 李云：“河水多山石之苦, 故曰絜. 絜, 苦
也.” 或音呼節反, 又音結. 鉤, 古侯反. 般, 步干友, 本又作盤. 李本作股,
云：“水曲如鉤, 折如人股. 故曰鉤股.” 孫·郭同云, 水曲如鉤, 流盤桓不
直前也. 鬲, 音革. 施力的反, 與今注不同. 津, 李云：“河水狹小, 可隔以
爲津, 故曰鬲.” 孫·郭同云, 水多阸挾, 可隔以爲津, 而横渡也. 阸, 於懈
反. 隔, 音革.

　　“도해(徒駭)”에 대하여 이순은 “우(禹)가 구하(九河)를 소통시키면서 많은
사람들을 기용하였으므로 도해(徒駭：무리가 동원됨)라 한다”고 하였다. 손염
은 “우(禹)가 구하(九河)를 소통시키는데, 이 구하(九河)의 공사가 어려워 많
은 사람들이 공사를 이루지 못할까 두려워하였으므로 도해(徒駭：무리가 놀
람)라 한다”고 하였다. 대(大)에 대하여 사교는 음을 태(泰)라 하였다. 손염
은 여자(如字)라 하였으며, 본에 따라 지금은 태(太)로 되어 있다. 사(史)에
대하여 이순과 손염은 “우(禹) 임금이 대규모로 많은 사람들을 동원시켜
물길을 소통시켰기 때문에 대사(大史：크게 부림)라 한다”고 하였다. 혹자는
“태사(太史)란 사관(史官)이 사건을 기술(記述)하는 곳이다”고 하였다. 마협
(馬頰)은 이순·손염·곽박 모두 하수의 형세가 위는 넓고 아래는 좁아 모
습이 말의 뺨과 같다고 하였다. 협(頰)은 호(胡)와 협(夾)의 반절이다. 복(覆)
은 부(孚)와 복(腹)의 반절이다. 부(鬴)에 대하여 곽박은 “부(釜)의 고자(古字)
이다”고 하였다. 이순·손염·곽박은 모두 물 가운데에 모래섬이 많아서
왕왕 거주할 만한 곳이 있는데, 모습이 솥을 엎어놓은 것과 같다고 하였
다. “호소(胡蘇)”에 대하여 이순은 “그 물이 아래로 흐르기 때문에 호소(胡
蘇)라 한다. 호(胡)는 하(下：아래)이다. 소(蘇)는 유(流：흐르다)이다”고 하였다.
손염은 “물의 흐름이 대부분 흩어져 아래로 내려간다”고 하였다. 간(簡)은
고(古)와 한(限)의 반절이다. 이순과 손염은 모두 “하수는 깊고 크다”고 하
였다. 곽박은 “물길이 단순하다”고 하였다. 이(易)는 이(以)와 고(鼓)의 반절

이다. 혈(絜)은 호(戶)와 결(結)의 반절이다. 손염·곽박은 모두 "물이 맺힌 데가 많은 것이다"고 하였다. 또 고(苦)와 팔(八)의 반절이다. 이순은 "하수(河水)는 산과 바위가 많아 괴롭기 때문에 혈(絜)이라 한다. 혈(絜)은 고(苦: 괴로움)이다"고 하였다. 혹자는 음을 호(呼)와 절(節)의 반절이라 하였으며, 또한 음은 결(結)이다. 구(鉤)는 고(古)와 후(侯)의 반절이다. 반(盤)은 보(步)와 간(干)의 반절이고, 본에 따라 반(盤)으로 쓴다. 이순 본에는 고(股)로 되어 있다. 이순은 "물굽이가 갈고리와 같고, 물의 꺾임이 사람의 다리와 같기 때문에 구고(鉤股)라 한다"고 하였다. 손염·곽박은 모두 물굽이가 갈고리 같고, 흐름이 구불구불하여 곧게 앞으로 나아가지 못함이라고 하였다. 격(鬲)은 음이 혁(革)이다. 시건(施乾)은 력(力)과 적(的)의 반절이라 하였으니 금주(今注)와 같지 않다. 진(津)에 대하여 이순은 "하수(河水)는 협소하여, 막아서 진(津)을 만들 수 있기 때문에 격진(鬲津)이라 한다"고 하였다. 손염·곽박은 모두 물에 좁은 곳이 많아 막아서 나루터를 만들어 가로질러 건넌다고 하였다. 액(阨)은 어(於)와 해(懈)의 반절이다. 격(隔)은 음이 혁(革)이다.

爾雅疏 案「禹貢」云: "九河旣導." 故此釋其名, 下卽題云"九河"也. 李巡曰: "徒駭者, 禹疏九河以徒衆起, 故曰徒駭. 大史, 禹大使徒衆, 通其水道, 故曰大史. 馬頰, 河勢上廣下狹, 狀如馬頰也. 覆釜, 水中多渚, 往往而處, 形如覆釜. 胡蘇, 其水下流, 故曰胡蘇. 胡, 下也. 蘇, 流也. 簡, 大也. 河水深而大也. 絜, 言河水多山石, 治之苦絜. 絜, 苦也. 鉤盤, 言河水曲如鉤, 屈折如盤也. 鬲津, 河水狹小, 可鬲以爲津也." 孫炎曰: "徒駭, 禹疏九河用功雖難, 衆懼不成, 故曰徒駭. 胡蘇, 水流多散胡蘇然." 其餘同李巡. 郭云: "徒駭, 今在成平縣." "東莞縣今有胡蘇亭." 馬頰·覆䥣·鬲津之名同李巡. 郭云: 絜, "水多約絜." 鉤盤, "水曲如鉤流盤桓也." 餘名皆云"其義未詳." 計禹疏九河, 云"復其故道", 則名應先有, 不宜徒駭·大史因禹立名, 此郭氏所以未詳也. 或九河雖舊有名, 至禹治水更別

立名, 卽此所云是也.『漢書』「溝洫志」: 成帝時, 河隄都尉許商上書曰:
"古設[122]九河之名, 有徒駭·胡蘇·鬲津. 今見在成平·東光·鬲縣界中.
自鬲津以北至徒駭, 其間相去二百餘里." 是知九河所在, 徒駭最北, 鬲津
最南. 蓋徒駭是河之本道, 東出分爲八枝也. 許商上言三河, 下言三縣,
則徒駭在成平, 胡蘇在東光, 鬲津在鬲縣, 其餘不復知也. 此九河之次,
從北而南, 旣知三河之處, 則其餘六者: 大史·馬頰·覆釜, 在東光之北,
成平之南; 簡·絜·鉤盤, 在東光之南, 鬲縣之北也. 其河塡塞時有故道.
鄭玄云: "周時齊桓公塞之同爲一河." 今河間弓高以東至平原鬲津, 往往
有其遺處.『春秋緯寶乾圖』云: "移河爲界, 在齊呂塡閼八流以自廣." 鄭
玄蓋據此文爲桓公塞之也. 言閼八流拓境, 則塞其東流八枝, 幷使歸於徒
駭也.[123] 此九河之名義也. 案, 胡蘇在東光. 定本注作東莞, 莞當作光,
字之誤也.

살피건대,『서경』「우공(禹貢)」에 "구하(九河)가 이미 물길을 열었다"고
하였으므로 여기에서 그 명칭을 풀이하고 아래에 "구하(九河)"라고 제목을
붙였다. 이순은 "도해(徒駭)는 우(禹)가 구하(九河)를 소통시키는 데에 많은
사람들을 기용하였기 때문에 도해(徒駭)라 한다. 대사(大史)란 우(禹) 임금이
대규모로 많은 사람들을 동원시켜 그 물길을 소통시켰기 때문에 대사(大
史)라 한다. 마협(馬頰)이란 하수(河水)의 형태가 위는 넓고 아래는 좁아서
모양이 말의 뺨과 같은 것이다. 복부(覆釜)란 물 가운데에 모래 섬이 많아
서 왕왕 거주할 만한 곳이 있는데, 형상이 솥을 엎어놓은 것과 같다. 호소
(胡蘇)란 그 물이 아래로 흐르기 때문에 호소라 한다. 호(胡)는 하(下)이다.
소(蘇)는 유(流)이다. 간(簡)은 대(大: 크다)이다. 하수는 깊고도 크다. 혈(絜)이

---

122) 設: 대본에는 '記'로 되어 있으나『漢書』「溝洫志」에는 '設'로 되어 있어 이를 따랐다.
123) 李巡曰徒駭者 …… 幷使歸於徒駭也: 이 부분은 邢昺이 孔穎達의『尙書正義』중
「禹貢」의 "九河旣道"(권6~7)에 나오는 글을 일부 몇 글자만 바꾼 채 그대로 傳寫한
것이다.

란 하수에 산과 바위가 많아 물길을 뚫는 것이 고통스러운 것을 말한다. 혈(絜)은 고(苦)이다. 구반(鉤盤)이란 하수의 물굽이가 갈고리와 같고 물의 꺾임이 쟁반과 같음을 말한다. 격진(隔津)이란 하수(河水)가 협소해서 막아서 진(津)을 만들 수 있는 곳이다"고 하였다. 손염은 "도해(徒駭)란 우(禹)가 구하(九河)를 소통시키는데 공사가 어려워 사람들이 공사를 이루지 못할까 두려워하였으므로 도해(徒駭)라 한다. 호소(胡蘇)란 물의 흐름이 대부분 흩어져 아래로 흐르는 모습이다"고 하였다. 그 나머지 뜻은 이순과 같다. 곽박은 도해(徒駭)에 대하여 "지금 성평현(成平縣)에 있다"고 하였으며, 호소(胡蘇)에 대하여 "동완현(東莞縣)에 지금 호소정(胡蘇亭)이 있다"고 하였다. 마협(馬頰)·복부(覆鬴)·격진(隔津)의 명칭에 대해서는 이순과 같다. 곽박은 혈(絜)에 대하여 "물이 장애물이 많은 것이다"고 하였으며, 구반(鉤盤)에 대해서는 "물굽이가 갈고리와 같아 물줄기가 빙 도는 것이다"고 하였으며, 나머지 명칭에 대해서는 "그 뜻이 미상이다"고 하였다. 우(禹)가 구하(九河)를 소통시켰음을 헤아려 "그 옛 길을 복구했다"고 한다면 명칭이 응당 먼저 있었을 것이므로 도해(徒駭)와 대사(大史)가 우(禹)때문에 명칭이 생겼다고 함은 옳지 않으니, 이것이 곽박이 미상(未詳)이라고 한 까닭이다. 혹 구하(九河)가 비록 예로부터 명칭이 있었다 할지라도 우(禹)가 치수(治水)함에 이르러 다시 별도로 명칭을 붙였을 것이니, 즉 여기서 말한 것이 이것이다. 『한서』「구혁지(溝洫志)」에 성제(成帝) 때 하제도위(河隄都尉) 허상(許商)이 글을 올려 말하기를 "옛날에 구하(九河)의 명칭을 설정하였으니 도해·호소·격진이 있습니다. 지금 보건대 성평현(成平縣)·동광현(東光縣)·격현(鬲縣)의 경계 안에 있습니다. 격진 이북으로부터 도해까지 그 사이의 거리는 200여 리입니다"고 하였다. 이것으로 구하(九河)의 위치를 알 수 있으니, 도해가 가장 북쪽이고 격진이 가장 남쪽이다. 대체로 도해는 하수의 본 물길이고, 동쪽으로 나가면서 나뉘어 여덟 갈래를 이룬 것이다. 허상이 앞에서 삼하(三河 : 도해·호소·격진)를 말하고 뒤에서 삼현(三縣 : 성평현·동광현·격현)을 말하였으니, 도해는 성평현에, 호소는 동광현에, 격진은 격현에 있으며 그 나머지는 또한 알 지 못한다. 이것이 구하(九河)의 차례이다. 북쪽에서 남쪽으로 하여, 이미 삼하(三河)의 위치를 알았으니, 그 나머지 6개 가운데 대사·마협·복부는 동광현의 북쪽 성평현의 남쪽에 있으며, 간·혈·구반은 동광의 남쪽 격현의 북쪽에 있다. 하수(河水)가 메워질 때는 옛 물길이 있었다. 정현은 "주(周)나라 때 제(齊)의 환공(桓公)이 구하(九河)를 막아 합쳐 일하(一河)로 만들었다"고 하였다. 지금 하간(河間)·궁고(弓高)의 동쪽에서 평원(平原)·격진(鬲津)까지 왕왕 그 흔적이 남아 있는 곳이 있다. 『춘추위보건도(春秋緯寶乾圖)』에 "하수(河水)를 옮겨 경계를 제(齊)와 여(呂)에 두고 여덟 갈래 하수(河水)의 물줄기를 메우고 막아 그로부터 넓어졌다"고 하였다. 정현은 아마도 이 글에 근거하여 제(齊)의 환공이 구하(九河)를 막았다고 한 것이다. 여덟 물줄기를 막아 영역을 개척했으면 동쪽으로 흐르는 여덟 갈래를 막고 아울러 도해(徒駭)로 귀속되도록 하였음을 말하는 것이다. 이것이 구하의 명칭과 의미이다. 살피건대, 호소(胡蘇)는 동광현(東光縣)에 있다. 정본주(定本注)[124]에는 동완(東莞)으로 되어 있으나, 완(莞)은 광(光)이 되어야 하니, 글자의 잘못이다.

 九河

구하이다.

 從釋地已下至九河, 皆禹所名也.

---

124) 定本注 : 『爾雅』에 대한 郭璞의 注를 말하는 듯하다. 胡蘇에 대해 곽박은 "東莞縣今有胡蘇亭"이라 하여, 동완현에 있다고 하였다.

석지(釋地)에서 그 이하로 구하(九河)까지는 모두 우(禹)가 이름을 붙인 것이다.

爾雅音義 案,「禹貢」在兗州界. 郭云:"徒駭, 今在成平縣. 胡蘇, 在東莞縣." 隔津今皆爲縣, 屬平原郡. 周時齊桓公塞九河并爲一, 自隔津以北至徒駭二百餘里. 渤海·東莞·成平·平原·河間·弓高以東往往有其處焉."

살피건대, 구하(九河)는 「우공(禹貢)」의 내용대로 연주(兗州) 경계에 있다. 곽박은 "도해(徒駭)는 지금 성평현에 있다. 호소(胡蘇)는 동완현에 있다"고 하였다. 격진(隔津)은 지금 모두 현(縣)이 되어서 평원군에 소속되었다. 주나라 때 제나라 환공이 구하(九河)를 막아서 아울러 하나로 만들었는데, 격진(隔津) 이북으로부터 도해(徒駭)까지 200여 리이다. 발해(渤海)·동완(東莞)·성평(成平)·평원(平原)·하간(河間)·궁고(弓高) 동쪽에는 이따금 그 흔적이 있다.

爾雅疏 謂「釋地」已下凡四篇, 其中五嶽·四瀆及諸山川·丘陵之名, 皆禹所制也. 然山川等名, 其來尙矣, 治水之後, 更復改新. 言此名是禹所制, 非禹始爲名之也.

「석지(釋地)」 이하는 모두 4편으로, 그 가운데 오악(五嶽)과 사독(四瀆), 그리고 여러 산천(山川)과 구릉(丘陵)의 명칭은 모두 우(禹)가 결정한 것이다. 그러나 산천 등의 명칭은 그 유래가 오래 된 것이고, 치수(治水) 후에 다시 새 이름으로 고친 것이다. 이러한 명칭은 우에 의해서 결정한 것이지, 우가 처음으로 명명한 것이 아님을 말한 것이다.

권8(卷八)

석초(釋草) 제13(第十三)

爾雅 音義 草, 亦作艸. 『說文』云 : "百卉也, 從二屮" 屮讀若徹, 象草木 初生.

초(草)는 또한 초(艸)로도 쓴다. 『설문』에 초(艸)는 "온갖 풀이다. 두 개 의 철(屮)을 따른다"고 하였다. 철(屮)은 철(徹)과 같이 읽으며 초목이 처 음 나오는 것을 본떴다.

爾雅 疏 草, 『說文』作艸, 隸變作艹, 七老切, 百卉也. 又曰 : 象野草莽蒼 之形. 『說文』別有草字, 自保切. 云 : "草斗, 櫟實也. 一曰象斗 子." 徐鉉曰 : "今俗以此爲艹木之艹, 別作皁字爲黑色之皁. 案, 櫟實可以 染帛爲黑色, 故曰草, 通用爲草棧字." 然則此篇辨百卉之名見於經傳者,當爲草木之草, 故云釋草.

초(草)는『설문』에 초(艸)로 썼으며 예서(隸書)에서 변하여 초(卄)로 되었고, 칠(七)과 로(老)의 반절이며 백훼(百卉 : 온갖 풀)라는 뜻이다. 또 들풀이 우거진 모습을 본뜬 것이라고 한다.『설문』에는 별도로 초(草 : 상수리)자가 있는데, 자(自)와 보(保)의 반절로, "초두(草斗 : 상수리)이니 역(櫟 : 상수리나무)의 열매이다. 또 상두자(象斗子 : 도토리)라 부른다"고 하였다. 서현(徐鉉)은 "세상에서는 초(艸)를 초목(卄木)의 초(卄)로 하고, 별도로 조(皁)자를 만들어 흑색의 조(皁 : 검다)라 하였다. 살피건대, 상수리나무 열매는 비단을 물들여 검은색으로 만들 수 있으므로 초(草)라고도 하는데, 초잔(草棧)자와 통용해서 쓰기도 한다"고 하였다. 그렇다면 이 편은 경전(經傳)에 나타난 온갖 풀의 명칭을 분별하였으니 〈草를 '상수리 초'로 하지말고〉 초목(草木)의 초(草)로 해야 하므로 석초(釋草)라 하였다.

 藋, 山韭. 茖, 山蔥. 蒘, 山䪥. 蒚, 山蒜.

육(藋)은 산구(山韭 : 산 부추)이다. 각(茖)은 산총(山蔥 : 산파)이다. 경(蒘)은 산해(山䪥 : 산 부추)이며, 력(蒚)은 산산(山蒜 : 산 마늘)이다.

 今山中多有此菜, 皆如人家所種者. 茖蔥, 細莖大葉.

지금 산중에 이러한 채소가 많이 있으니, 모두 인가에서 파종하는 것과 같다. 각총(茖蔥 : 산 파)은 줄기가 가늘고 잎이 크다.

爾雅音義 藿, 羊六反. 韭, 居有反, 『說文』云: "菜名也. 一種而長久, 故曰韭. 象形, 在一之上. 一, 地也." 茖, 古百反. 葱, 本又作蔥, 音聰. 勳, 字又作劃, 巨盈反. 薤, 戶界反, 本又作薙, 同, 『說文』云: "菜也. 菜似韭, 故從韭也." 蒿, 力的反. 蒜, 西亂反, 『說文』云: "葷菜也." 一本云: "菜之美者, 雲夢之葷菜." 種, 之用反. 莖, 戶耕反, 或作英.

육(藿)은 양(羊)과 육(六)의 반절이다. 구(韭)는 거(居)와 유(有)의 반절인데, 『설문』에는 구(韭)에 대해 "채소 이름이다. 한 번 심으면 오래 가므로 구(韭)[1]라고 한다. 상형(象形)으로 가로획(一) 위에 있다. 가로획(一)은 땅이다"고 하였다. 각(茖)은 고(古)와 백(百)의 반절이다. 총(葱)은 본에 따라 총(蔥)으로 되어 있는데, 음이 총(聰)이다. 경(勳)은 글자를 또 경(劃)으로도 쓰는데, 거(巨)와 영(盈)의 반절이다. 해(薤)는 호(戶)와 계(界)의 반절이며, 본에 따라 해(薙)로 되어 있는데 음의가 같다. 『설문』에는 "해(薤)는 채소이다. 채소가 구(韭)와 흡사하기 때문에 구(韭)를 따랐다"고 하였다. 력(蒿)은 력(力)과 적(的)의 반절이다. 산(蒜)은 서(西)와 란(亂)의 반절이다. 『설문』에 "산(蒜)은 훈채(葷菜)이다"고 하였고, 또 다른 본에는 "채소 중에 좋은 것이니, 운몽(雲夢)의 훈채(葷菜)이다"고 하였다. 종(種)은 지(之)와 용(用)의 반절이다. 경(莖)은 호(戶)와 경(耕)의 반절, 혹은 영(英)으로도 쓴다.

爾雅疏 此辨四種菜生山中, 與人家所種者異名也. 韭, 『說文』云: "菜名. 一種而久者, 故謂之韭. 象形, 在一之上. 一, 地也." 生山中者名藿. 『韓詩』云 "六月食鬱及藿"[2] 是也. 葱, 『說文』云: "菜名." 生山中者名茖, 細莖大葉者是也. 薤, 『說文』云: "菜也." 葉似韭, 生山中者名勳. 蒜,

---

1) 韭: 韭와 久는 독음의 상관 관계가 있는 글자로 풀이한 것이다. 段玉裁는 "韭와 久는 疊韻이다"고 하였다.
2) 六月食鬱及藿: 『韓詩外傳』에는 이 글귀가 없고 『詩經』 「豳風」 「七月」에 "六月食鬱及薁"이라 하였다.

『說文』云 : "葷菜也." 一云 : "菜之美者. 雲夢之葷菜." 生山中者名藠.

　여기서는 산중에서 나는 네 종의 채소가 인가에서 파종하는 것과 다른 명칭임을 구별하였다. 구(韮)에 대하여 『설문』에 "구(韮)는 채소의 이름이다. 한 번 파종하면 오래가는 것이므로 구(韮)라고 한다. 상형(象形)으로 가로획(一)의 위에 있다. 가로획(一)은 땅이다"고 하였다. 산에서 나는 것이 육(藿)인데 『한시(韓詩)』에 "유월에는 울(鬱)과 육(藿)을 먹는다"고 한 것이 이것이다. 총(蔥)은 『설문』에 "채소의 이름이다"고 하였다. 산중에 나는 것을 각(茖)이라 하는데 가는 줄기에 잎이 큰 것이 이것이다. 해(薤)는 『설문』에 "채소이다"고 하였다. 잎이 구(韮)와 비슷하고 산중에서 나는 것을 경(藭)이라 한다. 산(蒜)은 『설문』에 "훈채(葷菜)이다"고 하였으며, 한편으로 "채소 중의 좋은 것이니, 운몽(雲夢)의 훈채이다"고 하였다. 산중에서 나는 것을 력(藠)이라 한다.

 薜, 山蘄.

　벽(薜)은 산근(山蘄 : 당귀)이다.

 『廣雅』曰 : "山蘄, 當歸." 當歸今似蘄而粗大.

　『광아』에 "산근(山蘄)은 당귀(當歸)이다"고 하였다. 당귀는 지금의 근(蘄)과 비슷하나 굵고 크다.

薜, 方甈反, 郭布革反. 蘄, 古芹字, 巨斤反.

벽(薜)은 방(方)과 석(甈)의 반절인데, 곽박은 포(布)와 혁(革)의 반절이라 하였다. 근(蘄)은 근(芹)의 고자(古字)이며, 거(巨)와 근(斤)의 반절이다.

『說文』云 : "蘄, 草也." 生山中者一名薜, 一名山蘄, 色白者名白蘄. 下文"薜, 白蘄" 是也. 生平地卽名蘄. 案『廣雅』, 張揖撰, 以廣『爾雅』之闕漏也. 曰"山蘄, 當歸"者, 言卽今藥草當歸. 案『本草』當歸不言名薜及山蘄, 是卽以時驗而言也. 故郭云"今似蘄而粗大", 言似平地蘄而差粗大耳.

『설문』에 "근(蘄)은 초(草)이다"고 하였다. 산중에서 나는 것은 일명 벽(薜)이며 일명 산근(山蘄)인데, 색이 흰 것이 백근(白蘄)이다. 아래 글에서 "벽(薜)은 백근(白蘄)이다"고 한 것이 이것이다. 평지에서 나는 것을 근(蘄)이라 한다. 살펴건대, 『광아』는 장읍(張揖)의 저작인데 『이아』에서 빠진 부분을 확충하였다. 주에서 "산근, 당귀(山蘄, 當歸)"라 하였는데, 곧 지금의 약초인 당귀(當歸)를 말한다. 『본초(本草)』[3]를 살펴보면 당귀(當歸)에 대하여 벽(薜)이나 산근(山蘄)이란 말을 하지 않았으니, 이것은 곧 당시에 경험하고서 말한 것이다. 그러므로 곽박은 "지금의 근(蘄)과 비슷하나 굵고 크다"고 하였으니, 말하자면 평지의 근(蘄)과 비슷하나 조금 굵고 클 뿐이다.

---

3) 『本草』: 書名. 陸德明이 본 『本草』가 어떤 책인지는 확실하지 않으나 梁의 陶弘景이 주석한 『本草』로 보여진다. 『本草』라는 서명은 『漢書』 「樓護傳」에 최초로 보이지만 『漢書』 「藝文志」에 서명이 실려 있지 않다. 梁의 阮孝緖가 지은 『七錄』에 『神農本草』 三卷이라고 최초로 기록되어 있다. 후대에 증보를 거듭하여 明 李時珍의 『本草綱目』으로 완성되었다. 陶弘景은 字가 通明, 號는 華陽隱居이다. 郭璞의 주에도 『本草』라는 서명이 보이는데 도홍경 이전의 책이라 여겨진다.

 椵, 木槿. 櫬, 木槿.

단(椵)은 목근(木槿 : 무궁화나무)이다. 츤(櫬)은 목근(木槿)이다.

 別二名也. 似李樹, 華朝生夕隕, 可食. 或呼爲日及, 亦曰王蒸.

두 가지의 이름을 구별하였다. 오얏나무와 비슷하나 꽃이 아침에 피었다가 저녁에 지며 먹을 수 있다. 혹자는 일급(日及)이라고 부르며 또 왕증(王蒸)이라고도 한다.

椵, 徒亂反. 槿, 音謹, 下同. 櫬, 楚斳反, 本又作藽. 別, 彼列反, 下放此. 隕, 于敏反. 日, 人逸反. 蒸, 之仍反.

단(椵)은 도(徒)와 란(亂)의 반절이다. 근(槿)은 음이 근(謹)이며 아래도 같다. 츤(櫬)은 초(楚)와 근(斳)의 반절인데, 본에 따라 친(藽)으로 되어 있다. 별(別)은 피(彼)와 렬(列)의 반절이며, 아래도 이와 같다. 운(隕)은 우(于)와 민(敏)의 반절이다. 일(日)은 인(人)과 일(逸)의 반절이다. 증(蒸)은 지(之)와 잉(仍)의 반절이다.

此別椵 · 櫬是木槿之二名也. 某氏云別三名也. 其樹如李, 其華朝生暮落, 與草同氣, 故在草中.「鄭風」云 : "顏如舜華." 陸璣『疏』云 : "舜, 一名木槿, 一名櫬, 一名椵. 齊 · 魯之間謂之王蒸. 今朝生暮落者是也." 郭氏云 : "可食." 亦呼日及, 五月始華, 故「月令」仲夏云"木槿榮."

여기서는 단(椴)과 츤(櫬)이 목근(木槿)의 두 가지 이름임을 구별하였다. 어떤 사람은 세 가지 명칭을 구별한 것이라고 하였다. 그 나무는 오얏나무와 비슷한데 꽃이 아침에 피어 저녁에 지는 것으로 풀과 같은 기질이므로 풀 종류 가운데에 있다. 『시경』 「정풍」 「유녀동거(有女同車)」에 "얼굴이 무궁화의 꽃과 같다"라 하였는데 육기(陸璣)[4]의 『소(疏)』에 "순(舜)은 일명 목근(木槿), 일명 츤(櫬), 일명 단(椴)이다. 제(齊)와 노(魯) 지역에서는 왕증(王蒸)이라 한다. 지금 아침에 나서 저녁에 지는 것이 이것이다"고 하였다. 곽박은 "먹을 수 있다"고 하였다. 또한 일급(日及)이라고 부르며, 오월에 처음 꽃이 피므로 『예기』 「월령」 중하(仲夏)에 "무궁화 꽃이 핀다"고 하였다.

 朮, 山薊.

　　출(朮)은 산계(山薊 : 흰 삽주)이다.

 『本草』云 : "朮, 一名山薊." 今朮似薊而生山中.

　　『본초』에 "출(朮)은 일명 산계(山薊)이다"고 하였다. 지금 출(朮)이 계(薊)와 비슷한데 산중에서 난다.

---

4) 陸璣 : 대본 주에는 '璣'는 오자라고 하였다. 그러나 이 경우는 陸璣로 보인다. 인용된 내용 "舜, 一名木槿, ……"은 『모시초목조수충어소』 「권상」의 내용이다. 陸璣는 三國의 吳人으로, 字는 元恪, 저서에 『毛詩草木鳥獸蟲魚疏』, 『毛詩陸疏廣要』(『四庫全書』 제70책)가 있다.

 楊, 枹薊.

양(楊)은 포계(枹薊 : 붉은 삽주)이다.

 似薊而肥大, 今呼之馬薊.

계(薊)와 비슷하나 통통하고 크며, 지금 마계(馬薊)라고 한다.

 朮, 徒律反, 本或作荒. 薊, 古帝反, 下同. 案『本草』朮, "一名山薊, 一名山連, 一名山薑."『廣雅』云 : "朮, 薑也." 枹, 沈音孚, 又音浮, 又音包.

출(朮)은 도(徒)와 율(律)의 반절인데, 본에 따라 출(荒)로 되어 있다. 계(薊)는 고(古)와 제(帝)의 반절이며 아래도 같다. 살피건대, 『본초』에는 출(朮)을 "일명 산계(山薊), 일명 산련(山連), 일명 산강(山薑)이다"고 하였다. 『광아』에 "출(朮)은 강(薑 : 삽주)이다"고 하였다. 포(枹)에 대하여 심선(沈旋)은 음을 부(孚)라고 하였으며, 또 다른 음은 부(浮) 또는 포(包)이다.

 此辨薊生山中及平地者名也. 生平地者卽名薊, 生山中者一名朮.『本草』云 : "一名山薊, 一名山薑, 一名山連." 陶注云 : "有兩種 : 白朮葉大有毛, 甛而少膏 ; 赤朮葉細小, 苦而多膏." 是也. 其生平地而肥大於衆者, 名楊. 枹薊, 今呼之馬薊.

여기서는 산에서 또는 평지에서 나는 계(薊)의 명칭을 구별하였다. 평지에 나는 것을 계(薊), 산중에서 나는 것을 출(朮)이라 한다. 『본초』에는 "일명 산계(山薊), 일명 산강(山薑), 일명 산련(山連)이다"고 하였는데, 도홍경의 주에 "두 종류가 있다. 백출(白朮 : 흰 삽주)은 잎이 크면서 털이 있는데 달면서 진액이 적다. 적출(赤朮 : 붉은 삽주)은 잎이 가늘고 작으며, 맛이 쓰면서 진액이 많다"고 한 것이 이것이다. 그 중에 평지에 나면서 보통 것 보다 통통하고 큰 것을 양(楊)이라 한다. 포계(炮薊)는 지금은 마계(馬薊)라고 부른다.

 䕲, 王蔧.

전(䕲)은 왕세(王蔧 : 대싸리)이다.

 王帚也. 似藜, 其樹可以爲掃蔧, 江東呼之曰落帚.

왕추(王帚)이다. 명아주와 비슷하나 그 나무는 빗자루를 만들 수 있으며, 강동 지역에서는 낙추(落帚)라 부른다.

 䕲, 音箭, 一音子淺反. 『說文』作蕑, 同. 蔧, 息遂·囚銳二反. 掃, 素報反, 下同. 帚, 之有反.

전(䕲)은 음이 전(箭)인데, 일음은 자(子)와 천(淺)의 반절이다. 『설문』에는 전(蕑)으로 되어 있으나 음의가 같다. 세(蔧)는 식(息)과 수(遂), 수(囚)와 예(銳) 두 가지의 반절이다. 소(掃)는 소(素)와 보(報)의 반절이며 아래도 같다.

추(帚)는 지(之)와 유(有)의 반절이다.

 此卽藜之科, 大爲樹, 可以作掃篲者, 一名蒛, 一名王篲, 一名王帚, 江東呼落帚.

이는 곧 명아주과인데, 커서 나무가 되면 빗자루를 만들 수 있는 것으로 일명 전(蒛), 일명 왕세(王篲), 일명 왕추(王帚)이고, 강동에서는 낙추(落帚)라 한다.

 菉, 王芻.

록(菉)은 왕추(王芻 : 조개풀)이다.

 菉, 蓐也. 今呼鴟脚莎.

록(菉)은 욕(蓐)이다. 지금 치각사(鴟脚莎)라 부른다.

 菉, 力辱反. 芻, 楚俱反, 本又作蒭. 蓐, 音辱. 鴟, 尺之反. 莎, 素和反.

록(菉)은 력(力)과 욕(辱)의 반절이다. 추(芻)는 초(楚)와 구(俱)의 반절인데 본에 따라 추(蒭)로 되어 있다. 욕(蓐)은 음이 욕(辱)이다. 치(鴟)는 척(尺)과 지(之)의 반절이다. 사(莎)는 소(素)와 화(和)의 반절이다.

 舍人云 : "菉, 一名王芻." 某氏云 : "菉, 鹿蓐也." 郭云 : "菉, 蓐也. 今呼鴟脚莎." 『詩』「衛風」云 : "瞻彼淇奧, 綠竹猗猗." 是也.

사인은 "록(菉)은 일명 왕추(王芻)이다"고 하였다. 모씨는 "록(菉)은 녹욕 (鹿蓐)이다"고 하였다. 곽박은 "록(菉)은 욕(蓐)이다. 지금 치각사(鴟脚莎)라 부른다"고 하였다. 『시경』 「위풍(衛風)」 「기욱(淇奧)」에 "저 기수(淇水)가의 물가를 보니 녹(綠 : 조개풀)과 죽(竹 : 마디풀)5)이 무성하도다"라 한 것이 이것 이다.

 拜, 蔏藋.

배(拜)는 상적(蔏藋 : 명아주 비슷한 풀)이다.

 蔏藋亦似藜.

상적(蔏藋) 역시 명아주와 비슷하다.

 蔏, 音商. 藋, 徒弔反.6) 『說文』·『廣雅』皆音翟也.

---

5) 竹 : 「淇奧」의 孔疏에는 "篇竹"이라 하였다. 篇竹은 마디풀이다. 集傳은 "淇上多竹" 이라 하였으니 '대나무'로 풀이된다.
6) 藋, 徒弔反 : 『爾雅詁林』 「注疏參義」에는 "藋, 音翟"이라고 하였다. 이를 적용하면 '弔'는 '적'으로 읽힌다.

상(蔏)은 음이 상(商)이다. 적(藋)은 도(徒)와 적(弔)의 반절이다. 『설문』·
『광아』에는 모두 음이 근(菫)이라고 하였다.

 此亦似蔡而葉大者, 名拜, 一名蔏藋. 『莊子』云 : "蔏藋柱宇."[7]
是也.

이것 역시 명아주와 비슷하고 잎이 큰 것인데 이름이 배(拜)이고, 일명
은 상적(蔏藋)이다. 『장자』 「서무귀(徐無鬼)」에 "여(藜 : 명아주) 적(藋)이 들쥐
다니는 길을 막았다"고 한 것이 이것이다.

 蘩, 皤蒿.

번(蘩)은 파호(皤蒿 : 흰 쑥)이다.

 白蒿.

백호(白蒿 : 흰쑥)이다.

經文 蒿, 菣.

---

7) 蔏藋柱宇 : 『莊子』 원문에는 "蔏藋柱乎鼪鼬之逕"으로 되어 있다.

호(蒿)는 긴(菣 : 제비쑥)이다.

 今人呼爲靑蒿, 香中炙啖者爲菣.

지금 사람들은 청호(靑蒿)라 부르는데, 청호(靑蒿)의 향기[8] 속에 구워서 먹는 것이 긴(菣)이다.

 蔚, 牡菣.

위(蔚)는 모긴(牡菣 : 씨 없는 제비쑥)이다.

 無子者.

씨가 없는 것이다.

 蘩, 音煩. 皤, 白波反, 白也. 蒿, 好高反. 菣, 本亦作薽, 去刃反. 讀者或作苦見反. 炙, 之亦反. 啖, 徒覽反.『說文』云：“噍也.”『廣雅』云：“食也.” 蔚, 於貴反, 下同. 牡, 亡后反.

번(蘩)은 음이 번(煩)이다. 파(皤)는 백(白)과 파(波)의 반절로 백색이다. 호

---

8) 향기 :『爾雅詁林』「郭注佚存補訂」의 “郭意謂靑蒿之香中炙啖者爲菣也”에 의거하였다.

(蒿)는 호(好)와 고(高)의 반절이다. 긴(蔉)은 본에 따라 긴(墾)으로 되어 있으며 거(去)와 인(刃)의 반절이다. 읽는 사람에 따라 혹 고(苦)와 견(見)의 반절로도 쓴다. 적(炙)은 지(之)와 역(亦)의 반절이다. 담(啖)은 도(徒)와 람(覽)의 반절이다. 『설문』에는 〈담(啖)은〉 "초(噍 : 씹다)이다"고 하였다. 『광아』에는 "식(食 : 먹다)이다"고 하였다. 위(蔚)는 어(於)와 귀(貴)의 반절이며 아래도 같다. 모(牡)는 망(亡)과 후(后)의 반절이다.

爾雅疏 此辨蒿色及有子無子者之異名也. 『詩』「召南」云 : "于以采蘩, 于沼于沚." 毛傳云 : "蘩, 皤蒿也." 郭氏云 : "白蒿." 然則皤猶白也. 『本草』云 : "白蒿." 唐本注云 : "此蒿葉粗於青蒿. 從初生至枯, 白於衆蒿. 欲似艾者, 所在有之." 又云 : "葉似艾葉, 上有白毛粗澁, 俗呼蓬蒿, 可以爲菹." 故『詩』箋云 : "以豆薦蘩菹." 陸璣云 : "凡艾白色爲皤蒿, 今白蒿. 春始生, 及秋香美可生食, 又可蒸. 一名游胡, 北海人謂之旁勃. 故「大戴禮」「夏小正」傳日 : '蘩, 游胡; 游胡, 旁勃也.'" 是蒿一名蔉. 『詩』「小雅」「鹿鳴」云 : "食野之蒿." 陸璣云 : "蒿, 青蒿也. 荊・豫之間, 汝南・汝陰皆云蔉." 孫炎云 : "荊・楚之間謂蒿爲蔉." 郭云 : "今人呼青蒿, 香中炙啖者爲蔉." 是也. 蔚, 卽蒿之雄無子者, 故云牡蔉. 舍人曰 : "蔚一名牡蔉." 『詩』「蓼莪」云 : "匪莪伊蔚." 陸璣云 : "牡蒿也. 三月始生, 七月華, 華似胡麻華而紫赤. 八月爲角, 角似小豆角, 銳而長. 一名馬新蒿." 是也.

여기서는 색과 씨앗이 있고 없는 것에 따른 쑥의 다른 이름을 구별하였다. 『시경』「소남」「채번(采蘩)」에 "웅덩이와 못에서 쑥을 캔다"고 하였다. 모전에는 "번(蘩)은 파호(皤蒿)이다"고 하였다. 곽박은 "백호(白蒿)이다"고 하였다. 그렇다면 파(皤)는 백(白)과 같다. 『본초』에는 "백호(白蒿)이다"고 하였는데, 당본주(唐本注)[9]에는 "이 쑥은 잎이 제비쑥보다 크다. 처음

---

9) 唐本 注 : 唐代에 『本草』를 주석한 책.

날 때부터 말라죽을 때까지 일반 쑥보다 희다. 약쑥과 비슷해지려 하는 것이 곳곳마다 있다"고 하였다. 또 "잎은 약쑥의 잎과 비슷하나 위에 까칠한 흰털이 있어서 민간에서는 봉호(蓬蒿)라 부르는데 김치를 만들 수 있다"고 하였다. 그러므로 『시경』「소남(召南)」「채번(采蘩)」의 정전(鄭箋)에 "두(豆)에 쑥김치를 담아 올린다"고 하였다. 육기(陸璣)는 "일반적으로 쑥이 흰 것을 파호(皤蒿)라 하는데 지금의 백호(白蒿)이다. 봄에 처음 나서 가을이 되면 향이 좋아 날로 먹을 수 있고 또 익혀서 먹을 수도 있다. 일명은 유호(游胡)인데 북해인들은 방발(旁勃)이라 한다"고 하였다. 그러므로 『대대례(大戴禮)』「하소정(夏小正)」전(傳)에 "번(蘩)은 유호(游胡)이며 유호(游胡)는 방발(旁勃)이다"고 하였다. 이 호(蒿)를 일명 긴(菣)이라 한다.『시경』「소아」「녹명(鹿鳴)」에 "들판의 쑥을 먹는다"라 하였는데, 육기는 "호(蒿)는 청호(靑蒿)이다. 형주(荊州)·예주(豫州) 지역과 여남(汝南)·여음(汝陰)에서는 모두 긴(菣)이라 한다"고 하였다. 손염은 "형(荊)과 초(楚) 지역에서는 호(蒿)를 긴(菣)이라 한다"고 하였다. 곽박은 "지금 사람들은 청호(靑蒿)라 부른다. 향기 속에서 구워서 먹는 것이 긴(菣)이다"고 한 것이 이것이다. 위(蔚)는 곧 제비쑥 가운데 씨가 없는 수컷이므로 모긴(牡菣)이라 한다. 사인은 "위(蔚)는 일명 모긴(牡菣)이다"고 하였다. 『시경』「소아」「육아(蓼莪)」에 "지칭개가 아니라 제비쑥이다"라 하였는데, 육기는 "모호(牡蒿)이다. 3월에 처음 나서 7월이면 꽃이 피고, 꽃은 호마(胡麻)와 비슷하나 자적색이다. 8월이면 씨앗이 각(角)[10]이 난다. 각(角)은 소두(小豆 : 팥)의 각과 비슷하나 날카로우며 길다. 일명 마신호(馬新蒿)라 한다"고 한 것이 이것이다.

---

10) 角 :『爾雅詁林』「義疏」에 "陸璣謂角似小豆, 則非無子矣"라고 하여, '角'은 '씨에 각이 남'을 말한다.

 薛, 彫蓬. 薦, 黍蓬.

설(薛)은 조봉(彫蓬 : 쑥의 일종)이다. 천(薦)은 서봉(黍蓬 : 쑥의 일종)이다.

 別蓬種類.

쑥의 종류를 구별하였다.

爾雅音義 薛, 魚結反. 彫, 一遼反. 蓬, 步公反. 薦, 作見反, 孫·李本作蘼, 沈, 平兆反. 黍, 音著. 種, 之勇反.

설(薛)은 어(魚)와 결(結)의 반절이다. 조(彫)는 일(一)과 요(遼)의 반절이다. 봉(蓬)은 보(步)와 공(公)의 반절이다. 천(薦)은 작(作)과 견(見)의 반절인데, 손염과 이순 본에는 천(蘼)으로 되어 있으며, 심선은 평(平)과 조(兆)의 반절이라 하였다. 서(黍)는 음이 저(著)이다. 종(種)은 지(之)와 용(勇)의 반절이다.

爾雅疏 此別蓬種類也. 『說文』云 : "蓬, 蒿也." 草之不理者也. 種類非一, 故有薛·彫蓬·薦·黍蓬. 『詩』「召南」「騶虞」云 : "彼茁者蓬." 「月令」云 : "蓱·莠·蓬·蒿竝興." 是也.

여기서는 쑥의 종류를 구별하였다. 『설문』에 "봉(蓬)은 호(蒿)이다"고 하였다. 풀 중에 가꾸지 않는 것이다. 종류가 하나가 아니므로, 설(薛)은 조봉(彫蓬)이며, 천(薦)은 서봉(黍蓬)이라 한 것이다. 『시경』「소남」「추우(騶虞)」에 "저 싹트는 것이 쑥이다"이라 하였다. 『예기』「월령」에 "려(蓱)·유(莠)·

봉(蓬)·호(蒿)가 모두 자라난다"고 한 것이 이것이다.

 莁, 鼠莞.

비(莁)는 서완(鼠莞: 골풀의 일종)이다.

 亦莞屬也. 纖細似龍須, 可以爲席. 蜀中出好者.

역시 골풀 종류이다. 가늘기가 용수(龍須: 풀 이름)와 비슷한데 자리를 만들 수 있다. 촉(蜀) 지방에서 산출된 것이 좋다.

 莁, 方寐反, 又方弭反. 莞, 謝音官, 施音丸.

비(莁)는 방(方)과 매(寐)의 반절, 또는 방(方)과 미(弭)의 반절이다. 완(莞)에 대하여 사교는 음이 관(官)이라 하였으며 시건은 음이 환(丸)이라 하였다.

 莞屬也.『說文』云 : "莞, 草, 可以爲席." 此莁一名鼠莞. 纖細似龍須, 亦可以爲席. 蜀中出好者.

골풀 종류이다.『설문』에 "골풀은 풀에 속하고 자리를 만들 수 있다"고 하였다. 이 비(莁)는 일명 서완(鼠莞)이다. 가늘기가 용수(龍須)와 비슷한데 자리를 만들 수 있다. 촉(蜀) 지방에서 산출된 것이 좋다.

 葝, 鼠尾.

경(葝)은 서미(鼠尾 : 쥐꼬리풀)이다.

 可以染皀.

검은 색으로 물들일 수 있다.

 葝, 巨盈反. 皀, 音造.

경(葝)은 거(巨)와 영(盈)의 반절이다. 조(皀)는 음이 조(造)이다.

 可以染皀草也. 一名葝, 一名鼠尾. 『本草』有白華者, 有赤花者, 又一名陵翹. 陶注云: "田野甚多, 人採作滋染木蘭." 是也.

검은색으로 물들일 수 있는 풀이다. 일명 경(葝)이며 일명 서미(鼠尾)이다. 『본초』에는 흰 꽃이 피는 것과 붉은 꽃이 피는 것이 있으며, 또 일명 릉교(陵翹)라고 하였는데, 도홍경의 주에 "들판에 매우 많다. 사람들이 캐서 염색하는 목란이다"고 한 것이 이것이다.

 薜, 山蕲.

석명(菥蓂)은 대제(大薺 : 황새냉이)이다.

似薺葉細, 俗呼之曰老薺.

제(薺 : 냉이)와 비슷하나 잎이 가늘며, 민간에서는 노제(老薺)라 부른다.

菥, 思歷反. 蓂, 亡歷反. 薺, 齊禮反.

석(菥)은 사(思)와 력(歷)의 반절이다. 명(蓂)은 망(亡)과 력(歷)의 반절이다.
제(薺)는 제(齊)와 례(禮)의 반절이다.

菥蓂, 一名大薺, 俗呼老薺, 似薺而葉細.『本草』又 : "名薎菥, 一
名太蒬, 一名馬辛." 是也.

석명(菥蓂)은 일명 대제(大薺)인데 민간에서는 노제(老薺)라 부른다. 제(薺)
와 비슷하지만 잎이 가늘다.『본초』에 또한 "이름을 멸석(薎菥)이라 하며,
일명 태즙(太蒬), 일명 마신(馬辛)이다"고 한 것이 이것이다.

蒤, 虎杖.

도(蒤)는 호장(虎杖 : 감제풀)이다.

似紅草而粗大, 有細刺, 可以染赤.

홍초(紅草)와 비슷하나 거칠고 가는 가시가 있으며, 붉게 물들일 수 있다.

 荼, 大奴反. 刺, 七賜反, 下同.

도(荼)는 대(大)와 노(奴)의 반절이다. 자(刺)는 칠(七)과 사(賜)의 반절이며 아래도 같다.

 荼, 一名虎杖. 注云:"似紅草而粗大, 有細刺, 可以染赤." 陶注 『本草』云:"田野甚多. 狀如大馬蓼, 莖班11)而葉圓." 是也.

도(荼)는 일명 호장(虎杖)이다. 주에 "홍초(紅草)와 비슷하나 거칠고 크며 가는 가시가 있는데, 붉게 물들일 수 있다"고 하였다. 도홍경의 『본초』 주에는 "들판에 매우 많다. 모양이 대마료(大馬蓼)와 같고, 줄기는 반점이 있으며 잎은 둥글다"고 한 것이 이것이다.

 孟, 狼尾.

맹(孟)은 낭미(狼尾 : 띠의 일종)이다.

---

11) 班 :『爾雅詁林』「邢疏」에는 '斑'으로 되어 있다.

似茅, 今人亦以覆屋.

모(茅 : 띠)와 비슷하며 지금 사람은 역시 이것으로 지붕을 덮는다.

 狼, 音郎. 茅, 亡交反. 覆, 音副.

랑(狼)은 음이 랑(郎)이다. 모(茅)는 망(亡)과 교(交)의 반절이다. 부(覆)는 음이 부(副)이다.

 草似茅者, 一名孟, 一名狼尾. 今人亦以覆屋.

모(茅)와 같이 생긴 풀로 일명 맹(孟), 일명 낭미(狼尾)이다. 지금 사람은 또한 이것으로 지붕을 덮는다.

 瓠棲, 瓣.

호서(瓠棲)는 판(瓣 : 박씨)이다.

 瓠中瓣也. 『詩』云 : "齒如瓠棲."

박 속의 씨이다. 『시경』에 "이빨이 박씨와 같다"라 하였다.

爾雅
音義 瓠, 戶故反. 舍人本又作瓡, 釋云 : "瓠也." 棲, 『詩』作犀, 音西.
瓣, 符莧・苻閑二反, 謝力見反. 郭云 : "瓠中瓣也." 『字林』云 :
"瓜中實也, 父莧反."

호(瓠)는 호(戶)와 고(故)의 반절이다. 사인(舍人) 본에는 고(瓡)로 되어 있
으며 풀이하기를 "호(瓠)이다"고 하였다. 서(棲)는 『시경』에 서(犀)로 되어
있으며 음이 서(西)이다. 판(瓣)은 부(符)와 현(莧), 부(苻)와 한(閑) 두 가지의
반절이다. 사교는 력(力)과 견(見)의 반절이라고 하였다. 곽박은 "박 속의
씨이다"고 하였으며, 『자림』에는 "과중(瓜中)의 실(實 : 씨)로, 부(父)와 현(莧)
의 반절이다"고 하였다.

爾雅
疏 瓣, 瓠中瓣也. 一名瓠棲. 人之齒美者似之. 故『詩』「衛風」「碩人」
美莊姜云 : "齒如瓠棲." 是也. 今『詩』文作犀.

판(瓣)은 호중판(瓠中瓣 : 박 속의 씨)인데, 일명 호서(瓠棲)이다. 사람의 이
가 아름다운 것이 박씨와 흡사하다. 그러므로 『시경』「위풍」「석인(碩人)」
에 장강(莊姜)을 아름답게 여기면서 "치여호서(齒如瓠棲)"라 한 것이 이것
이다. 지금의 『시경』에는 서(犀)로 되어 있다.

 茹藘, 茅蒐.

여려(茹藘)는 모수(茅蒐 : 꼭두서니)이다.

今之蒨也. 可以染絳.

지금의 천(蒨)이다. 이것으로 붉게 물들일 수 있다.

 茹, 音如字, 亦作蒘. 藘, 力居反. 蒐, 色留反. 蒨, 本或作茜, 七
見反.

여(茹)는 음이 여자(如字)이며 또한 여(蒘)로도 쓴다. 려(藘)는 력(力)과 거
(居)의 반절이다. 수(蒐)는 색(色)과 류(留)의 반절이다. 천(蒨)은 본에 따라 천
(茜)으로 되어 있는데 칠(七)과 견(見)의 반절이다.

 今染絳蒨也. 一名茹藘, 一名茅蒐. 『詩』「鄭風」云 : "茹藘在阪."
陸璣云 : "一名地血. 齊人謂牛蔓, 卽今之蒨草." 是也.

지금 붉게 물들일 때 사용하는 천(蒨)이다. 일명 여려(茹藘), 일명 모수(茅
蒐)이다. 『시경』「정풍」「동문지선(東門之墠)」에 "여려재판(茹藘在阪 : 꼭두서
니가 언덕에 있다)"고 하였다. 육기는 "일명 지혈(地血)이다. 제나라 사람들은
우만(牛蔓)이라 하는데, 즉 지금의 천초(蒨草)이다"고 한 것이 이것이다.

 果臝之實, 栝樓.

과라(果臝 : 하눌타리나무)의 열매는 괄루(栝樓 : 하눌타리)이다.

今齊人呼之爲天瓜.

지금의 제나라 사람들은 그것을 천과(天瓜)라고 부른다.

贏, 力果反. 桰, 本或作苦, 古活反. 樓, 本或作蔞, 力侯反. 『本草』: "栝樓, 一名地樓, 一名天瓜, 一名澤姑, 一名果贏實, 一名黃瓜." 陶弘景注云: "出近道, 藤生, 狀似土瓜而葉有叉. 實中, 人今以雜作手膏用也. 根入土六七尺, 大二三圍者, 服食亦用之."

라(贏)는 력(力)과 과(果)의 반절이다. 괄(桰)은 본에 따라 괄(苦)로 되어 있는데 고(古)와 활(活)의 반절이다. 루(樓)는 본에 따라 루(蔞)로 되어 있는데 력(力)과 후(侯)의 반절이다. 『본초』에는 "괄루(栝樓)는 일명 지루(地樓), 일명 천과(天瓜), 일명 택고(澤姑), 일명 과라실(果贏實), 일명 황과(黃瓜)라 한다"고 하였다. 도홍경(陶弘景)의 주에 "길 가까이서 나며 넝쿨져서 자란다. 모양이 토과(土瓜)와 비슷하면서 잎은 갈라져 있다. 열매 속은 사람들이 요즈음에 다른 물건과 섞어서 손에 사용할 기름을 만든다. 뿌리는 땅으로 6~7척 들어가고, 굵기가 2~3위(圍)[12]가 되면 식용으로 또한 쓸 수 있다"고 하였다.

果贏之草, 其實名栝樓, 實卽子也. 故李巡云: "栝樓, 子名也." 郭云: "今齊人謂之天瓜." 『本草』云: "栝樓, 葉似瓜葉形, 兩兩相值, 蔓延, 靑黑色. 六月華, 七月實, 如瓜瓣." 是也.

과라(果贏)라는 풀의 열매 이름이 괄루(栝樓)인데, 열매가 즉 씨앗이다.

---

12) 圍 : 一圍는 5寸 또는 3寸이다.

그러므로 이순은 "괄루(栝樓)는 씨앗의 이름이다"고 하였다. 곽박은 "지금의 제인(齊人)이 그것을 천과(天瓜)라 부른다"고 하였다. 『본초』에는 "괄루(栝樓)는 잎이 오이 잎 모양과 비슷하고 둘씩 서로 만나서 넝쿨로 뻗으며 청흑색이다. 유월에 꽃이 피고 칠월에 열매가 맺는데 과판(瓜瓣 : 오이씨)과 같다"고 한 것이 이것이다.

 茶, 苦菜.

도(茶)는 고채(苦菜 : 씀바귀)이다.

 『詩』曰 : "誰謂茶苦?" 苦菜可食.

『시경』에 "누가 씀바귀를 쓰다고 하였는가?"라 하였다. 씀바귀는 먹을 수 있다.

茶, 音徒, 『說文』同. 案『詩』云 : "誰謂茶苦?" 「大雅」云 : "堇茶如飴." 『本草』云 : "苦菜, 一名茶草, 一名選, 生益州川谷." 『名醫別錄』云 : "一名遊冬, 生山陵道旁, 冬不死." 「月令」孟夏之月"苦菜秀." 『易通卦驗玄圖』云 : "苦菜, 生於寒秋, 經冬歷春, 得夏乃成." 今苦菜正如此, 處處皆有. 葉似苦苣, 亦堪食, 但苦耳." 今在「釋草」篇, 『本草』爲菜上品. 陶弘景乃疑是茗, 失之矣. 「釋木」篇有"檟, 苦茶", 乃是茗耳.

도(茶)는 음이 도(徒)인데 『설문』에도 같다. 살펴건대, 『시경』「패풍」「곡풍(谷風)」에 "누가 씀바귀를 쓰다고 하는가?"라고 하였으며,『시경』「대아」「면(緜)」에는 "근도여이(菫茶如飴 : 바곳과 씀바귀가 엿처럼 달다)"라 하였다.『본초』에는 "고채(苦菜)는 일명 도초(茶草), 일명 선(選)이며, 익주(益州)의 천곡(川谷)에서 난다"고 하였다.『명의별록(名醫別錄)』에 "일명 유동(遊冬)이니 산릉(山陵)의 길옆에 나는데 겨울에도 죽지 않는다"고 하였다.『예기』「월령」에는 "맹하(孟夏)의 달에 씀바귀가 쑥쑥 자라 나온다"고 하였다.『역위통괘험현도(易緯通卦驗玄圖)』에 "씀바귀는 차가운 가을에 나서 겨울을 나고 봄을 지나 여름이 되어서야 장성한다"고 하였다. 지금의 씀바귀도 바로 이와 같은데, 곳곳마다 모두 있다. 잎이 고거(苦苣)와 같은데 역시 먹을 수 있으나 단지 쓰다"고 하였다. 지금『이아』「석초」편과『본초』에 "채소 중의 상품이다"고 하였다. 도홍경은 아마도 명(茗)인 듯하다고 하였으나 잘못이다.「석목(釋木)」편에 "가(檟)는 고도(苦荼)이다"고 한 것이 있으니, 이것이 바로 명(茗)이다.

此味苦可食之菜, 一名荼, 一名苦菜.『本草』: "一名茶草, 一名選, 一名游冬." 案『易緯通卦驗玄圖』云 : "苦菜, 生於寒秋, 經冬歷春乃成."「月令」孟夏"苦菜秀" 是也. 葉似苦苣而細. 斷之有白汁, 花黃似菊, 堪食, 但苦耳. 注云"誰謂茶苦",「邶風」「谷風」篇文也.

이것은 맛은 쓰지만 먹을 수 있는 나물로 일명 도(荼), 일명 고채(苦菜)이다.『본초』에는 "일명 도초(茶草), 일명 선(選), 일명 유동이라 한다"고 하였다. 살피건대,『역위통괘험현도』에 "고채(苦菜)는 차가운 가을에 나서 겨울을 나고 봄을 지나 여름이 되어서야 성장한다"고 하였다.『예기』「월령」에는 "맹하(孟夏)의 달에 고채(苦菜)가 쑥쑥 자라 나온다"고 한 것이 이것이다. 잎이 고거(苦苣)와 비슷하나 가늘다. 자르면 흰 즙이 나오고 꽃은 황색으로 국화와 같으며 먹을 수 있으나 단지 맛이 쓰다. 주에서 "수위도고(誰謂荼苦)"라고 한 것은「패풍(邶風)」「곡풍(谷風)」편의 글이다.

 萑, 蓷.

추(萑)는 퇴(蓷 : 익모초)이다.

 今茺蔚也. 葉似荏, 方莖, 白華, 華生節間, 又名益母. 『廣雅』云.

지금의 충위(茺蔚)이다. 잎은 들깨와 비슷하며 모난 줄기에 흰 꽃이 피
는데 꽃은 마디 사이에서 나오며 또 다른 이름은 익모(益母)이다. 『광아』
에 언급되었다.

萑, 音隹. 蓷, 他回反, 或音推. 郭云: "茺蔚也." 『本草』; "茺蔚子,
一名益母, 一名大札, 一名益明, 一名貞蔚." 陶弘景云: "處處生,
葉如荏, 方莖, 子細長, 三楞. 白華, 華生節間." 茺, 音充. 蔚, 音尉. 荏,
而甚反.

추(萑)는 음이 추(隹)이다. 퇴(蓷)는 타(他)와 회(回)의 반절, 또는 음이 퇴
(推)이다. 곽박은 "충위(茺蔚)이다"고 하였다. 『본초』에 "충위자(茺蔚子)는 일
명 익모(益母), 일명 대찰(大札), 일명 익명(益明), 일명 정위(貞蔚)라 한다"고
하였다. 도홍경은 "곳곳에 나는 것으로 잎은 들깨와 비슷하며 모난 줄기
에 씨앗은 가늘고 길면서 세 모서리가 있다. 흰 꽃이 피는데 꽃은 마디
사이에서 나온다"고 하였다. 충(茺)은 음이 충(充)이다. 위(蔚)는 음이 위(尉)
이다. 임(荏)은 이(而)와 심(甚)의 반절이다.

萑, 一名蓷. 李巡曰 : "臭穢草也." 郭云 : "今茺蔚也." 『廣雅』 :
"名益母. 葉似荏, 方莖, 白華, 華生節間." 『詩』 「王風」 云 : "中谷
有蓷." 陸璣云 : "舊說及魏博士濟陰周元明皆云菴䕡." 是也. 『韓詩』及
『三蒼說』悉云 "益母", 故曾子見益母而感. 案 『本草』 "茺蔚, 一名益母." 故
劉歆曰 : "蓷, 臭穢." 臭穢, 卽茺蔚也.

추(萑)는 일명 퇴(蓷)이다. 이순은 "냄새나는 잡초이다"고 하였으며, 곽
박은 "지금의 충위(茺蔚)이다"고 하였다. 『광아』에는 "이름은 익모(益母)이
다. 잎이 들깨와 비슷하며 모난 줄기에 흰색의 꽃이 피는데 꽃은 줄기 사
이에서 난다"고 하였다. 『시경』 「왕풍(王風)」에 "골짜기에 익모초가 있다"
라고 하였는데, 육기는 "구설(舊說)과 위(魏)의 박사(博士)로 제음(濟陰)출신
인 주원명(朱元明)은 모두 '암려(菴䕡)이다'"고 한 것이 이것이다. 『한시(韓
詩)』와 『삼창설(三蒼說)』도 "익모(益母)이다"고 하였으므로 증자가 익모를
보고 감격하였다.[13] 살피건대, 『본초』에 "충위는 일명 익모이다"고 하였
다. 그러므로 유흠은 "퇴(蓷)는 냄새나는 잡초이다"고 하였으니, 냄새나는
잡초가 곧 충위이다.

 䕡, 綬.

역(䕡)은 수(綬 : 인끈무늬풀)이다.

---

13) 감격하였다 : '益母'는 意味가 '어머니를 돕는다'는 뜻이 있으므로 감격한 것이다. 曾
子는 '어머니를 이긴다[勝母]'는 마을에는 들어가지 않았다.

小草, 有雜色, 似綬.

조그마한 풀로 색이 섞여 있는데 인끈과 비슷하다.

 虉, 又作鷁, 五歷反. 郭音五革反. 綬, 音受.

역(虉)은 또 역(鷁)으로도 쓰는데 오(五)와 력(歷)의 반절이다. 곽박의 『음의』에는 오(五)와 혁(革)의 반절이라고 하였다. 수綬(綬)는 음이 수(受)이다.

 虉者, 雜色如綬文之草也. 『詩』「陳風」云 : "邛有旨鷁." 陸璣『疏』云 : "虉, 五色作綬文, 故曰綬草." 是也.

역(虉)은 인끈의 무늬처럼 색이 섞여 있는 풀이다. 『시경』「진풍(陳風)」「방유작소(防有鵲巢)」에 "공유 지역(邛有旨鷁 : 언덕에는 맛있는 인끈무늬풀이 있다)"이라 하였는데, 육기의 『모시초목조수충어소』에는 "역(虉)은 오색으로 인끈의 문양을 만들기 때문에 수초(綬草)라 한다"고 한 것이 이것이다.

 粢, 稷.

자(粢)는 직(稷 : 기장)이다.

今江東人呼粟爲粢.

지금의 강동 사람들이 속(粟)을 자(粢)라고 부른다.

粢, 音咨.『左傳』云: "粢食不鑿." 杜注云: "黍稷曰粢." 郭云: "今江東人呼粟爲粢." 陶注『本草』云: "白糧粟或呼爲粢." 音緇. 『字林』云: "黏稷也, 今苗及穀似粟." 稷,『本草』云: "稷米味甘無毒, 益氣補不足." 陶注云: "不識."『書』多云稷, 恐與黍相似.『詩』黍・稷・稻・粱・禾・麻・菽・麥, 此八穀世人莫能證辨. 如此穀稼米不能明, 而況芝英者乎? 氾勝之種殖書無稷. 案『禮記』云: "子卯稷食菜羹." 又云: "君沐粱, 大夫沐稷, 士沐粱." 相承云稷粟也. 又郭注衆秫云: "黏粟", 而『說文』・『字林』皆云"黏稷", 今秫苗及穀全似粟, 唯色及黏爲異. 又衆家釋粢皆爲粟, 知稷卽粟也. 然『本草』稷米在下品, 別有粟米在中品, 又似二物.

자(粢)는 음이 자(咨)이다.『좌전』환공 2년에 "기장밥은 곱게 찧지 않는다"고 하였는데, 두예의 주에 "서직(黍稷)을 자(粢)라 한다"고 하였다. 곽박은 "지금의 강동 사람들이 속(粟)을 자(粢)라고 부른다"고 하였다.『본초』의 도홍경의 주에 "백량속(白糧粟)을 혹은 자(粢)라고 부른다"고 하였는데 음이 치(緇)이다.『자림』에는 "점직(黏稷: 찰기장)이다. 지금 묘(苗: 싹)와 곡(穀: 열매)이 속(粟: 조)과 같다"고 하였다. 직(稷)에 대하여『본초』에 "직미(稷米)는 맛이 달고 독이 없으며 기운을 도와주고 부족한 것을 보충해 준다"고 하였는데, 도홍경의 주에는 "모른다"고 하였다.『서경』에는 여러 번 직(稷)을 말하였는데 아마도 서(黍)와 서로 같은 것 같다.『시경』에서 말한 서(黍)・직(稷)・도(稻)・량(粱)・화(禾)・마(麻)・숙(菽)・맥(麥)의 여덟 가지 곡식은 세상사람이 증명하거나 구별하지 못한다. 이와 같은 곡식도 구별할 수 없는데 하물며 지초 꽃을 알 수 있겠는가? 범승지(氾勝之)[14]의 종식서(種殖

書)에는 직(稷)이 없다. 살펴건대, 『예기』「옥조(玉藻)」에 "자묘일(子卯日)[15]에는 기장밥을 먹고 나물국을 먹었다"고 하였으며, 또 『예기』「상대기(喪大記)」에는 "임금은 시신(屍身)을 량(粱)의 뜨물로 목욕시키고, 대부는 직(稷)의 뜨물로 목욕시키고, 사(士)는 량(粱)의 뜨물로 목욕시킨다"고 하였다. 서로 계승하여 직(稷)을 속(粟)이라고 하였다. 또 다음 글의 곽박 주에 중(眾)은 출(秫 : 기장)이라고 한 것에 말하기를 점속(黏粟 : 찰조)이라 하였으나, 『설문』과 『자림』은 모두 점직(黏稷)이라고 하였다. 지금 출(秫)의 싹과 곡(穀)은 모두 속(粟)과 비슷하나 오직 색(色)과 찰기는 다르다. 또 여러 주석가들이 자(粢)를 풀이하여 모두 속(粟)이라 하였으니, 직(稷)이 곧 속(粟)임을 알 수 있다. 그러나 『본초』에는 직미(稷米)가 하품(下品)에 있고, 별도로 속미(粟米)가 중품(中品)에 있으니, 또 두 가지의 곡물인 듯하다.

爾雅疏 『左傳』曰 : "粢食不鑿." 粢者, 稷也. 「曲禮」云 : "稷曰明粢." 是也. 郭云 : "今江東人呼粟爲粢." 然則, 粢也, 稷也, 粟也, 正是一物. 而『本草』稷米在下品, 別有粟米在中品, 又似二物. 故先儒共疑焉.

『좌전』의 "자사불착(粢食不鑿)"에서 자(粢)는 직(稷)이다. 『예기』「곡례(曲禮)」에 "직(稷)을 명자(明粢)라 한다"고 한 것이 이것이다. 곽박은 "지금의 강동 사람들이 속(粟)을 자(粢)라고 부른다"고 하였다. 그렇다면 자(粢)·직(稷)·속(粟)이라는 것은 바로 동일한 곡물이다. 그런데 『본초』에는 직미(稷米)는 하품(下品)에 있고, 별도로 속미(粟米)가 중품(中品)에 있으니, 또 두 가지의 곡물인 듯하다. 그러므로 선유(先儒)들이 공통으로 의심한 것이다.

---

14) 氾勝之 : 漢 成帝때 사람으로 氾勝이라고도 한다. 『漢書』「藝文志」農家에 氾勝之가 있으며 저서로 18편이 있다고 하였으나 구체적인 책명은 없다. 種殖書가 구체적인 書名을 말하는지 아니면 곡식 심는 것과 관련된 일반적인 서적인지는 확실하지 않다.

15) 子卯日 : 불길한 날. 殷의 紂王이 甲子日에, 夏의 桀王이 乙卯日에 망한 데서 유래한다.

 衆, 秫.

종(衆)은 출(秫 : 찰기가 있는 조)이다.

 謂黏粟也.

찰기 있는 조를 말한다.

衆, 音終, 秫, 音述. 郭云 : "黏粟也." 『說文』云 : "稷之黏者." 『字林』亦云 : "黏稷." 『本草』云 : "秫, 米味甘微寒, 主止寒熱, 利大腸, 治漆創." 案, 江東人皆呼稻米爲秫米. 嚼稻米以治漆創, 亦驗然. 北間自有秫穀, 全與粟相似, 米黏. 北人用之釀酒. 其莖稈似禾而麤大也. 黏, 女廉反. 『字林』云 : "相著."

중(衆)은 음이 종(終)이고, 출(秫)은 음이 술(述)이다. 곽박은 "찰기 있는 조이다"고 하였다. 『설문』에 출(秫)은 "조 가운데 찰기 있는 것이다"고 하였다. 『자림』역시 "찰기 있는 조이다"고 하였다. 『본초』에 "출(秫)은 맛이 달고 약간 찬 기운이 있는 쌀로서, 추위와 더위를 그치게 하는데 주로 쓰이며 대장(大腸)에도 이롭고 칠창(漆創 : 옻올림)을 치료한다"고 하였다. 살펴건대, 강동 사람은 모두 도미(稻米 : 멥쌀)를 출미(秫米)라고 하며 멥쌀을 씹어 그것을 발라 칠창을 고치니 역시 경험하여 그렇게 된 것이다. 북쪽 지역에서는 원래 출곡(秫穀)이 있었는데 완전히 조와 서로 비슷하기는 하지만, 쌀알이 차지다. 북쪽 사람은 출곡으로 술을 빚기도 한다. 그 줄기는 벼와 비슷하나 굵고 크다. 점(黏)은 녀(女)와 렴(廉)의 반절이다. 『자림』은

"찰기가 있어 달라붙는다"고 하였다.

 衆, 一名秫, 謂黏粟也. 『說文』云"稷之黏者"也. 與穀相似, 米黏. 北人用之釀酒. 其莖稈似禾而麤大者, 是也.

종(衆)은 일명 출(秫)인데, 찰기 있는 조를 말한다.『설문』에 출(秫)은 "조 가운데 찰기 있는 것이다"고 하였다. 곡(穀)과 서로 비슷하나 쌀알이 차지 다. 북쪽 사람은 찰기 있는 조를 사용하여 술을 빚기도 한다. 그 줄기는 벼와 비슷하나 굵고 크다고 한 것이 이것이다.

 戎叔謂之荏菽.

융숙(戎叔)을 임숙(荏菽 : 콩)이라 한다.

 卽胡豆也.

즉 호두(胡豆)이다.

 菽, 舒育反. 荏, 而甚反.

숙(菽)은 서(舒)와 육(育)의 반절이다. 임(荏)은 이(而)와 심(甚)의 반절이다.

戎叔, 一名荏菽. 孫炎云: “大豆也.” 『詩』「大雅」「生民」云: “蓺之
荏菽, 荏菽旆旆.” 鄭箋亦以爲大豆. 樊光・舍人・李巡・郭氏皆
云今以爲胡豆. 郭氏云: “『春秋』齊侯來獻戎捷. 『穀梁傳』曰: ‘戎,
菽也.’ 『管子』亦云: ‘北伐山戎, 出冬蔥及戎菽, 布之天下.’ 今之胡豆,
是也.” 案, 此戎菽皆爲大豆. 注『穀梁』者亦以爲大豆也. 郭氏等以戎・胡俱是夷名,
故以戎菽爲胡豆也.

융숙(戎叔)은 일명 임숙(荏菽)이다. 손염은 “대두(大豆:콩)이다”고 하였다.
『시경』「대아」「생민」에 “콩을 심으니 콩이 무럭무럭 자란다”라 하였는
데, 정전에는 역시 콩으로 여겼으며, 번광・사인・이순・곽박 모두 “지금
은 콩이라 한다”고 하였다. 곽박은 “『춘추』장공 31년 경문(經文)에 ‘제후
래헌융첩(齊侯來獻戎捷:齊侯가 노나라에 와서 포로로 잡은 오랑캐를 바쳤다)’16)이
라 하였는데, 『곡량전』은 ‘융(戎)은 숙(菽)이다’고 하였으며, 『관자(管子)』「계
(戒)」역시 ‘북쪽으로 산융(山戎)을 정벌하여 동총(冬蔥)17)과 콩을 출산하여
천하에 퍼뜨렸다’고 하였다. 지금의 호두(胡豆)가 이것이다”고 하였다. 살
피건대, 이 융숙(戎菽)은 모두 대두(大豆:콩)이다. 『곡량(穀梁)』을 주석한 사
람도 역시 콩이라 여겼다. 곽박 등은 융(戎)이나 호(胡)를 모두 오랑캐의
이름으로 여겼으므로, 융숙(戎菽)을 호두(胡豆)라 한 것이다.

卉, 草.

훼(卉)는 초(草:풀)이다.

---

16) 齊侯來獻戎捷: 『左傳』은 戎을 오랑캐로 보았다. 『穀梁傳』의 해석은 ‘군인들이 노
   획한 것을 捷이라 한다. 戎은 菽(콩)이다[軍得曰捷. 戎, 菽也]’로 풀이하였다.
17) 冬蔥: 野菜의 명칭으로, 파의 일종이다.

百草, 總名.

백초(百草)니 총체적인 명칭이다.

 卉, 虛謂反. 總, 子孔反.

훼(卉)는 허(虛)와 위(謂)의 반절이다. 총(總)은 자(子)와 공(孔)의 반절이다.

 別二名也. 百卉猶百草也.『詩』「小雅」云 : "百卉具腓." 是也.

두 가지 명칭을 구별하였다. 백훼(百卉)는 백초(百草)와 같다.『시경』「소아」「사월(四月)」에 "온갖 풀이 모두 시들었다"라 한 것이 이것이다.

 蔫, 雀弁.

언(蔫)은 작변(雀弁 : 풀 이름)이다.

 未詳.

미상이다.

 蘥, 雀麥.

약(蘥)은 작맥(雀麥 : 귀리)이다.

 卽燕麥也.

즉 연맥(燕麥)이다.

 蘥, 悅轉反, 又古本反. 蘥, 予若反. 麥, 亡革反. 燕, 烏見反.

연(蘥)은 열(悅)과 전(轉)의 반절, 또는 고(古)와 본(本)의 반절이다. 약(蘥)은 여(予)와 약(若)의 반절이다. 맥(麥)은 망(亡)과 혁(革)의 반절이다. 연(燕)은 오(烏)와 견(見)의 반절이다.

 蘥, 一名雀麥, 一名燕麥. 『本草』云 : "生故墟野林下. 苗似小麥而弱, 實似穬麥, 而細. 在處亦有之." 是也.

약(蘥)은 일명 작맥(雀麥), 일명 연맥(燕麥)이다. 『본초』에 "오래된 성터나 들판·숲에서 자란다. 싹은 소맥(小麥 : 밀)과 비슷하나 연약하고, 열매는 광맥(穬麥 : 벼나 보리와 같이 까끄라기가 있는 곡식)과 비슷하나 가늘며 곳곳에 있다"고 한 것이 이것이다.

 蘾, 烏蕵. 萰, 菟荄. 虅, 菟葵.

괴(蘾)는 오손(烏蕵)이다. 연(萰)은 토해(菟荄)이다. 번(虅)은 토혜(菟葵)이다.

 皆未詳.

모두 미상이다.

 黃, 菟瓜.

인(黃)은 토과(菟瓜:쥐참외의 일종)이다.

 菟瓜似土瓜.

토과(菟瓜)는 토과(土瓜:쥐참외)와 비슷하다.

 蘾, 戶怪反. 蕵, 西存反. 萰, 音練. 菟音菟. 荄, 古來反, 一音皆.
虅, 音煩. 葵, 音兮. 黃, 羊善反, 又弋仁反.

괴(蘾)는 호(戶)와 괴(怪)의 반절이다. 손(蕵)은 서(西)와 존(存)의 반절이다.
연(萰)은 음이 연(練)이다. 토(菟)는 음이 토(菟)이다. 해(荄)는 고(古)와 래(來)의 반절이고, 일음은 개(皆)이다. 번(蘩)은 음이 번(煩)이다. 혜(葵)는 음이 혜(兮)이다. 인(黃)은 양(羊)과 선(善)의 반절이고, 또 익(弋)과 인(仁)의 반절이다.

 菟瓜, 一名黃. 苗及實似土瓜. 土瓜者, 卽王瓜也. 「月令」:"王瓜生." 是也.

토과(菟瓜)는 일명 인(黃)이다. 싹과 열매가 토과(土瓜)와 비슷하다. 토과(土瓜)는 즉 왕과(王瓜)이다. 『예기』「월령」에 "왕과(王瓜)가 난다"고 한 것이 이것이다.

 荊蕪, 豕首.

열진(荊蕪)은 시수(豕首 : 약초 이름)이다.

『本草』曰 : "彘盧, 一名蟾蜍蘭." 今江東呼豨首, 可以焫蠶蛹.

『본초』는 "체로(彘盧)이다. 일명 섬저란(蟾蜍蘭)이다"고 하였다. 지금 강동에서는 희수(豨首)라고 하는데 이것으로 번데기를 볶을 수 있다.

荊, 音列. 蕪, 音眞. 豕, 傷氏反. 彘, 音滯. 蟾, 音占. 豨, 虛豈反. 焫, 字或作焫·焆·炒·爤·爇·爇, 七字, 竝音初卯反. 『三蒼』云 : "熬也." 『說文』云 : "火乾物也." 蠶, 雜南反. 蛹, 音用.

열(茢)은 음이 렬(列)이다. 진(薽)은 음이 진(眞)이다. 시(豕)는 상(傷)과 씨(氏)의 반절이다. 체(彘)는 음이 체(滯)이다. 섬(蟾)은 음이 점(占)이다. 희(豨)는 희(虛)와 기(豈)의 반절이다. 초(煼)는 글자를 혹 초(𤍽)·초(𤆍)·초(炒)·초(𩱦)·초(𩰲)·초(焣)로 쓰는데 7자는 모두 음이 초(初)와 묘(卯)의 반절이다. 『삼창(三蒼)』에는 "오(熬 : 볶다)이다"고 하였다. 『설문』은 "불로 물건을 말림이다"고 하였다. 잠(蠶)은 잡(雜)과 남(南)의 반절이다. 용(蛹)은 음이 용(用)이다.

爾雅疏 茢薽, 藥草名, 一名豕首, 一名彘盧, 一名蟾蠩蘭, 一名天名精, 一名麥句薑, 一名蝦蟆藍, 一名天門精, 一名玉門精. 『別錄』一名天蔓精, 南人名爲地菘, 味甘辛, 故有薑稱. 狀如藍, 故名蝦蟆藍. 香似蘭, 故名蟾蠩蘭. 郭云"今江東呼豨首, 可以煼蠶蛹"者, 『三蒼』云 : "煼, 熬也."

열진(茢薽)은 약초 이름으로 일명 시수(豕首), 일명 체로(彘盧), 일명 섬저란(蟾蠩蘭), 일명 천명정(天名精), 일명 맥구강(麥句薑), 일명 하마람(蝦蟆藍), 일명 천문정(天門精), 일명 옥문정(玉門精)이라 한다. 『별록』에는 "일명 천만정(天蔓精)이다"고 하였다. "남쪽 사람은 지숭(地菘)이라 부르는데 맛이 달고 시므로 생강이라 칭하는 곳도 있다. 모습이 쪽과 같으므로 하마람(蝦蟆藍)이라 부른다. 향기가 난초와 비슷하므로 섬저란(蟾蠩蘭)이라 한다"[18]고 하였다. 곽박은 지금 강동에서는 희수(豨首)라 부르며 이것으로 번데기를 볶을 수 있다고 하였다. 『삼창』은 "추(煼)는 오(熬)이다"고 하였다.

18) 남쪽 사람은…… 한다 : 郝懿行의 『爾雅義疏』에 의하면 『圖經』에서 나온 글이라고 하였다. 『圖經』이 어떤 책인지는 불분명하다.

 莑, 馬帚.

병(莑)은 마추(馬帚 : 말솔풀)이다.

 似蓍, 可以爲掃彗.

시초(蓍草)와 비슷한데 비를 만들 수 있다.

莑, 音瓶. 帚, 之酉反. 蓍, 音尸, 『說文』云 : "蒿屬也. 生千歲, 三
百莖." 埽, 蘇早反.

병(莑)은 음이 병(瓶)이다. 추(帚)는 지(之)와 유(酉)의 반절이다. 시(蓍)는 음
이 시(尸)이다. 『설문』은 시(蓍)에 대해 "쑥 종류이다. 천 년을 살며 줄기가
300개이다"고 하였다. 소(埽)는 소(蘇)와 조(早)의 반절이다.

莑草似蓍者, 今俗謂蓍莑. 可以爲掃彗, 故一名馬帚. 注"似蓍",
『說文』云 : "蓍, 蒿屬也. 生千歲, 三百莖." 可以爲卜筴. 『白虎
通』云 : "此天地之間壽考物也, 故問之." 是也.

병초(莑草)는 시초(蓍草)와 비슷한데 세상에서는 시병(蓍莑)이라 한다. 이
것으로 비를 만들 수 있으므로 일명 마추(馬帚)이다. 곽박의 주에서는 "시
초(蓍草)와 비슷하다"고 하였다. 『설문』에 "시(蓍)는 쑥 종류이다. 천년을
살며 줄기가 300개이다"고 하였는데, 이것으로 복책(卜筴 : 산가지)을 만들
수 있다. 『백호통』에 "이것은 천지 사이에 오래 사는 물건이다. 그러므로

의문스런 일이 생기면 시초에게 물어본다"고 한 것이 이것이다.

 薇, 懷羊.

회(薇)[19]는 회양(懷羊)이다.

 未詳.

미상이다.

 茭, 牛蘄.

교(茭)는 우근(牛蘄 : 미나리 비슷하게 생긴 먹을 수 있는 채소)이다.

 今馬蘄. 葉細銳似芹, 亦可食.

지금의 마근(馬蘄)이다. 잎이 가늘고 뾰쪽하며 미나리 비슷한데 먹을 수 있다.

---

19) 薇 : 一說에 薇는 芋(토란) 가운데 질이 나쁜 것이라 하였으며 또는 芳草라고도 하였다.

蘬, 胡罪反. 茭, 郭胡卯反, 又音交, 或尸交反. 蘄, 音芹.

회(蘬)는 호(胡)와 죄(罪)의 반절이다. 교(茭)에 대하여 곽박은 호(胡)와 묘(卯)의 반절, 또는 음이 교(交) 혹은 시(尸)와 교(交)의 반절이라고 하였다. 근(蘄)은 음이 근(芹)이다.

 似芹, 可食菜也, 而葉細銳. 一名茭, 一名牛蘄, 一名馬蘄, 子入藥用. 『本草』注云 : "生水澤中. 苗似鬼鍼·茶茱等. 花靑白色, 子黃黑色, 似防風子." 是也.

미나리 비슷한 먹을 수 있는 채소인데 잎은 가늘고 뾰쪽하다. 일명 교(茭), 일명 우근(牛蘄), 일명 마근(馬蘄)이라 하며 씨는 약재로 사용된다. 『본초』의 주석에 "못에서 자란다. 싹은 귀침(鬼鍼)이나 첨채(茶茱) 등과 비슷하다. 꽃은 청백색(靑白色)이고, 씨는 황흑색(黃黑色)으로, 방풍자(防風子 : 미나리과의 다년생 풀)와 비슷하다"고 한 것이 이것이다.

 葖, 蘆萉.

돌(葖)은 노비(蘆萉 : 무)이다.

 萉宜爲菔. 蘆菔, 蕪菁屬. 紫華, 大根, 俗呼雹葖.

비(菲)는 복(葍)이 되어야 옳다. 노복(蘆葍)은 무청(蕪菁 : 순무)종류이다. 꽃은 자줏빛이고 뿌리는 크다. 민간에서는 박돌(雹葖)이라 한다.

 葖, 孫·郭竝他忽反, 施徒忽反. 蘆, 郭音力何反, 謝力吳反. 菲, 郭音葍, 蒲北反. 蕪, 音無, 本或作蔓, 音萬. 菁, 音精, 又子丁反. 雹, 步角反.

돌(葖)에 대하여 손염과 곽박은 모두 타(他)와 홀(忽)의 반절이라 하였으며, 시건은 도(徒)와 홀(忽)의 반절이라 하였다. 노(蘆)에 대하여 곽박은 음이 력(力)과 하(何)의 반절이라 하였고, 사교는 력(力)과 오(吳)의 반절이라 하였다. 비(菲)에 대하여 곽박은 음이 복(葍)이라 하였는데 포(蒲)와 북(北)의 반절이다. 무(蕪)는 음이 무(無)이며, 본에 따라 만(蔓)으로 되어 있는데 음은 만(萬)이다. 청(菁)은 음이 정(精), 또는 자(子)와 정(丁)의 반절이다. 박(雹)은 보(步)와 각(角)의 반절이다.

 紫花菘也. 俗呼溫崧. 似蕪菁, 大根, 一名葖. 俗呼雹葖, 一名蘆菔. 今謂之蘿蔔, 是也.

자색 꽃이 피는 무우이다. 민간에서는 온숭(溫崧)이라 한다. 순무와 비슷하나 뿌리가 크며 일명 돌(葖)이라고도 한다. 세상에서 박돌(雹葖)이라 부르며 일명 노비(蘆菲)라고도 한다. 지금은 나복(蘿蔔)이라 부르는 것이 이것이다.

經文 葰, 灌.

칙(洫)은 관(灌)이다.

 未詳.

미상이다.

 芮, 芝.

수(芮)는 지(芝 : 지초)이다.

未詳. 芝, 一歲三華, 瑞草.

지(芝)는 한 해 세 번 꽃이 피는데 서초(瑞草 : 상서로운 풀)이다.

洫, 恥力反. 『聲類』云 : "洫灌, 芮芝也." 芮, 沈·顧音祥由反, 謝 音由. 芝, 音之, 瑞草也.

칙(洫)은 치(恥)와 력(力)의 반절이다. 『성류(聲類)』20)에는 "칙(洫)은 관(灌) 이며, 수(芮)는 지(芝)이다"고 하였다. 수(芮)에 대하여 심선과 고야왕은 음 이 상(祥)과 유(由)의 반절이라 하였으며, 사교는 음이 유(由)라고 하였다.

---

20) 『聲類』: 書名. 魏의 李登이 지은 것이다. 古音을 분류한 것인데 원본은 佚失되었으 나 일부가 『玉函山房輯佚書』에 수록되어 있다.

지(芝)는 음이 지(之)로 서초(瑞草)이다.

 瑞草名也, 一歳三華, 一名芮, 一名芝.『論衡』云 : "芝生於土, 土氣和, 故芝草生." 瑞命禮曰 : "王者仁慈, 則芝草生." 是也.

서초의 명칭이다. 한 해에 세 번 꽃 피는데 일명 수(芮), 일명 지(芝)[21]라고 한다.『논형(論衡)』「험부(驗符)」에서 "지초는 땅에서 생기는데 흙의 기운이 부드러워야 지초가 생긴다"고 하였다. 서명례(瑞命禮)[22]에서 "왕자(王者)가 어질고 인자하면 지초가 생긴다"고 한 것이 이것이다.

 筍, 竹萌.

순(筍)은 죽맹(竹萌 : 대나무 싹)이다.

 初生者.

대나무 싹이 돋아나기 시작하는 것이다.

 筍, 息尹反, 竹初生也. 萌, 亡耕反.

---

21) 芝 : 郝懿行은『爾雅義疏』에서 芮는 菌이며 芮芝는 菌芝로 하나로 보았다.
22) 瑞命禮 :『宋書』「符瑞志」에 보인다.

순(筍)은 식(息)과 윤(尹)의 반절인데, 대의 싹이 처음으로 생겨나는 것이다. 맹(萌)은 망(亡)과 경(耕)의 반절이다.

 孫炎曰: "竹初萌生謂之筍." 凡草木初生謂之萌. 筍則竹之初生者, 故曰筍, 竹萌也. 可以爲菜殽. 『詩』「大雅」「韓奕」云: "其蔌維何? 維筍及蒲." 蔌, 則菜殽也.

손염은 "대나무가 처음 싹이 나는 것을 순(筍)이라 한다"고 하였다. 초목이 막 생겨나는 것을 맹(萌)이라 한다. 순(筍)은 대나무의 싹이 막 생겨난 것이므로 본문에서 "순(筍)은 죽맹(竹萌)이다"고 하였다. 이것으로 채소 안주를 만들 수 있다. 『시경』「대아」「한혁(韓奕)」에 "그 채소 안주는 무엇인가? 죽순과 부들이다"라고 하였다. 속(蔌)은 채소 안주이다.

 蕩, 竹.

탕(蕩)은 죽(竹 : 왕대나무)이다.

竹別名. 『儀禮』曰 : "蕩在建鼓之間." 謂簫管之屬.

대나무의 별명이다. 『의례』에 "탕(蕩)은 세운 북 사이에 둔다"고 하였는데, 관악기 종류임을 말한다.

爾雅音義 簜, 徒朗反.『說文』云:"大竹也."『尙書』云:"篠簜旣敷." 是也. 本或作蕩, 音同. 案,『說文』:"篢, 大竹箇也."『字林』他莽反.

탕(簜)은 도(徒)와 랑(朗)의 반절이다.『설문』에 탕(簜)은 "큰 대이다"고 하였다.『상서』「우공」에 "조릿대와 왕대가 널리 퍼져 있다"고 한 것이 이것이다. 본에 따라 탕(蕩)으로 되어 있는데 음은 같다. 살피건대,『설문』은 "탕(篢)은 큰 대나무를 자른 것이다"[23]고 하였다.『자림』은 타(他)와 망(莽)의 반절이라고 하였다.

爾雅疏 簜則竹之別名. 李巡曰:"竹節相去一丈曰簜." 孫炎曰:"竹闊節者曰簜."「禹貢」:"篠簜旣敷." 孔安國云:"簜, 大竹." 郭氏云:"竹別名." 無大小之異, 故引『禮』經爲證也. 注"『儀禮』曰"者,「大射禮」文也. 案, 彼云:"樂人宿縣, 西階之西, 頌磬東面. 其南鍾, 其南鎛, 皆南陳. 一建鼓在其南, 東鼓, 朔鼙在其北; 一建鼓在西階之東, 南面. 簜在建鼓之間." 鄭注云:"簜, 竹也. 謂笙簫之屬, 倚於堂." 以笙簫之屬, 固非大竹, 故郭氏引之也. 鄭又云:"建猶樹也. 以木貫而載之, 樹之跗也." 故謂之建鼓. 云"謂簫管之屬"者, 郭用鄭玄之說也.

탕(簜)은 대나무의 별명이다. 이순은 "대나무 마디가 서로 1장(丈) 되는 것이 탕(簜)이다"고 하였다. 손염은 "대나무에서 마디가 넓은 것이 탕(簜)이다"고 하였다.『상서』「우공」에 "조릿대와 왕대가 널리 퍼져 있다"고 하였는데, 공안국은 "탕(簜)은 대죽(大竹)이다"고 하였다. 곽박은 "대의 별명이다"고 하였는데, 대소(大小)의 차이가 없으므로『의례』를 인용하여 증명한 것이다. 곽박이 주에서『의례』라고 한 것은「대사례(大射禮)」의 글이다. 살피건대,「대사례」에 "악공이 활을 쏘기 하루 전에 악기를 거는데, 서쪽 계

---

23)『說文』에 "箇, 斷竹也"라고 하였다.

단의 서쪽에는 송경(頌磬 : 서쪽의 경쇠)은 동쪽을 향하도록 하고, 송경의 남쪽은 종(鐘)이며, 종의 남쪽은 박(鎛)인데 모두 남쪽을 향해 진열한다. 고(鼓) 하나를 종과 박의 남쪽에 세우는데, 고를 두드리는 면은 동쪽을 향하게 한다. 삭비(朔鼙)는 세운 고(鼓)의 북쪽에 있다. 서쪽 계단의 동쪽에 고(鼓) 하나를 또 세우는데 북을 두드리는 면은 남쪽을 향하게 한다. 탕(簜)은 두 개의 세운 고(鼓) 사이에 있다"고 하였다. 정현의 주에 "탕(簜)은 대나무이니, 생소(笙簫 : 관악기)의 종류를 말하며, 당(堂)에서 연주된다"고 하였다. 관악기에 속하는 것으로, 진실로 대죽(大竹)이 아니다. 그러므로 곽박이 인용하였다. 정현은 또 "건(建)은 수(樹 : 세우다)이다. 북을 나무에 꿰어서 매달아 북틀 받침에 세운다"고 하였다. 그러므로 건고(建鼓)라 한다. "관악기의 종류를 말한다"고 함은 곽박이 정현의 설을 인용한 것이다.

 莪, 蘿.

아(莪)는 라(蘿 : 쑥의 일종)이다.

 今莪蒿也. 亦曰廩蒿.

지금의 아호(莪蒿)인데 또한 늠호(廩蒿)라고도 한다.

 莪, 五河反. 蘿, 力何反. 廩, 良甚反,『廣雅』云 : "莪蒿, 廩蒿也."

아(莪)는 오(五)와 하(河)의 반절이다. 라(蘿)는 력(力)과 하(何)의 반절이다.
름(廩)은 량(良)과 심(甚)의 반절이다. 『광아』에 "아호(莪蒿)는 늠호(廩蒿)이
다"고 하였다.

 舍人云: "莪, 一名蘿." 郭云: "今莪蒿也, 亦曰廩蒿." 『詩』「小雅」
云: "菁菁者莪." 陸璣云: "莪, 蒿也. 一名蘿蒿. 生澤田漸洳之處.
葉似邪蒿而細, 科生三月中. 莖可生食, 又可蒸, 香美, 味頗似蔞蒿." 是也.

사인은 "아(莪)는 일명 라(蘿)이다"고 하였다. 곽박은 "지금의 아호(莪蒿)
인데 또한 늠호(廩蒿)라고도 한다"고 하였다. 『시경』「소아」 「청청자아(菁
菁者莪)」에 "무성한 쑥"이라고 하였는데, 육기는 "아(莪)는 호(蒿)이며, 일명
나호(蘿蒿)이다. 못의 습기 진 곳에서 자란다. 잎은 사호(邪蒿)와 비슷하나
가늘고 3월경에 무더기로 난다. 줄기는 날로 먹을 수 있고, 또 쪄서 먹을
수 있는데, 향기가 있으며 맛은 자못 누호(蔞蒿)와 비슷하다"고 한 것이
이것이다.

苨, 蒁苨.

니(苨)는 저니(蒁苨 : 제니. 모싯대. 게로기. 초롱꽃과에 딸린 여러해살이 풀)이다.

 薺苨.

제니(薺苨)이다.

爾雅音義 苨, 奴禮反. 莀, 丁禮反.

니(苨)는 노(奴)와 례(禮)의 반절이다. 저(莀)는 정(丁)과 례(禮)의 반절이다.

爾雅疏 苨, 一名莀苨. 郭云"薺苨"也. 『本草』: "薺苨." 陶注云: "根莖都似人參, 而葉小異, 根味甛." 又別本注云: "根似桔梗, 以無心爲異者." 是也.

니(苨)는 일명 저니(莀苨)이다. 곽박은 "제니(薺苨)이다"고 하였다. 『본초』에 "제니(薺苨)이다"고 하였는데, 도홍경의 주에 "뿌리와 줄기는 모두 인삼(人參)과 비슷하나 잎이 조금 다르며 뿌리는 맛이 달다"고 하였다. 또 다른 본(本)의 주석에는 "뿌리는 길경(桔梗 : 도라지)과 비슷하지만 무심(無心 : 풀 이름. 薇銜)과는 다르다"고 한 것이 이것이다.

經文 絰, 履.

질(絰)은 리(履)이다.

爾雅注 未詳.

미상이다.

 莕, 接余. 其葉苻.

행(莕)은 접여(接余 : 노랑어리 연꽃)인데 그 잎을 부(苻)라 한다.

 叢生水中, 葉圓, 在莖端. 長短隨水深淺, 江東葅食之. 亦呼爲莕.
音杏.

물 속에서 무더기로 나는데 잎은 둥글고 줄기 끝에 있다. 풀의 길이는
물의 깊이에 따른다. 강동에서는 김치 담아 먹으며 또한 행(莕)이라 부른
다. 음은 행(杏)이다.

經, 待節反. 莕, 音幸, 本亦作荇. 『詩』云 : "參差荇菜." 『說文』作
荇. 接, 如字. 『說文』作接, 音同. 余, 羊如反, 本或作茶, 非.

질(經)은 대(待)와 절(節)의 반절이다. 행(莕)은 음이 행(幸)인데 본에 따라
행(荇)으로 되어 있다. 『시경』에 "들쭉날쭉한 노랑어리 연꽃"이라 하였다.
『설문』에는 "행(荇)"으로 되어 있다. 접(接)은 여자(如字)이다. 『설문』에는
"접(接)"으로 되어 있는데 음은 같다. 여(余)는 양(羊)과 여(如)의 반절이며
본에 따라 도(茶)로 되어 있으나 잘못이다.

荇菜, 一名接余, 其葉名苻. 郭云 : "叢生水中, 葉圓, 在莖端, 長
短隨水深淺, 江東葅食之, 亦呼爲莕." 『詩』 「周南」 「關雎」 云 : "參
差荇菜." 是也. 荇與莕同. 陸璣 『疏』云 : "接余, 白莖, 葉紫赤色, 正圓, 徑
寸餘. 浮在水上, 根在水底, 與水深淺等. 大如釵股, 上靑下白, 鬻其白莖,
以苦酒浸之, 脆美, 可案酒."

행채(荇菜)는 일명 접여(接余)인데 그 잎은 부(苻)라 한다. 곽박은 "물 속에서 무더기로 나는데 잎은 둥글고 줄기 끝에 있다. 풀의 길이는 물의 깊이에 따른다. 강동에서는 김치 담아 먹으며 또한 행(荇)이라 부른다"고 하였다. 『시경』 「주남」 「관저(關雎)」에 "참치행채(參差荇菜)"라고 한 것이 이것이다. 행(荇)은 행(荇)과 같다. 육기(陸璣)는 『모시초목조수충어소』에서 "접여(接余)는 줄기가 희며, 잎은 자적색(紫赤色)인데 완전히 둥글고, 지름은 일 촌 남짓이다. 물위에 뜬 채로 있으며 뿌리는 물 아래에 있고 물깊이와 함께 하며 굵기는 비녀와 같은데 위는 청색, 아래는 백색이다. 그 흰 줄기를 죽쑤어 식초에 담가 연하고 맛이 들면 안주로 할 수 있다"고 하였다.

 白華, 野菅.

백화(白華)는 야간(野菅 : 왕골)이다.

 菅, 茅屬. 『詩』曰 : "白華菅兮."

간(菅)은 모(茅)의 종류이다. 『시경』에 "왕골을 〈베어 물에 담가 부드럽고 질기게〉 간(菅)[24]으로 만든다"라 하였다.

 菅, 古顔反.

---

24) 菅 : 毛傳의 "白華, 野菅也. 已漚爲菅. …… 菅柔忍中用矣"에 의거하였다.

간(菅)은 고(古)와 안(顔)의 반절이다.

舍人云 : "白華, 一名野菅." 陸璣云 : "菅, 似茅而滑澤. 無毛, 根下五寸, 中有白粉者, 柔韌宜爲索, 漚乃尤善矣." 郭云 : "菅, 茅屬." 此白華亦是茅之類也. 漚之柔韌, 異其名謂之爲菅. 因謂在野未漚者爲野菅耳. 『詩』「小雅」云 : "白華菅兮." 是也.

사인은 "백화(白華)는 일명 야간(野菅)이다"고 하였다. 육기는 "간(菅)은 모(茅)와 비슷하나 부드럽다. 털이 없으며 뿌리 아래 5촌 정도 속에 백분(白粉)이 있는데 부드럽고 질겨서 끈을 만들기에 적당하고, 물에 담그면 더욱 좋다"고 하였다. 곽박은 "간(菅)은 모(茅)의 종류이다"고 하였다. 여기의 백화(白華) 역시 모(茅)의 종류이다. 물에 담그면 부드럽고 질겨, 그 명칭을 달리 하여 그것을 간(菅)이라 한다. 따라서 물에 적시지 않고 들에 있는 것을 말하여 야간(野菅)이라 할 뿐이다. 『시경』 「소아」 「백화(白華)」에 "백화간혜(白華菅兮)"라고 한 것이 이것이다.

薜, 白蘄.

벽(薜)은 백근(白蘄 : 당귀)이다.

卽上"山蘄."

바로 윗글의 "산근(山蘄)"이다.

 菲, 芴.

비(菲)는 물(芴 : 순무 또는 쥐참외)이다.

 卽土瓜也.

바로 토과(土瓜)이다.

 薜, 方麥反. 蘄, 巨斤反. 菲, 芳尾反. 芴, 音物.

벽(薜)은 방(方)과 맥(麥)의 반절이다. 근(蘄)은 거(巨)와 근(斤)의 반절이다. 비(菲)는 방(芳)과 미(尾)의 반절이다. 물(芴)은 음이 물(物)이다.

一名芴. 郭云 : “卽土瓜也.” 孫炎曰 : “葍類也.” 『詩』「谷風」云 : “采葑采菲.” 陸璣云 : “菲似葍, 莖粗, 葉厚而長, 有毛. 三月中蒸鬻爲茹, 甘美可作羹. 幽州人謂之芴, 『爾雅』又謂之蒠菜. 今河內人謂之宿菜.” 案, 今『爾雅』菲・芴與蒠菜異, 郭注似是別草. 如陸之言, 又是一物. 某氏注『爾雅』, 二處皆引「谷風」詩. 卽菲也, 芴也, 蒠菜也, 土瓜也, 宿菜也. 五者一物也. 其狀似葍而非葍, 故云“葍類也.”

일명 물(芴)이다. 곽박은 “바로 토과(土瓜)이다”고 하였다. 손염은 “복(葍 : 무우)의 종류이다”고 하였다. 『시경』「패풍(邶風)」「곡풍(谷風)」에 “봉(葑)을 캐고 비(菲)를 캐네”라고 하였다. 육기는 『모시초목조수충어소』에서 “비

(菲)는 무와 비슷하며 줄기는 거칠고 잎은 두껍고 길며 털이 있다. 3월중에 쪄서 말리면 먹을 수 있는데 달고 맛있어 국을 끓일 수도 있다. 유주(幽州) 사람들은 물(芴)이라 한다.『이아』에서 또 식채(蒠菜)라 하였다. 지금 하내(河內) 사람들은 숙채(宿菜)라 부른다"고 하였다. 살피건대, 지금『이아』에서는 비(菲)와 물(芴), 그리고 식채(蒠菜)를 다르게 보았으며 곽박의 주도 다른 풀로 여긴 듯하다. 육기의 말대로라면 한 가지 식물이다. 모씨(某氏)는『이아』의 두 곳25)을 주석할 때 모두「곡풍」의 시를 인용하였다. 즉 비(菲)·물(芴)·식채(蒠菜)·토과(土瓜)·숙채(宿菜) 다섯 가지는 동일한 식물이다. 그 모습이 순무와 비슷하지만 순무는 아니므로 순무 종류라고 한 것이다.

 葍, 藑.

복(葍)은 부(藑 : 무)이다.

 大葉, 白華. 根如指, 正白, 可啖.

잎이 크고 꽃이 하얗다. 뿌리는 손가락 만하며 순백색으로 먹을 수 있다.

 葍, 方服反.『說文』云 : "亦名舜,26) 楚謂之葍, 秦謂之藑, 蔓地生 而連花." 藑, 音富.

---

25) 두 곳 : 菲芴과 菲蒠菜를 말한다.
26) 亦名舜 :『說文』에는 확인하지 못하였고『太平御覽』998권에 "說文曰, 葍, …… 一 名舜"이라고 한 것이 보인다.

복(葍)은 방(方)과 복(服)의 반절이다. 『설문』에 "또한 순(𦰥)이라 한다. 초(楚)에서는 복(葍), 진(秦)에서는 하(藑)라 부른다. 땅에 덩굴지어 자라며 꽃이 이어져 있다"고 하였다. 부(蔔)는 음이 부(富)이다.

爾雅疏 葍, 一名蔔. 郭云: "大葉, 白華. 根如指, 正白, 可啖." 『詩』「小雅」云: "我行其野, 言采其葍." 陸璣云: "幽州人謂之燕葍. 其根正白, 可著熱灰中溫啖之, 饑荒之歲可蒸以禦饑也."

복(葍)은 일명 부(蔔)이다. 곽박은 "잎이 크고 꽃이 하얗다. 뿌리는 손가락만 하며 순백색으로 먹을 수 있다"고 하였다. 『시경』「소아」「아행기야(我行其野)」에 "내가 들판에 가서 무를 캔다"라고 하였는데, 육기는 "유주(幽州) 사람은 연부(燕葍)라 한다. 그 뿌리는 순백색으로, 열기가 있는 재 가운데에 넣어 따뜻하게 만들어 먹을 수 있으며, 기근이 든 해에는 쪄서 먹어 굶주림을 막을 수 있다"고 하였다.

經文 熒, 委萎.

형(熒)은 위위(委萎: 둥굴레. 黃精과 비슷하게 생겼지만 조금 다르다. 玉竹 또는 萎蕤라고도 한다)이다.

爾雅注 藥草也. 葉似竹, 大者如箭竿, 有節. 葉狹而長, 表白裏靑. 根大如指, 長一二尺, 可啖.

약초(藥草)다. 잎은 대나무와 비슷하며, 큰 것은 전간(箭竿: 살대)과 같고 마디가 있다. 잎은 좁고도 길며 겉은 하얗고 안은 파랗다. 뿌리는 크기가 손가락 만한데 길이가 1척 또는 2척이 되면 먹을 수 있다.

爾雅音義 荧, 戶坰反. 萎, 謝於危反, 孫人垂反, 郭音痿癖同. 案, 痿, 音人垂反. 『字林』云 : "痹也." 韓信云 : "痿人不忘起." 是也. 讀史漢者, 或於危反. 竿, 音幹, 又音干, 或古但反.

형(荧)은 호(戶)와 경(坰)의 반절이다. 위(萎)에 대하여 사교는 어(於)와 위(危)의 반절이라 하였고, 손염은 인(人)과 수(垂)의 반절이라 하였으며, 곽박은 음이 위벽(痿癖)과 같다고 하였다. 살피건대, 위(痿)는 음이 인(人)과 수(垂)의 반절이다. 『자림』에 "비(痹)이다"고 하였다. 『사기』「한신전(韓信傳)」에서 한신(韓信)이 "중풍에 걸린 사람은 걸어 다녔을 때의 일을 잊지 않는다"고 한 것이 이것이다. 『사기』와 『한서』를 읽는 사람은 혹 어(於)와 위(危)의 반절이라 한다. 간(竿)은 음이 간(幹) 또는 음이 간(干), 혹은 고(古)와 단(但)의 반절이다.

爾雅疏 藥草也. 一名荧, 一名委萎.『本草』: "女萎, 萎蕤, 一名荧." 是也. 葉似竹, 大者如箭竿, 有節. 葉狹而長, 表白裏靑. 根大如指, 長一二尺, 可啖.

약초다. 일명 형(荧), 일명 위위(委萎)이다. 『본초』에 "여위(女萎)는 위유(萎蕤)이니, 일명 형(荧)이다"고 한 것이 이것이다. 잎은 대나무와 비슷하나 큰 것은 살대와 같고 마디가 있다. 잎은 좁고도 길며 겉은 하얗고 안은 파랗다. 뿌리는 크기가 손가락 만한데 길이가 1척 또는 2척이며 먹을 수 있다.

 胊, 芋熒.

구(胊)는 정형(芋熒)이다.

 未詳.

미상이다.

 竹, 萹蓄.

죽(竹)은 변축(萹蓄 : 풀 이름. 마디풀)이다.

 似小藜, 赤莖節. 好生道旁, 可食, 又殺蟲.

작은 명아주 비슷한데, 붉은 줄기에 마디가 있다. 길가에서 잘 자라며 먹을 수도 있고 몸 속의 회충도 죽인다.

爾雅
音義 胊, 求于反. 芋, 天頂反, 又天丁反. 熒, 音逈, 又音螢. 竹, 本又作筑, 張六反. 萹, 匹善反. 顧補殄 · 匹緜二反. 蓄, 勑六反. 陶弘景云: "萹蓄亦呼爲萹竹." 好, 呼報反. 蟲, 直中反.

구(胊)는 구(求)와 우(于)의 반절이다. 정(丁)은 천(天)과 정(頂)의 반절, 또는 천(天)과 정(丁)의 반절이다. 형(熒)은 음이 형(逈), 또는 음이 형(螢)이다. 죽(竹)은 본에 따라 축(筑)으로 되어 있는데, 장(張)과 육(六)의 반절이다. 변(萹)은 필(匹)과 선(善)의 반절이다. 고야왕은 보(補)와 진(殄), 필(匹)과 면(縣) 두 가지의 반절이라 하였다. 축(蓄)은 칙(勑)과 육(六)의 반절이다. 도홍경은 "변축(萹蓄)은 또 변죽(萹竹)으로 부른다"고 하였다. 호(好)는 호(呼)와 보(報)의 반절이다. 충(蟲)은 직(直)과 중(中)의 반절이다.

李巡曰 : "一物二名也." 孫炎某氏引『詩』「衛風」云 : "菉竹猗猗." 郭云 : "似小藜, 赤莖節, 好生道旁, 可食, 又殺蟲." 案, 陶隱居 『本草』注云 : "處處有, 布地而生. 節間白, 葉華細綠, 人謂之萹竹. 煮汁 與小兒飲, 療蚘蟲." 是也.

이순은 "식물은 하나인데 명칭이 둘이다"고 하였다. 손염과 모씨(某氏)는 『시경』 「위풍(衛風)」 「첨피기욱(瞻彼淇奧)」에 "조개풀과 마디풀이 무성하도다"를 인용하였다. 곽박은 "작은 명아주 비슷한데 붉은 줄기에 마디가 있다. 길가에서 잘 자라는데 먹을 수도 있고 몸 속의 회충도 죽인다"고 하였다. 살피건대, 도은거(陶隱居 : 陶弘景의 號가 華陽隱居이다)의 『본초』 주에 "곳곳에 있으며 땅에서 퍼져 자란다. 마디 사이가 희며 잎과 꽃은 가늘고 녹색인데 사람들이 변죽(萹竹)이라 한다. 달여서 즙을 내어 어린이에게 먹이면 회충을 치료한다"고 한 것이 이것이다.

 葴, 寒漿.

침(葴)은 한장(寒漿 : 꽈리)이다.

 今酸漿草. 江東呼日苦葴.

지금의 산장초(酸漿草)인데 강동에서는 고침(苦葴)이라 한다.

 葴, 之金反. 寒, 何干反.

침(葴)은 지(之)와 금(金)의 반절이다. 한(寒)은 하(何)와 간(干)의 반절이다.

 葴, 一名寒漿. 郭云: "今酸漿草, 江東呼日苦葴." 案, 『本草』: "酸漿, 一名醋漿." 陶注云: "處處人家多有, 葉亦可食. 子作房, 房中有子, 如梅李大, 皆黃赤色."

침(葴)은 일명 한장(寒漿)이다. 곽박은 "지금의 산장초(酸漿草)인데 강동에서는 고침(苦葴)이라 한다"고 하였다. 살피건대, 『본초』에는 "산장(酸漿)은 일명 초장(醋漿)이다"고 하였다. 도홍경의 주에 "인가 곳곳에 많이 있으며 잎은 또한 먹을 수 있다. 씨가 송이가 되고, 송이 속에 씨가 있는데 매화나 오얏 만한 크기며 모두 황적색(黃赤色)이다"고 하였다.

薜荔, 英茪.

해구(薢茩)는 결광(英光 : 결명초)이다.

 英明也. 葉黃銳, 赤華, 實如山茱萸. 或曰薚也. 關西謂之薢茩.

결명(英明)이다. 잎은 노랗고 뾰쪽하며 꽃은 붉고 열매는 산수유(山茱萸)와 같다. 혹은 능(薚)이라 한다. 관서(關西)에서는 해구(薢茩)라 한다.

薢, 郭音皆, 一音古買反. 茩, 古口反. 秦人名薚曰薢茩. 『廣雅』云 : "薚芰, 薢茩." 英, 古穴反, 本亦作決. 茪, 古黃反. 茱, 常朱反. 萸, 羊朱反. 薚, 字又作菱, 音陵.

해(薢)에 대하여 곽박은 음이 개(皆)인데, 일음은 고(古)와 매(買)의 반절이라 하였다. 구(茩)는 고(古)와 구(口)의 반절이다. 진인(秦人)은 해구(薢茩)를 릉(薚)이라 불렀다. 『광아』에는 "능지(薚芰)는 해구(薢茩)이다"고 하였다. 결(英)은 고(古)와 혈(穴)의 반절인데 본에 따라 결(決)로 되어 있다. 광(茪)은 고(古)와 황(黃)의 반절이다. 수(茱)는 상(常)과 주(朱)의 반절이다. 유(萸)는 양(羊)과 주(朱)의 반절이다. 능(薚)은 글자를 또 능(菱)으로도 쓰는데 음은 능(陵)이다.

藥草英明也. 一名英光, 一名決明. 郭云 : "葉黃銳, 赤華, 實如山茱萸." 陶注『本草』云 : "葉如汪豆. 子形似馬蹄, 呼爲馬蹄決明." 『廣雅』謂之羊躑躅也. 或曰者, 知者案, 『說文』云 : "薚, 楚曰芰, 秦曰薢茩." 是也.

약초인 결명(英明)이다. 일명 결광(英光), 일명 결명(決明)이다. 곽박은 "잎은 노랗고 뾰쪽하며 꽃은 붉고 열매는 산수유(山茱萸)와 같다"고 하였다. 도홍경의 『본초』 주에 "잎은 강두(江豆)와 같고, 씨 모양은 마제(馬蹄:말굽) 같아 마제결명(馬蹄決明)이라 한다"고 하였다. 『광아』에는 "양척촉(羊躑躅)이다"고 하였다. 주에서 말한 혹왈(或曰)은 살피건대, 『설문』에 "능(薐)[27]은 초(楚)에서는 기(芰), 진(秦)에서는 해구(薢茩)라 부른다"고 한 것이 이것이다.

 莁荑, 蔱蘠.

무이(莁荑)는 살장(蔱蘠:흰 비름)이다.

 一名白蕢.

일명 백귀(白蕢)이다.

 莁, 亡符反. 讀者或常制反, 又戶耕反. 荑, 羊而反. 蔱, 所點反. 蘠, 在羊反. 蕢, 巨貴反.

무(莁)는 망(亡)과 부(符)의 반절이다. 읽는 사람에 따라서는 상(常)과 제(制)의 반절, 또는 호(戶)와 경(耕)의 반절이라 한다. 이(荑)는 양(羊)과 이(而)의 반절이다. 살(蔱)은 소(所)와 힐(點)의 반절이다. 장(蘠)은 재(在)와 양(羊)의 반절이다. 귀(蕢)는 거(巨)와 귀(貴)의 반절이다.

---

27) 薐: 段玉裁의 『說文解字注』에는 '薐'으로 되어 있다.

 莁荑, 一名薽藬. 郭云 : "一名白蕡." 此草也, 案『本草』: "蕪荑,
一名無姑, 一名蕨藬." 唐本注云 : "『爾雅』莁荑, 一名薽藬. 今作
蕨藬, 宁之誤也. 而在木部, 疑非是. 或者與草同氣乎?" ○ 蕨, 音殿. 藬,
音唐.

무이(莁荑)는 일명 살장(薽藬)이다. 곽박은 "일명 백귀(白蕡)이다"고 하였
다. 이 풀은 살피건대, 『본초』에 "무이(蕪荑)는 일명 무고(無姑), 일명 전당
(蕨藬)이다"고 하였는데, 당본주(唐本注)에 "『이아』에서는 무이(莁荑)를 일명
살장(薽藬)이라 하였는데 지금 전당(蕨藬)으로 함은 글자를 잘못 쓴 것이다.
그리고 『본초』에는 목부(木部)에 있으니 틀린 듯하다. 혹자는 풀과 기질이
같은 것으로 본 것이리라"고 하였다. ○ 전(蕨)은 음이 전(殿)이다. 당(藬)은
음이 당(唐)이다.

 䄵, 瓝. 其紹䄵.

질(䄵)은 박(瓝 : 그루갈이로 열리는 작은 오이)이다. 오이 덩굴이 퍼져 지난해
의 오이에 이어서 나는 것을 질(䄵)이라 한다.

俗呼瓝瓜爲䄵. 紹者, 瓜蔓緒, 亦著子, 但小如瓝.

세상에서는 박과(瓝瓜)를 질(䄵)이라 한다. 소(紹)란 오이 덩굴 끝에 또한
열매가 달리는데 단지 작은 것이 박(瓝)과 같다.

爾雅音義 瓞, 大結反.『詩』云: "緜緜瓜瓞." 㼰, 步角反.『字林』作㼎, 云: "小瓜也." 紹, 市沼反. 蔓, 音萬. 著, 丁略反.

질(瓞)은 대(大)와 결(結)의 반절이다.『시경』에 "연이어 달린 오이"라고 하였다. 박(㼰)은 보(步)와 각(角)의 반절이다.『자림』에는 박(㼎)으로 되어 있으며 "작은 오이이다"고 하였다. 소(紹)는 시(市)와 소(沼)의 반절이다. 만(蔓)은 음이 만(萬)이다. 착(著)은 정(丁)과 략(略)의 반절이다.

爾雅疏 瓞, 一名㼰, 小瓜也. 紹, 繼也. 瓜之蔓紹緒先歲之瓜, 必小, 亦名瓞. 故云"其紹瓞."『詩』「大雅」云: "緜緜瓜瓞." 舍人曰: "瓞, 名㼰, 小瓜也. 紹繼謂瓞子. 漢中小瓜曰瓞." 孫炎曰: "瓞, 小瓜. 子如㼰. 其本子小, 紹先歲之瓜曰瓞." 然則瓜之族類本有二種: 大者曰瓜, 小者曰瓞. 此則其種別也. 而瓜蔓近本之瓜, 必小於先歲之大瓜. 以其小如㼰, 故謂之瓞. 瓞是㼰之別名. 故郭云: "俗呼㼰爲瓞. 紹者, 瓜蔓緒, 亦著子, 但小如㼰."

질(瓞)은 일명 박(㼰)인데 작은 오이이다. 소(紹)는 계(繼: 잇다)이다. 오이 덩굴이 퍼져 지난해의 오이에 이어서 나면 반드시 작은데, 또한 질(瓞)이라 부른다. 그러므로 "기소질(其紹瓞)"이라 한 것이다.『시경』「대아」「면(緜)」에 "면면과질(緜緜瓜瓞)"이라 하였는데, 사인(舍人)은 "질(瓞)은 박(㼰)으로 작은 오이이다. 지난해에 이어서 계속 나는 것은 오이씨를 말한다. 한중(漢中)에서는 작은 오이를 질(瓞)이라 부른다"고 하였으며, 손염은 "질(瓞)은 작은 오이이다. 열매는 박(㼰)과 같다. 뿌리에 가까운 열매는 작은데 지난해의 오이에 이어서 나므로 질(瓞)이라 한다"고 하였다. 그렇다면 오이의 종류는 본래 두 종이 있다. 큰 것을 과(瓜), 작은 것을 질(瓞)이라 한다. 이것은 품종으로 구별한 것이다. 그러나 오이 덩굴이 뻗어 뿌리에 가까이 있는 오이는 반드시 지난해의 큰 오이보다 작다. 그 작은 것이 박(㼰)과 같으므로 질(瓞)이라고 하는 것이다. 질(瓞)은 박(瓝)의 별명이다.[28] 그러므로 곽박은 "민간에서 박(瓝)을 질(瓞)이라 한다. 소(紹)란 오이 덩굴 끝에 또한 열매가 달리는데 단지 작은 것이 박(瓝)과 같다"고 하였다.

 芍, 鳧茈.

효(芍)는 부자(鳧茈 : 올방개)[29]이다.

 生下田. 苗似龍須而細, 根如指頭, 黑色可食.

낮은 지대의 밭에서 난다. 싹은 용수(龍須)[30]와 비슷하나 가늘고, 뿌리는 손가락 끝 같고 흑색이며 먹을 수 있다.

 芍, 戶了反. 鳧, 音扶. 茈, 本又作茈, 沈・顧徂斯反, 謝徂咨反.

효(芍)는 호(戶)와 료(了)의 반절이다. 부(鳧)는 음이 부(扶)이다. 자(茈)는 본에 따라 자(茈)로 되어 있는데, 심선과 고야왕은 조(徂)와 사(斯)의 반절, 사교는 조(謝)와 자(咨)의 반절이라 하였다.

---

28) 舍人은 …… 별명이다 : 형병의 이 말은 孔穎達의 『詩經正義』(卷十六之二의 十二)의 내용을 그대로 인용한 것이다.

29) 鳧茈 : 勃臍, 荸薺라고도 한다.

30) 龍須 : 龍鬚草를 말한다. 多年生水草로 줄기는 주로 돗자리를 만드는 데 쓰인다고 한다.

爾雅疏 芍, 一名鳧茈. 郭云: “生下田中, 苗似龍須而細, 根如指頭, 黑色可食.” 今俗瀹而鬻之者, 是也.

효(芍)는 일명 부자(鳧茈)이다. 곽박은 “낮은 지대의 밭에서 난다. 싹은 용수(龍須)와 비슷하나 가늘고, 뿌리는 손가락 끝 같고 흑색이며 먹을 수 있다”고 하였다. 지금 민간에서는 삶아서 팔기도 하는 것이 이것이다.

經文 藾, 鼎董.

류(藾)는 정동(鼎董 : 물고랭이)이다.

爾雅注 似蒲而細.

포(蒲 : 부들)와 비슷하나 가늘다.

爾雅音義 藾, 力愧反, 又力對反. 鼎, 音頂. 董, 本或作董, 丁動反. 施音童.

류(藾)는 력(力)과 괴(愧)의 반절이며, 또 력(力)과 대(對)의 반절이다. 정(鼎)은 음이 정(頂)이다. 동(董)은 본에 따라 동(董)으로 되어 있으며, 정(丁)과 동(動)의 반절이다. 시건은 음을 동(童)이라 하였다.

藗, 一名蒲蕫, 狀似蒲而細, 可爲屬, 亦可絢以爲索.

류(藗)는 일명 정동(蒲蕫)인데, 모양은 부들과 비슷하나 가늘어서 신을 만들 수 있고, 또한 꼬아 끈을 만들 수 있다.

 稊, 芙.

제(稊)는 질(芙 : 돌피)이다.

 稊似稗, 布地生, 穢草.

제는 패(稗 : 피)와 비슷하며, 땅에 퍼져서 나고 해로운 풀이다.

 稊, 大兮反, 本又作稊. 『莊子』云 : "道在稊稗." 是也. 芙, 大結反. 稗, 蒲賣反. 『字林』云 : "禾別名也."

제(稊)는 대(大)와 혜(兮)의 반절이며, 본에 따라 제(稊)로 되어 있다. 『장자』 「지북유(知北遊)」에 "도(道)가 제패(稊稗)에 있다"고 한 것이 이것이다. 질(芙)은 대(大)와 결(結)의 반절이다. 패(稗)는 포(蒲)와 매(賣)의 반절이다. 『자림』에 "벼의 다른 명칭이다"고 하였다.

 稊, 一名芺, 似稗之穢草也, 布生於地. 『莊子』曰 : "道在稊稗", 是亦有米, 細小. 『莊子』又曰 : "若稊米之在太倉." 是也.

제(稊)는 일명 질(芺)인데, 피와 비슷한 해로운 풀로 땅에 퍼져서 난다. 『장자』「지북유」에 "도가 제패(稊稗)에 있다"고 하였을 때 이것 또한 쌀알이 있으나 가늘고 작다. 또 『장자』「추수(秋水)」에 "제미(稊米 : 싸라기)가 태창(太倉 : 국가의 큰 창고)에 있는 것 같다"고 한 것이 이것이다.

 鉤, 芺.

구(鉤)는 요(芺 : 지칭개)이다.

 大如拇指, 中空, 莖頭有臺似薊. 初生可食.

큰 것은 엄지손가락 만한데, 속은 비어 있고, 줄기 끝에 대(臺 : 장다리. 무·배추 등의 꽃줄기)가 있어 엉경퀴와 비슷하다. 갓 나온 것은 먹을 수 있다.

鉤, 古侯反. 芺, 於表反, 又於老反. 拇, 音毋. 薊, 音計.

구(鉤)는 고(古)와 후(侯)의 반절이다. 요(芺)는 어(於)와 표(表)의 반절, 또는 어(於)와 로(老)의 반절이다. 무(拇)는 음이 무(毋)이다. 계(薊)는 음이 계(計)이다.

 薊類也. 一名鉤, 一名芺. 郭云 : "大如拇指, 中空, 莖頭有臺似薊. 初生可食." 『說文』云 : "味苦, 江南食以下氣." 是也.

엉겅퀴 종류이다. 일명 구(鉤), 일명 요(芺)라 한다. 곽박은 "굵기는 엄지 손가락 만한데, 줄기 속은 비어 있고, 끝에 대(臺)가 있으며 엉겅퀴와 비슷 하다. 갓나온 것은 먹을 수 있다"고 하였다. 『설문』에 "요(芺)는 맛이 쓴데, 강남에서는 이것을 먹어 기운을 떨어뜨린다"고 한 것이 이것이다.

 薤, 鴻薈.

해(薤)는 홍회(鴻薈 : 염교)이다.

 卽薤菜也.

곧 해채(薤菜)이다.

 薤, 胡界反. 薈, 烏外反.

해(薤)는 호(胡)와 계(界)의 반절이다. 회(薈)는 오(烏)와 외(外)의 반절이다.

 薤, 葉似韭之菜也. 一名鴻薈. 『本草』謂之菜芝, 是也.

해(薤)는 잎사귀가 부추와 비슷한 채소이다. 일명 홍회(鴻薈)라 한다. 『본초(本草)』에 이를 채지(菜芝)라 한 것이 이것이다.

蘇, 桂荏.

소(蘇)는 계임(桂荏 : 차조기)이다.

蘇, 荏類. 故名桂荏.

소(蘇)는 임류(荏類 : 들깨류)이다. 그러므로 계임(桂荏)이라 한다.

蘇, 荏類之草也. 以其味辛似荏, 故一名桂荏. 陶注『本草』云: "葉下紫色而氣甚香. 其無紫色不香似荏者, 名野蘇." 生池澤中者, 名水蘇, 一名雞蘇. 皆荏類也.

소(蘇)는 들깨 종류의 풀이다. 그 맛이 시고 들깨와 비슷하므로 일명 계임(桂荏)이라 한다. 『본초』의 도홍경의 주에 "잎사귀 밑은 자주색이며 냄새가 매우 향기롭다. 그 자주색이 없고 향기가 나지 않으며 들깨와 비슷한 것은 명칭이 야소(野蘇)이다"고 하였다. 못에서 나는 것을 수소(水蘇)라 하는데 일명 계소(雞蘇)이며, 모두 들깨 종류이다.

 薔, 虞蓼.

색(薔)은 우료(虞蓼 : 물여뀌)이다.

 虞蓼, 澤蓼.

우료(虞蓼)는 못에 있는 여뀌이다.

 薔, 師力反. 『說文』作薔, 云 : "虞蓼也." 音色. 蓼, 音了.

색(薔)은 사(師)와 력(力)의 반절이다. 『설문』에는 색(薔)으로 되어 있고 "우료(虞蓼)이다"고 하였다. 음은 색(色)이다. 료(蓼)는 음이 료(了)이다.

 薔, 一名虞蓼, 卽蓼之生水澤者也. 「周頌」「良耜」云 : "以薅荼蓼." 毛傳云 : "蓼, 水草." 是也.

색(薔)은 일명 우료인데, 즉 물이나 못에서 나는 여뀌이다. 『시경』「주송」「양사(良耜)」에 "씀바귀와 여뀌를 김맨다"고 하였다. 모전(毛傳)에 "료(蓼)는 수초(水草)이다"고 한 것이 이것이다.

 蓧, 蓨.

조(蓧)는 적(蓨)이다.

 未詳.

미상이다.

 虋, 赤苗.

문(虋)은 적묘(赤苗 : 붉은 조)이다.

 今之赤粱粟.

지금의 붉은 조이다.

 芑, 白苗.

기(芑)는 백묘(白苗 : 흰 조)이다.

 今之白粱粟, 皆好穀.

지금의 흰 조인데, 모두 좋은 곡식이다.

 秬, 黑黍.

거(秬)는 흑서(黑黍 : 검은 기장)이다.

 『詩』曰 : "維秬維秠."

『시경』「대아」「생민(生民)」에 "거(秬)와 비(秠)이다"라고 하였다.

 秠, 一稃二米.

비(秠 : 검은 기장)는 하나의 껍질 속에 두 개의 낱알이 있다.

 秠亦黑黍, 但中米異耳. 漢和帝時任城生黑黍, 或三四實, 實二
米, 得黍三斛八斗, 是.

비(秠) 또한 검은 기장이나, 단지 속의 낱알의 개수가 다를 뿐이다. 한
나라 화제(和帝) 때 임성현(任城縣)에 검은 기장이 났는데, 한 줄기에 혹
3~4개의 열매가 열렸고, 하나의 열매에 두 개의 낱알이 들어 있어서 기
장 3곡(斛) 8두(斗)를 수확하였다고 한 것이 이것이다.

蓚, 他彫反. 蓨, 他的反. 虋, 『詩』作穈, 『字林』亡昆反. 郭亡津反,
本亦作虋. 粱, 音良. 芑, 羌紀反. 秬, 音巨, 黑黍也. 或云: "今蜀
黍也, 米白穀黑." 『說文』作𪎭, 或作秬字. 秠, 孚鄙反, 又孚丕反, 『字林』
匹几・匹九・夫九三反. 稃, 音敷, 本作稃・稃, 並同. 任, 音壬.

조(蓚)는 타(他)와 조(彫)의 반절이다. 적(蓨)은 타(他)와 적(的)의 반절이다.
문(虋)은 『시경』에 미(穈)로 되어 있고, 『자림』에는 망(亡)과 곤(昆)의 반절로
되어 있으며, 곽박은 망(亡)과 진(津)의 반절이라 하였는데, 본에 따라 문
(虋)으로 되어 있다. 량(粱)은 음이 량(良)이다. 기(芑)는 강(羌)과 기(紀)의 반
절이다. 거(秬)는 음이 거(巨)이며 검은 기장이다. 혹자는 "지금 촉서(蜀黍:
수수)인데, 쌀은 희고 껍질은 검다"고 하였다. 『설문』에는 구(𪎭)로 되어 있
고, 혹 거(秬)로 되어 있다. 비(秠)는 부(孚)와 비(鄙)의 반절, 또는 부(孚)와
비(丕)의 반절인데, 『자림』에는 필(匹)과 궤(几), 필(匹)과 구(九), 부(夫)와 구
(九)로 세 가지의 반절이라 하였다. 부(稃)는 음이 부(敷)이며, 본에 따라 표
(稃)・표(稃)로 되어 있는데, 모두 음의가 같다. 임(任)은 음이 임(壬)이다.

案『詩』「大雅」「生民」云: "誕降嘉種, 維秬維秠, 維穈維芑." 故此
釋之也. 虋與穈音義同. 虋, 卽嘉穀赤苗者. 郭云: "今之赤粱粟."
芑, 卽嘉穀白苗者, 郭云: "今之白粱粟, 皆好穀"也. 李巡曰: "黑黍一名
秬黍." 秬, 卽黑黍之大名也. 秠, 是黑黍之中一稃有二米者, 別名之爲秠.
若然, 秬・秠皆黑黍矣. 而「春官」「鬯人」注云: "釀秬爲酒, 秬如黑黍, 一
秠二米." 言"如"者, 以黑黍一米者多, 秬爲正稱, 二米則秬中之異, 故言
"如", 以明秬有二等也. 秬有二等, 則一米亦可爲酒. 「鬯人」之注必言二
米者, 以宗廟之祭唯祼爲重, 二米嘉異之物, 鬯酒宜當用之, 故以二米解
鬯. 其實, 秬是大名, 故云: "釀秬爲酒." 此云"秠, 一稃二米", 「鬯人」注云
"一秬二米", 文不同者. 『鄭志』答張逸云: 秠卽皮, 其稃亦皮也. 『爾雅』重
言, 以曉人. 然則秠・稃古今語之異. 故鄭引此文得以稃爲秠也. 漢和帝

時任城縣生黑黍, 或三四實, 實二米, 得黍三斛八斗, 是也.

　살피건대, 『시경』「대아」「생민(生民)」에 "좋은 종자를 내려주니, 거(秬)
와 비(秠)이며, 미(穈)와 기(芑)이다"고 하였다. 그러므로 여기서 이를 풀이
하였다. 문(虋)과 미(穈)는 음의(音義)가 같다. 문(虋)은 곧 좋은 곡식으로 붉
은 조이다. 곽박은 "지금의 붉은 싹이다"고 하였다. 기(芑)는 좋은 곡식으
로 흰 조이다. 곽박은 "지금의 흰 싹이다. 모두 좋은 곡식이다"고 하였다.
이순은 "검은 기장을 일명 거서(秬黍)라 한다"고 하였다. 거(秬)는 곧 검은
기장 가운데 대략적인 명칭이다. 비(秠)는 검은 기장 가운데 한 껍질에 두
개의 낟알이 있는 것으로 별명이 비(秠)이다. 만약 그렇다면 거(秬)와 비(秠)
는 모두 검은 기장이다. 그러나 『주례』「춘관」「창인(鬯人)」의 주에 "거(秬)
를 빚어 술을 만든다. 거(秬)는 검은 기장과 같으며 한 개의 껍질에 두 개
의 낟알이 들어 있다"고 하였다. "여(如 : 같다)"라고 말한 것은 검은 기장은
한 개의 낟알이 있는 것이 대부분이어서 거(秬)가 정식 명칭이 되고, 두
개의 낟알이 있는 것은 거(秬) 중에서도 특이하므로, "여(如 : 같다)"라고 말
하여 거(秬)에 두 종류가 있음을 분명히 밝힌 것이다. 거(秬)에 두 종류가
있는데 낟알이 하나 들어 있는 거(秬)도 역시 술을 만들 수 있다. 『주례』
「춘관」「창인(鬯人)」의 주에서 반드시 낟알이 두 개 들어 있는 거(秬)를 말
한 것은 종묘의 제사에 오직 강신(降神)이 귀중하여, 두 개의 알이 들어 있
는 거(秬)가 아름답고 특이한 물건이어서, 창주(鬯酒)는 반드시 이것을 써
야 하기 때문에 두 개의 낟알이 들어 있는 거로 창(鬯)을 풀이하였다. 사
실은 거(秬)가 일반적인 명칭이므로 "양거위주(釀秬爲酒)"라 하였다. 여기서
"비, 일부이미(秠, 一稃二米)"라 하고 『주례』「창인(鬯人)」의 주에는 "일거이
미(一秬二米)"라 하여 글이 같지 않다. 『정지(鄭志)』[31]에서 장일(張逸)에게
대답하기를, "비(秠)는 곧 피(皮 : 껍질)이며 그 부(稃) 또한 피(皮)이다"고 하

---

31) 『鄭志』: 書名. 鄭玄의 손자인 小同이 할아버지인 玄과 玄의 제자들의 問答을 기록
　　한 책. 현재 『四庫全書』 182책에 전한다.

였다. 『이아』에서 거듭 말한 것은 사람들을 이해시키기 위해서이다. 그렇다면 비(秕)와 부(稃)는 고금어(古今語)[32]의 차이이다. 그러므로 정현이 이 글을 인용하여 부(稃)를 비(秕)라고 할 수 있었던 것이다. 한나라 화제(和帝) 때 임성현(任城縣)에 검은 기장이 났는데, 혹은 한 줄기에 혹 3~4개의 열매가 열렸고, 하나의 열매에 두 개의 낟알이 들어 있어, 기장 3곡(斛) 8두(斗)를 수확하였다고 한 것이 이것이다.

 秫, 稬.

도(秫)는 도(稬: 찰벼)이다.

爾雅注 今沛國呼秫.

지금 패국(沛國)에서는 도(秫)라고 부른다.

爾雅音義 秫, 待古反, 又他古反. 『詩』云: "豐年多黍多稌, 爲酒爲醴." 『禮記』云: "牛宜稌, 羊宜黍." 『本草』云: "秔米主益氣止煩泄, 稻米主溫中, 令人多熱." 陶注云: "道家方藥有俱用稻米秔米. 此則是兩物. 云稻米糠白如霜, 今江東無通呼秔米爲稻米耳, 不知其色類復云何. 案『說文』云: "沛國謂稻爲秫. 秔, 稻屬也." 『字林』云: "秫, 黏稻也. 秔, 稻不黏者." 李登聲類亦: "以秔爲不黏稻, 但江東人呼爲稉." 『字林』曰: "稉, 乃

---

32) 古今語 : 동일한 의미가 시간의 차이, 즉 옛날과 지금에 다르게 표현되는 말. 古今字라고도 한다.

亂反”, 字亦作稬, 北人呼爲稬. 稉與粳皆俗秔字也, 音庚. 今稉稬甚相類, 但黏與不黏耳. 依『說文』稬卽稻也. 沛, 音貝, 國名.

도(稌)는 대(待)와 고(古)의 반절이고 또 타(他)와 고(古)의 반절이다. 『시경』「주송」「풍년(豐年)」에 “풍년이 들어 기장도 많고 찹쌀도 많다. 술을 만들고 단술을 만든다”고 하였고, 『예기』「내칙」에 “소고기에는 찹쌀밥이 적합하고 양고기에는 기장밥이 적합하다”고 하였다. 『본초』에 “갱미(秔米 : 멥쌀)는 주로 기운을 돋우고 잦은 설사를 멈추게 하고, 도미(稻米 : 찹쌀)는 주로 속을 따뜻하게 하여 사람으로 하여금 열을 많게 한다”고 하였다. 도홍경의 주에 “도가(道家)의 의술에서는 도미(稻米)와 갱미(秔米)를 함께 사용하는 경우가 있다. 이는 두 가지 물건이다”고 하였다. 또 이르기를 “도미(稻米)의 겨는 서리처럼 희다. 지금 강동에서는 갱미(秔米)를 도미(稻米)라고 통용해서 부르지 않으니, 그 색깔의 종류가 또한 무엇을 말하는지 알 수 없다”고 하였다. 살펴건대, 『설문』에 “패국에서는 도(稻)를 나(稬)라고 한다. 갱(秔)은 도(稻) 종류이다”고 하였다. 『자림』에 “나(稬 : 찰벼)는 찰진 벼이다. 갱(秔)은 벼가 찰지지 않은 것이다”고 하였다. 이등(李登)의 『성류(聲類)』에도 “갱(秔)은 찰지지 않은 벼인데 단지 강동에서는 난(穤)이라 부른다”고 하였다. 『자림』에 “난(穤)은 내(乃)와 란(亂)의 반절이다”고 하였는데 글자를 또한 나(稬)로도 쓰고, 북쪽 사람들은 나(稬)라고 부른다. 갱(稉)과 갱(粳)은 모두 갱(秔)의 속자(俗字)이며, 음은 경(庚 : 갱)이다. 지금 갱(稉)과 나(稬)는 아주 서로 비슷한데 다만 찰지거나 찰지지 않을 따름이다. 『설문』에 의하면, 나(稬)는 곧 도(稻)이다. 패(沛)는 음이 패(貝)이며, 나라 이름이다.

爾雅疏 別二名也. 郭云 : “今沛國呼稌.” 『詩』「周頌」云 : “豐年多黍多稌.” 『禮記』「內則」云 “牛宜稌.” 「豳風」「七月」云 “十月穫稻”, 是一物也. 案『說文』云 : “沛國謂稻爲稬.” “秔, 稻屬”也. 『字林』云 : “稬, 黏稻也. 秔, 稻不黏者.” 『本草』“以粳米·稻米爲二物.” 秔與粳古今字. 然秔·稬甚相類, 黏不黏爲異耳. 依『說文』秫·稻, 卽糯也. 江東呼稬, 乃亂切.

두 가지 명칭을 구별하였다. 곽박은 "지금 패국에서는 도(秫)라 한다"고 하였다.『시경』「주송」「풍년(豐年)」에 "풍년이 들어 기장도 많고 찹쌀도 많다"고 하였고,『예기』「내칙」에 "소고기에는 찰밥이 적합하다"고 하였다.『시경』「빈풍」「칠월(七月)」에 "10월에 벼를 수확한다"고 하였는데, 이들은 동일한 곡물이다. 살피건대,『설문』에 "패국에서는 도(稻)를 나(糯)라고 한다. 갱(秔)은 도(稻)종류이다"고 하였다.『자림』에 "나(糯)는 차진 벼이다. 갱(秔)은 벼가 차지지 않은 것이다"고 하였다.『본초』에 "갱미(秔米)와 도미(稻米)는 두 가지 곡식이다"고 하였다. 갱(秔)과 갱(粳)은 고금자(古今字)이다. 그러나 갱(秔)과 나(糯)는 아주 서로 비슷한데 차지고 차지지 않은 점이 다를 뿐이다.『설문』에 따르면 도(秫)와 도(稻)는 곧 나(糯 : 찰벼)이다. 강동에서는 난(稬)이라 부르며, 내(乃)와 란(亂)의 반절이다.

 葍, 𧄔茅.

복(葍)은 경모(𧄔茅 : 메꽃)이다.

 葍華有赤者爲𧄔. 𧄔·葍一種耳. 亦猶淩苕, 華黃白異名.

메꽃에 붉은 색이 있는 것을 경(𧄔)이라 한다. 경과 복은 한 종류일 뿐이다. 또한 능초(淩苕)가 꽃이 황색과 백색으로 그 명칭을 달리하는 것과 같다.

葍, 音福. 蔇, 巨營反, 又詳兗反. 種, 章勇反. 苕, 音條.

복(葍)은 음이 복(福)이다. 경(蔇)은 거(巨)와 영(營)의 반절, 또 상(詳)과 연(兗)의 반절이다. 종(種)은 장(章)과 용(勇)의 반절이다. 초(苕)는 음이 조(條)이다.

 葍與蔇茅一草也. 華白者卽名葍, 華赤者別名蔇茅. 故郭云: "亦猶蓤苕, 華黃白異名"也.

복(葍)과 경모(蔇茅)는 동일한 풀이다. 꽃이 흰 것은 곧 명칭이 복(葍)이며, 꽃이 붉은 것은 별명이 경모(蔇茅)이다. 그러므로 곽박이 "또한 능초(蓤苕)가 꽃이 황색과 백색으로 그 명칭을 달리하는 것과 같다"고 하였다.

 臺, 夫須.

대(臺)는 부수(夫須:莎草)이다.

 鄭箋『詩』云: "臺可以爲禦雨笠."

『시경』「소아」「도인사(都人士)」의 정전(鄭箋)에 "사초(莎草)는 비를 막는 도롱이를 만들 수 있다"고 하였다.

臺, 字又作薹, 同. 夫, 音扶. 箋, 卽田反. 禦, 音語. 笠, 音立.

대(臺)는 글자를 또 대(薹)로도 쓰는데 음의가 같다. 부(夫)는 음이 부(扶)이다. 전(箋)은 즉(卽)과 전(田)의 반절이다. 어(禦)는 음이 어(語)이다. 립(笠)은 음이 립(立)이다.

 舍人云 : "臺一名夫須." 『詩』 「小雅」云 : "南山有臺." 陸璣云 : "舊說, 夫須, 莎草也, 可以爲蓑笠. 「都人士」云 : '臺笠緇撮' 是也." 案箋者, 傳注之別名也. 以 『詩』先有毛公作傳, 鄭玄釋其未備者. 『字林』云 : "箋者, 表也, 識也." 鄭以毛學審備, 遵暢厥旨, 所以表明毛意, 記識其事, 故特稱箋也. 「都人士」箋云 : "都人之士以臺皮爲笠." 此引其意, 非全文也.

사인(舍人)은 "대(臺)는 일명 부수(夫須)이다"고 하였다. 『시경』 「소아」 「남산유대(南山有臺)」에 "남산에 대(臺)가 있다"고 하였는데, 육기는 "구설(舊說)에 부수(夫須)란 사초(莎草)인데, 도롱이를 만들 수 있다. 『시경』 「소아」 「도인사(都人士)」에 '대(臺)로 만든 도롱이에 치포관(緇布冠)이다'"고 한 것이 이것이다. 살피건대, 전(箋)이란 전·주(傳·注)의 별명(別名)이다. 『시경』에 먼저 모공(毛公)이 지은 전(傳)이 있었기 때문에 정현이 그 전에 미비한 것을 풀이한 것이다. 『자림』에 "전(箋)이란 드러내는 것이며 기록하는 것이다"고 하였다. 정현이 모공(毛公)의 학설이 자세히 갖추어졌다고 여겨 모공의 뜻을 따라 모공의 뜻을 드러내어 밝히고 그 사실을 기술하였기 때문에 특별히 전(箋)이라 한 것이다. 『시경』 「소아」 「도인사(都人士)」의 전(箋)에 "왕도(王都)의 인사(人士)는 대(臺)의 껍질로 도롱이를 만든다"고 하였다. 여기에서 정현의 뜻을 인용한 것이지 전체 글은 아니다.

 藆, 罰.

건(藆)은 벌(罰)이다.

 未詳.

미상이다.

 莔, 貝母.

맹(莔)은 패모(貝母 : 약초 이름)이다.

 根如小貝, 圓而白華, 葉似韭.

뿌리는 소패(小貝 : 작은 조개)와 같은데 둥글고 흰 꽃이며, 잎은 부추와
비슷하다.

藆, 居輦反, 本亦作搴字. 罰, 音伐, 本又作罰. 莔, 亡庚反.『詩』
作蝱, 同.『本草』云 : "貝母, 一名空草, 一名藥實, 一名苦華, 一
名苦菜, 一名商草, 一名勤母."

건(蹇)은 거(居)와 련(輦)의 반절인데 본에 따라 건(謇)자로도 되어 있다. 벌(罰)은 음이 벌(伐)인데 본에 따라 벌(罰)로 되어 있다. 맹(蝱)은 망(亡)과 경(庚)의 반절이다. 『시경』 「용풍」 「재치(載馳)」에는 맹(蝱)으로 되어 있는데, 음의가 같다. 『본초』에 "패모(貝母)는 일명 공초(空草), 일명 약실(藥實), 일명 고화(苦華), 일명 고채(苦菜), 일명 상초(商草), 일명 근모(勤母)이다"고 하였다.

藥草貝母, 一名莔. 郭云: "根如小貝, 圓而白華, 葉似韭." 『詩』 「鄘風」 「載馳」云: "陟彼阿丘, 言采其蝱." 陸璣云: "蝱, 今藥草 貝母也. 其葉如栝樓而細小. 其子在根下, 如芋子, 正白. 四方連累相著, 有分解也." 『本草』一名空草. 陶注云: "出近道, 形似聚貝子, 故名貝母", 是也.

약초 패모(貝母)는 일명 맹(莔)이다. 곽박은 "뿌리는 소패(小貝)와 같고 둥글고 흰 꽃이며 잎은 부추와 비슷하다"고 하였다. 『시경』 「용풍」 「재치(載馳)」에 "저 언덕에 올라 약초인 패모를 캔다"라 하였는데, 육기(陸璣)는 "맹(蝱)은 지금의 약초 패모(貝母)이다. 그 잎은 괄루(栝樓 : 하눌타리)와 같으나 가늘고 작다. 그 열매는 뿌리 끝에 달렸으며 토란과 비슷하고 순백색이다. 사방으로 이어져서 서로 달라붙고 나뉘어짐이 있다"고 하였다. 『본초』에 일명 공초(空草)라고 하였는데, 도홍경의 주에 "길 가까이에 나며, 형태는 조개를 모아놓은 것과 비슷하므로 패모(貝母)라 한다"고 한 것이 이것이다.

莪, 蘿蔰.

교(莐)는 비배(蚍衃 : 금규, 당아욱)이다.

今荊葵也. 似葵, 紫色. 謝氏云 : "小草, 多華少葉, 葉又翹起.

지금의 형규(荊葵)이다. 해바라기와 비슷하고 자색(紫色)이다. 사교는 "조그만 풀이며 꽃은 많고 잎은 적은데, 잎은 또 일어난다"고 하였다.

莐, 祁堯反, 或巨遶反. 蚍, 婢夷反, 郭音矹. 衃, 本又作芣, 又作䘂, 房尤反, 郭芳九反.

교(莐)는 기(祁)와 요(堯)의 반절인데 혹 거(巨)와 요(遶)의 반절이다. 비(蚍)는 비(婢)와 이(夷)의 반절이다. 곽박은 음이 비(矹)라고 하였다. 배(衃)는 본에 따라 부(芣)로도 쓰며, 또 부(䘂)로 되어 있는데, 방(房)과 우(尤)의 반절이며, 곽박은 방(芳)과 구(九)의 반절이라고 하였다.

舍人云 : "莐, 一名蚍衃." 郭云 : "今荊葵也. 似葵, 紫色." 謝氏云 : "小草, 多華少葉, 葉又翹起."『詩』「陳風」云 : "視爾如莐." 毛傳云 : "芘芣也." 陸璣云 : "芘芣, 一名荊葵, 似蕪菁, 華紫綠色. 可食, 微苦." 是也.

사인(舍人)은 "교(莐)는 일명 비배(蚍衃)이다"고 하였다. 곽박은 "지금의 형규(荊葵)이다. 해바라기와 비슷하고 자색(紫色)이다"고 하였다. 사교는 "조그만 풀이며 꽃은 많고 잎은 적은데, 잎은 또 일어난다"고 하였다.『시경』「진풍」「동문지분(東門之枌)」에 "너 보기를 금교처럼 한다"고 하였는데, 모전에 "교(莐)는 비부(芘芣)이다"고 하였으며, 육기는 "비부(芘芣)는 일명 형규(荊葵)인데 무청(蕪菁)과 비슷하고 꽃은 자록색(紫綠色)이다. 먹을 수 있는데 약간 쓰다"고 한 것이 이것이다.

 艾, 冰臺.

애(艾)는 빙대(冰臺 : 쑥)이다.

 今艾蒿.

지금의 애호(艾蒿 : 쑥)이다.

 艾, 五蓋反. 冰, 彼升反.

애(艾)는 오(五)와 개(蓋)의 반절이다. 빙(冰)은 피(彼)와 승(升)의 반절이다.

 艾, 一名冰臺, 卽今艾蒿也.『詩』「王風」云 : “彼采艾兮.” 是也.

애(艾)는 일명 빙대(冰臺)인데 지금의 애호(艾蒿)이다.『시경』「왕풍」「채
갈(采葛)」에 "저 쑥을 캔다"고 한 것이 이것이다.

 蕈, 亭歷.

전(蕈)은 정력(亭歷 : 두루미 냉이)이다.

實·葉皆似芥, 一名狗薺, 『廣雅』云.

　열매와 잎은 모두 겨자와 비슷하며 일명 구제(狗薺)이다. 『광아』에서 한 말이다.

 葶, 音典. 亭, 字或作葶, 同. 歷, 字或作藶. 『廣雅』云 : "狗薺, 大室, 亭歷也." 『本草』云 : "一名大室, 一名大適. 丁歷反. 一名丁歷, 一名葶. 今江東人呼爲公薺." 芥, 音界. 狗, 音荀.

　전(葶)은 음이 전(典)이다. 정(亭)은 글자를 혹 정(葶)으로도 쓰는데 음의가 같다. 력(歷)은 글자를 혹 력(藶)으로도 쓴다. 『광아』에 "구제(狗薺)는 대실(大室)이며 정력(亭歷)이다"고 하였다. 『본초』에 "일명 대실(大室), 일명 대적(大適)이다. 적(適)은 정(丁)과 력(歷)의 반절이다. 일명 정력(丁歷), 일명 전(葶)이다. 지금 강동 사람들은 공제(公薺)라 부른다"고 하였다. 개(芥)는 음이 계(界)이다. 구(狗)는 음이 구(荀)이다.

 葶, 一名亭歷. 郭云 : "實·葉皆似芥." 『廣雅』又名狗薺. 『本草』 : "一名丁歷, 一名大室, 一名大適." 陶注云 : "今近道亦有. 母則狗薺, 子細黃, 至苦." 是也.

　전(葶)은 일명 정력이다. 곽박은 "열매와 잎은 모두 겨자와 비슷하다"고 하였다. 『광아』에는 또 명칭을 구제(狗薺)라 하였다. 『본초』에 "일명 정력(丁歷), 일명 대실(大室), 일명 대적(大適)이다"고 하였다. 도홍경의 주에 "지금 도로 가까이에 또한 있다. 크게 자란 것은 구제(狗薺)이며 씨는 가늘고 황색이며 아주 쓰다"고 한 것이 이것이다.

 苻, 鬼目.

부(苻)는 귀목(鬼目 : 풀 이름)이다.

 今江東有鬼目草, 莖似葛, 葉圓33)而毛, 子如耳璫也. 赤色叢生.

지금 강동에 귀목초(鬼目草)가 있는데, 줄기는 칡과 비슷하고 잎은 둥글고 털이 있으며, 씨는 귀고리 같고 적색이며 떨기로 난다.

 璫, 音當.

당(璫)은 음이 당(當)이다.

 苻, 一名鬼目. 郭云: "今江東有鬼目草, 莖似葛, 葉圓而毛, 子如耳璫也. 赤色叢生."

부(苻)는 일명 귀목(鬼目)이다. 곽박은 "지금 강동에 귀목초(鬼目草)가 있는데, 줄기는 칡과 비슷하고 잎은 둥글고 털이 있으며, 씨는 귀고리 같고, 적색이며 떨기로 난다"고 하였다.

---

33) 圓 : 대본에는 '員'으로 되어 있는 것을 『이아고림』 「正義」에 의해 고쳤다.

經文 薜, 庾草.

벽(薜)은 유초(庾草)이다.

爾雅注 未詳.

미상이다.

經文 蔜, 蔢蔞.

오(蔜)는 수루(蔢蔞 : 닭의장풀)이다.

爾雅注 今蘩蔞也. 或曰雞腸草.

지금의 번루(蘩蔞)이다. 혹 계장초(鷄腸草)라 한다.

爾雅音義 薜, 布麥反. 庾, 字或作蕍, 謝羊主反, 孫音臾. 蔜, 五高反. 蔞, 字或作蓃, 謝先老反, 沈旋所留反. 『本草』呼爲蘩蔞. 蘩, 音煩. 蔞, 字亦作縷, 力主反, 今蘩蔞草.

벽(薜)은 포(布)와 맥(麥)의 반절이다. 유(庾)는 글자를 혹 유(蕍)로도 쓰는

데, 사교는 양(羊)과 주(主)의 반절이라 하였고, 손염은 음이 유(臾)라고 하였다. 오(薂)는 오(五)와 고(高)의 반절이다. 수(蔆)는 글자를 혹 수(蒤)로도 쓰는데, 사교는 선(先)과 로(老)의 반절이라 하였으며, 심선은 소(所)와 유(留)의 반절이라 하였다. 『본초』에서는 번루(蘩蔞)라고 하였다. 번(蘩)은 음이 번(煩)이다. 루(蔞)는 글자를 또 루(纍)로도 쓰며 력(力)과 주(主)의 반절이다. 지금의 번루초(蘩蔞草)이다.

 薂, 一名蔆蔖, 一名蘩蔞, 一名雞腸草. 『本草』云 : 蘩蔞味辛. 陶注 : "此菜人以作羹." 唐本注云 : "此卽雞腸草也. 多生下濕坑渠之側. 人家園庭亦有此草." 是也.

오(薂)는 일명 수루(蔆蔖), 일명 번루(蘩蔞), 일명 계장초(鷄腸草)이다. 『본초』에 "번루(蘩蔞)는 맛이 시다"고 하였는데, 도홍경의 주에 "이 채소로 사람들이 국을 끓인다"고 하였으며, 당본주(唐本注)에 "이것이 곧 계장초(鷄腸草)이다. 낮은 습지 도랑 옆에 많이 난다. 인가(人家)의 뜰에도 이런 풀이 있다"고 한 것이 이것이다.

 離南, 活莌.

이남(離南)은 활탈(活莌 : 중국 강남에서 나는 풀 이름)이다.

 草生江南, 高丈許, 大葉, 莖中有瓤, 正白. 零陵人祖日貫之爲樹.

강남에서 나는 풀로, 키는 1장(丈)쯤 되며 잎이 크고 줄기 속에는 씨가

들어 있고 순백색이다. 영릉(零陵) 사람들은 날마다 물을 대어 나무처럼
되게 한다.

爾雅音義 離, 力知反. 活, 胡闊反. 莌, 字或作蒬, 徒活反. 瓤, 女良反.『三
蒼』云 : "瓜中子也." 日, 人一反.

리(離)는 력(力)과 지(知)의 반절이다. 활(活)은 호(胡)와 활(闊)의 반절이다.
탈(莌)은 글자를 혹 탈(蒬)자로도 쓰며 도(徒)와 활(活)의 반절이다. 양(瓤)은
녀(女)와 량(良)의 반절이다.『삼창(三蒼)』에 "박과에 속하는 식물의 씨이다"
고 하였다. 일(日)은 인(人)과 일(一)의 반절이다.

爾雅疏 離南, 草也. 一名活莌.『山海經』又 "名寇脫."[34] 生江南, 高丈許,
大葉似荷葉而肥, 莖中有瓤, 正白者. 是也. 云"零陵人祖日貫之
爲樹"者, 祖, 且也. 貫, 事也. 言零陵郡人且日事之, 使科大若樹然也. 郭
又注『山海經』云 : "零桂人植而日灌之以爲樹." 然所未詳.

이남(離南)은 풀이다. 일명 활탈(活莌)이다.『산해경』「중산경(中山經)」에
서는 또 "구탈(寇脫)이라 부른다"고 하였다. 강남에서 나며, 키는 1장(丈)
정도이고, 큰 잎이 연잎(荷葉)과 비슷한데 기름지고, 줄기 속에는 씨가 있
고 순백이다고 하였는데 이것이다. "영릉인조일관지위수(零陵人祖日貫之爲
樹)"에서 조(祖)는 차(且)이며, 관(貫)은 사(事)이다. 영릉군 사람들이 날마다
그것에 일을 하여 밑둥을 크게 자라게 하여 크기가 나무처럼 되게 함을
말한다. 곽박이 또『산해경』「중산경(中山經)」의 주(注)에 "영계(零桂) 사람
들이 심고 날마다 물을 대어 나무처럼 되게 한다"고 하였다. 그러나 자세
하지 못하다.

---

34) 寇脫 : 대본에는 '冠脫'로 되어 있는데 誤字이다.

 蘢, 天蘥. 須, 葑蓯.

롱(蘢)은 천약(天蘥)이다. 수(須)는 봉총(葑蓯)이다.

 未詳.

미상이다.

 蒡, 隱荵.

방(蒡)은 은인(隱荵 : 우엉)이다.

 似蘇有毛. 今江東呼爲隱荵. 藏以爲葅, 亦可瀹食也.

차조기와 비슷하며 솜털이 있다. 지금 강동에서는 은인(隱荵)이라고 부른다. 저장하여 김치를 만들 수 있고, 또 데쳐서 먹을 수 있다.

 蘢, 郭音聾, 施音龍. 蘥, 餘若反. 葑, 方孔反. 蓯, 音摠. 蒡, 郭音彭, 又音旁. 荵, 音忍, 注同. 葅, 莊居反. 瀹, 餘若反. 『字林』云: "煮也." 本亦作㵸, 音同, 後放此.

롱(龍)에 대하여 곽박은 음이 롱(聾)이라 하였고, 시건은 음이 룡(龍)이라
하였다. 약(蘥)은 여(餘)와 약(若)의 반절이다. 봉(葑)은 방(方)과 공(孔)의 반절
이다. 총(蓯)은 음이 총(摠)이다. 방(薐)에 대하여 곽박은 음이 팽(彭), 또는
음이 방(旁)이라 하였다. 인(葱)은 음이 인(忍)인데 주(注)에서도 같다. 저(菹)
는 장(莊)과 거(居)의 반절이다. 약(瀹)은 여(餘)와 약(若)의 반절인데, 『자림』
에는 "자(煮 : 삶다)이다"고 하였다. 본에 따라 작(汋)으로 되어 있으나 음은
같으며, 뒤에서도 이와 같다.

薐, 蘇類菜也, 一名隱蒳. 郭云: "似蘇有毛, 今江東呼爲隱蒳. 藏
以爲菹, 亦可瀹食"者. 瀹, 煮也.

방(薐)은 차조기류의 채소이고 일명 은인(隱蒳)이다. 곽박은 "차조기와
비슷하며 솜털이 나있다. 지금 강동에서는 은인(隱蒳)이라고 부른다. 저장
하여 김치를 만들 수 있고, 또 데쳐서 먹을 수 있다"고 하였는데, 약(瀹)은
자(煮 : 삶다)이다.

茜, 蔓于.

유(茜)는 만우(蔓于 : 수초의 일종)이다.

草生水中, 一名軒于, 江東呼茜.

물 속에서 자라는 풀로 일명 헌우(軒于)이며 강동에서는 유(茜)라고 부른다.

茜, 郭音由, 又音酉. 蔓, 或作曼, 通音萬.

유(茜)에 대하여 곽박은 음이 유(由), 또는 음이 유(酉)라고 하였다. 만(蔓)은 본에 따라 만(曼)으로 되어 있는데, 통음(通音)이 만(萬)이다.

 茜, 水草也, 一名蔓于. 郭云: "一名軒于, 江東呼茜."

유(茜)는 물풀이니 일명 만우(蔓于)이다. 곽박은 "일명 헌우(軒于)이며 강동에서는 유(茜)라고 부른다"고 하였다.

 菡, 蘆.

로(菡)는 차(蘆 : 신바닥 만드는 풀)이다.

 作履苴草.

신바닥을 만드는 풀이다.

 菡, 音魯. 蘆, 施謝才古反, 郭才河·采苦二反. 『字林』千古反. 苴, 將呂反. 一云將慮反. 『字苑』云: "䩞, 苴履底."

로(藘)는 음이 로(魯)이다. 차(蓾)에 대하여 시건과 사교는 재(才)와 고(古)의 반절이라 하였고, 곽박은 재(才)와 하(河), 채(采)와 고(苦) 두 가지의 반절이라 하였는데, 『자림』에는 천(千)과 고(古)의 반절이라 하였다. 저(苴)는 장(將)과 려(呂)의 반절인데 한편에서는 장(將)과 려(慮)의 반절이라 하였다. 『자원(字苑)』[35]에 "완(鞔)은 신바닥이다"고 하였다.

 藘, 『說文』云 : "藘, 草也. 可以束." 一名蓾, 卽蒯類也. 中作履底, 『字苑』云 : "鞔, 苴履底." 故云"作履苴草"也.

로(藘)에 대하여 『설문』에는 "로(藘)는 풀이다. 묶을 수 있다"고 하였다. 일명 차(蓾)이며 곧 사초과(莎草科)에 속하는 종류인데, 속살로 신바닥을 만든다. 『자원』에 "완(鞔)은 신바닥이다"고 하였다. 그러므로 곽박이 "신바닥을 만드는 풀이다"고 한 것이다.

 柱夫, 搖車.

주부(柱夫)는 요차(搖車 : 먹을 수 있는 풀)이다.

 蔓生, 細葉, 紫華, 可食. 今俗呼曰"翹搖車."

덩굴로 자라고 잎이 가늘며 자주 꽃이 피고 먹을 수 있다. 지금 민간에

---

35)『字苑』: 書名. 字書의 일종. 지금 전해지지 않는다. 『唐書』「藝文志」에 "馮幹括字苑十三卷. 葛洪要用字苑一卷"이라 하였다.

서는 "교요차(翹搖車)"라 부른다.

 柱, 張縷反, 本或作拄, 同. 夫, 音扶, 或如字. 車, 尺蛇反, 又音
居.

주(柱)는 장(張)과 루(縷)의 반절이며, 본에 따라 주(拄)로 되어 있는데, 음
의가 같다. 부(夫)는 음이 부(扶)인데 혹 여자(如字)이다. 차(車)는 척(尺)과 사
(蛇)의 반절, 또는 음이 거(居)이다.

 柱夫, 可食之草也. 一名搖車, 俗呼翹搖車. 蔓生, 紫華, 華翹起
搖動, 因名云.

주부(柱夫)는 먹을 수 있는 풀이다. 일명 요차(搖車)라 하는데, 민간에서
는 교요차(翹搖車)라고 부른다. 덩굴로 자라고 꽃은 자주색이며 꽃이 일어
나 흔들리기 때문에 그런 명칭을 붙였다.

出隧, 蘧蔬.

출수(出隧)는 거소(蘧蔬: 먹을 수 있는 버섯의 일종)이다.

蘧蔬, 似土菌, 生菰草中. 今江東噉之, 甛滑. 音同36)虡虘.

---

36) 同: 대본에는 '虡'으로 되어 있으나 여기서는 『爾雅詁林』「郭音義」의 "蘧蔬, 音同
虡虘"를 따른다.

거소(蘧蔬)는 토균(土菌 : 땅버섯)과 비슷하며 고초(菰草 : 줄풀) 속에서 자란다. 지금 강동에서는 이를 먹는데 달고 부드러우며, 음은 구수(蘧蔬)와 같다.

爾雅音義 隧, 音遂. 蘧, 郭音蘧, 巨俱反, 謝音渠. 蔬, 郭音蔬, 山俱反, 謝音疎. 菌, 巨隕反. 菰, 音孤.『廣雅』云 : "蔣也." 啖, 大敢反. 甜, 徒謙反. 滑, 乎八反. 蘧, 之延反, 本亦作𦱖, 同. 蘧, 音衢, 又音渠, 字又作𦼮. 蔬, 所俱反, 又所魚反.

수(隧)는 음이 수(遂)이다. 거(蘧)에 대하여 곽박은 음이 구(蘧)이며 거(巨)와 구(俱)의 반절이라 하였고, 사교는 음이 거(渠)라 하였다. 소(蔬)에 대하여 곽박은 음이 수(蔬)이며 산(山)과 구(俱)의 반절이라 하였고, 사교는 음이 소(疎)라 하였다. 균(菌)은 거(巨)와 운(隕)의 반절이다. 고(菰)는 음이 고(孤)인데『광아』에 "장(蔣 : 줄풀)이다"고 하였다. 담(啖)은 대(大)와 감(敢)의 반절이다. 첨(甜)은 도(徒)와 겸(謙)의 반절이다. 활(滑)은 호(乎)와 팔(八)의 반절이다. 전(蘧)은 지(之)와 연(延)의 반절이고, 본에 따라서 전(𦱖)으로도 되어 있는데, 음의가 같다. 구(蘧)는 음이 구(衢), 또는 음이 거(渠)인데 글자는 또한 구(𦼮)로도 쓴다. 수(蔬)는 소(所)와 구(俱)의 반절, 또는 소(所)와 어(魚)의 반절이다.

爾雅疏 菌類也, 一名出隧, 一名蘧蔬.『廣雅』云 : "朝生, 形如鬼蓋." 郭云 : "似土菌, 生菰草中, 今江東啖之甜滑, 音蘧蔬"者,『說文』云 : "菰, 蔣也." 張揖云 : "蘧蔬, 毛席." 取其音同.

버섯 종류이며, 일명 출수(出隧), 일명 거소(蘧蔬)이다.『광아』에 "아침에 나는데 형태는 귀개(鬼蓋 : 인삼)와 같다"고 하였다. 곽박이 "거소(蘧蔬)는 토균(土菌)과 비슷하며 고초(菰草) 속에서 자란다. 지금 강동에서는 이를 먹는데 달고 부드러우며, 음(音)은 구수(蘧蔬)와 같다"고 한 것은,『설문』에 "고

(菰)는 장(蔣)이다"고 하였고, 장읍(張揖)은 "구수(氍毹)는 모포 자리이다"고
하였으므로, 그 음(音)이 같은 것을 취한 것이다.

 蘄茝, 蘪蕪.

근채(蘄茝)는 미무(蘪蕪 : 궁궁이 싹)이다.

爾雅注 香草, 葉小如蒌狀.『淮南子』云 : "似蛇牀."『山海經』云 : "臭如
蘪蕪."

향기 나는 풀이며 잎이 작아 시든 모양 같다.『회남자』「범론(氾論)」에
"사상(蛇牀 : 미나리과의 약초. 뱀도랏)과 비슷하다"고 하였고,『산해경』에 "냄
새는 미무(蘪蕪)와 같다"고 하였다.

爾雅音義 蘄, 巨斤反. 茝, 昌改・昌敗二反.『本草』云 : "白芷, 一名白茝."
蘪, 亡悲反. 蕪, 亡符反.『本草』: "蘪蕪, 一名薇蕪, 一名江蘺, 芎
藭苗也." 陶注云 : "葉似蛇牀而香." 蒌, 於危反,『字林』於僞反. 臭, 昌又反.

근(蘄)은 거(巨)와 근(斤)의 반절이다. 채(茝)는 창(昌)과 개(改), 창(昌)과 패
(敗) 두 가지의 반절이다.『본초』에 "백지(白芷 : 흰 구리때)는 일명 백채(白茝)
이다"고 하였다. 미(蘪)는 망(亡)과 비(悲)의 반절이다. 무(蕪)는 망(亡)과 부
(符)의 반절이다.『본초』에는 "미무(蘪蕪)는 일명 미무(薇蕪), 일명 강리(江蘺)
이며, 궁궁(芎藭)의 싹이다"고 하였는데, 도홍경의 주에 "잎은 사상(蛇牀)과
비슷하며 향기가 난다"고 하였다. 위(蒌)는 어(於)와 위(危)의 반절인데,『자

림』에는 어(於)와 위(僞)의 반절로 되어 있다. 취(臭)는 창(昌)과 우(又)의 반절이다.

爾雅疏 芎藭苗也. 一名蘄茝, 一名蘪蕪.『本草』: "一名薇蕪, 一名江蘺." 陶注云: "似蛇牀而香." 郭云"香草, 葉小如萎狀"者, 言如萎蔫之狀也. 注『淮南子』云: 似蛇牀"者. 案『淮南子』「氾論」篇云: "夫物之相類者, 世主之所亂惑也. 嫌疑肖像者, 衆人所眩耀也. 故狠者類知而非知也, 愚者類君子而非君子也, 戇者類勇而非勇也. 使人相去也, 若玉之與石也, 葵之與莧也, 則論人易矣. 夫亂人者, 若芎藭之與藁本, 蛇牀之與蘪蕪者." 許愼云: "此四者藥草, 臭味之相似, 惟治病則力不同力." 是也. 云『山海經』曰: 臭如蘪蕪"者, 案「西山經」: "浮山有草曰薰草, 麻葉而方莖, 赤華而黑實. 臭如蘪蕪, 可以止癘. 又天帝山有草, 其狀如葵, 其臭如蘪蕪, 名曰杜衡. 可以走馬, 食之已瘿" 是也. 臭, 香也. 言其香氣如蘪蕪也.

궁궁(芎藭)의 싹이다. 일명 근채(蘄茝), 일명 미무(蘪蕪)이다. 『본초』에 "일명 미무(薇蕪), 일명 강리(江蘺)이다"고 하였다. 도홍경의 주에 "사상(蛇牀)과 비슷하며 향기가 난다"고 하였다. 곽박이 "향초, 엽소여위상(香草, 葉小如萎狀)"이라 한 것은, 시든 모양과 같다는 것을 말한다. 주에서 말한 『회남자』의 "사상(蛇牀)과 비슷하다"고 한 것은 살피건대, 『회남자』「범론」편에 "무릇 사물이 서로 비슷한 것에 임금이 혼란스럽고 미혹되고, 의아하며 비슷한 것에 여러 사람들이 현혹된다. 그 까닭에 사나운 자는 지혜로운 자와 비슷하나 지혜롭지 않으며, 어리석은 자는 군자와 비슷하나 군자가 아니며, 우직한 자는 용감한 자와 비슷하나 용감한 것이 아니다. 사람이 서로 차이나게 되는 것이 마치 옥과 돌처럼, 규(葵 : 해바라기)와 현(莧 : 비름)처럼 하게 되면, 사람을 평가하기가 쉽다. 사람을 혼란시키는 것이 마치 궁궁(芎藭)과 고본(藁本 : 백합과의 다년초)처럼, 사상(蛇牀)과 미무(蘪蕪)처럼 되는 것과 같다[37]"고 하였다. 허신이 "이 네 가지(궁궁, 고본, 사상, 미무)는 약

초로서 냄새와 맛이 서로 비슷하나, 병을 치료할 때는 효력이 같지 않다"고 한 것이 이것이다. 주에서 말한 『산해경』의 "취여미무(臭如蘪蕪)"는 살펴건대, 『산해경』「서산경」에 "부산(浮山)에 풀이 있는데 훈초(薰草)라고 한다. 삼처럼 생긴 잎에 줄기가 네모지고 적색 꽃이 피며 검은 열매가 열린다. 냄새는 궁궁이 같고 전염병을 그치게 할 수 있다. 또 천제산(天帝山)에 풀이 있는데, 그 모양은 해바라기와 같고 그 냄새는 궁궁이와 같은데, 두형(杜衡)이라 부른다. 말을 달리게 할 수 있고, 먹으면 목에 생긴 혹을 낫게 할 수 있다"고 한 것이 이것이다. 취(臭)는 향(香)이다. 그 향기가 궁궁이와 같음을 말한다.

 茨, 蒺藜.

자(茨)는 질려(蒺藜 : 납가새)이다.

爾雅注 布地蔓生, 細葉, 子有三角, 刺人. 見『詩』.

땅에 퍼져서 덩굴로 자라며 가는 잎에 씨에는 세 모서리가 있는데 사람을 찌른다. 『시경』에 보인다.

爾雅音義 茨, 徂咨反, 或作薋, 同. 蒺, 音疾. 藜, 音梨. 案『本草』: "蒺藜, 一名旁通, 一名屈人, 一名止行, 一名豺羽, 一名升推, 一名卽梨,

---

37) 사람을 혼란시키는 …… 같다 : 외모는 비슷하나 내실은 정반대인 사물을 들어 혼란이 야기됨을 설명한 것이다.

一名茨多. 生道上布地, 子及葉竝有刺, 狀如雞菱." 刺, 七亦反. 見, 賢遍
反, 後放此.

자(茨)는 조(徂)와 자(咨)의 반절, 혹은 자(薋)로 되어 있으나 음의가 같다.
질(蒺)은 음이 질(疾)이다. 려(藜)는 음이 리(梨)이다. 살피건대, 『본초』에 "질
려(蒺藜)는 일명 방통(旁通), 일명 굴인(屈人), 일명 지행(止行), 일명 시우(豺
羽), 일명 승추(升推), 일명 즉리(卽梨), 일명 자다(茨多)이다. 길에서 자라며
땅에 퍼진다. 씨와 잎은 모두 가시가 있는데 모양이 계릉(雞菱)과 같다"고
하였다. 척(刺)은 칠(七)과 역(亦)의 반절이다. 현(見)은 현(賢)과 편(遍)의 반절
이며, 뒤에도 이와 같다.

 茨, 一名蒺藜. 郭云: "布地蔓生, 細葉, 子有三角, 刺人, 見『詩』"
者, 案『詩』「小雅」云: "楚楚者茨." 是也.

자(茨)는 일명 질려(蒺藜)이다. 곽박이 "땅에 퍼져서 덩굴로 자라며 잎이
가늘고, 씨에는 세 모서리가 있는데 사람을 찌른다. 『시경』에 보인다"고
한 것은 살피건대, 『시경』「소아」「초자(楚茨)」에 "가시 많은 납가새"라고
한 것이 이것이다.

 蔄葜, 藰衣.

계녀(蔄葜)는 절의(藰衣 : 뱀도랏)이다.

似芹, 可食. 子大如麥, 兩兩相合, 有毛, 著人衣.

미나리와 비슷하며 먹을 수 있다. 열매는 크기가 보리 만하며 두 개씩 서로 붙어 있는데 가시가 있어서 사람의 옷에 붙는다.

 薊, 居例反, 郭巨例反. 莒, 女居反. 竊, 音切. 芹, 音勤. 著, 直略反.

계(薊)는 거(居)와 례(例)의 반절이다. 곽박은 거(巨)와 례(例)의 반절이라고 하였다. 녀(莒)는 녀(女)와 거(居)의 반절이다. 절(竊)은 음이 절(切)이다. 근(芹)은 음이 근(勤)이다. 착(著)은 직(直)과 략(略)의 반절이다.

 薊莒, 一名竊衣. 郭云 : "似芹, 可食. 子大如麥, 兩兩相合. 有毛, 著人衣." 俗名鬼麥者也.

계녀(薊莒)는 일명 절의(竊衣)이다. 곽박은 "미나리와 비슷하며 먹을 수 있다. 열매는 크기가 보리 만하며 두 개씩 서로 붙어 있는데 가시가 있어서 사람의 옷에 붙는다"고 하였다. 세상에서는 귀맥(鬼麥)이라 부른다.

 髦, 顛蕀.

모(髦)는 전극(顛蕀 : 가는 잎에 가시가 있는 풀)이다.

細葉, 有刺, 蔓生, 一名商蕀. 『廣雅』云 : "女木也."

가는 잎에 가시가 있으며 덩굴로 자라는데 일명 상극(商蕀)이다. 『광아』에 "여목(女木)이다"고 하였다.

 髦, 音毛. 顚, 都年反. 蕀, 古力反.

모(髦)는 음이 모(毛)이다. 전(顚)은 도(都)와 년(年)의 반절이다. 극(蕀)은 고(古)와 력(力)의 반절이다.

 髦, 一名顚蕀, 一名商蕀. 『廣雅』云 : "女木也." 郭云 : "細葉, 有刺, 蔓生."

모(髦)는 일명 전극(顚蕀), 일명 상극(商蕀)이다. 『광아』에 "여목(女木)이다"고 하였다. 곽박은 "가는 잎에 가시가 있으며 덩굴로 자란다"고 하였다.

 雚, 芃蘭.

관(雚)은 환란(芃蘭 : 새박덩굴)이다.

 雚芃, 蔓生. 斷之有白汁, 可啖.

관환(蘿芄)은 덩굴로 자란다. 자르면 흰 즙이 나오는데 먹을 수 있다.

爾雅音義 蘿, 郭音灌, 謝音官, 沈施音丸. 芄, 音桓. 蘭, 力丹反. 斷, 丁管反. 汁, 之什反.

관(蘿)에 대하여 곽박은 음이 관(灌)이라 하였고, 사교는 음이 관(官)이라 하였으며, 심선과 시건은 음이 환(丸)이라 하였다. 환(芄)은 음이 환(桓)이다. 란(蘭)은 력(力)과 단(丹)의 반절이다. 단(斷)은 정(丁)과 관(管)의 반절이다. 즙(汁)은 지(之)와 십(什)의 반절이다.

爾雅疏 蘿, 一名芄蘭. 郭云: "蘿芄, 蔓生. 斷之有白汁, 可啖." 案如此注, 則似蘿芄一名蘭, 或傳寫誤衍芄字. 『詩』「衛風」云: "芄蘭之支." 陸璣云: "一名蘿摩. 幽州人謂之雀瓢."

관(蘿)은 일명 환란(芄蘭)이다. 곽박은 "관환(蘿芄)은 덩쿨로 자란다. 자르면 흰 즙이 나오는데 먹을 수 있다"고 하였다. 살피건대, 곽박의 주(注)와 같다면 관환(蘿芄)은 일명 란(蘭)으로 혹 전사(傳寫) 과정에서 잘못하여 환(芄)자를 더 넣은 것 같다. 『시경』「위풍(衛風)」「환란(芄蘭)」에 "새박덩쿨의 가지"라고 하였다. 육기는 "일명 나마(蘿摩)이다. 유주(幽州) 사람들은 작표(雀瓢)라 부른다"고 하였다.

蕈, 茷藩.

담(蕈)은 침번(茷藩 : 약초인 지모)이다.

生山上, 葉如韭, 一曰提母.

산에서 나며 잎이 부추와 같은데, 다른 이름으로 제모(提母)라 한다.

蕁, 孫云"古薄字, 徒南反."『說文』云 : "或作蕁字." 沈, 字或作
芢, 音直林反. 藩, 甫煩反, 又音煩. 郭云 : "一名蝭母."『本草』:
"謂之知母, 一名蚳母, 一名連母, 一名野蓼, 一名地參, 一名水參, 一名
貨母, 一名蝭母, 一名女雷, 一名女理, 一名兒草, 一名鹿列, 一名韭逢,
一名兒踵, 一名東根, 一名水須, 一名苨藩, 一名蕁." 陶注云 : "形似菖蒲
而柔潤, 葉至難死. 掘出隨生, 須枯燥乃止, 堪治熱病, 亦主瘧疾."

담(蕁)에 대하여 손염은 "담(薄)의 고자(古字)이며 도(徒)와 남(南)의 반절
이다"고 하였다.『설문』에 "간혹 담(蕁)자로 되어 있다"고 하였다. 침(沈)자
는 간혹 침(芢)으로 되어 있는데 음은 직(直)과 림(林)의 반절이다. 번(藩)은
보(甫)와 번(煩)의 반절, 또는 음이 번(煩)이다. 곽박은 "일명 제모(蝭母)이다"
고 하였다.『본초』에서는 지모(知母)라 하였는데, 일명 기모(蚳母), 일명 연
모(連母), 일명 야료(野蓼), 일명 지삼(地參), 일명 수삼(水參), 일명 화모(貨母),
일명 제모(蝭母), 일명 여뢰(女雷), 일명 여리(女理), 일명 아초(兒草), 일명 녹
렬(鹿列), 일명 구봉(韭逢), 일명 아종(兒踵), 일명 동근(東根), 일명 수수(水須),
일명 침번(苨藩), 일명 담(蕁)이다"고 하였다. 도홍경의 주에는 "모습이 창
포(菖蒲)와 같으나 부드러우면서 윤기가 있으며, 잎이 잘 죽지 않는다. 땅
을 파서 산채로 뽑아내어 바짝 마른 뒤에야 죽고, 열병(熱病)을 치료하는
데 뛰어나며 또한 학질(瘧疾)도 주효하다"고 하였다.

藥草知母也. 一名蕁, 一名苨藩. 郭云 : "生山上, 葉如韭, 一名提
母." 案,『本草』此名之外更有十餘名, 文多不載. 陶注云 : "形似

菖蒲而柔潤, 葉至難死, 掘出隨生, 須枯燥乃止也.”

약초인 지모(知母)이다. 일명은 담(蓎)이며 일명은 침번(沈藩)이다. 곽박은 "산 위에서 나며 잎이 부추와 같은데 일명 제모(提母)이다"고 하였다.『본초』를 보면 이 이름 외에 또 십여 가지의 이름이 있으나 글이 많아 싣지 않는다. 도홍경의 주에는 "형상이 창포(菖蒲)와 같으나 부드러우면서 윤기가 있으며, 잎이 잘 죽지 않는데 땅을 파서 산채로 뽑아내어 바짝 마른 뒤에야 죽는다"고 하였다.

 藗, 蕮.

유(藗)는 석(蕮: 약초의 일종)이다.

 今澤蕮.

지금의 택석(澤蕮)이다.

藗, 羊朱反. 蕮, 本又作舄, 私夕反, 下同. 郭云: "今澤舄." 案『本草』云: "一名水舄, 一名及瀉, 一名芒芋." 陶注云: "葉狹而長, 叢生淺水中."『仙經』: "服食用之, 令人身輕, 能步行水上."

유(藗)는 양(羊)과 주(朱)의 반절이다. 석(蕮)은 본에 따라 또 석(舄)으로 되어 있는데, 사(私)와 석(夕)의 반절이며 아래도 같다. 곽박은 "지금의 택석

(澤舄)이다"고 하였다. 살펴건대,『본초』에는 "일명 수석(水舃), 일명 급사(及 舄), 일명 망우(芒芋)이다"고 하였다. 도홍경의 주에는 "잎이 좁고 길며 얕은 물에 무더기로 난다"고 하였다.『선경(仙經)』[38]에는 "그것을 복용하면 사람의 몸을 가볍게 하여 물위를 걸어다닐 수 있다"고 하였다.

 蕍, 一名舃, 卽藥草澤蕮也.『本草』作澤瀉, 一名水瀉, 一名及瀉, 一名芒芋, 一名鵠瀉. 陶注云 : "葉狹長, 叢生諸淺水中."

유(蕍)는 일명 석(舃)이니, 곧 약초인 택석(澤蕮)이다.『본초』에는 택사(澤 瀉)로 되어 있으며 "일명 수사(水瀉), 일명 급사(及瀉), 일명 망우(芒芋), 일명 곡사(鵠瀉)이다"고 하였는데, 도홍경의 주에 "잎이 좁고 길며 얕은 물에 무더기로 난다"고 하였다.

 茵, 鹿藿. 其實莥.

균(茵)은 녹확(鹿藿 : 여우 콩, 또는 쥐눈이 콩)인데 그 열매는 뉴(莥)이다.

 今鹿豆也. 葉似大豆, 根黃而香, 蔓延生.

지금의 녹두(鹿豆)이다. 잎이 대두(大豆)와 같으며, 뿌리는 노랗고 향이 나고, 덩굴져 뻗어 나가며 자란다.

---

38)『仙經』: 書名. 仙道를 기록한 책. 道敎의 經典.

 鹵, 謝其隕反, 郭巨阮反, 施其免反, 沈巨轉反. 鹿, 力斛反. 藿,
火郭反. 『說文』云: "菽之少也." 字又作藿. 莥, 女久·其久二反.
蔓, 音萬. 延, 以戰反.

　균(鹵)에 대하여 사교는 기(其)와 윤(隕)의 반절, 곽박은 거(巨)와 완(阮)의
반절, 시건은 기(其)와 면(免)의 반절, 심선은 거(巨)와 전(轉)의 반절이라 하
였다. 록(鹿)은 력(力)과 곡(斛)의 반절이다. 확(藿)은 화(火)와 곽(郭)의 반절이
다. 『설문』에 확(藿)은 "콩 중에 작은 것이다"고 하였다. 글자를 또 곽(藿)
으로도 쓴다. 뉴(莥)는 녀(女)와 구(久), 기(其)와 구(久)로 반절이 둘이다. 만
(蔓)은 음이 만(萬)이다. 연(延)은 이(以)와 전(戰)의 반절이다.

 鹵, 一名鹿藿, 其實名莥. 郭云: "今鹿豆也. 葉似大豆, 根黃而
香, 蔓延生." 『本草』云: "味苦." 唐本注云: "此草所在有之. 苗
似豌豆, 有蔓而長大. 人取以爲菜, 亦微有豆氣, 名爲鹿豆也."

　균(鹵)은 일명 녹확(鹿藿)인데 그 열매는 뉴(莥)이다. 곽박은 "지금의 녹
두(鹿豆)이다. 잎이 대두와 같으며 뿌리는 노랗고 향이 나며 덩굴져 뻗어
나가며 자란다"고 하였다. 『본초』에는 "맛이 쓰다"고 하였는데, 당본주(唐
本注)에는 "이 풀은 곳곳에 있다. 싹이 완두콩과 비슷하며 덩굴이 있고 길
고 굵다. 사람이 뜯어서 나물로 하는데, 역시 약간 콩 맛이 있으며 이름을
녹두(鹿豆)라 한다"고 하였다.

蕭, 侯莎. 其實媞.

호(蒿)는 후사(侯莎 : 莎草)이며 그 열매는 제(媞)이다.

「夏小正」曰: "蒿也者, 莎隋. 媞者其實."

『대대례(大戴禮)』「하소정(夏小正)」에 "호(蒿)는 사수(莎隋)이다. 제(媞)는
그 열매이다"고 하였다.

蒿, 胡老反. 莎, 先禾反. 媞, 尼兮反. 夏, 音下. 正, 之盈反. 隋,
弋垂‧徂規二反.『廣雅』云: "蓆也." 又云: "地毛, 莎隋也." 本
或作蓨, 他狄反.

호(蒿)는 호(胡)와 로(老)의 반절이다. 사(莎)는 선(先)과 화(禾)의 반절이다.
제(媞)는 이(尼)와 혜(兮)의 반절이다. 하(夏)는 음이 하(下)이다. 정(正)은 지
(之)와 영(盈)의 반절이다. 수(隋)는 익(弋)과 수(垂), 조(徂)와 규(規) 두 가지의
반절이다.『광아』에 "석(蓆)이다"고 하였으며, 또 "지모(地毛)는 사수(莎隋)
이다"고 하였다. 본에 따라서는 수(蓨)로 되어 있으며 타(他)와 적(狄)의 반
절이다.

蒿卽莎別名. 侯, 維也, 猶語辭也. 其實別名媞.「夏小正」者,『大
戴禮』之篇名. 本夏后氏著十二月之候也. 漢九江太守戴德記之,
謂『大戴禮記』. 其「正月」云: "媞蒿. 蒿也者, 莎隋也. 媞也者, 其實也.
先言媞而後言蒿, 何也? 媞先見者也. 何以謂之? 「小正」以著名也." 案
『廣雅』云: "地毛, 莎隋也." 是隋卽莎也, 故云"莎隋."

호(蒿)는 곧 사(莎)의 별명이다. 후(侯)는 유(維)이니 어조사(語助辭)와 같다.
그 열매 별명이 제(媞)이다.「하소정(夏小正)」[39]은『대대례(大戴禮)』의 편명

(篇名)이다. 본래 하후씨(夏后氏)가 열두 달의 기후를 적은 것이다. 한(漢)의 구강태수(九江太守)인 대덕(戴德)이 기록하였기 때문에 『대대례기(大戴禮記)』라고 한다. 그 「정월(正月)」에 "제호(媞蓲)이다. 호(蓲)는 사수(莎隨)이며, 제(媞)는 그 열매이다. 먼저 제(媞)를 말하고 나중에 호(蓲)를 말한 것은 어째서인가? 제(媞)를 먼저 보기 때문이다. 어찌하여 그렇게 말했는가? 「소정(小正 : 夏小正)」은 이름을 드러내기 때문이다."고 하였다. 『광아』에는 "지모(地毛)는 사수(莎隨)이다"고 하였다. 이는 수(隨)가 곧 사(莎)이므로 사수(莎隨)라고 하였다.

 莞, 苻蘺. 其上蒚.

관(莞)은 부리(苻蘺 : 왕골)이다. 그 윗부분이 력(蒚)이다.

 今西方人呼蒲爲莞蒲. 蒚謂其頭臺也. 今江東謂之苻蘺, 西方亦名蒲. 中莖爲蒚, 用之爲席.

지금의 서쪽 사람들은 포(蒲)를 관포(莞蒲)라 한다. 력(蒚)은 그 머리의 대(臺 : 꽃받침 이하의 줄기 부분)[40] 부분을 말한다. 지금 강동(江東)에서는 부리(苻蘺)라 한다. 서방에서도 역시 이름을 포(蒲)라 한다. 가운데 줄기가 력(蒚)인데 그것을 이용하여 자리를 만든다.

---

39) 「夏小正」: 『大戴禮記』 중의 한 편이다. 『禮記』·『史記』 등에 孔子가 杞나라에 가서 夏時를 얻었다고 하는 것은 이 篇일 것이라고 한다. 『禮記』 「禮運」에 "吾得『夏時』焉"이라 하였다. 鄭玄이 주석하기를 "其書存者有『小正』. 本或作有『夏小正』"이라 하였으니 『小正』은 『夏小正』임을 알 수 있다.

40) 臺: 꽃이 피기 전에 나오는 莖臺, 荼臺. 『이아고림』 「正義」에 "臺者, 說文繫傳云, 艸將生華, 先抽莖臺, 今謂荼臺是也"라고 하였다.

莞, 本或作茄, 謝音官, 郭音桓. 『字林』音緩, 俗音關. 蘺, 力知反, 本或作離. 蔺, 郭音翮, 又音歷.

관(莞)은 본에 따라 백(茄)으로 되어 있으며, 사교는 음이 관(官)이라 하였고, 곽박은 음이 환(桓)이라 하였다. 『자림』에는 음이 완(緩)으로 되어 있으며 속음은 관(關)이라고 하였다. 리(蘺)는 력(力)과 지(知)의 반절인데, 본에 따라서는 리(離)로 되어 있다. 력(蔺)에 대하여 곽박은 음이 핵(翮)이라 하였으며, 또 다른 음은 력(歷)이라고 하였다.

某氏曰 : "『本草』云白蒲, 一名苻蘺, 楚謂之莞蒲, 其上臺別名蔺. 郭義具注." 『詩』「小雅」「斯干」云 : "下莞上簟." 鄭箋云"莞, 小蒲" 也者, 以莞·蒲一草之名. 而「司几筵」有莞筵·蒲筵, 則有大小之異. 爲席有精有粗, 故得爲兩種席也.

모씨(某氏)는 "『본초』에 '백포(白蒲)는 일명 부리(苻蘺)이며 초(楚)에서는 관포(莞蒲)라 하는데 그 위의 대(臺)의 별명이 력(蔺)이다. 곽박이 의미를 주(注)에 갖추어 놓았다'"고 하였다. 『시경』「소아」「사간(斯干)」에 "아래는 왕대이고 위는 대자리이다"라고 하였다. 정전(鄭箋)에 "관(莞)은 작은 포(蒲)이다"라고 한 것은 완(莞)과 포(蒲)가 한 가지 풀의 이름인데, 『주례』「춘관」「사궤연(司几筵)」에 관연(莞筵)과 포연(蒲筵)으로 대소(大小)의 차이가 있다고 하였으니, 자리에 정밀한 것이 있고 거친 것이 있기 때문에 두 종류의 자리가 된 것이다.

荷, 芙渠.

하(荷)는 부거(芙渠 : 연)이다.

 別名芙蓉, 江東呼荷.

별명은 부용(芙蓉)인데 강동에서는 하(荷)라고 한다.

 其莖茄, 其葉蕸.

그 줄기는 가(茄 : 연줄기), 그 잎은 하(蕸 : 연잎)이다.

 其本蔤.

그 밑둥은 밀(蔤 : 연밑둥)이다.

 莖下白蒻在泥中者.

줄기 아래에 진흙 속에 있는 흰색의 약(蒻 : 연뿌리)이다.

 其華菡萏.

그 꽃은 함담(菡萏 : 연꽃)이다.

 見『詩』.

『시경』에 보인다.

 其實蓮.

그 열매는 련(蓮 : 연실)이다.

 蓮謂房也.

련(蓮)은 방(房)이라 한다.

 其根藕.

그 뿌리는 우(藕 : 연뿌리)이다.

 其中的.

그 속은 적(的 : 연씨)이다.

 蓮中子也.

연 속에 있는 씨앗이다.

 的中薏.

적(的)의 속이 억(薏 : 연밥)이다.

 中心苦.

속은 맛이 쓰다.

 荷, 音河. 芙, 音符, 本或作扶. 渠, 本又作蕖, 音同. 蓉, 音容. 莖, 戶耕反. 茄, 古牙反. 遻, 字或作葭, 音遐, 又音加.『衆家』竝無此句, 唯郭有, 然就郭本中或復脫此一句, 亦竝闕讀. 䕠, 亡筆反. 蒻, 音若. 菡, 戶感反. 萏, 字又作䕄, 徒感反.『說文』云: "菡萏, 花未發也, 已發名芙蓉." 張揖同, 亦曰芙渠. 蓮, 力田反. 藕, 字亦作蕅, 同, 五口反. 案『本草』云: "一名水芝丹." 的, 丁歷反, 又戶了反, 或作蓟, 同. 薏, 於力反.

하(荷)는 음이 하(河)이고, 부(芙)는 음이 부(符)인데, 본에 따라서는 부(扶)로 되어 있다. 거(渠)는 본에 따라 거(蕖)로 되어 있으며 음은 같다. 용(蓉)은 음이 용(容)이다. 경(莖)은 호(戶)와 경(耕)의 반절이다. 가(茄)는 고(古)와 아(牙)의 반절이다. 하(蕸)는 글자를 혹은 가(葭)로 쓰는데, 음이 하(遐) 또는 가(加)이다. 『중가주(衆家注)』[41]에는 모두 이 구가 없는데 오직 곽박만의 주에 이것이 있다. 그러나 곽본 중에서도 혹은 이 한 구가 빠져서 역시 모두 빼고 읽는다.[42] 밀(蔤)은 망(亡)과 필(筆)의 반절이다. 약(蒻)은 음이 약(若)이다. 함(菡)은 호(戶)와 감(感)의 반절이다. 담(萏)자는 또 담(蘭)자로도 쓰는데 도(徒)와 감(感)의 반절이다. 『설문』에 "함담(菡萏)은 아직 꽃이 피지 않는 것이며, 이미 꽃이 핀 것은 부용(芙蓉)이다"고 하였다. 장읍(張揖)도 같은 뜻으로 풀이하였으며, 또는 부거(芙渠)라고 한다. 련(蓮)은 력(力)과 전(田)의 반절이다. 우(藕)는 글자를 또한 우(藉)로 쓰는데, 음의가 같으며 오(五)와 구(口)의 반절이다. 살피건대, 『본초』에 "일명 수지단(水芝丹)이다"고 하였다. 적(菂)은 정(丁)과 력(歷)의 반절, 또는 호(戶)와 료(了)의 반절이며, 간혹 적(的)으로 되어 있으나 음의가 같다. 억(薏)은 어(於)와 력(力)의 반절이다.

爾雅疏 李巡曰 : "皆分別蓮·莖·華·葉·實之名. 芙藻, 其總名也, 別名芙蓉. 江東呼荷. 菡萏, 蓮華也. 的, 蓮實也. 薏, 中心苦者[43]也." 郭璞云 : "蔤, 莖下白蒻在泥中者." 今江東人呼荷華爲芙蓉, 北方人便以藕爲荷, 亦以蓮爲荷, 蜀人以藕爲茄. 或用其母爲華名, 或用根子爲母葉號. 此皆名相錯, 習俗傳誤, 失其正體者也. 陸璣『疏』云 : "蓮靑皮裏白子爲的, 的中有靑爲薏, 味甚苦, 故里語云'苦如薏.'" 是也. 『詩』「陳風」云 : "彼澤之陂, 有蒲與荷." 又曰"有蒲與蓮", 又曰"有蒲菡萏" 是也.

---

41) 『衆家注』 : 書名. 『爾雅』의 여러 주석을 모은 책인데 편자 미상이다. 후대에 淸의 학자 黃奭이 정리하여 『爾雅衆家注』라고 하였다.

42) '其莖茄'와 '其葉蕸'에 대한 郭璞注가 없음을 말한다.

43) 苦者 : 대본에는 없으나 『爾雅詁林』 「爾雅李氏注」에 따라 삽입하였다.

이순은 "모두 연꽃의 경(莖 : 줄기)·엽(葉 : 잎)·화(華 : 꽃)·실(實 : 열매)의 명칭을 구분한 것이다. 부거(芙蕖)는 총체적인 명칭이며 별명은 부용(芙蓉)이다. 강동에서는 하(荷)라 한다. 함담(菡萏)은 연화(蓮花)이다. 적(菂)은 연실(蓮實)이다. 억(薏)은 속으로 맛이 쓰다"고 하였다. 곽박은 "밀(蔤)은 줄기 아래에 진흙 속에 있는 흰색의 약(蒻 : 연밑둥)이다"고 하였다. 지금 강동인은 하화(荷花 : 연꽃)를 부용(芙蓉)이라 하며, 북쪽 지역 사람은 우(藕)를 하(荷)라 하고, 또 연(蓮)을 하(荷)라 하며, 촉인(蜀人)은 우(藕)를 가(茄)라 한다. 혹은 그 전체를 꽃의 명칭으로 하고 혹은 뿌리와 열매로 전체와 잎의 명칭으로 한다. 이는 모든 명칭이 서로 섞이고 습관과 풍속이 잘못 전해지면서 그 참모습을 잃은 것이다"고 하였다. 육기(陸璣)는 『소』에서 "연의 푸른 껍질 안에 하얀 씨가 적(菂)이다. 적 속에 파란 것이 억(薏)인데 맛이 매우 쓰다. 그러므로 속담에 '쓰기가 억(薏)과 같다'"고 한 것이 이것이다. 『시경』「진풍(陳風)」「택피(澤陂)」에 "저 연못의 둑에 포(蒲)와 하(荷)가 있다"고 하고, 또 "포(蒲)와 련(蓮)이 있다"고 하고, 또 "포(蒲)와 함담(菡萏)이 있다"고 한 것이 이것이다.

 紅, 蘢古. 其大者蘬.

홍(紅)은 농고(蘢古 : 개여뀌)이다. 그 큰 것이 귀(蘬)이다.

 俗呼紅草爲蘢鼓, 語轉耳.

민간에서는 홍초(紅草)를 농고(蘢鼓)라고 하니, 말이 바뀐 것이다.

蘢, 力恭反, 又力公反. 蘬, 謝丘軌反, 郭匡龜反.

롱(蘢)은 력(力)과 공(恭)의 반절, 또는 력(力)과 공(公)의 반절이다. 귀(蘬)에
대하여 사교는 구(丘)와 궤(軌)의 반절이라 하였으며, 곽박은 광(匡)과 귀(龜)
의 반절이라고 하였다.

 舍人曰 : "紅名蘢古. 其大者名蘬." 『詩』 「鄭風」云 : "隰有游蘢."
毛云 : "蘢, 紅草也." 陸璣云 : "一名馬蓼, 葉大而赤白色, 生水澤
中, 高丈餘." 郭云 : "俗呼紅草爲蘢鼓, 語轉耳."

사인은 "홍은 명칭이 농고이다. 그 큰 것이 귀이다"고 하였다. 『시경』
「정풍(鄭風)」 「산유부소(山有扶蘇)」에 "습지에는 너울거리는 개여뀌가 있
다"라고 하였는데, 모(毛)씨는 "농(蘢)은 홍초(紅草)이다"고 하였으며, 육기
는 "일명 마료(馬蓼)이며 잎이 크고 적백색인데 연못에서 나며 키가 일장
(一丈) 남짓 된다"고 하였다. 곽박은 "세상에서는 홍초(紅草)를 농고(蘢鼓)라
고 하는데, 말이 바뀌었을 뿐이다"고 하였다.

 葥, 菥實.

차(葥)는 제실(菥實 : 냉이씨)이다.

 薺子名.

냉이 씨의 명칭이다.

 蕭, 才河反, 又子邪反.

차(蕭)는 재(才)와 하(河)의 반절, 또는 자(子)와 사(邪)의 반절이다.

 『本草』云 : "薺, 味甘. 人取其葉作菹及羹亦佳." 『詩』「谷風」云 : "誰謂荼苦, 其甘如薺." 其子別名蕭.

『본초』에 "냉이는 맛이 달다. 사람이 그 잎을 따서 김치를 담거나 국을 끓이면 또한 맛이 좋다"고 하였다. 『시경』「패풍(邶風)」「곡풍(谷風)」에 "누가 씀바귀를 쓰다고 하였는가? 그 달기가 냉이와 같다"라 하였다. 그 씨의 별명이 차(蕭)이다.

 蕡, 枲實.

분(蕡)은 시실(枲實 : 삼씨)이다.

 『禮記』曰 : "苴麻之有蕡."

『예기』에 "저(苴)는 마(麻)에 분(黂 : 삼씨)이 있는 것이다"고 하였다.

爾雅音義 黂, 本或作蕡, 苻刀反, 或扶沸反. 枲, 息似反. 苴, 七徐反, 下同.

분(黂)은 본에 따라 분(蕡)으로 되어 있으며, 부(苻)와 인(刀)의 반절, 혹은 부(扶)와 비(沸)의 반절이다. 시(枲)는 식(息)과 사(似)의 반절이다. 저(苴)는 칠(七)과 서(徐)의 반절이며 아래도 같다.

爾雅疏 枲, 麻也. 黂者, 卽麻子名也. 故云"黂, 枲實"也. 注"『禮記』曰 : 苴麻之有黂"者, 『儀禮』「喪服」傳文也. 傳所以解經, 故亦謂之 『禮記』也. 案「喪服」經云 : "苴絰." 傳曰 : "苴絰者, 麻之有蕡者." 是也.

시(枲)는 마(麻 : 삼)이다. 분(黂)은 곧 삼씨의 명칭이다. 그러므로 "분(黂)은 시실(枲實)이다"라고 하였다. 주에서 인용한 『예기』의 "저마지유분(苴麻之有黂)"은 『의례(儀禮)』 「상복(喪服)」의 전(傳)의 글이다.[44] 전(傳)은 경(經)을 풀이한 것이기 때문에 예와 관련된 기록이라는 의미로 『예기(禮記)』라고 한 것이다. 살피건대, 『의례』 「상복」의 경(經)에 "저질(苴絰 : 삼으로 만든 수질·요질)"이라고 하였는데, 전(傳)에 "저질(苴絰)은 마(麻)에 씨앗이 있는 것이다"고 한 것이 이것이다.

 枲, 麻.

---

44) 傳의 글이다 : 鄭玄의 注나, 賈公彦의 疏가 아니라 經文 속에서 나오는 '傳曰'을 뜻한다.

시(枲)는 마(麻: 삼)이다.

 別二名.

두 가지 명칭을 구별하였다.

別, 彼列反.

별(別)은 피(彼)와 렬(列)의 반절이다.

麻, 一名枲. 故注云"別二名." 「禹貢」靑州云"厥貢岱畎絲枲" 是也.

마는 일명(一名) 시(枲)이다. 그러므로 주에서 "두 가지 명칭을 구별하였다"고 하였다. 『서경』 「우공(禹貢)」 청주(靑州)에 "그 공물(貢物)은 대산(岱山) 산골의 고치실과 삼이다"고 한 것이 이것이다.

 須, 薞蕪.

수(須)는 순무(薞蕪: 순무)이다.

蓨蕪, 似羊蹄, 葉細, 味酢, 可食.

순무는 모양이 양제(羊蹄 : 소루쟁이)와 같으며 잎은 가늘고 맛은 신데 먹을 수 있다.

 蓨, 音孫. 酢, 七故反.

손(蓨)은 음이 손(孫)이다. 초(酢)는 칠(七)과 고(故)의 반절이다.

案『詩』「谷風」云 : "采葑采菲." 毛傳云 : "葑, 須也." 先儒卽以須, 葑葖當之. 孫炎云 : "須, 一名葑葖." 今郭注上"葑葖"云"未詳", 注此云 : "蓨蕪, 似羊蹄, 葉細, 味酢, 可食." 則郭意以毛云"葑, 須"者謂此蓨蕪也. 「坊記」注云 : "葑, 蔓菁也. 陳・宋之間謂之葑." 陸璣云 : "葑, 蕪菁. 幽州人或謂之芥." 『方言』云 : "蘴・蕘, 蕪菁也. 陳・楚謂之蘴, 齊・魯謂之蕘, 關西謂之蕪菁, 趙・魏之郊謂之大芥." 蘴與葑, 字雖異, 音實同. 則葑也, 須也, 蕪菁也, 蔓菁也, 蓨蕪也, 蕘也, 芥也, 七者, 一物也.

살피건대, 『시경』「패풍」「곡풍(谷風)」에 "봉(葑)을 캐고 비(菲)를 캔다"라고 하였는데, 모전에 "봉(葑)은 수(須)이다"고 하였다. 선유(先儒)는 곧 수(須)를 봉종(葑葖)으로 여겼다. 손염은 "수(須)는 일명 봉종(葑葖)이다"고 하였다. 지금 곽박은 윗글의 "봉종(葑葖)"에 대하여 "미상(未詳)"이라고 하였으나, 여기의 주에서는 "순무는 모양이 소루쟁이와 같으며 잎은 가늘고 맛은 신데 먹을 수 있다"고 하였다. 곽박의 뜻은 모전의 "봉(葑)은 수(須)이다"를 이 순무(蓨蕪)로 여긴 것이다. 『예기』「방기(坊記)」의 주에 "봉(葑)은 만청(蔓菁)이다. 진(陳)과 송(宋) 지역에서는 봉(葑)이라 한다"고 하였다. 육기는 "봉은 무청이다. 유주인(幽州人)은 간혹 개(芥)라고 한다"고 하였다. 『방언』에는 "풍(豐)과 요(蕘)는 무청(蕪菁)이다. 진(陳)과 초(楚)에서는 풍(豐)이라 하고 제(齊)와 노(魯)에서는 요(蕘)라 하고 관서(關西)에서는 무청(蕪菁)이라 하고 조(趙)와 위(魏)의 교외에서는 대개(大芥)라 한다"[45]고 하였다. 풍(豐)과 봉(葑)은 글자는 비록 다르나 음(音)은 사실 같으니 곧 봉(葑)·수(須)·무청(蕪菁)·만청(蔓菁)·손무(蓀蕪)·요(蕘)·개(芥) 일곱 가지는 한 가지 물건이다.

 菲, 蔇茱.

비(菲)는 식채(蔇茱 : 순무 비슷한 먹을 수 있는 채소 혹은 쥐참외)이다.

 菲草, 生下溼地, 似蕪菁, 華紫赤色, 可食.

비초(菲草)는 낮은 습지에서 나는데, 무청(蕪菁)과 비슷하고 꽃은 자적색이며 먹을 수 있다.

 菲, 孚匪反, 又音妃. 蔇, 音息, 本又作息.

비(菲)는 부(孚)와 비(匪)의 반절, 또는 음이 비이다. 식(蔇)은 음이 식(息)인데 본에 따라 또 식(息)으로 되어 있다.

---

45) 『방언』 : 권3-4에 나온다.

 菲, 一名蒠菜. 案『詩』「谷風」云 : "采葑采菲." 毛傳云 : "菲, 芴
也." 郭上注"菲, 芴" 云"土瓜也." 注此云 : "菲草, 生下溼地, 似
蕪菁, 華紫赤色, 可食." 則是芴與蒠菜別草. 而某氏及陸璣以爲一物, 非
郭義也.

비(菲)는 일명 식채(蒠菜)이다. 살피건대, 『시경』「패풍」「곡풍(谷風)」에
"봉을 캐고 비를 캔다"고 하였는데, 모전에 "비(菲)는 물(芴)이다"고 하였
다. 곽박은 앞의 글에서 "비(菲)는 물(芴)이다"에서 "토과(土瓜)이다"고 하였
는데, 여기의 주에서는 "비초(菲草)는 낮은 습지에서 나는데 무청(蕪菁)과
비슷하고 꽃은 자적색이며 먹을 수 있다"고 하였다. 즉 물(芴)과 식채(蒠菜)
는 다른 풀이다. 그런데 모씨(某氏)와 육기는 한 가지 풀로 여겼으니, 곽박
의 뜻이 아니다.

 蕢, 赤莧.

궤(蕢)는 적현(赤莧 : 줄기가 붉은 비름)이다.

 今人莧, 赤莖者.

요즈음 사람은 현(莧)이라 하는데 줄기가 붉은 것이다.

爾雅
音義 蕢, 字亦作簣, 巨愧反, 又苦怪反. 莧閑辨反.

궤(蕢)는 글자를 또한 궤(蕢)로도 쓰며, 거(巨)와 괴(愧)의 반절, 또는 고(苦)
와 괴(怪)의 반절이다. 현(莧)은 한(閑)과 변(辨)의 반절이다.

 赤莧, 一名蕢, 今蕢菜之赤莖者也.

적현(赤莧)은 일명 궤(蕢)로, 지금 궤(蕢)라는 채소 가운데 줄기가 붉은
것이다.

 薔蘼, 虋冬.

장미(薔蘼)는 문동(虋冬: 맥문동)이다.

 虋冬, 一名滿冬, 『本草』云.

문동(虋冬)은 일명 만동(滿冬)이라고 『본초』에서 말하였다.

 薔, 音牆. 蘼, 亡彼反, 又作蘼, 同. 虋, 音門, 本皆作門. 郭云:
"門, 俗字, 亦作虋字." 『山海經』云:"條谷山, 其草多芍藥·虋
冬." 郭云:"『本草』一名滿冬." 案『本草』:"天門冬, 一名顚勒, 麥門冬. 秦
名羊韭, 齊名愛韭, 楚名馬韭, 越名羊蓍. 一名禹葭, 一名禹餘糧, 葉如韭,
冬夏生." 無名滿冬者.

장(薔)은 음이 장(牆)이다. 미(蘼)는 망(亡)과 피(彼)의 반절, 또는 미(靡)로 쓰나 음의가 같다. 문(虋)은 음이 문(門)이다. 본에 따라 대부분 문(門)으로 되어 있다. 곽박은 "문(門)은 속자(俗字)인데, 또한 문(虋)자로도 쓴다"고 하였다. 『산해경』「중산경(中山經)」에 "조곡산(條谷山)에 있는 풀로는 작약(芍藥)과 문동(虋冬)이 많다"고 하였다. 곽박은 "『본초』에 일명 만동(滿冬)이라 한다"고 하였다. 살피건대, 『본초』에 "천문동(天門冬)은 일명 전륵(顚勒), 맥문동(麥門冬)이다. 진(秦)에서는 양구(羊韭), 제(齊)에서는 애구(愛韭), 초(楚)에서는 마구(馬韭), 월(越)에서는 양시(羊蓍)라고 부른다. 일명 우가(禹葭), 일명 우여량(禹餘糧)으로 잎이 구(韭 : 부추)와 같고 겨울과 여름에 난다"고 하였으나, 만동(滿冬)이란 이름은 없다.

爾雅
疏 藥草也. 一名蘼蕪, 一名虋冬. 案『山海經』云: "條谷山, 其草多芍藥·虋冬." 郭注亦云: "『本草』一名滿冬." 今檢『本草』有: "天門冬, 一名顚勒, 麥門冬. 秦名羊韭, 齊名愛韭, 楚名馬韭. 越名羊蓍. 一名禹葭, 一名禹餘糧." 無名滿冬者, 蓋所見本異也. 虋·門字異音同耳.

약초(藥草)이다. 일명 장미(蘼蕪), 일명 문동(虋冬)이다. 살피건대, 『산해경』「중산경」에 "조곡산(條谷山)에 있는 풀로는 작약(芍藥)과 문동(虋冬)이 많다"고 하였다. 곽박의 주에도 "『본초』에 일명 만동이다"고 하였다. 지금 『본초』를 살피건대, "천문동(天門冬)은 일명 전륵(顚勒), 맥문동(麥門冬)이다. 진(秦)에서는 양구(羊韭), 제(齊)에서는 애구(愛韭), 초(楚)에서는 마구(馬韭), 월(越)에서는 양시(羊蓍)라고 부른다. 일명 우가(禹葭), 일명 우여량(禹餘糧)이라 한다"고 하였다. 만동(滿冬)이란 이름이 없는 것은 아마도 살펴본 책이 다른 것 같다. 문(虋)과 문(門)은 글자는 다르나 음이 같을 뿐이다.

 萹, 苻止.

편(萹)은 부지(苻止)이다.

 未詳.

미상이다.

 濼, 貫衆.

악(濼)은 관중(貫衆: 고사리과에 속하는 식물. 면마)이다.

 葉圓銳, 莖毛黑, 布地, 冬不死. 一名貫渠. 『廣雅』云 : "貫節."

잎은 둥글면서 뾰족하고 줄기는 솜털이 나있고 검으며 땅에 퍼져 있으
면서 겨울에도 죽지 않는다. 일명 관거(貫渠)이다. 『광아』에는 관절(貫節)이
라 하였다.

 萹, 匹緜反. 濼, 郭舒若反, 孫餘若反. 貫, 古亂反. 衆, 音終. 『本
草』云 : "貫衆, 一名貫節, 一名貫渠, 一名百頭, 一名虎卷, 一名
萹苻, 一名伯藥, 一名藥藻. 所謂草鴟頭也." 『爾雅』 : "萹, 苻止", 郭云 :

"未詳",『本草』乃是貫衆.

편(萹)은 필(匹)과 면(綿)의 반절이다. 약(濼)에 대하여 곽박은 서(舒)와 약
(若)의 반절이라 하였고, 손염은 여(餘)와 약(若)의 반절이라 하였다. 관(貫)
은 고(古)와 란(亂)의 반절이다. 중(衆)은 음이 종(終)이다.『본초』에 "관중(貫
衆)은 일명 관절(貫節), 일명 관거(貫渠), 일명 백두(百頭), 일명 호권(虎卷), 일
명 편부(萹苻), 일명 백약(伯藥), 일명 약조(藥藻)이다. 소위 초치두(草鴟頭)이
다"고 하였다.『이아』의 "편, 부지(萹, 苻止)"에 대하여 곽박은 "미상"이라
하였으나,『본초』의 관중(貫衆)이다.

爾雅疏 藥草名也. 一名濼, 一名貫衆.『本草』云 : "一名貫節, 一名貫渠,
一名百頭, 一名虎卷, 一名萹苻, 一名伯萍, 一名藥藻, 此謂鴟
頭." 陶注云 : "葉如大蕨, 形色毛芒, 全似老鴟頭, 因名之." 郭氏云 : "葉
圓銳, 莖毛黑, 布地, 冬不死. 一名貫渠.『廣雅』云'貫節.'"

약초 이름이다. 일명 약(濼), 일명 관중(貫衆)이다.『본초』에 일명 관절(貫
節), 일명 관거(貫渠), 일명 백두(百頭), 일명 호권(虎卷), 일명 편부(萹苻), 일
명 백평(伯萍), 일명 약조(藥藻)로, 이것들은 치두(鴟頭)를 말한다"고 하였다.
도홍경의 주에는 "잎이 큰 고사리와 같으며, 모양과 색 그리고 솜털과 가
시는 완전히 늙은 올빼미 대가리와 같으므로 치두(鴟頭)라고 이름 붙였다"
고 하였다. 곽박은 "잎은 둥글면서 뾰족하고 줄기는 솜털이 나있고 검으
며 땅에 퍼져 있으면서 겨울에도 죽지 않는다. 일명 관거(貫渠)이다.『광
아』에는 '관절(貫節)'이라 한다"고 하였다.

 莙, 牛藻.

군(莙)은 우조(牛藻 : 먹을 수 있는 수초. 말. 버들말즘)다.

 似藻, 葉大, 江東呼爲馬藻.

조(藻)와 비슷하나 잎이 크며, 강동에서는 마조(馬藻)라 한다.

 莙, 其隕反, 孫居筠反, 藻, 音早.

군(莙)은 기(其)와 운(隕)의 반절인데 손염은 거(居)와 균(筠)의 반절이라
하였다. 조(藻)는 음이 조(早)이다.

 莙, 一名牛藻, 江東呼馬藻, 藻之葉大者也.『詩』「召南」云 : "于以
采藻."『左傳』云 : "蘋蘩薀藻之菜." 以此草好聚生, 故言薀藻. 薀
訓聚也. 毛傳云 : "藻, 聚藻也." 陸璣云 : "藻, 水草也. 生水底. 有二種 :
其一種葉如雞蘇, 莖大如箸, 長四五尺 ; 其一種莖大如釵股, 葉如蓬蒿,
謂之聚藻." 又云 : "扶風人謂之藻, 聚爲發聲也. 此二藻皆可食. 煮熟, 按
去腥氣, 米麪糝蒸爲茹, 嘉美. 楊州人饑荒可以當穀食也."

군(莙)은 일명 우조(牛藻)이며, 강동에서는 마조(馬藻)라 하는데, 조(藻) 중
에서 잎이 큰 것이다.『시경』「소남」「채빈(采蘋)」에 "이에 조(藻)를 뜯는
다"라고 하였다.『좌전』은공 3년에 "빈(蘋)・번(蘩)・온조(薀藻) 등의 나물"

이라고 하였다. 이 풀이 무더기로 나는 것을 좋아하기 때문에 온조(蘊藻)라고 한다. 온(蘊)의 뜻은 취(聚)이다. 모전에 "조(藻)는 취조(聚藻)이다"고 하였다. 육기는 "조(藻)는 수초(水草)이다. 물밑에서 자란다. 두 종류가 있는데 그 한 종류는 잎이 계소(雞蘇 : 차조기)와 같으며 굵기가 젓가락 만하며 길이는 4~5척이 된다. 또 한 종류는 굵기가 비녀 만하고 잎은 쑥과 같으며 취조(聚藻)라고 한다"고 하였다. 또 "부풍인(扶風人)은 조(藻)라 하는데 취(聚)는 발성(發聲 : 發語辭)이다. 이 두 조(藻)는 모두 먹을 수 있다. 찌거나 삶은 후 주물러서 비린내를 없애고 쌀가루・밀가루와 섞어 쪄서 먹으면 맛이 좋다. 양주(揚州) 사람은 기근이 들면 곡식으로 대용하였다.

 蕧蕩, 馬尾.

축탕(蕧蕩)은 마미(馬尾 : 자리공)이다.

 『廣雅』曰 : "馬尾, 蔏陸." 『本草』云 : "別名蕩. 今關西亦呼爲蕩, 江東呼爲當陸."

『광아』에 "마미(馬尾)는 상륙(蔏陸)이다"고 하였다. 『본초』에는 "별명이 탕(蕩)이다. 지금 관서에서는 역시 탕(蕩)이라 하고 강동에서는 당륙(當陸)이라 한다"고 하였다.

蕧, 他六反. 蕩, 呂郭他羊反, 謝他唐反. 『廣雅』云 : "馬尾, 蔏陸也." 郭云 : "江東呼爲當陸." 一名蕩根, 一名夜呼, 如人形者有神. 蔏, 音商, 本亦作商.

축(蓫)은 타(他)와 육(六)의 반절이다. 탕(蕩)에 대하여 여침(呂忱)과 곽박은 타(他)와 양(羊)의 반절이라 하였으며, 사교는 타(他)와 당(唐)의 반절이라 하였다.『광아』에 "마미(馬尾)는 상륙(蔏陸)이다"고 하였다. 곽박은 "강동에서는 당륙(當陸)이라 한다"고 하였다. 일명은 탕근(蕩根)이며 일명은 야호(夜呼)인데 사람의 모습 같은 것으로 신효(神效)함이 있다. 상(蔏)은 음이 상(商)인데 본에 따라 또 상(商)으로도 되어 있다.

 藥草蔏陸也. 一名蓫蕩, 一名馬尾. 郭云:"『廣雅』曰:'馬尾, 蔏陸.'『本草』云:別名蕩. 今關西亦呼爲蕩, 江東呼爲當陸." 案『本草』:"蔏陸, 一名蕩根, 一名夜呼." 不同者, 所見本異也. 今注云:一名"白昌", 一名"當陸"是也.

약초인 상륙(蔏陸)이다. 일명은 축탕(蓫蕩)이며 일명은 마미(馬尾)이다. 곽박은 "『광아』에 '마미(馬尾)는 상륙(蔏陸)이다'고 하였다.『본초』에는 '별명이 탕(蕩)이다'고 하였다. 지금 관서에서는 역시 탕(蕩)이라 하고 강동에서는 당륙(當陸)이라 한다"고 하였다. 살피건대,『본초』에는 "상륙(蔏陸)이 일명 탕근(蕩根), 일명 야호(夜呼)이다"고 하였다. 같지 않은 것은 보았던 판본이 다르기 때문이다. 지금의『본초』의 주에는 "일명 백창(白昌), 일명 당륙(當陸)이다"고 한 것이 이것이다.

經文 萍, 蓱.

평(萍)은 평(蓱:개구리밥)이다.

水中浮荓. 江東謂之藻.

수중의 부평(浮荓)이다. 강동에서는 표(藻)라 한다.

 其大者蘋.

그 큰 것이 빈(蘋)이다.

 『詩』曰：“于以采蘋.”

『시경』에 “이에 빈(蘋)을 캔다”고 하였다.

爾雅
音義
萍, 音平. 荓, 音瓶. 藻, 郭音瓢, 婢遙反. 『廣雅』云：“藻, 荓也.”
蘋, 毗人反, 『說文』作薲.

평(萍)은 음이 평(平)이다. 평(荓)은 음이 병(瓶)이다. 표(藻)에 대하여 곽박
은 음을 표(瓢)라 하였는데 비(婢)와 요(遙)의 반절이다. 『광아』에 “조(藻)는
평(荓)이다”고 하였다. 빈(蘋)은 비(毗)와 인(人)의 반절인데 『설문』에는 빈
(薲)으로 되어 있다.

爾雅
疏
舍人曰：“萍, 一名荓. 大者名蘋.” 郭曰：“水中浮荓. 江東謂之
藻.” 陸璣『毛詩義疏』云：“今水上浮萍是也. 其粗大者謂之蘋, 小

者曰蓱. 季春始生, 可糝蒸爲茹. 又可苦酒淹以就酒." 注"『詩』曰 : 于以采蘋", 「召南」「采蘋」篇文也.

　사인은 "평(蓱)은 일명 평(萍)인데 큰 것이 빈(蘋)이다"고 하였다. 곽박은 "물위의 떠 다니는 개구리밥인데 강동에서는 표(薸)라 한다"고 하였다. 육기는 『모시의소(毛詩義疏)』[46]에서 "지금의 수상의 부평이 이것이다. 그 큰 것을 빈(蘋)이라 하고 작은 것은 평(萍)이라 한다. 늦봄에 나기 시작하는데 곡식 가루와 섞어 삶으면 먹을 수 있다. 또 고주(苦酒 : 식초)에 담가 술을 만들 수 있다"고 하였다. 주에 인용한 『시경』의 "우이채빈(于以采蘋)"은 「소남」「채빈(采蘋)」편의 글이다.

 菺, 菟葵.

　희(菺)는 토규(菟葵 : 노랑어리 연꽃)이다.

 頗似葵而小. 葉狀如藜, 有毛, 汋啖之滑.

　거의 해바라기와 비슷하나 작다. 잎 모습이 명아주 같으며 솜털이 있는데 익혀서 씹으면 부드러워진다.

 菺, 虛祈反. 菟, 湯故反. 葵, 夬唯反. 汋, 以灼反.

――――――――――――

46) 『毛詩義疏』: 정확히는 『毛詩草木鳥獸蟲魚疏』이다.

희(菥)는 허(虛)와 기(祈)의 반절이다. 토(菟)는 탕(湯)과 고(故)의 반절이다.
규(葵)는 쾌(夬)와 유(唯)의 반절이다. 약(汋)은 이(以)와 작(灼)의 반절이다.

 菥, 一名菟葵. 郭云:"頗似葵而小, 葉狀如藜, 有毛, 汋啖之滑"
者. 汋, 煮也. 案,『本草』唐本注云:"苗如石龍芮, 葉光澤, 花白
似梅, 莖紫色, 煮汁極滑, 堪噉."『爾雅』「釋草」:"一名菥. 所在平澤皆有.
田間人多識之." 是也.

희(菥)는 일명 토규(菟葵)이다. 곽박은 "거의 해바라기와 비슷하나 작고
잎 모습이 명아주 같으며 솜털이 있는데, 익혀서 씹으면 부드러워진다"고
하였다. 약(汋)은 자(煮 : 익히다)의 뜻이다. 살펴건대,『본초』당본주(唐本注)
에 "싹이 석룡예(石龍芮 : 독초의 일종인 고근)와 같으며 잎은 광택이 있고 꽃
은 매화처럼 희고 줄기는 자색(紫色)이며 삶으면 즙이 매우 미끄러워 먹을
만하다"고 하였다.『이아』「석초」에는 "일명 희(菥)이다. 있는 곳은 평지와
못에 모두 있다. 농사짓는 사람들이 많이 알고 있다"고 한 것이 이것이다.

 芹, 楚葵.

근(芹)은 초규(楚葵 : 미나리)이다.

 今水中芹菜.

지금 물 속의 근채(芹菜)이다.

郭云: "今水中芹菜." 案『本草』云: "水芹, 一名水英." 陶注云: "其二月·三月作英時, 可作菹及淪食之. 又有渣芹, 可爲生菜, 亦可生噉. 別本注云: "芹有兩種, 荻芹取根, 白色, 赤芹取莖·葉. 竝堪作菹及生菜." 是也.

곽박은 "지금 물 속의 근채(芹菜)이다"고 하였다. 살피건대, 『본초』에 "물 미나리는 일명 수영(水英)이다"고 하였다. 도홍경은 주석하기를 "물미나리는 2·3월에 꽃이 필 때 김치를 만들거나 데쳐서 먹을 수 있다. 또 사근(渣芹)이 있는데 생채(生菜)를 만들거나 또 날로 먹을 수 있다"고 하였다. 『별본주』에는 "미나리는 두 종이 있다. 적근(荻芹)은 뿌리를 취하는데 백색이며, 적근(赤芹)은 줄기·잎을 취한다. 모두 김치나 생채를 만들 수 있다"고 한 것이 이것이다.

經文 薚, 牛蘈.

퇴(薚)는 우퇴(牛蘈 : 참소리쟁이)이다.

爾雅注 今江東呼草爲牛蘈者, 高尺餘許. 方莖, 葉長而銳, 有穗. 穗間有華, 華紫縹色, 可淋以爲飮.

지금 강동에서는 우퇴(牛蘈)라고 부르는 풀은 높이가 1척 남짓이다. 모난 줄기에 잎은 길고 뾰족하며 이삭이 있다. 이삭 사이에 꽃이 있는데 꽃은 자줏빛과 백색이며, 즙을 내어 마실 수 있다.

爾雅
音義 蕢, 吐回反. 藬, 大回反. 穗, 音遂, 『說文』作采, 云: "禾成秀, 人
所收也." 穗, 俗字. 『廣雅』云: "采, 䅑采也." 縹, 匹眇反, 又匹妙
反. 『字林』云: "靑白色." 淋, 音林. 『字林』云: "以水沃也."

퇴(蕢)는 토(吐)와 회(回)의 반절이다. 퇴(藬)는 대(大)와 회(回)의 반절이다.
수穗는 음이 수(遂)이다, 『설문』에는 수(采)로 되어 있으며, "벼가 익어 사
람이 수확하는 것이다"고 하였다. 수(穗)는 속자(俗字)이다. 『광아』에 "수
(采)는 벼이삭이다"고 하였다. 표(縹)는 필(匹)과 묘(眇)의 반절, 또는 필(匹)과
묘(妙)의 반절인데, 『자림』은 "청백색(靑白色)이다"고 하였다. 림(淋)은 음이
림(林)인데, 『자림』은 "물을 흘러내리는 것이다"고 하였다.

爾雅
疏 蕢, 一名牛藬. 『詩』「小雅」云: "言采其蓫." 鄭箋云: "蓫, 牛蘈."
郭云: "今江東呼草爲牛藬者, 高尺餘許. 方莖, 葉長而銳, 有穗.
穗間有華, 華紫縹色, 可淋以爲飮"者, 『字林』云: "縹, 白色. 淋, 以水沃也."

퇴(蕢)는 일명 우퇴이다. 『시경』「소아」「아행기야(我行其野)」에 "그 참
소리쟁이를 캔다"고 하였는데, 정전은 "축(蓫)은 우퇴(牛蘈)이다"고 하였다.
곽박은 "지금 강동에서는 우퇴(牛藬)라고 부르는 풀은 높이가 1척 남짓이
다. 모난 줄기에 잎은 길고 뾰족하며 이삭이 있다. 이삭 사이에 꽃이 있는
데 꽃은 자주 빛과 백색이다. 즙을 내어 마실 수 있다"고 하였다. 『자림』
은 "표(縹)는 백색이며, 임(淋)은 물을 흘러내리는 것이다"고 하였다.

 蕒, 牛脣.

속(藚)은 우순(牛脣 : 벗풀)이다.

 『毛詩』傳曰 : "水蕮也." 如續斷, 寸寸有節, 拔之可復.

『모전(毛傳)』에 "수석(水蕮)이다"고 하였다. 속단(續斷)처럼 한 치마다 마디가 있으며 뽑아도 다시 난다.

藚, 音續. 蕮, 音脣. 本今作脣. 蕮, 音昔.

속(藚)은 음이 속(續)이다. 순(蕮)은 음이 순(脣)이다. 본에 따라 순(脣)으로도 쓴다. 석(蕮)은 음이 석(昔)이다.

李巡曰 : "別二名." 郭云 : "如續斷, 寸寸有節." 陸璣以爲今澤蕮也, 郭氏所不取. 『詩』「魏風」「汾沮洳」云 : "彼汾一曲, 言采其藚." 毛傳云 : "藚, 水蕮也." 是.

이순은 "두 가지 명칭으로 구별하였다"고 하고, 곽박은 "속단(續斷)[47)처럼 한 치마다 마디가 있다"고 하였다. 육기는 지금의 택석(澤蕮)이라고 하였으나, 곽박은 육기의 설을 취하지 않았다. 『시경』「위풍(魏風)」「분저여(汾沮洳)」에 "저 분수(汾水)의 한 물굽이에서 벗풀을 캔다"라고 하였다. 『모전』은 "속(藚)은 수석(水蕮)이다"고 한 것이 이것이다.

---

47) 續斷 : 植物名. 뼈를 잇는데 주로 쓰이며 일명 接骨이라 한다.

 苹, 藾蕭.

평(苹)은 뇌소(藾蕭 : 쑥)이다.

 今藾蒿也. 初生亦可食.

지금의 뇌호(藾蒿)이다. 갓 돋아 난 것은 먹을 수 있다.

 苹, 皮英反. 藾, 力大反.

평(苹)은 피(皮)와 영(英)의 반절이다. 뇌(藾)는 력(力)과 대(大)의 반절이다.

苹, 一名藾蕭. 郭云 : "今藾蒿也. 初生亦可食." 『詩』「小雅」云 : "呦呦鹿鳴, 食野之苹." 陸璣云 : "葉青白色, 莖似箸而輕脆. 始生香, 可生食, 又可烝食." 是也.

평(苹)은 일명 뇌소(藾蕭)이다. 곽박은 "지금의 뇌호(藾蒿)이다. 막 돋아 난 것은 먹을 수 있다"고 하였다. 『시경』「소아」「녹명(鹿鳴)」에 "외치는 사슴의 소리, 들판의 쑥을 먹누나"라고 하였다. 육기는 "잎이 청백색이며 줄기는 젓가락 같으며 가볍고 부드럽다. 갓 나와 향기로울 때 날로 먹을 수 있으며 또 쪄서 먹을 수 있다"고 한 것이 이것이다.

 連, 異翹.

연(連)은 이교(異翹 : 약초 이름)이다.

 一名連莒, 又名連草, 『本草』云.

일명 연초(連莒), 또 이름이 연초(連草)이다. 『본초』에서 한 말이다.

爾雅
音義 翹, 字亦作藜, 祁饒反. 『本草』: "連翹, 一名異翹, 一名帜, 一名
蘭華, 一名折根, 一名三廉." 莒, 音條.

교(翹)는 글자를 또 교(藜)로도 쓰는데 기(祁)와 요(饒)의 반절이다. 『본
초』에서 "연교(連翹)는 일명 이교(異翹), 일명 지(帜), 일명 난화(蘭華), 일명
절근(折根), 일명 삼렴(三廉)이다"고 하였다. 초(莒)는 음이 조(條)이다.

爾雅
疏 連, 一名異翹, 郭云"一名連莒, 又名連草, 『本草』云"者. 案, 今
『本草』: "連翹, 一名異翹, 一名蘭華, 一名折根, 一名帜, 一名三
廉." 不同者所見本異也. 唐本注云: "此物有兩種: 大翹·小翹. 大翹, 葉
狹長如水蘇, 花黃可愛, 生下濕地, 著子似椿實之未開者, 作房翹出衆草.
其小翹生崗原之上, 葉花實皆似大翹而小細耳." 是也.

연(連)은 일명 이교(異翹)이다. 곽박이 "일명 연초(連莒), 또 이름이 연초
(連草)이다. 『본초』에서 한 말이다"고 하였는데, 살피건대, 지금의 『본초』
에는 "연교(連翹)는, 일명 이교(異翹), 일명 난화(蘭華), 일명 절근(折根), 일명

지(輊), 일명 삼렴(三廉)이다”고 하였다. 명칭이 같지 않은 것은 본 책이 달라서이다. 당본주(唐本注)에는 “이 식물은 두 종이 있는데 대교(大翹)와 소교(小翹)이다. 대교는 잎이 좁고도 길어 수소(水蘇: 풀 이름)와 비슷하고 꽃은 노랗고 예쁘며 낮은 땅 습지에서 자란다. 열매가 붙어 있을 때는 참죽나무 열매가 벌어지지 않는 듯한 모습이며, 송이를 맺을 때는 다른 풀보다 우뚝 솟아난다. 소교(小翹)는 언덕 위에서 나는데 잎·꽃·열매가 모두 대교와 비슷하나 작고 가늘다”고 한 것이 이것이다.

 澤, 烏蘇.

택(澤)은 오손(烏蘇)이다.

 卽上“蘬”也.

바로 위의 괴(蘬)[48]이다.

 蘇, 蘇存反.

손(蘇)은 소(蘇)와 존(存)의 반절이다.

---

48) 윗글의 “蘬, 烏蘇. 薾, 莃莢. 繁, 莃葵”를 말하는데 곽박은 未詳이라 하였다.

卽上"蘬", 生於水澤者. 然形所未詳.

바로 위의 괴(蘬)이다. 못에서 자라는데 형태는 미상이다.

 傅, 橫目.

부(傅)는 횡목(橫目 : 풀 이름)이다.

 一名結縷. 俗謂之鼓箏草.

일명 결루(結縷)이다. 세상에서 고쟁초(鼓箏草)라 부른다.

傅, 音付. 橫, 如字, 胡彭反, 或音黃. 縷, 本亦作蔞, 力主反. 箏, 側耕反.

부(傅)은 음이 부(付)이다. 횡(橫)은 여자인데 호(胡)와 팽(彭)의 반절이며 혹은 음이 황(黃)이다. 루(縷)는 본에 따라 루(蔞)로 쓰는데, 력(力)과 주(主)의 반절이다. 쟁(箏)은 측(側)과 경(耕)의 반절이다.

傅, 一名橫木草, 蔓延生. 郭云 : "一名結縷, 俗謂之鼓箏草." 是也.

부(傅)는 일명 횡목초(橫木草)인데 덩굴로 뻗어서 자란다. 곽박은 "일명 결루(結縷)이다. 세상에서 고쟁초(鼓箏草)라 부른다"고 한 것이 이것이다.

 釐, 蔓華.

리(釐)는 만화(蔓華 : 명아주)[49]이다.

 一名蒙華.

일명 몽화(蒙華)이다.

 釐, 力基反. 蒙, 亡公反.

리(釐)는 력(力)과 기(基)의 반절이다. 몽(蒙)은 망(亡)과 공(公)의 반절이다.

 釐, 一名蔓華. 郭云 : "一名蒙華."

리(釐)는 일명 만화(蔓華)인데 곽박은 "일명 몽화(蒙華)이다"고 하였다.

---

49) 蔓華 : 『說文』에 "萊, 蔓華也"라 되어 있다. 郝懿行은 『爾雅義疏』에서 萊와 釐는 옛날에는 同聲이라 하였다.

 薐, 蕨攗.

릉(薐)은 궐미(蕨攗 : 마름)이다.

 薐, 今水中芰.

릉(薐)은 지금 물 속의 기(芰)이다.

薐, 字又作菱, 力矜反. 蕨, 居月反. 攗, 亡悲反, 孫居郡反, 又居
群反. 芰, 巨義反.『字林』云 : “楚人名薐曰芰.”

릉(薐)은 글자를 또 릉(菱)으로 쓰는데 력(力)과 긍(矜)의 반절이다. 궐(蕨)
은 거(居)와 월(月)의 반절이다. 미(攗)는 망(亡)과 비(悲)의 반절인데, 손염은
거(居)와 군(郡)의 반절, 또는 거(居)와 군(群)의 반절이라 하였다. 기(芰)는 거
(巨)와 의(義)의 반절인데,『자림』은 “초인(楚人)은 릉(薐)을 기(芰)라 부른다”
고 하였다.

薐, 一名蕨攗. 郭云“薐, 今水中芰”者,『字林』云 : “楚人名薐曰
芰, 可食.”『國語』曰 : “屈到嗜芰.” 俗云“薐角” 是也.

릉(薐)은 일명 궐미(蕨攗)이다. 곽박은 “릉(薐)은 지금 물 속의 기(芰)이다”
고 하였다.『자림』은 “초인(楚人)은 릉(薐)을 기(芰)라 하는데, 먹을 수 있
다”고 하였다.『국어』에 “굴도(屈到)가 기(芰)를 좋아하였다”고 하였다. 세
상에서 “능각(薐角)이다”고 하니, 바로 이것이다.

 大菊, 蘧麥.

대국(大菊)은 거맥(蘧麥 : 약초)이다.

 一名麥句薑, 卽瞿麥.

일명 맥구강(麥句薑)이니, 즉 구맥(瞿麥)이다.

菊, 居六反. 蘧, 音渠, 或音劬, 字或作遽, 音同. 麥, 字亦作麦.
郭云: "蘧麥, 一名麥句薑, 卽瞿麥." 『廣雅』云: "茈萎, 麥句薑,
蘧麥." 『本草』瞿麥, 一名巨句麥, 一名大匊, 一名大蘭. 陶注云: "一莖生
細葉, 華紅紫赤, 可愛." 瞿, 求于反.

국(菊)은 거(居)와 육(六)의 반절이다. 거(蘧)는 음이 거(渠)인데, 혹 음이
구(劬)이며 글자는 혹 거(遽)로도 쓰는데 음은 같다. 맥(麥)은 글자를 혹 맥
(麦)으로 쓴다. 곽박은 "거맥(蘧麥)은 일명 맥구강(麥句薑)으로 즉 구맥(瞿麥)
이다"고 하였다. 『광아』는 "자위(茈萎)는 맥구강(麥句薑)이요, 거맥(蘧麥)이
다"고 하였다. 『본초』에 "구맥(瞿麥)은 일명 거구맥(巨句麥), 일명 대국(大
匊), 일명 대란(大蘭)이다"고 하였는데, 도홍경의 주에 "줄기 하나에 가는
잎이 생기며 꽃은 홍색(紅色)・자색(紫色)・적색(赤色)인데 예쁘다"고 하였
다. 구(瞿)는 구(求)와 우(于)의 반절이다.

大菊, 一名蘧麥, 藥草也. 郭云: "一名麥句薑, 卽瞿麥." 『廣雅』
云: "茈萎, 麥句薑, 瞿麥." 案 『本草』云: "瞿麥, 一名巨句麥, 一

名大菊, 一名大蘭." 陶注云 : "今出近道. 一莖生細葉, 花紅紫赤可愛, 子
頗似麥." 故名瞿麥.

　대국(大菊)은 일명 거맥(蘧麥)으로 약초(藥草)이다. 곽박은 "일명 맥구강
(麥句薑)으로 즉 구맥(瞿麥)이다"고 하였다. 『광아』에 "자위(此葦)는 맥구강
(麥句薑)이요, 구맥(瞿麥)이다"고 하였다. 살펴건대, 『본초』에 "구맥(瞿麥)은
일명 거구맥(巨句麥), 일명 대국(大匊), 일명 대란(大蘭)이다"고 하였는데, 도
홍경의 주에 "지금 길 가까이에서 난다. 줄기 하나에 가는 잎이 생기며
꽃은 홍색(紅色)·자색(紫色)·적색(赤色)으로 예쁘며, 열매는 자못 보리와
비슷하다"고 하였다. 그러므로 구맥(瞿麥)[50]이라 부른다.

 薜, 牡贊.

　벽(薜)은 모찬(牡贊)이다.

 未詳.

　미상이다.

---

50) 瞿麥 : '瞿'로 부르는 것에 대하여 『爾雅詁林』「義疏」에서 "蘧瞿와 巨句는 音이 모
　두 가깝다. 巨句는 또 瞿의 合聲이다"고 하였다.

 葥, 山莓.

전(葥)은 산매(山莓 : 산딸기)이다.

 今之木莓也. 實似薦莓而大, 亦可食.

지금의 목매(木莓)이다. 열매는 뱀딸기 비슷하지만 크고, 또한 먹을 수 있다.

爾雅
音義 薜, 彼麥反. 牡, 亡后反. 贊, 子旦反. 葥, 子賤反. 莓, 音每, 又音梅, 後注同. 薦, 皮苗反, 又皮表反.

벽(薜)은 피(彼)와 맥(麥)의 반절이다. 모(牡)는 망(亡)과 후(后)의 반절이다. 찬(贊)은 자(子)와 단(旦)의 반절이다. 전(葥)은 자(子)와 천(賤)의 반절이다. 매(莓)는 음이 매(每), 또는 음이 매(梅)인데 뒤 글의 주에서도 같다. 표(薦)는 피(皮)와 묘(苗)의 반절, 또는 피(皮)와 표(表)의 반절이다.

爾雅
疏 山莓, 一名葥. 郭云 : "今之木莓也. 實似薦莓而大, 亦可食." 薦莓說在下.

산딸기는 일명 전(葥)이다. 곽박은 "지금의 목매(木莓)이다. 열매는 표매(薦莓)와 비슷하지만 크고 또한 먹을 수 있다"고 하였다. 표매(薦莓)는 설명이 아래에 있다.

 齧, 苦菫.

설(齧)은 고근(苦菫 : 개구리자리)이다.

 今菫葵也. 葉似柳, 子如米, 汋食之滑.

지금의 근규(菫葵)이다. 잎은 버들과 같고 씨는 쌀알과 같은데 데쳐서
먹으면 부드럽다.

 齧, 五結反. 菫, 音謹. 汋, 以灼反.

설(齧)은 오(五)와 결(結)의 반절이다. 근(菫)은 음이 근(謹)이다. 약(汋)은 이
(以)와 작(灼)의 반절이다.

 齧, 一名苦菫, 可食之菜也. 郭云"今菫葵也. 葉似柳, 子如米, 灼
食之滑"者. 『本草』唐本注云 : "此菜野生, 非人所種. 俗謂之莖
菜. 葉似戢, 花紫色者." 「內則」云"菫·荁·枌·楡" 是也. 『本草』云 : "味
甘", 此云"苦"者, 古人語倒, 猶甘草謂之大苦也.

설(齧)은 일명 고근(苦菫)인데 먹을 수 있는 채소이다. 곽박은 "지금의
근규(菫葵)이다. 잎은 버들과 같고 씨는 쌀알과 같은데 데쳐서 먹으면 부
드럽다"고 한것은 『본초』 당본주(唐本注)에 "이 채소는 들에서 나는데 사
람이 심는 것이 아니다. 세상에서 경채(莖菜)라 부른다. 잎은 즙(戢 : 삼백초

과의 다년초)과 같고 꽃은 자색(紫色)이다"고 하였다. 『예기』 「내칙」에 "근(菫)·환(荁)·분(枌)·유(楡)이다"고 한 것이 이것이다. 『본초』에 "맛이 달다"고 하였는데, 여기서 "고(苦 : 쓰다)"라고 한 것은 옛사람은 말을 바꾸어 감초(甘草)를 대고(大苦 : 매우 쓰다)고 하는 것과 같은 것이다.

 薄, 石衣.

담(薄)은 석의(石衣 : 물이끼)이다.

爾雅注 水苔也. 一名石髮. 江東食之. 或曰, 薄. 葉似薤而大. 生水底, 亦可食.

수태(水苔 : 물이끼)이다. 일명 석발(石髮)이다. 강동에서는 그것을 먹는다. 혹은 담(薄)이라 한다. 잎은 해(薤)와 비슷하나 크다. 물밑에서 나는데 또한 먹을 수 있다.

爾雅音義 薄, 徒南反. 苔, 徒來反, 或大之反. 郭云 : "一名石髮." 『說文』云 : "水靑衣也." 底, 丁禮反.

담(薄)은 도(徒)와 남(南)의 반절이다. 태(苔)는 도(徒)와 래(來)의 반절인데 혹 대(大)와 지(之)의 반절이다. 곽박은 "일명 석발(石髮)이다"고 하였다. 『설문』에 태(苔)에 대하여 "수청의(水靑衣)이다"고 하였다. 저(底)는 정(丁)과 례(禮)의 반절이다.

 薄, 一名石衣. 郭云"水苔也. 一名石髪. 江東食之"者, 案『本草』有"陟釐." 別本注云 : "此卽石髪也. 色類似苔而麤澀爲異." 郭又云"或曰, 薄, 葉似䉰而大. 生水底, 亦可食"者, 卽『本草』: "海藻, 一名薄." 陳藏器『本草』云 : "大葉藻也. 生深海中及新羅. 葉如水藻而大. 海人取之, 正在深海底, 以繩繋腰, 咽沒水下刈得, 旋繋繩上. 五月已後, 當有大魚傷人, 不可取也."

담(薄)은 일명 석의(石衣)이다. 곽박은 "물이끼인데, 일명 석발石髪이다. 강동에서는 그것을 먹는다"고 하였다. 살펴건대, 『본초』에 "척리(陟釐)가 있다"고 하였는데, 별본주(別本注)에 "이것은 곧 석발(石髪)이다. 빛깔과 종류가 태(苔)와 비슷하나 거칠며 껄끄러운 것이 다르다"고 하였다. 곽박은 또 "혹은 담(薄)이라 한다. 잎은 해(䉰)와 비슷하나 크다. 물밑에서 나는데 또한 먹을 수 있다"고 한 것은 곧 『본초』의 "해조(海藻)는 일명 담(薄)이다"고 한 것이다. 진장기(陳藏器)[51]는 『본초』[52]에서 "대엽조(大葉藻)이다. 깊은 바다 속 및 신라(新羅)에서 난다. 잎은 수조(水藻)와 같으나 크다. 바다 사람들이 채취하는데 깊은 바다 밑에 있으므로 새끼줄을 허리에 매고 물아래로 들어가 베어서 얻으면 즉시 새끼줄에 매어 올린다. 5월 이후에는 큰 물고기가 사람을 해치니 채취할 수 없다"고 하였다.

國文 蘜, 治薔.

국(蘜)은 치장(治薔 : 국화)이다.

---

51) 陳藏器 : 唐人. 醫術에 정통하였으며, 저서로 『本草拾遺』가 있다고 하나 전해지지 않는다.
52) 『本草』: 陳藏器의 『本草拾遺』를 의미하는 듯하다.

今之秋華菊.

지금의 추화국(秋華菊)이다.

鞠, 字或作菊, 居六反. 『說文』云 : “鞠, 治牆也.” 又作鞠, 云 : “日
精也.”

국(鞠)은 글자를 혹 국(菊)으로도 쓰는데 거(居)와 육(六)의 반절이다. 『설
문』에 “국(鞠)은 치장(治牆)이다”고 하였으며, 또 국(鞠)으로도 쓰는데 “일정
(日精)이다”고 하였다.

鞠, 一名治牆. 郭云 : “今之秋華菊.” 案「月令」季秋云 : “菊有黃
華.” 『本草』云 : “菊華, 一名節華.” 陶注云 : “菊有兩種 : 一種莖
紫氣香而味甘, 葉可作羹而食者, 爲眞; 一種莖靑而大. 作蒿艾氣, 味苦
不堪食者, 名苦薏, 非眞也.”

국(鞠)은 일명 치장(治牆)이다. 곽박은 “지금의 추화국(秋華菊)이다”고 하
였다. 살피건대, 『예기』「월령」 계추(季秋)에 “국화에는 노란 꽃이 있다”고
하였다. 『본초』에 “국화(菊華)는 일명 절화(節華)이다”고 하였는데, 도홍경
의 주에 “국화는 두 종류가 있다. 한 종류는 줄기가 자줏빛이고 냄새가
향기로우며 맛이 달고, 잎은 국을 끓여 먹을 수 있는 것이니 진짜이다. 한
종류는 줄기가 푸르고 큰데 쑥 냄새가 있으며 맛이 써서 먹을 수 없는 것
이니 고의(苦薏)라 부르는데 진짜가 아니다”고 하였다.

 唐, 蒙, 女蘿. 女蘿, 菟絲.

당(唐: 새삼)은 몽(蒙)이요, 여라(女蘿)이다. 여라(女蘿)는 토사(菟絲)이다.

 別四名. 『詩』云 : “爰采唐矣.”

네 가지 명칭으로 구별하였다. 『시경』에 “새삼을 캐네”라고 하였다.

 蘿, 音羅. 別, 彼列反.

라(蘿)는 음이 라(羅)이다. 별(別)은 피(彼)와 렬(列)의 반절이다.

 孫炎曰 : “別三名.” 郭云 : “別四名.” 則唐與蒙, 或幷或別, 故三四異也. 『詩經』直言唐, 而傳云 “唐, 蒙也.” 是以蒙解唐也. 則四名爲得. 下云 : “蒙, 王女.” 郭云 : “卽唐也.” 是又名王女. 然則, 唐也·蒙也·女蘿也·菟絲也·王女也, 凡五名. 『詩』「頍弁」云 : “蔦與女蘿.” 毛傳云 : “女蘿, 菟絲.” 陸璣云 : “今菟絲. 蔓連草上生, 黃赤如金, 今合藥菟絲子是也.” 注 『詩』云 : 爰采唐矣”, 「鄘風」「桑中」篇文也.

손염은 “세 가지 명칭으로 구별한 것이다”고 하였으며, 곽박은 “네 가지 명칭으로 구별한 것이다”고 하였다. 당(唐)과 몽(蒙)은 혹은 합치기도 하고, 혹은 나누기도 하므로 세 종류나 네 종류로 달라지게 된다. 『시경』에서는 바로 당(唐)이라 말하였고, 『모전』은 “당(唐)은 몽(蒙)이다”고 하였다. 이는 몽(蒙)으로 당(唐)을 풀이한 것이니, 네 종류의 명칭이 타당하다. 아래 글에서 "몽(蒙)은 왕녀(王女)이다"고 하였으며, 곽박은 "곧 당(唐)이다"고 하였으니, 이것은 또 왕녀(王女)라 부른다. 그렇다면 당(唐)·몽(蒙)·여라(女蘿)·토사(菟絲)·왕녀(王女)로 모두 명칭이 다섯이다. 『시경』「소아」「기변(頍弁)」에 "당쟁이 덩쿨과 새삼"라고 하였는데, 『모전』은 "여라(女蘿)는 토사(菟絲)이다"고 하였다. 육기는 『소』에서 "지금 토사(菟絲)이다. 덩쿨로 연이어져 풀 위에 생장하는데 누렇고 붉은 것이 금(金)과 같다. 지금 약재로 조제하는 토사자(菟絲子)가 이것이다"고 하였다. 곽박이 주에서 말한 『시경』의 "원채당의(爰采唐矣)"는 『시경』「용풍(鄘風)」「상중(桑中)」편의 글이다.

 苗, 蓨.

적(苗)은 수(蓨 : 소루쟁이)이다.

 未詳.

미상이다.

 苗, 郭他六反, 又徒的反, 『說文』云: "從由聲."[53] 蓨, 郭湯彫·他周二反. 顧, 他迪反.

---

53) 從由聲: 段玉裁本 『說文解字注』에는 "從艸由聲"으로 되어 있다.

적(苗)에 대하여 곽박은 타(他)와 육(六)의 반절, 또는 도(徒)와 적(的)의 반절이라 하였다. 『설문』에서는 적(苗)에 대해 "〈초(艸)의 의미를 따르고〉 유(由)가 소리인 형성자이다"고 하였다. 수(蓨)에 대하여 곽박은 탕(湯)과 조(彫), 타(他)와 조(周) 두 가지의 반절이라고 하였다. 고야왕은 타(他)와 적(迪)의 반절이라 하였다.

 茥, 蒛葐.

규(茥)는 결분(蒛葐 : 산딸기)이다.

 覆盆也. 實似莓而小, 亦可食.

복분(覆盆)이다. 열매는 딸기와 비슷하며 작지만 또한 먹을 수 있다.

 茥, 苦圭反. 蒛, 去悅反. 葐, 步昆反, 注同. 覆, 芳服反.

규(茥)는 고(苦)와 규(圭)의 반절이다. 결(蒛)은 거(去)와 열(悅)의 반절이다. 분(葐)은 보(步)와 곤(昆)의 반절이며 주에서도 같다. 복(覆)은 방(芳)과 복(服)의 반절이다.

 茥, 一名蒛葐. 郭云 : "覆葐也. 實似莓而小, 亦可食." 案『本草』 : "蓬蘽, 一名覆葐, 一名陵蘽, 一名陰蘽. 其實名覆盆子." 今注云 :

"蓬蘽, 是覆盆之苗也. 覆盆乃蓬蘽之子也." 唐本注云 : "然生處不同. 沃地則子大而甘, 瘠地則子細而酸." 是也.

규(茥)는 일명 결분(缺盆)이다. 곽박은 "복분(覆盆)이다. 열매는 딸기와 비슷하며 작지만 또한 먹을 수 있다"고 하였다. 살피건대, 『본초』에 "봉류(蓬蘽)는 일명 복분(覆盆), 일명 능류(陵蘽), 일명 음류(陰蘽)인데 그 열매를 복분자(覆盆子)라 한다"고 하였다. 금주(今注)[54]에서는 "봉류(蓬蘽)는 복분(覆盆)의 싹이고, 복분은 봉류(蓬蘽)의 열매다"고 하였다. 당본주에는 "그렇지만 자라나는 곳이 같지 않다. 비옥한 땅에는 열매가 크며 달고, 척박한 땅에는 열매가 가늘고 시다"고 한 것이 이것이다.

 芨, 堇草.

급(芨)은 근초(堇草 : 독초인 바꽃)이다.

 卽烏頭也. 江東呼爲堇.

곧 오두(烏頭)이다. 강동에서는 근(堇)이라 부른다.

 芨, 居及反, 又起及反. 堇, 音謹, 下注同. 郭音靳, 居覲反. 卽烏頭也. 案, 『本草』 : "菟藋, 一名堇草, 一名芨." 非烏頭也.

---

54) 今注 : 宋代에 통행되던 『본초』의 주석을 뜻하는 듯하다.

급(芨)은 거(居)와 급(及)의 반절, 또는 기(起)와 급(及)의 반절이다. 근(菫)은 음이 근(謹)인데, 아래 글의 주에서도 같다. 곽박은 음이 근(斳)이며, 거(居)와 근(觀)의 반절이라고 하였다. "곧 오두(烏頭)이다"고 한 것은 살피건대, 『본초』에 "삭조(蒴藋)는 일명 근초(菫草), 일명 급(芨)이다"고 하였으니, 오두(烏頭)가 아니다.

芨, 一名菫草. 郭云: "卽烏頭也. 江東呼爲菫. 音斳." 案, 『詩』「大雅」云: "菫茶如飴." 又「晉語」驪姬將譖申生, "寘鴆於酒, 寘菫於肉." 賈逵曰: "菫, 烏頭也." 然則菫者, 其烏頭乎? 嫌讀爲菫萓之菫, 故音之.

급(芨)은 일명 근초(菫草)이다. 곽박은 "곧 오두(烏頭)이다. 강동에서는 근(菫)이라 부른다. 음은 근(斳)이다"고 하였다. 살피건대, 『시경』「대아」「면(緜)」에 "바곳과 씀바귀는 엿처럼 달구나"라고 하였다. 또『국어』「진어(晉語)」에 여희(驪姬)가 신생(申生)을 모함하려 할 때 "술에 짐독(鴆毒)을 넣고, 고기에 바곳을 넣었다"고 하였다. 가규(賈逵)는 "근(菫)은 오두(烏頭)이다"고 하였다. 그렇다면 근(菫)은 오두(烏頭)일 것이다. 근환(菫萓)의 근(菫)으로 읽는 것을 피하기 위해 근(斳)이라 음을 붙인 것이다.

 蔪, 百足.

첨(蔪)은 백족(百足)이다.

 未詳.

미상이다.

 藶, 息廉·子廉二反.

첨(藶)은 식(息)과 렴(廉), 자(子)와 렴(廉) 두 가지의 반절이다.

 菺, 戎葵.

견(菺)은 융규(戎葵 : 접시꽃)이다.

 今蜀葵也. 似葵, 華如木槿華.

지금의 촉규(蜀葵)이다. 규(葵 : 해바라기)와 비슷하고 꽃은 무궁화와 같다.

 菺, 古田反.

견(菺)은 고(古)와 전(田)의 반절이다.

 菺, 一名戎葵. 郭云: "今蜀葵也. 似葵, 華如木槿華." 戎·蜀, 蓋
其所自也, 因以名之.

견(菺)은 일명 융규(戎葵)이다. 곽박은 "지금의 촉규(蜀葵)이다. 해바라기
와 비슷하고 꽃은 무궁화와 같다"고 하였다. 융(戎)·촉(蜀)은 아마 원산지
이므로 원산지에 따라 이름을 붙였다.

 繫, 狗毒.

계(繫)는 구독(狗毒 : 독초의 일종)이다.

 樊光云: "俗語苦如繫."

번광은 "속어로 고여계(苦如繫)이다"고 하였다.

爾雅
音義 繫, 郭音古系反, 又苦系反. 狗, 音苟.

계(繫)에 대하여 곽박은 음이 고(古)와 계(系)의 반절, 또는 고(苦)와 계(系)
의 반절이라 하였다. 구(狗)는 음이 구(苟)이다.

爾雅
疏 繫, 一名狗毒. 樊光云: "俗語苦如繫." 樊光者, 京兆人, 後漢中
散大夫. 注『爾雅』六卷. 故郭氏取以爲說.

계(繋)는 일명 구독(狗毒)이다. 번광은 "속어로 고여계(苦如繋)이다"고 하
였다. 번광은 경조인(京兆人)으로 후한(後漢)에 중산대부(中散大夫)를 지냈다.
『이아』를 주석한 것이 6권이다. 그러므로 곽박이 번광의 글을 취하여 설
명하였다.

 垂, 比葉.

수(垂)는 비엽(比葉)이다.

 未詳.

미상이다.

 葍, 盜庚.

복(葍)은 도경(盜庚 : 金沸草)[55]이다.

 旋葍, 似菊.

---

55) 金沸草 : 국화과의 여러해살이 풀. 金佛草·선복화·하국이라 부르기도 한다. 여러해
살이 풀은 겨울에는 땅 위의 부분이 죽어도 봄이 되면 다시 움이 돋아나는 풀을 말한다.

선복(旋覆)으로 국화와 비슷하다.

 葍, 郭音服, 施孚服反. 郭云: "旋葍也." 『本草』云: "一名金沸草,
一名盛椹, 一名戴甚." 陶注云: "花似菊花而大." 庚, 本又作羹,
同, 古衡反.

복(葍)에 대하여 곽박은 음이 복(服)이라 하였고, 시건은 부(孚)와 복(服)
의 반절이라 하였으며, 곽박은 선복(旋葍)이라 하였다. 『본초』에 "일명 금
불초(金沸草), 일명 성침(盛椹), 일명 대심(戴甚)이다"고 하였는데, 도홍경의
주에 "꽃은 국화와 비슷하지만 크다"고 하였다. 경(庚)은 본에 따라 갱(羹)
으로도 쓰는데 음의가 같으며, 고(古)와 형(衡)의 반절이다.

 葍, 一名盜庚. 郭云: "旋葍, 似菊." 『本草』旋葍, 一名戴椹, 一名
金沸草, 一名盛椹. 陶注云: "出近道下濕地, 似菊花而大." 是也.

복(葍)은 일명 도경(盜庚)이다. 곽박은 "선복(旋葍)으로 국화와 비슷하다"
고 하였다. 『본초』에 "선복(旋葍)으로 일명 대심(戴椹), 일명 금불초(金沸草),
일명 성침(盛椹)이다"고 하였는데, 도홍경의 주에 "길 근처의 낮은 습지에
서 나며 국화와 비슷하지만 크다"고 한 것이 이것이다.

 苧, 麻母.

자(苧)는 마모(麻母 : 모시풀)이다.

苴麻盛子者.

저마(苴麻)인데 씨가 들어 있는 것이다.

 芓, 孫音嗣. 本又作字. 『說文』作芓, 云卽枲也. 苴, 七徐反. 盛, 音成.

자(芓)는 손염은 음이 사(嗣)라 하였다. 본에 따라 자(字)로 되어 있다.
『설문』에는 자(芓)[56]로 되어 있는데 즉 시(枲)란 의미다. 저(苴)는 칠(七)과
서(徐)의 반절이다. 성(盛)은 음이 성(成)이다.

 苴麻之盛子者也. 一名芓, 一名麻母.

저마(苴麻) 중에 씨가 들어 있는 것이다. 일명 자(芓), 일명 마모(麻母)라
고 한다.

 𣏗, 九葉.

박(𣏗)은 구엽(九葉: 삼지구엽초)이다.

---

56) 芓:『설문』에는 "麻母"라 되어 있다.

今江東有草, 五葉共叢生一莖. 俗因名爲五葉, 即此類也.

지금 강동에 풀이 있는데 잎 다섯이 한 줄기에서 떨기로 난다. 세상에서 이 때문에 오엽(五葉)이라 부르는데, 바로 이 종류이다.

 㔀, 步角反. 舍人云 : "㔀, 九葉九枚共一莖." 樊本㔀字作駁, 釋云 : "駁也, 一名九葉."

박(㔀)은 보(步)와 각(角)의 반절이다. 사인은 "박(㔀)은 잎 9개, 가지 9개가 한 줄기에 있다"고 하였다. 번광본에는 박(㔀)자를 박(駁)으로 하였는데, 풀이하기를 "박(駁)으로 일명 구엽(九葉)이다"고 하였다.

 此草九葉叢生一莖, 然郭亦未詳其狀, 但擧其類云 : "今江東有草, 五葉共叢生一莖, 俗因名爲五葉, 即此類也."

이 풀은 한 줄기에서 잎 9개가 떨기로 나는데 곽박도 또한 그 모습을 상세히 서술하지 못하고서 다만 그러한 종류를 들어서 "지금 강동에 풀이 있는데 잎 다섯이 한 줄기에서 떨기로 난다. 세상에서 이 때문에 오엽(五葉)이라 부르는데, 바로 이 종류이다"고 하였다.

 菮, 茈草.

막(菮)은 자초(茈草 : 지치)이다.

可以染紫, 一名茈莫, 『廣雅』云.

자주색으로 물들일 수 있다. 일명 자려(茈莫)라고 『광아』에서 말하였다.

 藐, 亡角反, 又亡交反. 茈, 子爾反. 莫, 力計反.

막(藐)은 망(亡)과 각(角)의 반절인데, 또 망(亡)과 교(校)의 반절이다. 자(茈)는 자(子)와 이(爾)의 반절이다. 려(莫)는 력(力)과 계(計)의 반절이다.

 藐, 一名茈草, 根可以染紫之草. 『廣雅』一名茈莫. 『本草』一名紫丹. 唐本注云 : “苗似蘭香, 莖赤節青, 花紫白色, 而實白也.”

막(藐)은 일명 자초(茈草)인데, 뿌리로는 자주색으로 물들일 수 있는 풀이다. 『광아』에는 일명 자려(茈莫)라고 하였다. 『본초』에는 일명 자단(紫丹)이라 하였는데, 당본주에 “싹은 란(蘭)과 비슷한데 향기가 있으며, 줄기는 붉고 마디는 푸르고, 꽃은 자백색(紫白色)이며 열매는 희다”고 하였다.

 倚商, 活脫.

의상(倚商)은 활탈(活脫 : 으름덩굴)이다.

 卽離南也.

곧 이남(離南)이다.

 倚, 謝於綺反, 或其綺反. 舍人本作猗, 音同. 活, 如字, 孫音括. 脫, 徒活反, 字又作苦.

의(倚)에 대하여 사교는 어(於)와 기(綺)의 반절, 혹은 기(其)와 기(綺)의 반절이라 하였다. 사인본에는 의(猗)로 되어 있는데 음이 같다. 활(活)은 여자(如字)인데 손염은 음이 괄(括)이라 하였다. 탈(脫)은 도(徒)와 활(活)의 반절인데, 글자를 또 탈(苦)로도 쓴다.

 蘵, 黃蒢.

직(蘵)은 황제(黃蒢 : 까마종이. 까마중. 龍葵)이다.

 蘵草, 葉似酸漿. 華小而白, 中心黃. 江東以作葅食.

직초(蘵草)는 잎이 산장(酸漿)과 비슷하다. 꽃은 작고 희며 속은 노랗다. 강동에서는 이것으로 김치를 만들어 먹는다.

藏, 字又作職, 諸弋反. 蒢, 直居反.

직(藏)은 글자를 또 직(職)으로도 쓰는데 제(諸)와 익(弋)의 반절이다. 제(蒢)는 직(直)과 거(居)의 반절이다.

 藏草, 一名黃蒢. 郭云 : "藏草, 葉似酸漿. 華小而白, 中心黃. 江東以作菹食."

직초(藏草)는 일명 황제(黃蒢)이다. 곽박은 "직초(藏草)는 잎이 산장(酸漿)과 비슷하다. 꽃은 작고 희며 속은 노랗다. 강동에서는 이것으로 김치를 만들어 먹는다"고 하였다.

 藒車, 芎輿.

걸거(藒車)는 글여(芎輿 : 향기 나는 풀)이다.

 藒車, 香草, 見『離騷』.

걸거(藒車)는 향초(香草)인데 『이소』에 보인다.

 藒, 去竭反, 謝起例反, 郭去謁反. 車, 音居, 本多無此字. 芎, 謝去訖反, 沈又虛訖反. 輿, 字或作藇, 音餘. 唯郭謝及舍人本同,衆家竝作蒢.

걸(藒)은 거(去)와 갈(竭)의 반절인데, 사교는 기(起)와 례(例)의 반절이라 하였고, 곽박은 거(去)와 알(謁)의 반절이라 하였다. 거(車)는 음이 거(居)인데, 다른 본은 대부분 이 거(車)자가 없다. 글(茢)에 대하여 사교는 거(去)와 흘(訖)의 반절이라 하였고, 심선은 또 허(虛)와 흘(訖)의 반절이라 하였다. 여(輿)는 글자를 혹 여(與)로도 쓰는데 음은 여(餘)이다. 오직 곽박본과 사인본만 같고, 중가(衆家)들의 본에는 모두 제(蒢)로 되어 있다.

 香草也. 一名藒車, 一名茢輿. 郭云"藒車, 香草, 見『離騷』"者, 『離騷』經云 : "畦留夷與藒車兮, 雜杜衡與芳芷." 是也.

향초(香草)이다. 일명 걸거(藒車), 일명 글여(茢輿)이다. 곽박이 "걸거향초, 현이소(藒車香草, 見離騷)"라 한 것은 『이소경』에 "향초인 유이(留夷)와 걸거(藒車)를 심고, 향초인 두형(杜衡)과 향기로운 지초(芷草)도 섞었다네"라고 한 것이 이것이다.

 權, 黃華.

권(權)은 황화(黃華 : 향초의 일종)이다.

今謂牛芸草爲黃華. 華黃, 葉似苜蓿.

지금은 우운초(牛芸草)를 황화(黃華)라고 한다. 황화는 잎이 목숙(荻蓿 : 거여목)과 비슷하다.

權, 其圓反. 芸, 音云. 荻, 音牧, 本亦作目. 蓿, 音肅.

권(權)은 기(其)와 원(圓)의 반절이다. 운(芸)은 음이 운(云)이다. 목(荻)은 음이 목(牧)인데 본에 따라 목(目)으로 되어 있다. 숙(蓿)은 음이 숙(肅)이다.

權, 一名黃華. 郭云 : “今謂牛芸草爲黃華. 華黃, 葉似荻蓿.” 『說文』亦云 : “芸, 草也. 似苜蓿. 『淮南子』說‘芸草, 可以死復生.’” 「月令」注云 : “芸, 香草也.” 『雜禮圖』曰 : “芸, 蒿也. 葉似邪蒿, 香美可食.” 然則牛芸者, 亦芸類也. 郭以時驗而言之, 故云“今謂牛芸草爲黃華”也.

권(權)은 일명 황화(黃華)이다. 곽박은 “지금은 우운초(牛芸草)를 황화(黃華)라고 한다. 황화는 잎이 목숙(荻蓿)과 비슷하다”고 하였다. 『설문』에 “운(芸)은 풀이다. 목숙(苜蓿)과 비슷하다. 『회남자(淮南子)』에 ‘운초(芸草)는 죽은 사람도 살릴 수 있다”고 하였다. 『예기』「월령(月令)」의 정현 주에 “운(芸)은 향초(香草)이다”고 하였다. 『잡례도(雜禮圖)』에 “운(芸)은 호(蒿 : 쑥)이다. 잎은 사호(邪蒿)와 비슷하나 향기가 좋아 먹을 수 있다”고 하였다. 그렇다면 우운(牛芸)은 또한 향초(香草) 종류이다. 곽박은 당시 직접 검증하여 말을 한 것이므로 “지금은 우운초(牛芸草)를 황화(黃華)라고 한다”고 하였다.

 葍, 春草.

미(茒)는 춘초(春草 : 약초의 일종)이다.

 一名芒草, 『本草』云.

일명 망초(芒草)이다. 『본초』에서 한 말이다.

 茒, 彌爾反.

미(茒)는 미(彌)와 이(爾)의 반절이다.

藥草也. 郭云"一名芒草, 『本草』云"者. 案『本草』: "莽草, 一名
茒, 一名春草." 陶注云 : "今是處57)皆有. 葉靑辛烈者良. 今俗呼
爲茵草也." 郭云"芒草"者, 所見本異也.

약초(藥草)이다. 곽박은 "일명 망초(芒草)이다. 『본초』에서 한 말이다"고
하였다. 살피건대, 『본초』에 "망초(莽草)는 일명 미(茒), 일명 춘초(春草)이
다"고 하였는데, 도홍경의 주에 "지금 곳곳에 모두 있다. 잎이 파랗고 매
운 맛이 나는 것이 상등품이다. 현재 세상에서는 망초(茵草)라고 부른다"
고 하였다. 곽박이 망초(芒草)라고 한 것은 본 책이 달라서이다.

 蔜葵, 蘩露.

---

57) 是處 : 『爾雅詁林』 「邢疏」에는 "處處"로 되어 있다.

종규(蔠葵)는 번로(蘩露 : 해바라기의 일종)이다.

 承露也. 大莖小葉, 華紫黃色.

승로(承露)이다. 줄기가 굵고 잎은 작으며, 꽃은 자황색(紫黃色)이다.

 蘩, 音煩.

번(蘩)은 음이 번(煩)이다.

 葵類. 一名蔠葵, 一名蘩露. 郭云 : "承露也. 大莖小葉, 華紫黃色."

해바라기 종류이다. 일명 종규(蔠葵), 일명 번로(蘩露)이다. 곽박은 "승로(承露)이다. 줄기가 굵고 잎은 작으며, 꽃은 자황색(紫黃色)이다"고 하였다.

 莍, 荎藸.

미(莍)는 지제(荎藸 : 오미자)이다.

 五味也. 蔓生, 子叢在莖頭.

오미자(五味子)이다. 덩굴로 자라며 씨는 떨기로 줄기의 끝에 있다.

爾雅音義 葆, 音味, 又亡戒反. 莖, 直其反. 藸, 音除.

미(葆)는 음이 미(味)이고, 또한 망(亡)과 계(戒)의 반절이다. 지(莖)는 직(直) 과 기(其)의 반절이다. 제(藸)는 음이 제(除)이다.

爾雅疏 藥草也. 一名葆, 一名莖藸. 郭云 : "五味也. 蔓生, 子叢在莖頭." 案『本草』: "五味子, 一名會及, 一名玄及." 唐本注云 : "五味, 皮 肉甘酸, 核中辛苦, 都有鹹味. 此則五味具也. 其葉似杏而大, 蔓生木上, 子作房如落葵, 大如蔞子."

약초이다. 일명 미(葆), 일명 지제(莖藸)라 한다. 곽박은 "오미자이다. 덩 굴로 자라며 씨는 떨기로 줄기의 끝에 있다"고 하였다. 살피건대, 『본초』 에 "오미자는 일명 회급(會及), 일명 현급(玄及)이다"고 하였다. 당본주에는 "오미자의 껍데기와 살은 달고 시며 씨 속은 시고 쓴데 전체적으로는 짠 맛이 난다. 이것은 다섯 가지 맛이 갖추어져 있다는 것이다. 그 잎은 살구 와 비슷하나 크고, 나무 위에 덩굴져 자라며, 씨는 낙규(落葵 : 염주덩굴)처럼 송이로 되어 있고 크기는 영자(蔞子 : 머루열매)만 하다"고 하였다.

 蒤, 委葉.

도(蒤)는 위엽(委葉 : 호장근. 감제풀)이다.

『詩』云 : "以茠荼蓼."

　『시경』「주송」「양사(良耜)」에 "호장근과 여뀌를 김맨다"라고 하였다.

 荼, 音徒. 委, 於詭反, 或於危反, 字或作萎,[58] 同. 茠, 本或作薅,
火羔反, 又作茠, 同. 『說文』: "茠, 或作薅字." 蓼, 音了.

　도(荼)는 음이 도(徒)이다. 위(委)는 어(於)와 궤(詭)의 반절인데 혹 어(於)와
위(委)의 반절이고 글자는 혹 위(萎)로도 쓰는데, 음의가 같다. 휴(茠)는 본
에 따라서는 혹 호(薅)로 되어 있는데 화(火)와 고(羔)의 반절이고, 또한 휴
(茠)로도 쓰는데 음의가 같다. 『설문』에 "휴(茠)는 간혹 호(薅)자로도 쓴다"
고 하였다. 료(蓼)는 음이 료(了)이다.

 穢草也. 舍人曰 : "荼, 一名委葉." 王肅說『詩』云 : "荼, 陸穢草."
然則, 荼者, 原田蕪穢之草, 非苦荼也. "『詩』云 : 以茠荼蓼", 此
「周頌」「良耜」篇文. 茠, 耘除也. 今『詩』本"茠"作"薅", 音義同.

　잡초이다. 사인(舍人)은 "도(荼)는 일명 위엽(委葉)이다"고 하였다. 왕숙(王
肅)의 『시경』의 설명에는 "도(荼)는 땅에서 자라는 잡초이다"고 하였다. 그
렇다면 도(荼)란 밭에 우거진 잡초이지 씀바귀는 아니다. 주에서 말한 『시
경』의 "이휴도료(以茠荼蓼)"는 「주송(周頌)」「양사(良耜)」의 글이다. 휴(茠)는
김맨다는 뜻이다. 지금의 『시경』 본에는 "휴(茠)"가 "호(薅)"로 되어 있으나
음의는 같다.

---

58) 萎 : 대본에는 '羹'으로 되어 있으나 『爾雅詁林』「陸音義」를 따랐다.

 皇, 守田.

황(皇)은 수전(守田 : 귀리와 비슷한 먹을 수 있는 풀)이다.

 似燕麥, 子如彫胡米, 可食. 生廢田中, 一名守氣.

연맥(燕麥 : 귀리)과 비슷하며, 씨는 조호미(彫胡米 : 줄풀씨)와 같고 먹을 수
있다. 버려 둔 밭에서 나는데 일명 수기(守氣)이다.

 皇, 一名守田. 郭云 : "似燕麥, 子如彫胡米, 可食. 生廢田中, 一
名守氣." 彫胡, 卽苽也.

황(皇)은 일명 수전(守田)이다. 곽박은 "귀리와 비슷하며, 씨는 줄풀씨와
같고 먹을 수 있다. 버려 둔 밭에서 나는데 일명 수기(守氣)이다"고 하였
다. 조호(彫胡)는 곧 고(苽)이다.

 鉤, 藈姑.

구(鉤)는 규고(藈姑 : 쥐참외)이다.

 瓝瓟也, 一名王瓜. 實如瓝瓜, 正赤, 味苦.

구루(菰蓏)이며, 일명 왕과(王瓜)이다. 열매는 박과(瓜瓜)와 같고 붉은 색이며 맛은 쓰다.

爾雅音義 鉤, 古侯反. 蕅, 本或作睽. 顧謝同音圭. 孫苦圭反. 鉤, 一作菰, 五侯反. 蓏, 力侯反. 『字林』云 : "菰蓏, 王瓜也."

구구(鉤)는 고(古)와 후(侯)의 반절이다. 규(蕅)는 본에 따라 규(睽)로 되어 있다. 고야왕과 사교는 모두 음이 규(圭)라 하였으며, 손염은 고(苦)와 규(圭)의 반절이라 하였다. 구(鉤)는 한편으로는 구(菰)로 되어 있는데, 오(五)와 후(侯)의 반절이다. 루(蓏)는 력(力)과 후(侯)의 반절이다. 『자림』에 "구루(菰蓏)는 왕과(王瓜)이다"고 하였다.

爾雅疏 鉤, 一名蕅姑. 郭云 : "菰蓏也, 一名王瓜. 實如瓜瓜, 正赤, 味苦." 『本草』云 : "王瓜, 一名土瓜." 陶注云 : "卽今土瓜. 生籬院, 亦有子, 熟時赤如彈丸. 根大." 唐本注云 : "此物蔓生, 葉似栝樓, 圓無叉缺. 子如梔子, 生靑熟赤, 但無稜爾. 根似葛, 細而多糝."是也.

구(鉤)는 일명 규고(蕅姑)이다. 곽박은 "구루(菰蓏)이며, 일명 왕과(王瓜)이다. 열매는 박과(瓜瓜)와 같고 붉은 색이며 맛은 쓰다"고 하였다. 『본초』에 "왕과(王瓜)는 일명 토과(土瓜)이다"고 하였는데, 도홍경의 주에 "곧 지금의 토과(土瓜)이다. 울타리에서 자라며 또한 열매가 있는데 익었을 때는 붉으며, 모양이 탄환과 같고 뿌리는 굵다"고 하였다. 당본주에는 "이 식물은 덩굴로 자라며 잎은 괄루(栝樓 : 하눌타리)와 비슷하고, 둥글어 갈라진 부분이 없다. 열매는 치자 열매와 같으며 자랄 때는 청색이고 익어서는 적색인데 단지 모난 부분이 없다. 뿌리는 칡과 같고 가늘지만 알갱이가 많다"고 한 것이 이것이다.

 望, 薻車.

망(望)은 승거(薻車 : 끈을 만들 수 있는 풀)이다.

 可以爲索, 長丈餘.

끈을 만들 수 있으며, 키는 한 길 남짓이다.

 薻, 本又作乘, 施音繩, 謝市證反. 索, 悉各反, 下同.

승(薻)은 본에 따라 승(乘)으로 되어 있는데 시건은 음이 승(繩)이라 하였고, 사교는 시(市)와 증(證)의 반절이라 하였다. 삭(索)은 실(悉)과 각(各)의 반절이며, 아래도 같다.

 望, 一名薻車. 郭云 : "可以爲索, 長丈餘."

망은 일명 승거(薻車)이다. 곽박은 "끈을 만들 수 있으며 키는 한 길 남짓이다"고 하였다.

 困, 被裤.

곤(困)은 급강(扱絳)이다.

 未詳.

미상(未詳)이다.

 攫, 烏階.

확(攫)은 오계(烏階 : 검게 물들이는 데 쓰이는 풀)이다.

 卽烏杷也. 子連相著, 狀如杷齒, 可以染皁.

곧 오파(烏杷)이다. 씨는 이어서 붙어 있으며 모양은 파치(杷齒 : 써래 날)
와 같으며 검게 물들일 수 있다.

 扱, 居業反. 絳, 施音絳, 孫蒲空反. 攫, 沈居縛反. 杷, 白麻反,
字從木, 下同. 著, 直畧反. 皁, 音造.

겁(扱)은 거(居)와 업(業)의 반절이다. 강(絳)에 대하여 시건은 음이 강(絳)
이라 하였으며, 손염은 포(蒲)와 공(空)의 반절이라 하였다. 확(攫)에 대하여
심선은 거(居)와 박(縛)의 반절이라 하였다. 파(杷)는 백(白)과 마(麻)의 반절
인데 글자는 목(木)을 따르며 아래도 같다. 착(著)은 직(直)과 략(畧)의 반절

이다. 죠(皁)는 음이 죠(造)이다.

攫, 一名烏階. 郭云: "卽烏杷也. 子連相著, 狀如杷齒, 可以染
皁." 今俗謂之狼杷 是也.

확(攫)은 일명 오계(烏階)이다. 곽박은 "곧 오파(烏杷)이다. 씨는 이어서
붙어 있으며 모양은 써래 날 같으며 검게 물들일 수 있다"고 하였다. 지
금 세상에서 낭파(狼杷)라고 부르는 것이 이것이다.

杜, 土鹵.

두(杜)는 토로(土鹵 : 향초 이름. 두형)이다.

杜衡也, 似葵而香.

두형(杜衡)으로, 아욱과 비슷하나 향기가 난다.

杜, 郭云: "杜衡也, 似葵而香." 案『本草』云: "杜衡, 味辛, 香人
衣體." 陶注云: "根葉都似細辛, 唯氣小異耳." 『本草』經又有杜
若, 一名杜衡. 陶注云: "葉似薑, 根亦似高良薑而細, 氣味辛香. 又絶似
旋覆, 根殆欲相亂." 如陶之言, 二種竝不似葵, 或恐郭誤耳. 土, 他覩反.
鹵, 音魯. 衡, 字或作蘅, 音行.

두(杜)에 대하여 곽박은 "두형(杜衡)이다. 아욱과 비슷하나 향기롭다"고 하였다. 살피건대,『본초』에 "두형은 맛이 맵고, 사람의 옷과 몸을 향기롭게 한다"고 하였는데, 도홍경의 주에 "뿌리와 잎은 모두 가늘고 맛은 매우며, 오직 냄새 만이 조금 다를 뿐이다"고 하였다.『본초』의 본문에는 두약(杜若)을 일명 두형(杜衡)이라고 하였는데, 도홍경의 주에 "잎은 생강과 비슷하고, 뿌리는 또한 고양강(高良薑)과 비슷하나 가늘고, 냄새는 향기롭고 맛은 맵다. 또한 선복(旋葍)과 아주 흡사한데, 뿌리는 거의 서로 얽히려는 성향이 있다"고 하였다. 도홍경의 말과 같다면 두 종류 모두 아욱과 비슷하지 않으니, 아마도 곽박이 틀린 듯하다. 토(土)는 타(他)와 도(覩)의 반절이다. 로(鹵)는 음이 로(魯)이다. 형(衡)은 글자를 혹 형(蘅)으로도 쓰는데 음은 행(行)이다.

爾雅疏 香草也. 一名杜, 一名土鹵. 郭云: "杜衡也, 似葵而香."『本草』唐本注云: "杜衡葉似葵, 形如馬蹄, 故俗云馬蹄香. 生山之陰水澤下濕地. 根似細辛, 白前等."『山海經』云: "天帝山有草, 其狀如葵, 其臭如蘪蕪, 名曰杜衡. 可以走馬, 食之已癭." 是也.

향초(香草)이다. 일명 두(杜), 일명 토로(土鹵)이다. 곽박은 "두형(杜衡)으로, 아욱과 비슷하나 향기롭다"고 하였다.『본초』의 당본주에 "두형은 잎이 아욱과 비슷하고 형태는 말발굽 같으므로 세상에서 마제향(馬蹄香)이라 한다. 산의 음지(陰地)와 물이 있는 낮은 습지에서 자라며, 뿌리는 세신(細辛), 백전(白前 : 풀 이름) 등과 비슷하다.『산해경』「서산경(西山經)」에 "천제산(天帝山)에 풀이 있는데 그 모양이 아욱과 같으며 그 맛은 궁궁이와 같은데 명칭을 두형(杜衡)59)이라 한다. 말을 달리게 할 수 있으며, 이를 먹으면 혹을 치료한다"고 한 것이 이것이다.

---

59) 杜衡 : 鄭載書 譯註,『山海經』(민음사, 1994, 77면)에서는 '족두리풀'이라고 하였다.

 盱, 虺牀.

우(盱)는 훼상(虺牀 : 미나리과의 2년초. 뱀도랏)이다.

 蛇牀也. 一名馬牀, 『廣雅』云.

사상(蛇牀)이다. 일명 마상(馬牀)이다. 『광아』에서 한 말이다.

爾雅音義 盱, 香于反, 又音于. 虺, 虛鬼反. 郭云 : “蛇牀也.” 『廣雅』云 : “一名馬牀.” 『本草』云 : “蛇牀子, 一名蛇粟, 一名蛇米, 一名虺牀, 一名思益, 一名繩毒, 一名棗棘, 一名牆蘼.” 陶注云 : “華葉正似蘪蕪.”

우(盱)는 향(香)과 우(于)의 반절, 또는 음이 우(于)이다. 훼(虺)는 허(虛)와 귀(鬼)의 반절이다. 곽박은 “사상(蛇牀)이다”고 하였다. 『광아』에 “일명 마상(馬牀)이다”고 하였다. 『본초』에 “사상자(蛇牀子)이다. 일명 사속(蛇粟), 일명 사미(蛇米), 일명 훼상(虺牀), 일명 사익(思益), 일명 승독(繩毒), 일명 조극(棗棘), 일명 장미(牆蘼)이다”고 하였는데, 도홍경의 주에 “꽃과 잎은 미무(蘪蕪 : 궁궁이)와 흡사하다”고 하였다.

盱, 一名虺牀. 郭云 : “蛇牀也. 一名馬牀, 『廣雅』云.” 案 『本草』 : “蛇牀, 一名蛇米, 一名虺牀, 一名思益, 一名繩毒, 一名棗棘, 一名牆蘼.” 陶注云 : “近道田野墟落間甚多, 花葉正似蘪蕪.

우(盱)는 일명 훼상(虺牀)이다. 곽박은 “사상(蛇牀)이다. 일명 마상(馬牀)이다. 『광아』에서 한 말이다"고 하였다. 살피건대, 『본초』에 "사상(蛇牀)은 일명 사미(蛇米), 일명 훼상(虺牀), 일명 사익(思益), 일명 승독(繩毒), 일명 조극(棗棘), 일명 장미(牆蘼)이다"고 하였는데, 도홍경의 주에 "길 근처의 밭과 들, 마을 사이에 아주 많다. 꽃과 잎은 궁궁이와 흡사하다"고 하였다.

 蒛, 蕧.

미(蒛)는 오(蕧)이다.

 未聞.

들은 적이 없다.

 赤柫薊.

적포계(柫薊 : 붉은 삽주)이다.

 卽上"柫薊."

곧 앞의 글에서 나온 "포계(柫薊)"이다.

 菟奚, 顆涷.

토해(菟奚 : 머위)는 과동(顆涷)이다.

 款涷也, 紫赤華, 生水中.

관동(款冬 : 머위)이다. 자적색(紫赤色) 꽃이 피며 물 속에서 자란다.

菋, 音米. 菽, 樊本作菋菽麥, 音五刀反. 枹, 音包, 又音浮. 薊, 音計. 顆, 苦果反, 或音款. 涷, 謝音東, 施都弄反, 讀者亦音冬. 郭云 : "款涷也, 生水中." 案『本草』云 : "款冬, 一名橐吾, 一名顆涷, 一名虎鬚, 一名菟奚, 一名氐冬." 陶注云 : "其冬月在冰下生." 則應是冬, 恐承音作字異耳.

미(菋)는 음이 미(米)이다. 오(菽)는 번본(樊本)에는 미오맥(菋菽麥)으로 되어 있는데 음은 오(五)와 도(刀)의 반절이다. 포(枹)는 음이 포(包)이고 또한 음은 부(浮)이다. 계(薊)는 음이 계(計)이다. 과(顆)는 고(苦)와 과(果)의 반절이고 혹은 음이 관(款)이다. 동(涷)에 대하여 사교는 음이 동(東)이라 하였고, 시건은 도(都)와 롱(弄)의 반절이라 하였는데, 읽는 사람은 또한 음이 동(冬)이라 한다. 곽박은 "관동(款涷)이다. 물 속에서 자란다"고 하였다. 살피건대, 『본초』에 "관동(款冬)은 일명 탁오(橐吾), 일명 과동(顆涷), 일명 호수(虎鬚), 일명 토해(菟奚), 일명 저동(氐冬)이다"고 하였는데, 도홍경의 주에 "겨울에 얼음 밑에서 자란다"고 하였다. 그렇다면 응당 동(冬)자를 써야 하는데, 아마도 음(音)을 따랐으므로 글자를 달리 썼던 것 같다.

 藥草也. 一名菟奚, 一名顆涷. 郭云 : "款涷也, 紫赤華, 生水中." 案 『本草』款涷, 一名橐吾, 一名顆涷, 一名虎鬚, 一名菟奚. 陶注 云 : 形如宿蓴未舒者, 其腹裏有絲, 其花乃似大菊花. 唐本注云 : "葉似葵 而大, 叢生, 花出根下." 是也.

약초이다. 일명 토해(菟奚), 일명 과동(顆涷)이다. 곽박은 "관동(款涷)이다. 자적색(紫赤色) 꽃이 피며 물 속에서 자란다"고 하였다. 살피건대, 『본초』 에 "관동(款冬)은 일명 탁오(橐吾), 일명 과동(顆涷), 일명 호수(虎鬚), 일명 토 해(菟奚)이다"고 하였다. 도홍경의 주에 "모양은 숙순(宿蓴 : 목숙)이 피지 않 은 것과 같으며, 그 몸통에 실이 들어 있고, 그 꽃은 바로 큰 국화꽃과 비 슷하다"고 하였다. 당본주에 "잎은 아욱과 비슷하나 크고, 떨기로 자라며 꽃은 뿌리 밑에서 나온다"고 한 것이 이것이다.

 中馗, 菌.

중규(中馗)는 균(菌 : 버섯)이다.

 地蕈也, 似蓋. 今江東名爲土菌, 亦曰馗廚, 可啖之.

지심(地蕈 : 땅버섯)으로 일산(日傘)과 비슷하다. 지금 강동에서는 토균(土 菌)이라 부르며 또한 규주(馗廚)라고도 하는데 먹을 수 있다.

 小者, 菌.

작은 것은 균(菌)이다.

 大小異名.

대소에 따라 명칭을 달리한다.

鳩, 求龜反, 郭音仇, 字則當作頄. 舍人本作中鳩, 云："菟奚, 名顆東, 顆東名中鳩." 菌, 郭巨隕反, 孫去貧反. 蕈, 辭[60]荏反. 案今人呼菌爲蕈, 葛洪字茹同, 云："世作栭蕃二字, 非也."『字林』式甚反. 或云："桑蓂也." 沈徒感反. 蓂, 人莄反.

구(鳩)는 구(求)와 귀(龜)의 반절인데, 곽박은 "음이 구(仇)이며 글자는 마땅히 구(頄)가 되어야 한다"고 하였다. 사인본에는 중구(中鳩)로 되어 있는데, "토해(土奚)는 과동(顆東)이라 부르고, 과동(顆東)은 중구(中鳩)라 부른다"고 하였다. 균(菌)에 대하여 곽박은 거(巨)와 운(隕)의 반절이라 하였고, 손염은 거(去)와 빈(貧)의 반절이라 하였다. 심(蕈)은 사(辭)와 임(荏)의 반절이다. 살피건대, 지금 사람들은 균(菌)을 심(蕈)이라 하는데, 갈홍(葛洪)[61]은 글자를 여(茹)로 하여 음의를 같이 하고 "세상에서는 심(栭)과 심(蕃) 두 자로 쓰나 잘못이다"고 하였다. 『자림』에 식(式)과 심(甚)의 반절이라 하였다. 혹자는 "상연(桑蓂)이다"고 하였고, 심선은 도(徒)와 감(感)의 반절이라 하였

---

60) 辭 : 대본에는 '亂'으로 되어 있으나『爾雅詁林』,「音義攷證」에 따라 고쳤다.
61) 葛洪 : 晉人. 字는 稚川. 號는 抱朴子. 神仙術로 유명하며 저서로『抱朴子』가 전한다.

다. 온(蕘)은 인(人)과 연(堯)의 반절이다.

 此辨菌大小之異名也. 大者名中馗, 小者卽名菌. 郭云"地蕈也, 似蓋. 今江東人名爲土菌, 亦曰馗廚, 可啖之"者, 『說文』云 : "蕈, 桑英也." 謂菌生木上也. 今云地蕈, 卽俗呼地菌者是也.

여기서는 버섯의 크고 작은 데 따른 다른 명칭을 구별하였다. 큰 것을 중규(中馗), 작은 것을 균(菌)이라 한다. 곽박은 "땅버섯으로 일산과 같다. 지금 강동에서는 토균(土菌)이라 부르며 또한 규주(馗廚)라고도 하는데 먹을 수 있다"고 한것은 『설문』에 "심(蕈)은 상연(桑英)이다"고 하였으니, 버섯이 나무 위에 나는 것을 말한다. 지금 지심(地蕈)이라 하는 것은 곧 세상에서 지균(地菌 : 땅버섯)이라 부르는 것이 이것이다.

蒩, 小葉.

추(蒩)는 소엽(小葉)이다.

 未聞.

들은 적이 없다.

 苕, 陵苕.

초(苕)는 능초(陵苕 : 능소화)이다.

 一名陵時, 『本草』云.

일명 능시(陵時)라고 『본초』에서 말하였다.

 黃華, 蔈; 白華, 茇.

노란 꽃이 피는 능소화가 표(蔈), 하얀 꽃이 피는 능소화가 발(茇)이다.

 苕, 華色異, 名亦不同.

초(苕)는 꽃 색깔이 다르며 명칭 또한 같지 않다.

 蔟, 豬葉反, 又阻留反. 苕, 徒舟反, 下同. 蔈, 必遙反. 茇, 郭音沛, 補蓋反, 又音撥. 『說文』云 : "草之白華爲茇." 音布末反.

추(蔟)는 저(豬)와 엽(葉)의 반절, 또는 조(阻)와 유(留)의 반절이다. 초(苕)는 도(徒)와 주(舟)의 반절인데 아래도 같다. 표(蔈)는 필(必)과 요(遙)의 반절이다. 발(茇)에 대하여, 곽박은 음이 패(沛)이고, 보(補)와 개(蓋)의 반절이며, 또한 음은 발(撥)이라 하였다. 『설문』에 발(茇)은 "풀 가운데 흰 꽃이 핀 것을 발(茇)이라 한다"고 하였다. 음은 포(布)와 말(末)의 반절이다.

爾雅疏 苕, 一名陵苕. 『本草』一名陵時. 舍人曰 : "苕, 陵苕也. 黃華名蓧, 白華名茇, 別花色之名也." 陸璣『疏』云 : 一名鼠尾, 生下濕水中. 七八月中華紫, 似今紫草, 可染皂. 煮以沐髮卽黑." 『詩』「小雅」云 : "苕之華, 芸其黃矣." 鄭箋云 : "陵苕之華, 紫赤而繁." 陸璣亦言其華紫色. 而此云黃白者, 蓋就紫色之中有黃紫・白紫耳. 及其將落, 則全變爲黃, 故 『詩』云 : "芸其黃矣." 毛傳云"將落則黃"是也.

　초(苕)는 일명 능초(陵苕)이다. 『본초』에 일명 능시(陵時)라 하였다. 사인은 "초(苕)는 능초(陵苕)이다. 황색 꽃이 피는 것을 표(蓧), 흰 꽃이 피는 것을 발(茇)이라 한다. 꽃의 색깔에 따라 구분한 명칭이다"고 하였다. 육기의 『모시초목조수충어초』에 "일명 서미(鼠尾)이며 저지대 습지의 물 속에서 자란다. 칠팔월 중에 자색 꽃이 피는데 지금의 자초(紫草)와 비슷하며 검게 물들일 수 있다. 삶아서 머리를 감으면 곧 흑색이 된다"고 하였다. 『시경』「소아」「초지화(苕之華)」에 "능소화가 시들어 누렇게 되었다"고 하였다. 정전에 "능소화는 자적색일 때 무성하다"고 하였다. 육기도 또한 그 꽃은 자색이라고 하였다. 여기서 황색・백색이라 한 것은 아마도 자색 가운데 황자색과 백자색이 있어서일 것이다. 떨어지려 할 때는 모두 변하여 황색이 되므로 『시경』「소아」「초지화(苕之華)」에 "운기황의(芸其黃矣)"라 하였는데, 모전에 "떨어지려 할 때 황색이 된다"고 한 것이 이것이다.

 蘪, 從水生.

미(蘪 : 궁궁이)는 물을 따라 생장한다.

 生於水中.

물 가운데서 자란다.

 蘪, 亡悲反. 蘪草, 生江水中.

미(蘪)는 망(亡)과 비(悲)의 반절이다. 궁궁이는 강물 속에서 생장한다.

 草從水生者曰蘪. 故注云 : "生於水中."

물을 따라 생장하는 풀을 미(蘪)라 한다. 그러므로 "물 속에서 자란다"
고 하였다.

 薇, 垂水.

미(薇)는 수수(垂水)62)이다.

 生於水邊.

물가에서 자란다.

 薇, 音微, 又音眉, 顧云 : "水濱生, 故曰垂水."

미(薇)는 음이 미(微)인데 또한 음은 미(眉)이다. 고야왕은 "물가에서 자라므로 수수(垂水)라 한다"고 하였다.

 草生於水濱, 而枝葉垂於水者曰薇. 故注云 : "生於水邊"也.

풀이 물가에서 자라고 가지와 잎을 물에 드리우는 것을 미(薇)라 한다. 그러므로 주에서 "물가에서 자란다"고 하였다.

 薜, 山麻.

벽(薜)은 산마(山麻 : 산에서 자라는 마. 산마)이다.

---

62) 垂水 : 물가에서 자라는 풀이 아니라, 들에서 자라는 野豌豆(들에서 자라는 완두)라 는 설도 있다.

似人家麻, 生山中.

인가(人家)의 마(麻)와 비슷하며 산에서 자란다.

 薜, 卑麥反.

벽(薜)은 비(卑)와 맥(麥)의 반절이다.

 麻生山中者名薜. 故注云 : "似人家麻, 生山中"也.

산에서 자라는 마를 벽(薜)이라 한다. 그러므로 주에서 "인가(人家)의 마
(麻)와 비슷하며 산에서 자란다"고 하였다.

 莽, 數節.

망(莽)은 삭절(數節 : 마디 사이가 좁은 대나무 일종)이다.

 竹類也, 節間促.

죽(竹)의 종류이며, 마디 사이가 좁은 것이다.

 桃枝, 四寸有節.

도지(桃枝)는 4촌(寸)마다 마디가 있는 것이다.

 今桃枝節間相去多四寸.

지금의 도지(桃枝)는 마디 사이의 거리가 대부분 4촌(寸)이다.

 粼, 堅中.

인(粼 : 속이 찬 대나무 일종)은 견중(堅中)이다.

 竹類也, 其中實.

죽(竹)의 종류이며, 속이 꽉 찼다.

 簢, 筡中.

민(簢 : 속이 빈 대나무 일종)은 도중(筡中)이다.

言其中空, 竹類.

속이 비어 있음을 말하니, 대나무 종류이다.

 仲, 無笐.

중(仲 : 대나무 일종)은 무항(無笐)이다.

 亦竹類. 未詳.

또한 대나무 종류이나, 자세하지 않다.

 筿, 箭萌.

태(筿)는 전맹(箭萌 : 죽순)이다.

 萌, 筍屬也.『周禮』曰 : "筿菹鴈醢."

맹(萌)은 죽순 종류이다.『주례』에 "죽순 김치와 기러기 젓갈이다"고 하였다.

 篠, 箭.

소(篠)는 전(箭 : 조릿대)이다.

 別二名.

두 가지로 명칭을 구별하였다.

莽, 莫朗反. 數, 色角反, 數, 猶促也. 促, 七玉反. 粦, 字又作粦,
音吝, 又音鱗. 蘭, 字或作惉, 密謹反, 又亡忍反. 荼, 郭音徒, 又
音攄, 施音儲. 亢, 本又作亢, 戶剛反. 薹, 音待, 『說文』云: “竹萌生也.”
『字林』大才反. 萌, 亡耕反. 筍, 思尹反. 菹, 側於反. 醢, 音海. 篠, 思了
反, 『字林』作筱, 云: “小竹也.” 別, 彼列反.

망(莽)은 막(莫)과 랑(朗)의 반절이다. 삭(數)은 색(色)과 각(角)의 반절인데
삭(數)은 촉(促)과 같다. 촉(促)은 칠(七)과 옥(玉)의 반절이다. 린(粦)은 글자를
또한 린(粦)으로 쓰는데 음은 인(吝), 또는 린(鱗)이다. 민(蘭)은 글자를 혹 민
(惉)으로도 쓰는데 밀(密)과 근(謹)의 반절, 또는 망(亡)과 인(忍)의 반절이다.
도(荼)에 대하여 곽박은 음이 도(徒), 또는 음이 터(攄)라 하였고, 시건은 음
이 저(儲)라 하였다. 항(亢)은 본에 따라 항(亢)으로 되어 있는데 호(戶)와 강
(剛)의 반절이다. 태(薹)는 음이 대(待)인데, 『설문』에 태(薹)는 “대나무 싹이

나옴이다"고 하였다. 『자림』에는 대(大)와 재(才)의 반절이라 하였다. 맹(萌)
은 망(亡)과 경(耕)의 반절이다. 순(筍)은 사(思)와 윤(尹)의 반절이다. 저(菹)는
측(側)과 어(於)의 반절이다. 해(醢)는 음이 해(海)이다. 소(篠)는 사(思)와 료
(了)의 반절인데, 『자림』에는 소(筱)로 되어 있으며 "작은 대나무이다"고
하였다. 별(別)은 피(彼)와 렬(列)의 반절이다.

此辨竹節希數及中空實, 萌篠之異名也. 凡竹節間促數者名莽,
相去四寸有節者名桃枝, 竹其中堅實者名鄰, 其中空者名蔮. 荼,
空也. "仲, 無笐." 注"未詳." 蕍, 一名箭萌, 卽筍也. 篠, 一名箭. 『書』曰:
"篠簜既敷." 「釋地」云"會稽之竹箭"是也. 郭云"今桃枝節間相去多四寸"
者, 郭以時驗而言也. 『尙書』「顧命」云: "敷重筱席." 孔安國云: "筱, 桃枝
竹." 『周禮』「春官」「司几筵」云: "加次席黼純." 鄭注云: "次席, 桃枝席,
有次列成文." 是也. 注『周禮』曰: 蕍菹鴈醢", 「天官」「醢人」職文也. 彼
文作箈, 鄭玄注云: "箈, 箭萌." 字雖異, 音義同.

여기서는 대나무의 마디가 성글고 빽빽한 것, 그 속이 비고 꽉 찬 것,
죽순과 조릿대의 다른 명칭을 구별하였다. 대나무 마디 사이가 좁고 자주
있는 것이 망(莽), 간격지어 4촌마다 마디가 간격지어 있는 것이 도지(桃
枝), 대나무의 속이 단단하고 꽉 차 있는 것이 린(鄰), 대나무의 속이 빈 것
이 명칭이 민(蔮)이다. 도(荼)는 속이 빈 것이다. "중(仲)은 무항(無笐)이다"고
하였는데, 주(注)에 "미상(未詳)"이라 하였다. 태(蕍)는 일명 전맹(箭萌)이라
하는데 바로 죽순이다. 소(篠)는 일명 전(箭)이다. 『서경』「우공」에 "소(篠:
작은 대)와 탕(簜: 큰 대)이 널리 퍼져 자랐다"고 하였다. 『이아』「석지」에
"회계산(會稽山)의 죽전(竹箭)이다"고 한 것이 이것이다. 곽박이 "지금의 도
지(桃枝)인데, 마디 사이의 떨어진 거리가 대부분 4촌(寸)이다"고 한 것은
곽박이 당시에 경험으로 말한 것이다. 『서경』「주서」「고명(顧命)」에 "이
중 대자리를 깐다"라고 하였다. 공안국은 "멸(筱)은 도지죽(桃枝竹)이다"고

하였다. 『주례』「춘관」「사궤연(司几筵)」에 "흑백으로 선두른 차석(次席)을 더 깐다"라 하였다. 정현의 주에 "차석(次席)은 도지석(桃枝席)이며 이를 차례로 나열하여 무늬를 이룸이 있다"고 한 것이 이것이다. 주(注)에서 말한 『주례』의 "태저안해(薹葅鴈醢)"는 「천관(天官)」「해인(醢人)」직(職)의 글이다. 그 글에는 태(箈: 죽순)로 되어 있는데, 정현의 주에 "태(箈)는 전맹(箭萌)이다"고 하였다. 글자는 비록 다르지만 음의는 같다.

 枹, 霍首. 素華, 軌鬷.

포(枹)는 곽수(霍首)이다. 소화(素華)는 궤종(軌鬷)이다.

 皆未詳.

모두 미상이다.

 芏, 夫王.

토(芏)는 부왕(夫王: 갈대의 일종)이다.

 芏草. 生海邊, 似莞藺. 今南方越人采以爲席.

토초(芏草)이다. 해변에서 자라고 관린(莞藺 : 왕골. 골풀)과 비슷하다. 지금 남방의 월(越) 사람들이 이것을 베어 자리를 만든다.

 枹, 音包. 霍, 戶各反. 素, 蘇故反, 又作索. 䠖, 子工反, 郭音總. 芏, 郭他古反. 案今南人以此草作席, 呼爲芏, 音杜. 夫, 謝方于反. 孫音苻. 莞, 古丸反, 字又作薍, 誤. 藺, 力刃反, 『字林』云: "莞屬也."

포(枹)는 음이 포(包)이다. 곽(霍)은 호(戶)와 각(各)의 반절이다. 소(素)는 소(蘇)와 고(故)의 반절, 또는 색(索)으로도 쓴다. 종(䠖)은 자(子)와 공(工)의 반절인데 곽박은 음이 총(總)이라 하였다. 토(芏)에 대하여 곽박은 타(他)와 고(古)의 반절이라 하였다. 살피건대, 지금 남쪽 사람들이 이 풀로써 자리를 만들며 토(芏)라고 부르는데 음이 두(杜)이다. 부(夫)에 대하여 사교는 방(方)과 우(于)의 반절이라 하였다. 손염은 음이 부(苻)라 하였다. 관(莞)은 고(古)와 환(丸)의 반절인데 글자를 또한 관(薍)으로 쓰는데 잘못이다. 린(藺)은 력(力)과 인(刃)의 반절이며 『자림』에 "관(莞)의 종류이다"고 하였다.

 芏草, 一名夫王. 郭云: "芏草. 生海邊, 似莞藺. 今南方越人采以爲席."

토초(芏草)는 일명 부왕(夫王)이다. 곽박은 "토초(芏草)이다. 해변에서 자라고 관린(莞藺)과 같다. 지금 남방의 월(越) 사람들이 이를 베어 자리를 만든다"고 하였다.

 蒍, 月爾.

기(藄)는 월이(月爾 : 고사리의 일종인 고비)이다.

 卽紫藄也. 似蕨, 可食.

곧 자기(紫藄)이다. 궐(蕨 : 고사리)과 비슷하며 먹을 수 있다.

 藄, 郭音其, 紫藄菜也. 『說文』云 : "藄, 土夫也." 或作其, 非也. 案『說文』云 : "萁, 豆莖." 施謝並音其. 蕨, 音厥.

기(藄)는 곽박은 음이 기(其)라고 하였으며 자기(紫藄) 나물이다. 『설문』에 "기(藄)는 토부(土夫)이다"고 하였다. 혹 기(萁)로도 쓰는데 잘못이다. 살펴건대, 『설문』에 "기(萁)는 두경(豆莖 : 콩 줄기)이다"고 하였다. 시건과 사교는 모두 음이 기(其)라 하였다. 궐(蕨)은 음이 궐(厥)이다.

 藄, 一名月爾, 可食之菜也. 郭云 : "卽紫藄也. 似蕨, 可食."

기(藄)는 일명 월이(月爾)이며 먹을 수 있는 나물이다. 곽박은 "곧 자기(紫藄)이다. 궐(蕨 : 고사리)과 비슷하며 먹을 수 있다"고 하였다.

 葴, 馬藍.

침(葴)은 마람(馬藍 : 쪽의 일종. 또는 꽈리)이다.

今大葉冬藍也.

지금의 큰 잎의 동람(冬藍)이다.

 葴, 之林反, 又音咸. 藍, 力甘反.

침(葴)은 지(之)와 림(林)의 반절이고 또한 음은 함(咸)이다. 람(藍)은 력(力)과 감(甘)의 반절이다.

 葴, 一名馬藍. 郭云 : "今大葉冬藍也." 今爲澱者是也.

침은 일명 마람(馬藍)이다. 곽박은 "지금의 큰 잎의 동람(冬藍)이다"고하였다. 지금 전(澱 : 전분)을 만드는 것이 이것이다.

 姚莖, 涂薺.

요경(姚莖)은 도제(涂薺)이다.

 未詳.

미상이다.

 芐, 地黃.

하(芐)는 지황(地黃 : 현삼과의 여러해살이 풀. 약용한다)이다.

 一名地髓, 江東人呼芐.

일명 지수(地髓)라 하며, 강동에서는 하(芐)라고 부른다.

莖, 謝戶耕反, 施郭於耕反. 涂, 音徒. 芐, 音戶. 『本草』: "地黃, 一名地髓, 一名芐, 一名芑." 髓, 素累反.

경(莖)에 대하여, 사교는 호(戶)와 경(耕)의 반절이라 하였는데, 시건과 곽박은 어(於)와 경(耕)의 반절이라 하였다. 도(涂)는 음이 도(途)이다. 하(芐)는 음이 호(戶)이다. 『본초』에 "지황(地黃)을 일명 지수(地髓), 일명 하(芐), 일명 사(芑)이다"고 하였다. 수(髓)는 소(素)와 루(累)의 반절이다.

藥草也. 郭云 : "一名地髓, 江東人呼芐." 案『本草』 : "地黃, 一名地髓, 一名芐, 一名芑." 陶注云 : "生渭城者乃有子實, 實如小麥."

약초이다. 곽박은 "일명 지수(地髓)라 하며, 강동 사람은 하(芐)라고 부른다"고 하였다. 살펴건대, 『본초』에 "지황(地黃)을 일명 지수(地髓), 일명 하(芐), 일명 사(芑)라고 한다"고 하였는데, 도홍경의 주에 "위성(渭城)에서 나오는 것은 씨와 열매가 있는데, 열매는 소맥(小麥 : 밀)과 비슷하다"고 하였다.

 蒙, 王女.

몽(蒙 : 새삼)은 왕녀(王女)이다.

 蒙卽唐也, 女蘿別名.

몽(蒙)은 곧 당(唐 : 새삼)이다. 여라(女蘿)는 별명이다.

 拔, 蘢葛.

발(拔)은 농갈(蘢葛 : 거지덩굴)이다.

 似葛, 蔓生, 有節. 江東呼爲龍尾, 亦謂之虎葛, 細葉赤莖.

칡과 비슷하며 덩굴로 자라고 마디가 있다. 강동에서는 용미(龍尾)라고
부르는데, 또한 이를 호갈(虎葛)이라고도 하며, 잎이 가늘고 줄기는 붉다.

拔, 步八反. 蘢, 力恭反.

발(拔)은 보(步)와 팔(八)의 반절이다. 용(蘢)은 력(力)과 공(恭)의 반절이다.

 拔, 一名蘢葛, 葛類也. 郭云: "似葛, 蔓生, 有節. 江東呼爲龍尾, 亦謂之虎葛, 細葉赤莖."

발(拔)은 일명 농갈(蘢葛)이며 칡의 종류이다. 곽박은 "칡과 비슷하며 덩굴로 자라고 마디가 있다. 강동에서는 용미(龍尾)라고 부르는데, 또한 이를 호갈(虎葛)이라고도 하며, 잎이 가늘고 줄기는 붉다"고 하였다.

 蓫, 牡茅.

속(蓫)은 모모(牡茅 : 열매를 맺지 않는 띠)이다.

 白茅屬.

백모(白茅 : 흰 띠) 종류이다.

 蓫, 音速. 牡, 木后反. 茅, 亡交反.

속(藗)은 음이 속(速)이다. 모(牡)는 목(木)과 후(后)의 반절이다. 모(茅)는 망(亡)과 교(交)의 반절이다.

茅之不實者也. 一名藗, 一名牡茅. 郭云 : "白茅屬."

모(茅) 가운데 열매를 맺지 않는 것이다. 일명 속(藗), 일명 모모(牡茅)이다. 곽박은 "백모(白茅) 종류이다"고 하였다.

 蒼耳, 苓耳.

권이(蒼耳)는 영이(苓耳 : 도꼬마리)이다.

『廣雅』云 : "枲耳也." 亦云胡枲, 江東呼爲常枲, 或曰苓耳. 形似鼠耳, 叢生如盤.

『광아』에는 "시이(枲耳)이다"고 하였다. 또 호시(胡枲)라고도 하는데, 강동에서는 상시(常枲)라 하며 혹은 영이(苓耳)라 한다. 모양이 쥐의 귀와 비슷하며 소반처럼 둥글게 무더기로 난다.

蒼, 謝作卷, 九轉反. 耳, 『詩』 "卷耳"是也. 『本草』作枲耳, 云 : "一名胡枲, 一名地葵, 一名蘆, 一名常思." 陶注云 : "一名羊負來. 昔中國無此物, 言從外國逐羊毛中來也." 『廣雅』云 : "苓耳·蒼耳·蘆·常枲·胡枲之類耳." 苓, 音零. 枲, 音死.

권(卷)에 대하여 사교는 권(卷)으로 쓰고 구(九)와 전(轉)의 반절이라 하였다. 이(耳)는 『시경』에서 "권이(卷耳)"라 한 것이 이것이다. 『본초』에는 시이(枲耳)로 되어 있으며, "일명 호시(胡枲), 일명 지규(地葵), 일명 시(葹), 일명 상사(常思)이다"고 하였는데, 도홍경의 주에 "일명 양부래(羊負來)이다. 옛날 중국(中國)에는 이 풀이 없었는데, 말하기를 양털 속에 붙어 외국에서 왔다고 한다"고 하였다. 『광아』에 "영이(苓耳)·창이(蒼耳)·시(葹)·상시(常枲)·호시(胡枲)의 종류이다"고 하였다. 령(苓)은 음이 령(零)이다. 시(枲)는 음이 사(死)이다.

爾雅疏 卷耳, 一名苓耳. 郭云 : "『廣雅』云 : '枲耳也.' 亦云胡枲, 江東呼爲常枲, 或曰苓耳. 形似鼠耳, 叢生如盤." 『詩』「周南」云 : "采采卷耳." 陸璣『疏』云 : "葉青白色, 似胡荽, 白華細莖, 蔓生. 可煮爲茹, 滑而少味. 四月中生子, 如婦人耳璫. 幽州謂之爵耳", 是也.

권이(卷耳)는 일명 영이(苓耳)이다. 곽박은 "『광아』에 '시이(枲耳)이다'고 하였다. 또 호시(胡枲)라고도 한다. 강동에서는 상시(常枲)라 하며 혹은 영이(苓耳)라 한다. 모양이 쥐의 귀와 비슷하며 소반처럼 둥글게 무더기로 난다"고 하였다. 『시경』「주남」「권이」에 "도꼬마리를 캐고 캐노라"라고 하였는데, 육기의 『소』에는 "잎이 청백색이고 호유(胡荽)와 비슷하며 흰 꽃에 줄기가 가늘며 덩굴로 자란다. 삶아서 먹을 수 있으며 미끄러우면서 맛이 적다. 4월중에 씨앗이 달리는데 부인의 귀고리와 같다. 유주(幽州)에서는 작이(爵耳)라고 한다"고 한 것이 이것이다.

蕨, 鼈.

궐(蕨)은 별(鼈: 고사리)이다.

『廣雅』云"紫蘽", 非也. 初生無葉, 可食. 江西謂之虌.

『광아』에 "궐(蕨)은 자기(紫蘽)이다"고 하였으나 잘못이다. 갓 생겨나 잎이 없을 때 먹을 수 있다. 강서에서는 별(虌)이라 한다.

鼈, 卑減反, 字亦作虌. 案此即今蕨菜也. 葉初出鼈蔽,[63] 因以名云. 『廣雅』云"紫蘽", 非也.

별(鼈)은 비(卑)와 멸(減)의 반절인데 글자를 또한 별(虌)로도 쓴다. 살피건대, 이것은 즉 지금의 고사리이다. 잎이 처음 날 때에는 자라의 발과 비슷하므로 별이라 이름을 붙인 것이다. 『광아』에 "자기(紫蘽)이다"고 하였으나 잘못이다.

可食之菜也. 舍人曰 : "蕨, 一名虌." 郭云 『廣雅』云 : '紫蘽'非也. 初生無葉, 可食. 江西謂之虌." 『詩』「召南」云 : "言采其蕨." 陸璣 『疏』云 : "蕨, 山菜也. 初生似蒜, 莖紫黑色, 可食. 如葵." 是也.

먹을 수 있는 채소이다. 사인은 "궐(蕨)은 일명 별(虌)이다"고 하였다. 곽박은 "『광아』에 '궐(蕨)은 자기(紫蘽)이다'고 하였으나 잘못이다. 갓 생겨나 잎이 없을 때 먹을 수 있다. 강서에서는 별(虌)이라 한다"고 하였다. 『시경』「소남」「초충(艸蟲)」에 "고사리를 딴다"고 하였다. 육기의 『모시초목조수충어소』에 "궐(蕨)은 산나물이다. 처음 나올 때는 산(蒜: 마늘)과 비슷

---

63) 鼈蔽 : 『爾雅詁林』「正義」에 '似鼈脚'으로 되어 있어 이를 따라 풀이하였다.

하며 줄기는 자흑색(紫黑色)이고 먹을 수 있다. 규(葵)와 같다"고 한 것이
이것이다.

 蕎, 邛鉅.

교(蕎)는 공거(邛鉅 : 약초)이다.

 今藥草大戟也, 『本草』云.

지금의 약초(藥草)인 대극(大戟)이라고 『본초』에서 말하였다.

蕎, 居喬反, 又音喬. 邛,[64] 巨恭反. 鉅, 音巨. 案『本草』云 : "大
戟, 一名邛鉅, 今近道處處有." 戟, 九逆反.

교(蕎)는 거(居)와 교(喬)의 반절, 또는 음이 교(喬)이다. 공(邛)은 거(巨)와
공(恭)의 반절이다. 거(鉅)는 음이 거(巨)이다. 살피건대, 『본초』에 "대극(大
戟)은 일명 공거(邛鉅)이다. 지금 길 근처 곳곳에 있다"고 하였다. 극(戟)은
구(九)와 역(逆)의 반절이다.

蕎, 一名邛鉅. 郭云"今藥草大戟也, 『本草』云"者. 案『本草』 : "大
戟, 一名邛鉅, 苗名澤漆." 陶注云 : 今近道處處有. 生時摘葉有

---

64) 邛 : 대본에는 '卭'으로 되어 있으나 『爾雅詁林』「陸音義」에 따라 고쳤다. 아래에서
도 같다.

白汁, 故名澤漆也.

교(蕎)는 일명 공거(邛鉅)이다. 곽박이 "지금의 약초(藥草)인 대극(大戟)이
라고 『본초』에서 말하였다"고 한 것은 살피건대, 『본초』에 "대극(大戟)은
일명 공거(邛鉅)이다. 싹의 명칭은 택칠(澤漆)이다"고 하였는데, 도홍경의
주에 "지금 길 근처 곳곳에 있다. 싱싱할 때 잎을 따면 흰 즙(汁)이 나오기
때문에 택칠(澤漆)이라 한다"고 하였다.

 繁, 由胡.

번(繁)은 유호(由胡)이다.

 未詳.

미상(未詳)이다.

 莣, 杜榮.

망(莣)은 두영(杜榮 : 참억새)이다.

今莣草, 似茅, 皮可以爲繩索・履屬也.

　지금의 망초(莣草)인데 띠풀과 비슷하며 껍질은 노끈이나 짚신을 만들
수 있다.

 繁, 音煩. 莣, 音亡, 字亦作芒. 杜, 徒土反, 舍人作牡. 屬, 九略反.

　번(繁)은 음이 번(煩)이다. 망(莣)은 음이 망(亡)인데 글자를 또 망(芒)으로
도 쓴다. 두(杜)는 도(徒)와 토(土)의 반절인데, 사인은 모(牡)로 썼다. 갹(屬)
은 구(九)와 략(略)의 반절이다.

 莣草, 一名杜榮. 郭云 : “今莣草, 似茅, 皮可以爲繩索・履屬也”
者, 屬, 草履也.

　망초(莣草)는 일명 두영(杜榮)이다. 곽박은 “지금의 망초(莣草)인데 띠풀과
비슷하며 껍질은 노끈이나 짚신을 만들 수 있다”고 한 것에서, 갹(屬)은
짚신이다.

 稂, 童粱.

　랑(稂)은 동량(童粱 : 쭉정이 벼)이다.

 稂, 莠類也.

랑(稂)은 유(莠)의 종류이다.

 稂, 音郎, 『說文』云 : “禾粟之莠, 生而不成者.” 莠, 羊久反. 『詩』
云 : “不稂不莠.”

랑(稂)은 음이 랑(郎)이다. 『설문』에 랑(稂)은 “벼의 가라지인데 자라도
열매를 맺지 못하는 것이다”고 하였다. 유(莠)는 양(羊)과 구(久)의 반절이
다 『시경』에 “쭉정이 벼도 아니 되고 가라지도 아니 된다”라고 하였다.

舍人曰 : “稂, 一名童粱.” 郭云 : “稂, 莠類也.” 『詩』「曹風」云 :
“浸彼苞稂.” 陸璣『疏』云 : “禾秀爲穗而不成, 則嶷然, 謂之童粱.
今人謂之宿田翁, 或謂之守田也. 「甫田」[65]云 : ‘不稂不莠.’ 『外傳』曰 :
‘馬不過稂莠.’[66] 皆是也.”

사인이 말하기를 “랑(稂)은 일명 동량(童粱)이다”고 하였다. 곽박은 “랑
(稂)은 유(莠)의 종류이다”고 하였다. 『시경』「조풍(曹風)」「하천(下泉)」에
“저 쭉정이 벼의 밑둥을 차게 적신다[67]”고 하였다. 육기의 『소』에는 “벼
가 꽃이 피고 이삭이 되어서도 열매를 맺지 못하고 삐죽삐죽한 것을 동
량(童粱)이라 한다. 지금 사람은 숙전옹(宿田翁)이라 하며 혹자는 수전(守田)
이라 한다. 『시경』「소아」「대전(大田)」에 ‘쭉정이 벼도 아니 되고 가라지

---

65) 「甫田」: 「大田」의 잘못이다.
66) 馬不過稂莠 : 『國語』「魯語」에 “馬饩不過稂莠”라 되어 있다. ‘饩’字가 있어야 정확
한 글의 의미를 파악할 수 있다.
67) 적신다 : 毛傳의 “苞, 本也” 및 孔疏의 “泉之所浸, 必浸其根本”에 근거하였다.

도 아니 된다'고 하였다. 『국어』「노어하(魯語下)」에는 '말 먹이는 사료는
랑유(稂莠)에 불과합니다'"고 한 것이 모두 이것이다.

 藨, 麃.

표(藨)는 포(麃 : 산딸기의 일종)이다.

 麃則莓也, 今江東人呼爲藨莓. 子似覆葐而大, 赤, 酢甛可啖.

포(麃)는 곧 매(莓 : 산딸기)이다. 지금 강동 사람들은 표매(藨莓)라고 한다.
열매는 복분자(覆葐子)와 비슷하나 굵고, 붉으면서 맛이 시고 달아서 먹을
수 있다.

藨, 謝蒲苗反, 或力驕反. 孫蒲矯反, 『字林』工兆反, 顧平表・白
交・普苗三反. 麃, 謝蒲表反, 郭又苻囂反. 覆, 芳伏反. 酢, 七故
反. 甛, 大廉反.

표(藨)에 대하여 사교는 포(蒲)와 묘(苗)의 반절, 혹은 력(力)과 교(驕)의 반
절이라 하였으며, 손염은 포(蒲)와 교(矯)의 반절이라 하였다. 『자림』에는
공(工)과 조(兆)의 반절이다고 하였다. 고야왕은 평(平)과 표(表), 백(白)과 교
(交), 보(普)와 묘(苗)로 반절이 세 가지라 하였다. 포(麃)에 대하여 사교는 포
(蒲)와 표(表)의 반절이라 하였으며, 곽박은 또 부(苻)와 효(囂)의 반절이라
하였다. 복(覆)은 방(芳)과 복(伏)의 반절이다. 초(酢)는 칠(七)과 고(故)의 반절

이다. 첨(甛)은 대(大)와 렴(廉)의 반절이다.

 薦, 一名藨. 郭云 : "藨則莓也, 今江東人呼爲藨莓. 子似覆葐而
大, 赤, 酢甛可啖."

표(薦)는 일명 포(藨)이다. 곽박은 "포(藨)는 곧 매(莓)이다. 지금 강동에서
는 표매(藨莓)라고 한다. 열매는 복분자(覆葐子)와 비슷하나 크고 붉으면서
맛이 시고 달아서 먹을 수 있다"고 하였다.

 的, 薂.

적(的)은 격(薂 : 연밥)이다.

 卽蓮實.

곧 련(蓮)의 열매이다.

 的, 丁歷反. 薂, 字又作敫, 戶歷反.

적(的)은 정(丁)과 력(歷)의 반절이다. 격(薂)은 글자를 또 격(敫)으로도 쓰
는데 호(戶)와 력(歷)의 반절이다.

 的, 又一名薂. 卽上釋"荷"云 : "其實蓮, 其中的"也. 故郭云 : "卽蓮實."

적(的)은 또 일명 격(薂)이니 곧 윗글에서 "하(荷)"를 풀이하면서 "그 열매는 련(蓮)이고 그 속은 적(的)이다"고 하였다. 그러므로 곽박은 "곧 련(蓮)의 열매이다"고 하였다.

 購, 蔏蔞.

구(購)는 상루(蔏蔞 : 물쑥)이다.

 蔏蔞, 蔞蒿也. 生下田. 初出可啖, 江東用羹魚.

상루(蔏蔞)는 누호(蔞蒿)인데 지대가 낮은 논에서 난다. 처음 나왔을 때 먹을 수 있으며 강동에서는 생선국을 끓일 때 쓴다.

 購, 古豆反, 又古侯反. 蔏, 音商. 蔞, 孫力朱反, 郭力侯反, 注同.

구(購)는 고(古)와 두(豆)의 반절, 또는 고(古)와 후(侯)의 반절이다. 상(蔏)은 음이 상(商)이다. 루(蔞)에 대하여 손염은 력(力)과 주(朱)의 반절이라 하였으며, 곽박은 력(力)과 후(侯)의 반절이라 하였는데, 주에서도 같다.

 舍人曰 : "購, 一名蔄蔞." 郭云 : "蔄蔞, 蔞蒿也. 生下田. 初出可啖, 江東用羹魚." 『詩』「周南」「漢廣」云 : "翹翹錯薪, 言刈其蔞." 陸璣『疏』云 : "其葉似艾, 白色, 長數寸, 高丈餘. 好生水邊及澤中. 正月根牙生旁莖. 正白, 生食之, 香而脆美. 其葉又可蒸爲茹"是也.

사인은 "구(購)는 일명 상루(蔄蔞)이다"고 하였다. 곽박은 "상루(蔄蔞)는 누호(蔞蒿)이다. 지대가 낮은 논에서 난다. 처음 나왔을 때 먹을 수 있으며 강동에서는 생선국을 끓일 때 쓴다"고 하였다. 『시경』「주남」「한광(漢廣)」에 "쑥쑥 뻗어 뒤섞인 섶 속에서 물쑥을 벤다"라고 하였는데, 육기의 『소』에는 "그 잎이 애(艾 : 쑥의 일종)와 비슷한데 흰색이며 길이가 수 촌(寸)에 높이가 일 장(丈) 남짓이 된다. 물가나 연못 속에서 자라기를 좋아하고 정월에 뿌리와 새싹이 곁줄기에서 생긴다. 순백색일 때 날것으로 먹으면 향기롭고 부드러우면서 맛이 좋다. 그 잎은 또 익혀서 먹을 수 있다"고 한 것이 이것이다.

 莂, 勃莂.

열(莂)은 발열(勃莂 : 풀 이름)이다.

 一名石芸, 『本草』云.

일명 석운(石芸)이다. 『본초』에서 한 말이다.

施謝二苅, 皆音列. 沈上音例, 下音列. 勃, 蒲沒反.

시건과 사교는 두 열(苅)자 모두 음이 렬(列)이라 하였다. 심선은 위의 것은 음이 례(例) 아래의 것은 렬(列)이라 하였다. 발(勃)은 포(蒲)와 몰(沒)의 반절이다.

 苅, 一名勃苅. 郭云"一名石芸. 『本草』云"者, 案『本草』: "石芸味甘, 一名螫烈, 一名顧喙"是也.

열(苅)은 일명 발열(勃苅)이다. 곽박이 "일명 석운(石芸)이다. 『본초』에서 한 말이다"고 한 것은 살피건대, 『본초』에 "석운(石芸)은 맛이 단데 일명 석렬(螫烈), 일명 고훼(顧喙)이다"고 한 것이 이것이다.

 蔞繞, 蕀莬.

요요(蔞繞)는 극원(蕀莬 : 애기풀)이다.

 今遠志也. 似麻黃, 赤華, 葉銳而黃, 其上謂之小草, 『廣雅』云.

지금의 원지(遠志)이다. 마황(麻黃)과 비슷하며 적색(赤色)의 꽃이 피고 잎은 날카로우며 황색인데 그 위를 소초(小草)라 한다. 『광아』에서 한 말이다.

爾雅音義 葽, 烏了反. 蕀, 居力反. 蒬, 於袁反, 又於阮反. 『廣雅』云 : "蕀蒬, 遠志也. 其上謂之小草." 案『本草』 : "遠志, 一名蕀蒬, 一名葽繞, 一名細草." 遠志, 字又作遠葸, 非.

요(葽)는 오(烏)와 료(了)의 반절이다. 극(蕀)은 거(居)와 력(力)의 반절이다. 원(蒬)은 어(於)와 원(袁)의 반절, 또는 어(於)와 완(阮)의 반절이다. 『광아』에 "극원(蕀蒬)은 원지(遠志)이다. 그 위를 소초(小草)라 한다"고 하였다. 살피건대, 『본초』에 "원지(遠志)는 일명 극원(蕀蒬), 일명 요요(葽繞), 일명 세초(細草)이다"고 하였다. 원지(遠志)는 글자를 또 원지(遠葸)라고 하나 잘못이다.

爾雅疏 藥草也. 葽繞, 一名蕀蒬. 郭云 "今遠志也. 似麻黃, 赤華, 葉銳而黃, 其上謂之小草, 『廣雅』云"者. 案『本草』; "遠志, 一名細草, 其葉名小草." 陶注云 : "小草狀似麻黃而青." 今注云 : "遠志莖葉似大靑而小." 『廣雅』云 : "蕀蒬, 遠志也. 其上謂之小草"是也.

약초이다. 요요(葽繞)는 일명 극원(蕀蒬)이다. 곽박이 "지금의 원지(遠志)이다. 마황(麻黃)과 비슷하며 적색(赤色)의 꽃이 피고 잎은 날카로우며 황색인데 그 위를 소초(小草)라 한다. 『광아』에서 한 말이다"고 하였다. 살피건대, 『본초』에 "원지(遠志)는 일명 세초(細草)인데 그 잎은 이름이 소초(小草)이다"고 하였는데, 도홍경의 주에는 "소초(小草)는 모양이 마황(麻黃)과 비슷한데 푸르다"고 하였으며, 금주(今注)에는 "원지(遠志)는 줄기와 잎은 대청(大靑 : 풀 이름)과 비슷하나 작다"고 하였다. 『광아』에는 "극원(蕀蒬)은 원지(遠志)이다. 그 위를 소초(小草)라 한다"고 한 것이 이것이다.

 茦, 刺.

책(茦)은 자(刺: 풀의 가시)이다.

 草刺針也. 關西謂之刺, 燕北·朝鮮之間曰茦, 見『方言』.

풀의 가시바늘이다. 관서(關西)에서는 자(刺)라 하고 연북(燕北)과 조선(朝鮮) 지역에서는 책(茦)이라 한다고 『방언』에 보인다.

茦, 初革反.『方言』云: "凡草木而刺人者, 燕北·朝鮮之間謂之茦." 刺, 字又作刺, 又作莿, 七賜反, 注同.『方言』云: "關西呼茦壯爲莿." 朝, 直遙反. 鮮, 音仙.

책(茦)은 초(初)와 혁(革)의 반절이다.『방언』에 "사람을 찌르는 모든 초목의 가시를 연북(燕北)과 조선(朝鮮) 지역에서는 책(茦)이라 한다"[68]고 하였다. 자(刺)는 글자를 또 자(刺), 또는 자(莿)로도 쓰는데 칠(七)과 사(賜)의 반절이며, 주에서도 같다.『방언』에 "관서에서는 책(茦)이나 장(壯)을 자(莿)라 한다"고 하였다. 조(朝)는 직(直)과 요(遙)의 반절이다. 선(鮮)은 음이 선(仙)이다.

謂草針刺人也. 一名茦, 又名刺. 郭云"草刺針也. 關西謂之刺, 燕北·朝鮮之間曰茦, 見『方言』"者. 案『方言』: "凡草木刺人, 北燕·朝鮮之間謂之茦, 或謂之壯. 自關而東或謂之梗, 或謂之劌. 自關而

---

68) 사람을 …… 茦이라 한다 :『방언』권3-5에 나온다. 바로 아래 인용문도 같다.

西謂之刺. 江·湘之間謂之棘." 是也.

　사람을 찌르는 초목의 가시를 말한다. 일명 책(茦)이며 또 다른 이름은
자(刺)이다. 곽박이 "가시이다. 관서에서는 자(刺)라 하고 연북(燕北)과 조선
(朝鮮) 지역에서는 책(茦)이라 한다. 『방언』에 보인다"고 하였다. 살피건대,
『방언』에 "사람을 찌르는 모든 초목의 가시를 북연(北燕)과 조선(朝鮮) 지
역에서는 책(茦), 혹은 장(壯)이라 한다. 함곡관(函谷關) 동쪽 지역에서는 혹
경(梗)이라 하며 혹은 귀(劌)라 한다. 함곡관에서 서쪽 지역에서는 자(刺)라
한다. 강수(江水)와 상수(湘水)의 지역에서는 극(棘)이라 한다"고 한 것이 이
것이다.

 蕭, 萩.

　소(蕭)는 추(萩 : 쑥의 일종)이다.

 卽蒿.

　즉 호(蒿 : 쑥)이다.

 萩, 音秋.

　추(萩)는 음이 추(秋)이다.

李巡云：“萩, 一名蕭.” 陸璣云 : “今人所謂萩蒿者是也. 或云牛
尾蒿, 似白蒿. 白葉, 莖麤, 科生,[69] 多者數十莖. 可作燭, 有香
氣. 故祭祀以脂爇之爲香. 許愼以爲艾蒿, 非也.「郊特牲」云 : ‘旣奠, 然
後爇蕭合馨香.’” 是也.

이순은 “츄(萩)는 일명 소(蕭 : 쑥)이다”고 하였다. 육기는 “지금 사람들이
말하는 추호(萩蒿)가 이것이다. 혹자는 우미호(牛尾蒿)이니 흰 쑥과 비슷하
다. 흰 잎에 줄기가 거칠며 무더기로 자라는데 많은 것은 줄기가 수십 개
이다. 촛불을 만들 수 있는데 향기가 있다. 그러므로 제사에 기름으로 태
워서 향을 만든다. 허신은 애호(艾蒿)라 하였으나 잘못이다. 『예기』「교특
생」에 ‘제수(祭需)를 올린 후에 소(蕭)를 태워서 형향(馨香 : 黍稷)에 섞는다”
고 한 것이 이것이다.

 蕁, 海藻.

담(蕁)은 해조(海藻 : 약초)이다.

藥草也. 一名海蘿. 如亂髮, 生海中,『本草』云.

약초이다. 일명 해라(海蘿)이다. 얼크러진 머리칼과 같은 것으로 바다
속에서 산다. 『본초』에서 한 말이다.

---

69) 科生 : 叢生. 떨기로 성장함. 떼지어 자라남.

蕁, 徒南反. 藻, 子老反, 本亦作藻.『本草』:“一名落首, 一名蕁.”
郭云 :“一名海蘿.”

담(蕁)은 도(徒)와 남(南)의 반절이다. 조(藻)는 자(子)와 로(老)의 반절이다.
본에 따라 또한 조(藻)로도 되어 있다. 『본초』에 “일명 낙수(落首), 일명 심
(蕁)이다”고 하였다. 곽박은 “일명 해라(海蘿)이다”고 하였다.

蕁, 又名海藻. 郭云:“藥草也. 一名海蘿, 如亂髮, 生海中,『本
草』云”者. 案『本草』:“一名落首, 一名蕁.” 陶注云:“生海島上,
黑色如亂髮而大, 少許葉大, 都似藻葉.

심(蕁)은 또 이름을 해조(海藻)라고 한다. 곽박이 “약초이다. 일명 해라(海
蘿)이다. 얼크러진 머리칼과 같은 것으로 바다 속에 산다.『본초』에서 한
말이다”고 하였다. 살피건대,『본초』에 “일명 낙수(落首), 일명 담(蕁)이다”
고 하였는데, 도홍경의 주에 “바다 섬 위에 나며 검은 색으로 얼크러진
머리칼과 같으면서 크고, 약간 잎이 큰 것은 모두 조(藻 : 말)의 잎과 비슷
하다”고 하였다.

 長楚, 銚芅.

장초(長楚)는 요익(銚芅 : 복숭아의 일종)이다.

 今羊桃也. 或曰鬼桃. 葉似桃, 華白, 子如小麥, 亦似桃.

지금의 양도(羊桃)이다. 혹은 귀도(鬼桃)라고 한다. 잎이 복숭아와 비슷하며 꽃은 흰색이고 씨는 밀과 비슷하며 또한 복숭아와 비슷하다.

爾雅音義 長, 且良反. 銚, 羊招反, 或羊召反, 字或作蓅. 弋, 音翼, 字亦作杙. 麥, 亡革反.

장(長)은 차(且)와 량(良)의 반절이다. 요(銚)는 양(羊)과 초(招)의 반절, 혹은 양(羊)과 소(召)의 반절인데 글자를 혹은 요(蓅)로도 쓴다. 익(弋)은 음이 익(翼)인데 글자를 혹은 익(杙)으로도 쓴다. 맥(麥)은 망(亡)과 혁(革)의 반절이다.

爾雅疏 舍人曰 : "長楚, 一名銚弋." 『本草』云 : "銚弋名羊桃." 郭云 : "今羊桃也. 或曰鬼桃. 葉似桃, 華白, 子如小麥, 亦似桃." 『詩』「檜風」「隰有長楚」陸璣『疏』云 : "今羊桃是也. 葉長而狹, 華紫赤色. 其枝莖弱, 過一尺引蔓于草上. 今人以爲汲灌, 重而善沒, 不如楊柳也. 近下根刀切其皮, 著熱灰中脫之, 可韜筆管."

사인은 "장초(長楚)는 일명 요익(銚弋)이다"고 하였다. 『본초』에 "요익(銚弋)은 명칭이 양도(羊桃)이다"고 하였다. 곽박은 "지금의 양도이다. 혹은 귀도(鬼桃)라고 한다. 잎이 복숭아와 비슷하며 꽃은 흰색이고 씨는 밀과 비슷하며 또한 복숭아와 비슷하다"고 하였다. 『시경』「회풍(檜風)」「습유장초(隰有萇楚)」의 육기 『모시초목조수충어소』에 "지금의 양도(羊桃)가 이것이다. 잎이 길고 좁으며, 꽃은 자적색이다. 그 가지의 줄기가 연약하여 한 자가 넘으면 풀 위로 늘어져 덩굴진다. 지금 사람은 물을 주어야 한다고 여겼는데 무거워 잘 가라앉기 때문에 버들만 못하다. 아래 뿌리쪽 가까이를 칼로 그 껍질을 절단한 다음 뜨거운 재 속에 넣어서 벗겨 필관(筆管 : 붓대)을 감싸는데 사용한다"고 하였다.

 蘦, 大苦.

령(蘦)은 대고(大苦 : 감초)이다.

 今甘草也. 蔓延生, 葉似荷, 靑黃, 莖赤有節, 節有枝相當. 或云 蘦似地黃.

지금의 감초(甘草)이다. 덩굴로 뻗어나가 자라는데 잎은 하(荷 : 연)와 비슷하고 청황색이며, 줄기는 붉으면서 마디가 있고, 마디에는 대칭을 이루는 가지가 있다. 혹자는 "령(蘦)은 지황(地黃)과 비슷하다"고 하였다.

 蘦, 『詩』作苓, 力丁反. 蔓, 音萬. 延, 餘見反.

령(蘦)이 『시경』에서는 영(苓)으로 되어 있으며, 력(力)과 정(丁)의 반절이다. 만(蔓)은 음이 만(萬)이다. 연(延)은 여(餘)와 견(見)의 반절이다.

 藥草也. 蘦, 一名大苦. 郭云 : "今甘草也. 蔓延生, 葉似荷, 靑黃, 莖赤有節, 節有枝相當. 或云蘦似地黃." 『詩』「唐風」云 : "采苓采苓, 首陽之巓." 是也. 蘦與苓, 字雖異, 音義同.

약초이다. 령(蘦)은 일명 대고(大苦)이다. 곽박은 "지금의 감초(甘草)이다. 덩굴로 뻗어나가 자라는데 잎은 하(荷)와 비슷하고 청황색이며, 줄기는 붉으면서 마디가 있고, 마디에는 대칭을 이루는 가지가 있다. 혹자는 령(蘦)이 지황(地黃)과 비슷하다고 한다"고 하였다. 『시경』 「당풍(唐風)」 「채령(采

苓)」에 "감초를 캐고 감초를 캔다. 수양산의 산꼭대기에서"[70]라고 한 것
이 이것이다. 령(蘦)은 령(苓)과 글자가 비록 다르나 음의(音義)는 같다.

 芣苢, 馬舄; 馬舄, 車前.

부이(芣苢)는 마석(馬舄)이며, 마석(馬舄)은 차전(車前 : 질경이)이다.

 今車前草. 大葉長穗, 好生道邊. 江東呼爲蝦蟇衣.

지금의 차전초(車前草)이다. 큰 잎에 이삭은 길고 길가에서 잘 자란다.
강동에서는 하마의(蝦蟇衣)라 부른다.

芣, 音浮. 苢, 字亦作苡, 音以, 見『詩』. 『說文』云 : "芣苢, 馬舄
也, 其實如李, 令人宜子, 『周書』所說." 舄, 四夕反. 車, 昌遮反.
穗, 音遂. 好, 呼報反. 蝦, 音遐. 蟇, 字又作蟆, 亡巴反. 『本草』云 : "車前,
一名當道, 一名芣苢, 一名蝦蟇衣, 一名牛遺, 一名勝舄, 久服令人身輕
不老."

부(芣)는 음이 부(浮)이다. 이(苢)자는 또한 이(苡)로도 쓰는데 음이 이(以)
이며, 『시경』에 보인다. 『설문』에 "부이(芣苢)는 마석(馬舄)이다. 그 씨는 오
얏과 같으며, 부인에게 아이를 잘 낳게 한다고 『일주서(逸周書)』 「왕회(王

---

70) 감초를 …… 산꼭대기에서 : 정현 전의 "采此苓于首陽山之上"에 의거하였다. 집전은
"子欲采苓於首陽之巓乎"라고 하여, '감초를 캐며 감초를 캐기를 수양산 꼭대기에서
하는가?'로 국역된다.

會)」에 말하였다"고 하였다. 석(舃)은 사(四)와 석(夕)의 반절이다. 차(車)는
창(昌)과 차(遮)의 반절이다. 수(穗)는 음이 수(遂)이다. 호(好)는 호(呼)와 보
(報)의 반절이다. 하(蝦)는 음이 하(遐)이다. 마(蟆)자는 또 마(蟇)로도 쓰며 망
(亡)과 파(巴)의 반절이다. 『본초』에 "차전초(車前草)는 일명 당도(當道), 일명
부이(芣苢), 일명 하마의(蝦蟆衣), 일명 우유(牛遺), 일명 승석(勝舃)인데, 오래
복용하면 사람의 몸을 가볍게 하고 늙지 않게 한다"고 하였다.

爾雅疏 藥草也. 別三名. 郭云 : "今車前草. 大葉長穗, 好生道邊. 江東呼
蝦蟆衣."『詩』「周南」云 : "采采芣苢." 陸璣『疏』云 : "馬舃, 一名
車前, 一名當道. 喜在牛跡中生, 故曰車前, 當道也. 今藥中車前子是也.
幽州人謂之牛舌草. 可鬻作茹, 大滑. 其子治婦人難産." 王肅引『周書』
「王會」云 : "芣苢如李, 出於西戎." 王基駁云 : "『王會』所記雜物奇獸, 皆
四夷遠國各齎土地異物, 以爲貢贄, 非「周南」婦人所得采. 是芣苢爲馬舃
之草, 非西戎之木也.

　약초이다. 세 가지 명칭으로 구별하였다. 곽박은 "지금의 차전초(車前草)
이다. 큰 잎에 이삭은 길고 길가에서 잘 자란다. 강동에서는 하마의(蝦蟆
衣)라 부른다"고 하였다.『시경』「주남」「부이(芣苢)」에 "질경이를 캐고 캔
다"라고 하였는데, 육기의『소』에 "마석(馬舃)은 일명 차전(車前), 일명 당
도(當道)이다. 소 발자국 중에서 살기를 좋아하므로 차전·당도라 한다. 지
금 약 중의 질경이가 이것이다. 유주(幽州) 사람은 우설초(牛舌草)라 한다.
삶아서 먹을 수 있는 데 매우 미끄럽다. 그 씨는 부인의 난산(難産)을 치료
한다"고 하였다. 왕숙(王肅)은『일주서』「왕회(王會)」편을 인용하여 "부이
는 오얏과 같으며 서융(西戎)에서 난다"고 하였다. 왕기(王基)[71]는 반박하
기를 "『일주서』「왕회」편에 기록된 여러 물건과 기이한 짐승은 모두 사

---

71) 王基 : 삼국시대 魏나라 사람. 字는 伯輿. 관직은 司空.『毛詩駁』등을 지었다.

이(四夷)의 먼 나라가 각각 토지의 특이한 물건을 가져와서 공물로 바친 것으로, 『시경』 「주남」 「부이」에서 말한 부인이 캘 수 있는 것은 아니다. 이 부이(芣苢)는 질경이이지, 서융(西戎)의 나무가 아니다"고 하였다.

 綸似綸, 組似組, 東海有之.

관초(綸草: 해초의 일종인 다시마)는 관(綸: 대)과 비슷하며, 조초(組草: 해초의 일종)는 조(組: 인 끈)와 비슷한데 동해(東海)에 있다.

爾雅注 綸, 今有秩·嗇夫所帶糾靑絲綸. 組, 綬也. 海中草生彩理有象之者, 因以名云.

관(綸)은 지금의 유질(有秩: 재정 담당 지방 관리)과 색부(嗇夫: 하급 관리)가 허리에 차고 있는 것으로 푸른색 끈이다. 조(組)는 수(綬: 인끈)이다. 바다 속에서 나는 풀인데 무늬와 결이 유질과 색부가 차고 있는 것과 닮았기 때문에 이름을 붙였다.

 帛似帛, 布似布, 華山有之.

백초(帛草: 풀 이름)는 백(帛: 비단)과 비슷하며, 포초(布草: 풀 이름)는 포(布: 베)와 비슷한데 화산(華山)에 있다.

草葉有象布帛者, 因以名云. 生華山中.

풀잎에 포(布)와 백(帛)을 닮은 것이 있어서 이름을 붙인 것이다. 화산(華山)에서 난다.

 綸, 古頑反, 下同. 組, 作古反, 下同. 秩, 直乙反. 嗇, 音色.

관(綸)은 고(古)와 완(頑)의 반절이며, 아래도 같다. 조(組)는 작(作)과 고(古)의 반절이며, 아래도 같다. 질(秩)은 직(直)과 을(乙)의 반절이다. 색(嗇)은 음이 색(色)이다.

此辨草似綸組布帛者, 以其所似, 因名其草也. 綸是糾青絲繩也. 組, 綬也. 東海有草釆理似之, 即名綸草・組草. 華山有草葉似帛・布者, 因名帛草・布草也. 案『漢書』「百官公卿大夫表」云 : "十里一亭, 十亭一鄉. 鄉有三老・有秩・嗇夫・有72)游徼. 三老掌敎化. 嗇夫掌獄訟. 游徼掌禁盜賊." 故『漢書』云 : "張敞以鄉有秩, 補太守卒史." 又云 : "朱邑爲桐鄉嗇夫." 又『續漢書』「百官表」云 : "鄉置有秩・三老・游徼. 有秩, 郡所置,73) 秩百戶.74) 其鄉小者, 縣所置嗇夫." 案此, 則有秩・嗇夫職同. 但隨鄉大小, 故名異耳. 名雖異, 皆糾青絲爲綸以帶佩之則同. 至東晉尙然, 故郭云"今"也. 張華云 : "綸, 如宛轉繩."

여기서 관(綸)・조(組)・포(布)・백(帛)과 비슷한 풀을 구별한 것은 그것들

---

72) 有 : 대본의 '有'字는 연문이다. 『한서』 「백관표」에는 '有'字가 없다.
73) 置 : 『後漢書』 「百官志」에는 '署'로 되어 있다.
74) 戶 : 『後漢書』 「百官志」에는 '石'으로 되어 있다.

과 비슷한 모양에 근거하여 그런 풀에 이름을 붙였기 때문이다. 관(綸)은 푸른색의 실을 합사(合絲)한 끈이다. 조(組)는 인끈이다. 동해에 풀이 있는데 무늬와 결이 관(綸)·조(組)와 비슷하여 곧 관초(綸草)와 조초(組草)라 이름을 붙였다. 화산(華山)에 풀잎이 포(布)와 백(帛)과 비슷한 것이 있으므로 백초(帛草)·포초(布草)라 이름을 붙였다. 살펴건대, 『한서』「백관공경대부표」에 "십리(十里)에 일정(一亭)이며 십정(十亭)에 일향(一鄕)인데, 향(鄕)에는 삼노(三老)·유질(有秩)·색부(嗇夫)·유요(游徼)가 있다. 삼노(三老)는 교화(敎化)를 관장하고, 색부(嗇夫)는 옥송(獄訟)을 관장하고, 유요(游徼)는 도적을 막는 일을 관장한다"고 하였다. 그러므로 『한서』에 "장창(張敞)은 향의 유질로써 태수졸사(太守卒史)에 임명되었다"고 하였으며, 또 "주읍(朱邑)이 동향(桐鄕)의 색부(嗇夫)가 되었다"고 하였으며, 또 『후한서』「백관표」에 "향에는 유질(有秩)·삼로(三老)·유요(游徼)를 설치하였다. 유질은 군(郡)에 설치한 것이요, 계급은 백호(百戶)이다. 향(鄕)이 작은 곳이나 현(縣)에는 색부(嗇夫)를 둔다"고 하였다. 이 글을 따져보면 유질(有秩)과 색부(嗇夫)는 직책이 같다. 다만 향의 대소(大小)에 따르므로 명칭이 다를 뿐이다. 명칭은 비록 다르나 모두 푸른 실을 합사(合絲)하여 띠를 만들어 몸에 차는 것은 같다. 동진(東晉)에 이르러서도 여전히 그러하였으므로 곽박은 "금(今 : 지금)"이라 하였다. 장화(張華)는 "관(綸)은 완전승(宛轉繩)[75]과 비슷하다"고 하였다.

 芫, 東蘆.

항(芫)은 동려(東蘆)이다.

---

75) 宛轉繩 : 5월 5일에 사람의 몸에 묶어 玉처럼 몸에 다는 물건.

 未詳.

미상이다.

 緜馬, 羊齒.

면마(緜馬)는 양치(羊齒 : 양치)이다.

 草細葉, 葉羅生而毛, 有似羊齒. 今江東人呼爲鴈齒. 繅者以取
繭緒.

잎이 가는 풀로서 잎이 나열되어 나며 솜털이 있고 양치(羊齒 : 양의 이)
와 비슷한 점이 있다. 지금 강동에서는 안치(鴈齒)라고 부른다. 실을 켜는
사람이 고치실 끝을 뽑아낼 때 사용한다.

 芫, 戶剛反, 本亦作芫. 蠡, 音禮. 緜, 武延反. 繅, 先刀反.『字
林』云 : "繹繭也." 本亦作繰, 又作縿, 非也. 繰, 宜音千少反. 縿,
音所銜反. 繭, 古典反. 張揖云 : "繭, 繢, 新緜."

항(芫)은 호(戶)와 강(剛)의 반절인데 본에 따라서는 원(芫)으로 되어 있다.
려(蠡)는 음이 례(禮)이다. 면(緜)은 무(武)와 연(延)의 반절이다. 소(繅)는 선
(先)과 도(刀)의 반절이다.『자림』에는 "역견(繹繭 : 고치실을 뽑아냄)이다"고 하
였다. 본에 따라서는 조(繰), 또는 삼(縿)으로 되어 있으나 잘못이다. 조(繰)

는 음이 천(千)과 쇼(少)의 반절이라야 한다. 삼(縿)은 음이 쇼(所)와 함(銜)의 반절이다. 견(繭)은 고(古)와 전(典)의 반절이다. 장읍은 "견(繭)은 광(纊)이니, 새솜이다"고 하였다.

 緜馬, 一名羊齒. 郭云 : "草細葉, 葉羅生而毛, 有似羊齒. 今江東人呼爲鴟齒. 繅者以取繭緒"者. 『說文』云 : "繅, 繹繭爲絲也." "緒, 絲耑也." 以此草似羊齒而毛, 故繅者用之以取繭緒也.

면마(緜馬)는 일명 양치(羊齒)이다. 곽박은 "잎이 가는 풀로서 잎이 나열되어 나며 솜털이 있고 양치(羊齒)와 비슷한 점이 있다. 지금 강동에서는 안치(鴟齒)라고 부른다. 실을 켜는 사람이 고치실 끝을 뽑아낼 때 사용한다"고 하였다. 『설문』에 "쇼(繅)는 고치를 풀어서 실을 뽑아내는 것이다", "서(緒)는 실 끝이다"고 하였다. 이 풀이 양의 이빨과 비슷하면서 솜털이 있기 때문에 실 켜는 사람이 그 풀을 사용하여 고치실 끝을 찾아낸다.

 菭, 麋舌.

활(菭)은 미설(麋舌 : 풀 이름)이다.

 今麋舌草. 春生, 葉有似於舌.

지금의 미설초(麋舌草)이다. 봄에 나며 잎이 사슴의 혀와 비슷함이 있다.

萹, 古活反. 虁, 音眉.

활(萹)은 고(古)와 활(活)의 반절이다. 미(虁)는 음이 미(眉)이다.

 萹草, 春生, 葉似虁舌, 故萹一名虁舌. 郭云 : "今虁舌草. 春生, 葉有似於舌."

활초(萹草)는 봄에 나며 잎은 미설(虁舌 : 사슴 혀)과 비슷하므로 활은 일명 미설이라 한다. 곽박은 "지금의 미설초(虁舌草)이다. 봄에 나며 잎은 혀와 비슷한 점이 있다"고 하였다.

 搴柜朐.

건(搴)은 거구(柜朐)이다.

 未聞.

들은 바가 없다.

 蘩之醜, 秋爲蒿.

번(蘩 : 쑥의 일종)의 종류로 가을이면 호(蒿)가 된다.

醜, 類也. 春時各有種名, 至秋老成, 通皆呼爲蒿.

추(醜 : 종류)는 류(類)이다. 봄에는 각각 종류별로 이름이 있으나 가을이
되어 다 자라면 통틀어 모두 호(蒿)라 한다.

搴, 施居展反, 謝去虔反. 柜, 音巨. 朐, 巨俱反. 種, 章勇反.

건(搴)에 대하여 시건은 거(居)와 전(展)의 반절이라 하였으며, 사교는 거
(去)와 건(虔)의 반절이라 하였다. 거(柜)는 음이 거(巨)이다. 구(朐)는 거(巨)와
구(俱)의 반절이다. 종(種)은 장(章)과 용(勇)의 반절이다.

醜, 類也. 此言蘩·蕭, 蔚·莪之類. 春始生, 氣味旣異, 故其名
不同. 至秋老成, 則皆蒿也. 郭云 : "醜, 類也. 春時各有種名, 至
秋老成, 皆通呼爲蒿"也.

추(醜)는 류(類)이다. 여기서는 번(蘩)·소(蕭)·위(蔚)·아(莪)의 종류를 말
하였다. 봄에 나기 시작하며 냄새와 맛이 다르므로 그 이름이 다르다. 가
을이 되어 다 자라면 모두 호(蒿)이다. 곽박은 "추(醜)는 류(類)이다. 봄에는
각각 종류별로 이름이 있으나 가을이 되어 다 자라면 통틀어 모두 호(蒿)
라 한다"고 하였다.

 芺・薊, 其實芌.

요(芺)는 계(薊:엉겅퀴)이며, 그 열매는 과(芌)이다.

 芺與薊, 莖頭皆有薹臺, 名芌, 芌卽其實也.

요(芺)와 계(薊)는 줄기 끝에 모두 옹대(薹臺:장다리76))가 있는데 이름을
과(芌)라 하며, 과(芌)는 곧 그 열매이다.

芺, 沈顧烏老反, 謝烏兆反. 『說文』云:"味苦, 江東食以下氣."
薊, 音計. 芌, 香于・芳于二反, 下同. 注音俘, 同. 薹, 烏孔反.

요(芺)에 대하여 심선과 고야왕은 오(烏)와 로(老)의 반절이라 하였으며,
사교는 오(烏)와 조(兆)의 반절이라 하였다. 『설문』에 요(芺)는 "맛이 쓰고
강동에서는 그것을 먹어 기운을 가라앉힌다"고 하였다. 계(薊)는 음이 계
(計)이다. 과(芌)는 향(香)과 우(于), 방(芳)과 우(于) 두 가지의 반절이며 아래
도 같다. 주에서는 음을 부(俘77))라 하였으나 음의가 같다. 옹(薹)은 오(烏)
와 공(孔)의 반절이다.

鉤・芺・枹薊之類, 其實名芌. 郭云:"芺與薊, 莖頭皆有薹臺,
名芌, 芌卽其實也."

---

76) 장다리:무, 배추 등의 꽃이 피는 줄기.
77) 俘:『爾雅詁林』「黃輯古義」「郭音義」에서 "芌音俘"라 하였다.

구(鉤)・요(芺)는 포계(枹薊 : 삽주)의 종류인데 그 열매 이름이 과(荂)이다. 곽박은 "요(芺)와 계(薊)는 줄기 끝에 모두 장다리가 있는데 이름을 과(荂)라 하며, 과(荂)는 곧 그 열매이다"고 하였다.

 荼・荂, 茶.

표(荼)와 과(荂)는 도(茶 : 풀 이름)이다.

 卽芀.

곧 초(芀)이다.

 猋・藨, 芀.

표(猋)와 표(藨)는 초(芀 : 풀 이름)이다.

 皆芀・茶之別名. 方俗異語, 所未聞.

모두 초(芀)와 도(茶)의 별명이다. 지방에 따라 다른 언어인데, 들은 바가 없다.

蔈, 方腰反, 又必招反. 荼, 郭音徒, 又音蛇. 猋, 必遙反, 又方瓢
反, 又方么反. 字從三犬, 俗從三火, 非也. 焱, 『字林』弋劍反, 云
: “火花也.” 藨, 郭方驕反, 謝苻苗反, 一音皮兆反. 芀, 徒彫反, 字或作
苕, 下同.

표(蔈)는 방(方)과 요(腰)의 반절, 또는 필(必)과 초(招)의 반절이다. 도(荼)에
대하여 곽박은 음이 도(徒) 또는 사(蛇)라 하였다. 표(猋)는 필(必)과 요(遙)의
반절, 또는 방(方)과 표(瓢)의 반절, 또는 방(方)과 요(么)의 반절이다. 글자는
세 개의 견(犬)을 따르는데 민간에서는 세 개의 화(火)를 따르니 잘못이다.
염(焱)은 『자림』에 익(弋)과 검(劍)의 반절이라 하였으며, “화화(火花 : 불꽃)이
다”고 하였다. 표(藨)에 대하여 곽박은 방(方)과 교(驕)의 반절이라 하였으
며, 사교는 부(苻)와 묘(苗)의 반절이라 하였는데, 일음은 피(皮)와 조(兆)의
반절이다. 초(芀)는 도(徒)와 조(彫)의 반절인데 글자를 혹은 초(苕)로 쓰며
아래도 같다.

此辨芀·荼之別名也. 案鄭注『周禮』“掌荼”及『詩』“有女如荼”皆
云: “荼, 茅莠[78]也.” 蔈也·荂也, 其別名. 荼卽芀也. 芀, 又一名
猋, 又名藨, 皆萑茅之屬. 華, 秀名也. 故注云: “皆芀·荼之別名. 方俗異
語, 所未聞.” 言“未聞”者, 謂未聞其所出也.

여기서는 초·도(芀·荼)의 다른 명칭을 구별하였다. 살피건대, 정현이
주한 『주례』「지관(地官)」「사도(司徒)」의 “장도(掌荼)”와 『시경』「정풍(鄭風)」
「출기동문(出其東門)」의 “여자가 도(荼)와 같다”에 모두 “도(荼)는 모유(茅莠)
이다”고 하였다. 표(蔈)와 과(荂)는 그 별명이다. 도(荼)는 곧 초(芀)이다. 초
(芀)는 또 일명 표(猋), 일명 표(藨)로 모두 환모(萑茅 : 물억새)의 종류이다. 화

---

78) 莠 : 대본에는 秀로 되어 있으나 『周禮』에 따라 고쳤다.

(華)는 이삭의 이름이다. 그러므로 곽박의 주에 "모두 초(芀)와 도(荼)의 별명이다. 지방에 따라 다른 언어인데, 들은 바가 없다"고 하였다. "미문(未聞)"이라고 한 것은 출처(出處)를 듣지 못했음을 말한다.

葦醜, 芀.

위(葦 : 갈대의 일종)의 종류에는 초(芀 : 꽃)가 있다.

其類皆有芀秀.

그 종류에는 모두 초수(芀秀 : 꽃과 이삭)가 있다.

葦, 于鬼反, 謝于歸反.

위(葦)는 우(于)와 귀(鬼)의 반절인데, 사교는 우(于)와 귀(歸)의 반절이라 하였다.

葦卽蘆之成者. 其類皆有芀秀也.

위(葦)는 곧 로(蘆 : 갈대)가 자란 것이다. 그 종류에는 모두 초수(芀秀)가 있다.

 葭, 華.

가(葭 : 갈대의 일종)는 화(華 : 갈대)이다.

 卽今蘆也.

곧 지금의 로(蘆)이다.

 蒹, 薕.

겸(蒹 : 갈대의 일종)은 렴(薕)이다.

 似萑而細, 高數尺, 江東人呼爲薕薍. ○薕, 音薕.

물억새와 비슷하나 가늘고, 높이가 수척이 되며, 강동 사람들은 렴적(薕
薍)이라 부른다. ○렴(薕)은 음이 렴(薕)이다.

 葭, 蘆.

가(葭 : 갈대의 일종)는 로(蘆)이다.

 葦也.

위(葦)이다.

 菼, 薍.

담(菼 : 갈대의 일종)은 완(薍)이다.

 似葦而小, 實中. 江東呼爲烏蓲.

위(葦)와 비슷하나 작으며 속이 차 있다. 강동에서는 오구(烏蓲)라 부른다.

 其萌虇.

그 싹이 권(虇)이다.

 今江東呼蘆筍爲虇. 然則萑葦之類, 其初生者皆名虇. 音繾綣.

지금 강동에서는 노순(蘆筍: 갈대 싹)을 권(虇)이라 한다. 그렇다면 환위(萑葦)의 종류로 처음 나온 것은 모두 권(虇)이라 한다. 음은 견권(繾綣)의 권(綣)이다.

![爾雅音義] 葭. 音加. 蒹, 古謙反. 薕, 力占反. 萑, 音桓.『字林』作萑. 藪, 所主反. 菼, 他敢反,『說文』作, 云: "菼, 或剡字." 薍, 五患反. 蘆, 郭音丘,『說文』云: "烏蘆草也." 張揖云: "未秀曰烏蘆." 虇, 郭音綣, 丘阮反. 本或作虇, 非. 虇, 音權.『說文』云: "弓曲也." 繾, 弁善反, 或去忍反.

가(葭)는 음이 가(加)이다. 겸(蒹)은 고(古)와 겸(謙)의 반절이다. 렴(薕)은 력(力)과 점(占)의 반절이다. 환(萑)은 음이 환(桓)이다.『자림』에는 관(萑)으로 되어 있다. 수(藪)는 쇼(所)와 주(主)의 반절이다. 담(菼)은 타(他)와 감(敢)의 반절이다,『설문』에는 담(剡)으로 되어 있으며 "담(菼)은 혹은 담(剡)자이다" 고 하였다. 완(薍)은 오(五)와 환(患)의 반절이다. 구(蘆)에 대하여 곽박은 음을 구(丘)라 하였으며『설문』에 구(蘆)는 "오구초(烏蘆草)이다"고 하였다. 장읍은 "이삭이 나지 않은 것을 오구(烏蘆)라 한다"고 하였다. 권(虇)에 대하여 곽박은 음이 권(綣)으로, 구(丘)와 완(阮)의 반절이라 하였다. 본에 따라서는 권(虇)으로 되어 있으나 잘못이다. 권(虇)은 음이 권(權)이다.『설문』에는 권(虇)을 "궁곡(弓曲: 활이 굽다)이다"고 하였다. 견(繾)은 기(弁)와 선(善)의 반절, 혹은 거(去)와 인(忍)의 반절이다.

![爾雅疏] 此辨蒹葭等生成之異名也. 葭, 一名葦, 卽今蘆也. 葦之未成者蒹, 一名薕. 郭云: "似萑而細, 高數尺, 江東呼爲薕薍." 案『詩』「秦風」云: "蒹葭蒼蒼." 陸璣云: "蒹, 水草也. 堅實, 牛食令牛肥彊. 青徐人謂之薕. 兗州遼東通語也. 葭, 一名蘆菼, 一名薍." 李巡曰: "分別葦類之異名." 郭云: 蘆, "葦也." 菼, "似葦而小, 實中. 江東呼爲烏蘆." 如李巡云, 蘆·薍共爲一草, 如郭云, 則蘆·薍別草. 案『詩』「大車」傳云: "菼,

雛也, 蘆之初生." 則毛意亦以葭·菼爲一草也. 案『詩』「衛風」「碩人」云：
"葭菼揭揭." 陸璣云："薍或謂之荻. 至秋堅成, 則謂之雚. 其初生三月中,
其心挺出, 其下本大如箸, 上銳而細. 揚州人謂之馬尾. 以今語驗之, 則
蘆·薍別草也." 其萌名蘿. 郭云："今江東人呼蘆筍爲蘿. 然則雚葦之類,
其初生者皆名蘿." 「大雅」「民勞」云："以謹繾綣." 昭二十五年『左傳』云：
"繾綣從公, 無通外內." 此取蘿與綣字音同, 不爲義也.

　여기서는 겸(蒹)·가(葭) 등이 생성(生成)하는 다른 명칭을 구별하였다.
가(葭)는 일명 위(葦)이니 곧 지금의 로(蘆)이다. 위(葦)가 아직 덜 자란 것이
겸(蒹)이며 일명 렴(薕)이다. 곽박은 "환(萑)과 비슷하나 가늘고 높이가 수
척이 되며 강동에서는 렴적(薕薍)이라 부른다"고 하였다. 살피건대, 『시경』
「진풍(秦風)」「겸가(蒹葭)」에 "겸(蒹)과 가(葭)가 푸르고 푸르다"고 하였다.
육기는 "겸(蒹)은 수초이다. 속이 딱딱하며 차 있고 소가 먹으면 소를 살
찌고 강하게 한다. 청주(靑州)와 서주(徐州)의 사람들은 렴(薕)이라 한다. 연
주(兗州)와 요동(遼東)에서도 통하는 말이다. 가(葭)는 일명 노담(蘆菼), 일명
완(薍)이라 한다"고 하였다. 이순은 "위(葦) 종류의 다른 명칭을 분별한 것
이다"고 하였다. 곽박은 "로(蘆)는 위(葦)이다. 담(菼)은 위(葦)와 비슷하나
작으며 속이 차 있다. 강동에서는 오구(烏蓲)라 부른다"고 하였다. 이순이
말한 대로라면 로(蘆)와 완(薍)은 모두 같은 풀이며, 곽박이 말한 대로라면
로(蘆)와 완(薍)은 다른 풀이다. 살피건대 『시경』「왕풍(王風)」「대거(大車)」
의 모전에 "담(菼)은 추(雛)인데 로(蘆)가 갓 나온 것이다"고 하였으니, 모전
의 뜻도 역시 가(葭)와 담(菼 : 갈대의 일종)을 동일한 풀로 여긴 것이다. 살피
건대, 『시경』「위풍(衛風)」「석인(碩人)」에 "가(葭)와 담(菼)이 길다"라고 하
였는데, 육기는 "완(薍)은 혹 적(荻)을 이르는 것이다. 가을에 딱딱하게 되
면 곧 환(萑)이다. 삼월 중에 처음 자랄 때는 고갱이가 나오고, 그 아래 뿌
리는 굵기가 젓가락 만하며, 위는 뾰족하고 가늘다. 양주 사람들은 마미
(馬尾)라 하는데 지금의 말로 검증하면 로(蘆)와 완(薍)은 다른 풀이다"고

하였다. 그 싹을 권(蘿)이라 하는데 곽박은 "지금 강동에서는 노순(蘆筍)을 권(蘿)이라 한다. 그렇다면 환위(萑葦)의 종류로 처음 나온 것은 모두 권(蘿)이라 한다"고 하였다. 『시경』 「대아」 「민로(民勞)」에 "뒤엎는 자를 조심하라"라고 하였다. 『좌전』 소공 25년에 "밀착하여 공을 따라 다니며 안팎을 통하게 함이 없다"고 하였다. 여기서는 권(蘿)이 권(綣)자와 음이 같음을 취했을 뿐, 의미로 취한 것은 아니다.

 蕍, 芛, 葟, 華, 榮.

유(蕍), 순(芛), 황(葟), 화(華)는 영(榮: 꽃)이다.

 「釋言」云: "華, 皇也."79) 今俗呼草木華初生者爲芛. 音豬豬. 蕍猶敷蕍, 亦華之貌, 所未聞.

「석언」에 "화(華)는 황(皇: 꽃)이다"고 하였다. 지금 세상에서는 초목의 꽃이 처음 올라오는 것을 부르기를 순(芛)이라 한다. 음은 수저(豬豬)일 때의 '수'이다. 유(蕍)는 부유(敷蕍)와 같은데 역시 꽃의 모양이나 듣지 못하였다.

 蕍, 羊朱反. 芛, 郭音豬, 羊捶反, 顧羊述反, 謝私尹反, 樊本作葦. 葟, 音皇, 本亦作皇.

유(蕍)는 양(羊)과 주(朱)의 반절이다. 순(芛)에 대하여 곽박은 음을 수(豬),

---

79) 華, 皇也: 「釋言」에는 "皇, 華也"로 되어 있다.

양(羊)과 추(棰)의 반절이라 하였고, 고야왕은 양(羊)과 구(述)의 반절이라 하였고, 사교는 사(私)와 윤(尹)의 반절이라 하였는데, 번광본에는 위(葦)로 되어 있다. 황(葟)은 음이 황(皇)이나 본에 따라서는 황(皇)으로 되어 있다.

此別草木榮華之異名也. 蘳, 言華之敷貌, 芛, 華初生之名也. 葟
亦華也. 郭云:"「釋言」云:'華, 皇也.' 今俗呼草木華初生者爲
芛. 蘳猶敷蘳, 亦華之貌. 所未聞." 云"未聞"者, 亦未聞所出也. 注"音蘱
豬"者, 「釋獸」云:"蘱, 豶." 郭云:"俗呼小豶豬爲蘱子." 此亦取芛與蘱音
同, 其義則異也.

　여기서는 초목의 꽃의 다른 이름을 구별하였다. 유(蘳)는 꽃이 펼쳐져 있는 모양이고, 순(芛)은 화(華)가 처음 나왔을 때의 이름이다. 황(葟)은 역시 화(華)이다. 곽박은 "「석언」에 '화(華)는 황(皇)이다'고 하였다. 지금 세상에서는 초목의 꽃이 처음 올라오는 것을 불러 순(芛)이라 한다. 유(蘳)는 부유(敷蘳)와 같은데 역시 꽃의 모양이나 듣지 못하였다"고 하였다. "미문(未聞)"은 역시 유래를 듣지 못했다는 것이다. 주에서 "음을 수저(蘱豬)"라 한 것은 「석수(釋獸)」에 "수(蘱: 거세한 돼지)는 분(豶)이다"고 하였는데, 곽박은 "세상에서는 거세한 작은 돼지가 수자(蘱子)이다"고 하였다. 여기서는 역시 순(芛)과 수(蘱)의 음이 같음을 취한 것이지, 그 의미는 다르다.

卷施草, 拔心不死.

　권시초(卷施草: 풀 이름)는 고갱이를 뽑아도 죽지 않는다.

宿莽也,「離騷」云.

숙모(宿莽)이다.「이소(離騷)」에서 한 말이다.

 卷, 施竝如字, 施, 或作葹, 同.

권(卷)과 시(施)는 모두 여자(如字)이다. 시(施)는 혹 시(葹)로 되어 있으나 음의가 같다.

 卷施草, 一名宿莽, 拔其心亦不死也. 案『離騷經』云 : "朝搴阰之 木蘭兮, 夕攬洲之宿莽." 王逸云 : "草冬生不死者, 楚人名之曰 宿莽."

권시초(卷施草)는 일명 숙모(宿莽)인데 고갱이를 뽑아도 죽지 않는다. 살 피건대, 『이소경』에 "아침에 비산(阰山)의 목란을 뽑고, 저녁에 섬 가운데 의 숙모(宿莽)를 뽑는다"고 하였다. 왕일(王逸)은 "겨울에 죽지 않고 사는 풀을 초나라 사람들은 숙모(宿莽)라 한다"고 하였다.

 蒟, 茭.

윤(蒟)은 교(茭 : 먹을 수 있는 풀뿌리)이다.

今江東呼藕紹緒如指, 空中可啖者爲芨茭, 卽此類.

지금 강동에서는 연뿌리가 손가락 같이 이어져 있고, 속이 비어 있어 씹어먹을 수 있는 것을 발교(芨茭)라고 하니, 곧 이런 종류이다.

 蒟, 于閔反. 茭, 字又作笅, 胡巧反, 又胡交反.『廣雅』云 : "根也." 藕, 五口反. 啖, 大敢反.

윤(蒟)은 우(于)와 민(閔)의 반절이다. 교(茭)는 글자를 또 효(笅)자로도 쓰는데 호(胡)와 교(巧)의 반절, 또는 호(胡)와 교(交)의 반절이다.『광아』에는 "뿌리이다"고 하였다. 우(藕)는 오(五)와 구(口)의 반절이다. 담(啖)은 대(大)와 감(敢)의 반절이다.

 蒟, 一名茭, 謂草根可食者也. 亦笋類也, 非一種. 故郭氏擧類以 曉人云 : "今江東呼藕紹緒如指, 空中可食者爲芨茭, 卽此類." 是也.

윤(蒟)은 일명 교(茭)이며 먹을 수 있는 풀뿌리를 말한다. 역시 순(笋)과 같은 종류로 한 종류가 아니다. 그러므로 곽박은 비슷한 것을 들어 다른 사람을 깨우치기를 "지금 강동에서는 연뿌리가 손가락 같이 이어져 있고, 속이 비어 있어 씹어먹을 수 있는 것을 발교(芨茭)라고 하니, 곧 이런 종류이다"고 한 것이 이것이다.

 荄, 根.

해(荄)는 근(根 : 풀뿌리)이다.

 別二名. 俗呼韭根爲荄.

두 가지 명칭으로 구별하였다. 세상에서는 구근(韭根 : 부추 뿌리)을 해(荄)
라 부른다.

荄, 顧謝音該, 郭音皆. 『說文』云 : "草根也." 別, 彼列反. 韭,
音久.

해(荄)에 대하여 고야왕과 사교는 음이 해(該)라 하였고, 곽박은 개(皆)라
하였다. 『설문』에 "해(荄)는 풀뿌리이다"고 하였다. 별(別)은 피(彼)와 렬(列)
의 반절이다. 구(韭)는 음이 구(久)이다.

 凡草根, 一名荄. 郭云 : "別二名. 俗呼韭根爲荄." 此擧一隅也.

일반적으로 풀뿌리를 일명 해(荄)라 한다. 곽박은 "두 가지 명칭으로 구
별하였다. 세상에서는 구근(韭根 : 부추 뿌리)을 해(荄)라 부른다"고 하였다.
여기서는 한 쪽만을 든 것이다.

 攫, 橐含.

획(攫)은 탁함(橐含)이다.

 未詳.

미상이다.

 攫, 俱縛反. 橐, 音託.

획(攫)은 구(俱)와 박(縛)의 반절이다. 탁(橐)은 음이 탁(託)이다.

 華, 荂也.

화(華)는 과(荂 : 꽃)이다.

 今江東呼華爲荂.

지금 강동에서는 화(華)를 과(荂)라 부른다.

 華・荂, 榮也.

화(華)와 과(荂)는 영(榮 : 꽃)이다.

 轉相解.

돌려가며 서로 풀이하였다.

 木謂之華, 草謂之榮. 不榮而實者謂之秀, 榮而不實
者謂之英.

나무에 피는 꽃을 화(華), 풀에 피는 꽃을 영(榮)이라 한다. 꽃이 없이 열
매를 맺는 것을 수(秀), 꽃은 있으나 열매를 맺지 못하는 것을 영(英)이라
한다.

荂, 音香于・芳于二反, 下同. 『說文』云 : “草木華也.” 不榮,
『衆家』竝無不字. 郭雖不注, 而『音義』引不榮之物證之, 則郭本
有不字.

과(荂)는 음이 향(香)과 우(于), 방(芳)과 우(于)로 반절이 둘이며, 아래도
같다. 『설문』에 “과(荂)는 초목의 화(華 : 꽃)이다”고 하였다. 불영(不榮)에 대
하여 『중가주(衆家注)』에는 모두 불(不)자가 없다. 곽박은 비록 주석을 하지
는 않았으나 『음의(音義)』에서 꽃이 피지 않는 초목을 인용하여 증명하였

으니, 곽본에는 불(不)자가 있는 것이다.

爾雅疏 李巡云:"分別異名以曉人也. 華, 一名荂." 郭云:"今江東呼華爲荂." 又一名榮. 郭云:"轉相解." 木則名華,「月令」:"季春, 桐始華." 草則名榮,「月令」:"仲夏, 木槿榮." 此對文爾, 散文則草亦名華.「鄭風」云:"隰有荷華." 是也. 不見其榮, 但見其實者曰秀.『詩』「大雅」云:"實發實秀."[80] 徒有其榮而不實者曰英, 此亦對文爾. 故以英爲不實. 其實, 黍稷皆先榮後實.『詩』「小雅」「出車」云:"黍稷方華." 是嘉穀之秀必有榮也.

이순은 "다른 명칭을 분별하여 사람들을 이해시켰다. 화(華)는 일명 과(荂)이다"고 하였다. 곽박은 "지금 강동에서는 화(華)를 과(荂)라 부른다"고 하였다. 또 일명 영(榮)이다. 곽박은 "돌려가며 서로 풀이하였다"고 하였다. 나무에서 피는 꽃을 화(華)라 하는데『예기』「월령」에 "계춘(季春)에 오동나무에 꽃이 피기 시작한다"고 하였다. 풀에서 피는 꽃을 영(榮)이라 하는데『예기』「월령」에 "중하(中夏)에 무궁화나무에 꽃이 핀다"고 하였다. 이것은 상대적인 글인 경우이고, 글을 뭉뚱그려 말할 경우는 풀도 역시 명칭이 화(華)이다.『시경』「정풍(鄭風)」「산유부소(山有扶蘇)」에 "습지에 연꽃이 있다"고 한 것이 이것이다. 꽃은 볼 수 없고 단지 열매만 볼 수 있는 것을 수(秀)라 한다.『시경』「대아」「생민(生民)」에 "참으로 꽃도 피고 열매도 맺는다"고 하였다. 다만 꽃만 있고 열매가 없는 것을 영(英)이라 하였는데 이것은 역시 상대적인 글인 경우이다. 그러므로 영(英)을 열매가 없다고 하는 것이다. 그 열매는 서직(黍稷)이 모두 먼저 꽃이 핀 다음에 열매를 맺는다.『시경』「소아」「출거(出車)」에 "서직이 이제 막 꽃이 핀다"고 하였다. 좋은 곡식의 열매는 반드시 꽃이 있는 것이다.

---

80) 實發實秀 : 대본에는 "實秀實發"로 되어 있으나『詩經』에 따라 고쳤다.